Os tempos de
Getulio Vargas

José Carlos Mello

Os tempos de Getulio Vargas

2ª edição revisada

Copyright © José Carlos Mello, 2018
1ª ed.: 2011

Editor
José Mario Pereira

Editora assistente
Christine Ajuz

Produção
Mariângela Felix

Capa
Casa de Ideias

Diagramação
Filigrana

CIP-BRASIL. CATALOGAÇÃO-NA-FONTE
SINDICATO NACIONAL DOS EDITORES DE LIVROS, RJ

M478t
2. ed.

    Mello, José Carlos
        Os tempos de Getúlio Vargas / José Carlos Mello. - 2. ed., rev. - Rio de Janeiro : Topbooks, 2018.
        518 p. ; 23 cm.

    ISBN 978-85-7475-195-5

        1. Vargas, Getúlio, 1882-1954. 2. Brasil - Política e governo 1930-1954. Presidentes - Brasil - Biografia. I. Título.

18-49966   CDD: 923.181
                                    CDU: 929:32(81)

TODOS OS DIREITOS RESERVADOS POR
Topbooks Editora e Distribuidora de Livros Ltda.
Rua Visconde de Inhaúma, 58 / gr. 203 – Centro
Rio de Janeiro – CEP: 20091-007
Telefax: (21) 2233-8718 e 2283-1039

topbooks@topbooks.com.br/www.topbooks.com.br

Estamos também no Facebook e Instagram.

A política é quase tão excitante quanto a guerra, e não menos perigosa. Na guerra, a gente só pode ser morta uma vez, mas na política, diversas vezes.

Winston Churchill

Ao analisarmos a História não devemos ser muito profundos, pois nas mais das vezes as causas estão bem na superfície.

Ralph Waldo Emerson

Seria de perguntar-se, a esta altura, por que estamos a cogitar de algo diferente quando se trata de governo, desde que a insensatez e obstinação parecem inerentes ao indivíduo? As razões que nos induzem a tal preocupação repousam na circunstância de que os governos têm mais impacto em maior número de pessoas do que a loucura individual...

Barbara W. Tuchman

A luz que a experiência nos dá é de uma lanterna na popa, que ilumina apenas as ondas que deixamos para trás...

Samuel Taylor Coleridge —
citação de Roberto de Oliveira Campos

INTRODUÇÃO

A grande oportunidade de corrigir o que não dera certo no Brasil e começar algo novo surgiu com a revolução de três de outubro de 1930, que colocou Getulio Vargas no poder por longos 15 anos.

Os revolucionários que partiram de Porto Alegre liderados por Vargas e chegaram ao Rio de Janeiro tinham bons propósitos: acabar com um processo eleitoral viciado que possibilitava fraudes de toda ordem; eliminar o arcaico modo de pensar e de agir do Império, mantido pelas oligarquias após a proclamação da República; e, por fim, modernizar o país, implantado indústrias, construindo estradas e usinas hidrelétricas, introduzindo novas práticas na administração pública, criando um banco central e reduzindo a dependência econômica da produção e do comércio do café.

Das suas intenções não faziam parte alguns detalhes importantes, necessários para construir um grande país, como: programas de alfabetização, educação no mais amplo sentido, sistema judiciário respeitado, ágil e acessível a todos, e, principalmente, igualdade de oportunidades.

Chegaram à capital, ocuparam o Palácio do Catete e passaram a exercer um mandato provisório. Dariam uma nova constituição ao país e promoveriam eleições, naturalmente limpas, sem fraudes; não foi isso que aconteceu — eles implantaram uma ditadura e foram ficando.

Os nobres propósitos acabaram sendo esquecidos ao longo da caminhada. Muito pouco foi realizado. Como é natural aos que possuem o poder absoluto, em um dado momento o único intento era permanecer no mando, se possível para sempre.

O governo, à medida que os ideais revolucionários iam se diluindo, tornava-se populista; apoiava-se no aparato de propaganda e na polícia política; aumentava os gastos com quem lhe dava sustentação, as forças armadas; inspirava-se nas contemporâneas ditaduras fascistas da Itália e Alemanha; restituía, ainda que de modo informal, o status de religião oficial à Igreja Católica, que havia sido abolido pela República; e dava feroz combate a quem pensava de modo diferente do ditador, prendendo, torturando, exilando, censurando todos e tudo que propagasse ideias diferentes do pensamento oficial.

Ninguém possuiu no Brasil o poder que Getulio Vargas teve; poderia ter sido um déspota esclarecido, mas preferiu ser o amado pai dos pobres, ovacionado por multidões histéricas por onde andasse e aplaudido pelos áulicos.

Depois de quinze anos, seus pares o apearam do poder. Passados cinco anos, retornou eleito, voltou nos braços do povo, como queria.

O novo período não foi do seu agrado. A imprensa livre da censura, as barganhas com os congressistas e a dura oposição criaram um ambiente desagradável ao seu espírito, moldado na ditadura. O convívio com a democracia era incompatível com seu modo de ser.

Durante o Estado Novo sua imagem, trabalhada pelo aparato de propaganda, foi esmerilada, polida, adaptada a cada circunstância, de tal modo que se desfigurou; no último mandato, na velhice, já não sabia mais quem era nem o que queria.

Com seu trágico fim, deixando a vida por suas próprias mãos, pretendia vingar-se de seus inimigos, "Deixo à sanha de meus inimigos o legado de minha morte", martirizar-se pelo seu povo,

"Nada mais vos posso dar a não ser meu sangue", e avisá-lo que da eternidade estaria pensando nele, "Quando vos vilipendiarem sentireis no meu pensamento a força para a reação. Meu sacrifício nos manterá unidos e meu nome será vossa bandeira de luta."

Sua influência sobre os brasileiros que perpassaram sua época foi enorme, mesmo sobre as crianças nascidas durante a ditadura, que muito cedo apreendiam que havia alguém preocupado com elas, ao mesmo tempo em que ouviam seus pais e mestres falar da figura paternal que definia o destino dos brasileiros e, ainda, viam seu retrato em todos os cantos. Muitos o exaltavam e poucos tinham a coragem de criticá-lo.

Os tempos de Getulio Vargas foram diferentes de tudo que havia se passado no país desde sua descoberta, todos foram envolvidos pelo seu modo de ser por uma teia da qual ninguém conseguia se desvencilhar com facilidade.

Getulio queria que a posteridade o conhecesse, entendesse seu modo de pensar e de agir, soubesse quem eram seus amigos e seus inimigos. Para isso escreveu um meticuloso diário que permite entender um pouco do "estranho mundo" em que viveu. Ele conduz o autor deste relato.

Tempos que precisam ser lembrados e essa é a intenção dessa história.

* * *

Esse livro se apoiou em fatos conhecidos pelo autor, consultas a jornais, revistas, documentos e livros lidos ao longo da vida, muitos citados no texto.

Cabe especial referência ao trabalho desenvolvido pelo Centro de Pesquisa e Documentação de História Contemporânea do Brasil (CPDOC) da FGV, principalmente o de organização e publicação do *Diário* de Getulio Vargas juntamente com a editora Siciliano em 1995.

$\mathcal{O}$ voo direto duraria duas horas. O que consegui tinha três escalas. Uma longa manhã, talvez a mais longa que já tenha vivido. Tinha vontade de chorar, mas buscava pensamentos otimistas. Ele está vivo, a cirurgia havia sido bem-sucedida, sobreviverá, ficará bom. Poderíamos recuperar no tempo restante os vinte e poucos anos mal vividos. Seria bom, não havia porque chorar, afinal tudo estava bem.

Não era hora de visitas, não era hora de informações. Fui direto à sala onde deveriam estar os operados durante a madrugada. Um enorme espaço penumbroso, frio. Pedi notícias. Não deram. Fui repreendido quando tomei um livro com anotações. Três e trinta: óbito, em letras vermelhas. As demais anotações eram em letras azuis. Óbito em letras vermelhas. Saí, corri, sem lágrimas, apressado, com rumo. Na morgue, seis mortos jaziam cobertos por lençóis brancos. Nunca saberei se os mortos são cobertos por respeito, terror atávico à morte ou simplesmente higiene.

Era hora de almoço. Num canto da sala, dois empregados, dividindo o espaço com os que já se foram, comiam e conversavam. Não perturbaram a busca pelo meu pai. Levantei cada uma das mortalhas, panos simples, muitas vezes usados, possivelmente jamais lavados. Nenhum era o morto que eu buscava. Pareciam abandonados, destinados a alguma vala comum ou ao ensino médico.

O caixão repousava no meio da pequena ermida. Meu pai estava bem vestido, faltava apenas a gravata borboleta que usava desde que voltara de sua única viagem ao exterior, há vinte e quatro anos. A gravata comum, comprida, não prejudicava os arranjos. Flores, coroas, fitas roxas com letras douradas lamentavam a sua morte. Ele ocupara uma função importante por três décadas; morrera nela. Era esperado um funeral com muitas coroas, saudades eternas e outros lugares-comuns aos bons enterros.

Os meus professores do colégio marista haviam garantido que, após a encomendação, meio caminho rumo à salvação estaria percorrido. Ele havia estudado com os jesuítas, talvez tivesse tomado algumas precauções que o ajudariam a alçar o céu.

Se feita a comunhão nas primeiras sextas-feiras de alguns meses, teria um seguro atalho para a salvação. Era rebelde, talvez não tivesse seguido a tradição simples, mas que exigia disciplina. Ele não seguia disciplinas. Lamentei não ter perguntado para alguém no hospital se lhe haviam dado a extrema-unção, ou se alguém o ouvira balbuciar um ato de contrição. Quantas opções a Santa Madre Igreja oferece à salvação das almas! O mais provável é que ele tenha desperdiçado todas.

Ao anoitecer as pessoas começaram a escassear. Iriam dormir. Voltariam no dia seguinte para as exéquias e o enterro. Repetiriam os pêsames e eu ouviria loas às suas virtudes, à falta de pecados. Tudo rápido, mecânico, enfadonho.

As flores na pequena capela tinham um perfume de morte. O cheiro delas se adapta ao seu uso. Agradável nas festas, desagradável nos velórios.

O sol se punha na outra margem do rio. O cemitério ficava no alto, numa colina, o que permitia ver a morte do dia com uma beleza que não havia na morte dos seres humanos. O dia ressuscitaria. O corpo, não; para os crentes, a alma seguramente sim, seguramente não para os descrentes. Em outras crenças havia a possibilidade de reencarnação, que poderia ser para melhor ou pior.

Uma reencarnação envolta em dor, humilhação, sofrimento é o pagamento da dívida de outro, mas, também, faz parte do longo e obscuro caminho da salvação. Nesse caso a purificação pode ser árdua. Um vivo ilustre, rico, arrogante, voltar como um simples inseto, e, a partir daí, reiniciar o processo de purificação da alma é doloroso, mas para quem? Para o morto, punido de modo tão vil, ou para o inseto?

Quantas religiões e quantos deuses foram criados para nos fazer crer que há vida após a morte. Se, junto com o nascimento, viesse alguma informação para onde iríamos ao findar a vida, as religiões teriam menos utilidade. Todas vivem da morte, todas possuem ritos para facilitar a chegada à morada final, todas exaltam o que se passa além da vida, tanto para justos quanto para pecadores. Todas justificam os males, os padecimentos, as dores como parte do processo de purificação que leva ao paraíso. Qual paraíso? O celestial ou o terrestre do Gênesis, sem tentações, serpentes ou frutos do pecado?

Algumas religiões não se preocupam sequer com quem criou a vida, o universo, mas todas se dedicam a exaltar a morte e o que vem depois. A chegada ao reino dos céus é a única finalidade da existência dos seres humanos, não há outra. Aos bons, aos puros, as recompensas serão eternas. Por alguma razão os ricos, aqueles que trabalharam e amealharam um bom patrimônio, correm o risco de serem excluídos das maravilhas que os textos sagrados dão indicações de serem insípidas, mas são as possíveis; a alternativa envolve dor, sofrimento, cheiro de enxofre, uma série de eternas situações desagradáveis. A monotonia no paraíso é sem qualquer dúvida a melhor opção.

A vida no paraíso deve ser parecida com a dos conventos de clausura. Calma, horas e mais horas em orações, nenhum prazer material, pouca ou nenhuma troca de ideias com seus semelhantes. Esse é o objetivo da vida, morrer e passar à eternidade com milhões de almas em contemplação. Caso algum dia venha a ocorrer outra morte, esta, finalmente, poderia trazer uma recompensa mais prazerosa. Mas as religiões não falam dessa outra possibilidade. Tudo na fé é definitivo, transmitido diretamente por Deus ou por meio de profetas, anjos, arcanjos ou de seus representantes na Terra, no meu caso, os irmãos maristas.

Apenas um humano foi ao céu e voltou. Deus permitiu que o rabino Elisha Ben Abuyah chegasse até Ele e retornasse são e salvo para dirimir uma dúvida existente entre os judeus no século II d.C.: se havia um ou dois Javés.

O segundo, o pequeno Javé, seria Enoque, descendente da sétima geração de Adão e pai do longevo Matusalém, que viveu novecentos e setenta e nove anos.

Retornando das alturas, Elisha divulgou que, além do Javé de Abraão, havia o pequeno Javé. Ele os viu sentados em dois tronos iguais, lado a lado.

Não trouxe outras notícias sobre o que lá se passava. Ateve-se a obter a informação objeto de sua missão. Foi perdida uma oportunidade de sabermos o que nos aguarda no futuro.

A noite caiu, fiquei só com meu pai. Será que sua alma já se fora? Será que a partida se daria após a encomendação? Dúvidas não tiradas nas intermináveis aulas de religião na minha infância. Morrerei com elas. Se a alma já partira, por que a encomendação? Cada vez que recorro às Escrituras Sagradas as minhas dúvidas aumentam. Devo parar de lê-las para não cair na descrença e, por ela, na condenação.

Realizados em certas ocasiões, os sepultamentos envolvem cenografia inimaginável, superando as mais ricas montagens operísticas. Reis, clérigos, autoridades passam desta vida para a outra com pompas, incenso, música. Talvez um aviso aos responsáveis pela entrada no paraíso. Cuidado! Este é importante.

Havia apenas mais duas capelas mortuárias com luzes acesas. Poucos velavam seus mortos. A noite seria longa, fria e empesteada com o cheiro das flores, àquela hora um pouco murchas. As flores dos velórios transmitem tristeza, como se fossem plantadas para acompanhar os mortos.

Caminhei entre as sepulturas. Alamedas limpas, bem iluminadas. Olhei o céu, vi as estrelas, relembrei, voltei à infância, à juventude. Não havia mais nada a fazer, só relembrar. O caminhar solitário sob a noite enluarada me era agradável.

Fui criado temendo a morte, sabendo que a vida não me pertencia, era apenas um empréstimo, que qualquer deslize me condenaria ao inferno. Eliminá-la por vontade própria nem imaginar, creio que até pensar nisso já seria pecado gravíssimo. Seria um roubo, roubo de algo que pertencia a Deus.

O suicida envolvia mais mistério que as vítimas das chamadas mortes naturais. Passar anos em dor, com a mente amortecida e vendo o mundo através de olhos parados, sem compreendê-lo, ou imobilizado em um leito, conduzia à morte piedosa, santa e natural. Aprendíamos que o atroz sofrimento dos doentes sem cura era aprovado por Deus. Eliminá-lo, antecipar a própria morte teria efeito contrário; ela não seria bem vista nem por Deus nem por seus representantes, muito menos pelas famílias, que teriam que conviver com aquela mácula que talvez fosse levada em consideração no temível julgamento final. Ter um suicida na família era algo impensável; se houvesse, teria que ser escondido dos outros. Seria um segredo sussurrado por todos, não o comentariam em voz alta. Entre uma e outra conversa sobre o infortúnio, demonstrariam piedosa e falsa solidariedade à família enlutada, envolta em pesado pecado, tão grande que, mesmo sendo praticado por um, poderia macular a todos que com ele viviam. A convicção na vida eterna de seus parentes seria posta em dúvida, poderia não ter sido suficientemente forte a ponto de evitar desvio tão grave. O anátema, talvez, fosse estendido a toda família.

A questão da morte pelas próprias mãos foi resolvida por Santo Agostinho, lá pelo ano 400 depois de Cristo, concluindo que o suicídio era um gesto egoísta e feria o 5º Mandamento: Não matarás; portanto era um pecado mortal. Pensam o mesmo os outros que professam a fé de Abraão.

Os judeus sepultam os suicidas além do muro de seus cemitérios. Em outras culturas ele não é pecado; pode até ser considerado honroso, porque limpa o nome da família, em caso de falta grave cometida pelo que optou pelo haraquiri. Buda não lhe deu importância. Dante, na *Divina Comédia*, colocou os suicidas no 7º círculo de sofrimentos do inferno transformados em árvores, impossibilitados de mover-se, tendo seu corpo devorado por aves de rapina para todo o sempre. Ou as aves bicavam muito pouco de cada vez ou as carnes arrancadas se recompunham para que o terrível sacrifício não tivesse fim. Dante não explica.

Maomé repudiou o suicídio. O pecado, de tão grave, era estendido à família do morto; ela era marginalizada do convívio dos demais muçulmanos. Alguma modificação deve ter ocorrido no modo de pensar do profeta. No começo do século XX, o sacrifício de mártires em guerra santa passou a ser utilizado com frequência, o suicídio passou a ser visto como virtude. Os que se autoimolarem em nome de uma Jihad receberão a vida eterna, irão direto ao céu, todos seus pecados serão perdoados.

Não havia a menor dúvida, o suicídio é o mais grave, o pior dos pecados. Não interessa a sua razão, o que o motivou. Tudo lhe será negado, menos o sofrimento e a vergonha por toda a eternidade.

Se não fosse tão arriscado e apresentasse uma perspectiva tão horrível de existência póstuma, seria interessante conviver com Ernest Hemingway, Virginia Woolf, Van Gogh, Jack London; perguntar a Judas Iscariotes se o evangelho dele é mesmo o único que reflete o pensamento de Cristo; olhar à distância Nero e Hitler trocando ideias sobre seus métodos de destruição de cidades e eliminação de pessoas.

No último recreio, no curso primário do colégio Marista, eram três, alguém disse que uma mulher havia morrido pela sua própria vontade na igreja em frente ao colégio. Não tínhamos coragem de dizer o que havia ocorrido, as metáforas eram necessárias.

Quando ao meio-dia o sino badalou anunciando o término das aulas, saímos, todos, correndo em direção à igreja que abrigava a suicida. A maioria ficou na frente, perguntando, inquirindo, pedindo detalhes sobre o que havia se passado. A curiosidade era enorme. Chegou o camburão do necrotério, uma maca de alumínio foi retirada por dois funcionários com luvas e aventais brancos. Entraram por uma porta frontal, entreaberta, no sagrado recinto, agora profanado por alguém que se apropriara da vida como se esta lhe pertencesse. Não tínhamos idade para entender os estados depressivos, melancólicos, os caminhos sem saída que a mente produz e para os quais deixa apenas uma alternativa, que, mesmo sem exéquias, perdão póstumo, enterro em campo santo, parece ser a única a seguir em certos momentos.

As religiões não perdoam, não devotam qualquer piedade a quem a fé não mais oferece meios para suportar o peso da vida; a eles restam as dores eternas do inferno ou outro tipo de condenação igualmente dolorosa. A essência do cristianismo é o perdão, mas, nesse caso, vale a lei de talião. Matou-se, não haverá perdão à alma, apenas humilhações vingativas ao que sobrou, o corpo. Afinal, os atos são planejados com a mente, mas executados com o corpo.

Foi proibida a entrada onde se encontrava a alma envolta no pior dos pecados, com o corpo jazendo no lugar mais sagrado. Entrei pela lateral, entrávamos por ali para as aulas preparatórias para a primeira comunhão. Uma escada em caracol levava à sala ao lado do altar. A suicida estava na segunda fila de bancos de madeira, bem ao lado do corredor, fácil de ser vista de onde eu estava. Cor amarelada, imóvel, olhos abertos, bem vestida, observada pelos funcionários do necrotério, pelo cônego, pároco do local profanado, e por duas mulheres. Deu para ouvir guaraná, raticida. Colocada na maca, partiu na penumbra, ao meio do dia, no fim de uma manhã ensolarada. Saí dali com informações a transmitir aos que se amontoavam junto ao carro fúnebre e pediam mais detalhes. Não os tinha, repetia o que havia visto e ouvido, mas parecia insuficiente, queriam mais detalhes mórbidos. Acho que frustrei a pequena plateia. O que fazer? Frustrar a si e aos outros é parte da vida.

Algum tempo depois, nova morte inesperada. Alguém havia se jogado do edifício Santo Onofre, próximo ao colégio; lá fomos. O corpo na calçada, coberto com um lençol branco, aguardava ser transportado. Não tinha o mistério da morte anterior no lusco-fusco do templo. Parecia até uma morte natural. O sol, a claridade do dia, tirava o seu mistério; se ocorresse num dia frio e acinzentado de inverno seria mais parecida com a morte da igreja.

Amadrugada seria mais longa que minha viagem pela manhã. Perambulei por todo o cemitério, li nomes em inúmeras sepulturas; muito deles me eram familiares. Não havia ninguém para conversar. Pela primeira vez, meu pai, tão eloquente em vida, estava calado. De tempos em tempos passava pelo caixão. Olhava-o, muito magro, muito pálido, frio, olhos fechados, o esboço de um sorriso irônico. O cabelo ralo, grisalho, mais para branco, cortado curto, escovinha.

A iluminação do recinto era indireta, feita por lâmpadas fracas e amareladas fixadas nas paredes. A luz tornava seu rosto mais pálido, ressaltando os traços da morte e escondendo o pouco que ainda havia de vida em sua expressão, e que a própria natureza haveria de apagar nos próximos dias.

O sorriso era igual ao que tinha em vida, sempre indicando um pouco de ironia. Não sei se pelo seu epicurismo ou pelo pouco apego às pessoas. A sua cultura o tornava sarcástico. Sua verdadeira amizade era com os livros; as amizades humanas eram superficiais e mantidas pelos poucos amigos e não por ele. Era impiedoso com o pouco saber das pessoas, até maldoso. Se não ocupasse uma posição de certo relevo e se não fosse de uma família numerosa, sobrariam alças em seu caixão na hora de levá-lo da capela funerária à morada final.

❊ ❊ ❊

A noite estava agradável, o lugar era seguro. Não sei se hoje haveria a sensação de calma que havia naquele distante velório. A violência chegou àqueles que velam seus entes queridos. Há notícias de assaltos durante madrugadas, até de roubos de caixões, deixando o velado desprovido de seu último repouso material. Os furtos de sepulturas são milenares, mas os dos vivos em momento de dor e oração são recentes. Alguns cemitérios não mais permitem velórios noturnos. O defunto passa a noite só, apenas ele e as almas penadas que por lá vaguem. A capela é trancada, o cadeado passado; caso contrário, no dia seguinte, ele será encontrado sem caixão, sem roupa, sem velas, sem flores, desprovido de tudo o que lhe restava.

A companhia do morto, a caminhada solitária entre sepulturas, a falta de alguém para conversar, a necessidade de falar comigo mesmo, despertaram memórias há muito escondidas, que pareciam ocultas para sempre.

As lembranças que vinham eram as narrativas de meu pai no pequeno colóquio por ele promovido em todas as refeições com a família, ignorando a idade de seus filhos e os afazeres de sua mulher. Era como se ele precisasse apenas falar, narrar fatos passados que de algum modo o marcaram; se a plateia estava atenta, se o compreendia, ou mesmo se o ouvia, não importava.

Mesmo sem entender a maior parte das narrativas, eu prestava atenção ao que ele dizia, às suas histórias dos tempos de Getulio Vargas. O monólogo era apaixonado; embora com muitos amigos ligados àquele que conduziu o destino de todos os brasileiros por quase duas décadas, expressava sempre seu desapreço ao ditador e admiração pelos que tiveram coragem de enfrentá-lo.

Os mistérios da mente, que deixaram aquelas histórias adormecidas por muitos anos, traziam-nas de volta com vigor. Era como se eu quisesse dizer a ele, no nosso derradeiro encontro, que havia prestado atenção às suas narrativas.

Com o passar dos anos ia entendendo melhor o que ele contava. Eventos distantes, que se passaram com pessoas que há muito deixaram o convívio dos vivos, ilustravam os estranhos comportamentos que se perpetuam entre os homens públicos brasileiros. Pessoas que deveriam conduzir o destino de milhões de outras pessoas com desprendimento, devoção e até sacrifício, mas que trocaram o ideal que tiveram, se é que algum dia o possuíram, ao se iniciar na política, por poder e benesses de toda ordem, esquecendo o único objetivo do caminho que se propuseram seguir: fazer algo útil para quem os elegeu.

O mal que fazem vai além de suas existências, perpassa gerações, produzindo zombaria e descrédito na importante herança que os gregos legaram à posteridade: a democracia representativa, que desde sua origem vem passando por aperfeiçoamentos, como os promovidos pela revolução inglesa no século XVII, pela Declaração americana de Independência, em 1776, e pela francesa Declaração dos Direitos do Homem e do Cidadão, de 1789.

No Brasil, onde tantas coisas andam para a frente, a atividade política passa a sensação que percorre um labirinto, sem jamais encontrar a saída, perdendo-se, emaranhada em descaminhos.

Bem diferente do trajeto percorrido por Teseu no labirinto de Creta. O herói mitológico atingiu seu objetivo, matou o minotauro, achou o caminho de volta, saiu do dédalo, retornou a Atenas e prosseguiu a sua jornada, governando os gregos com saber, fazendo o bem, estimulando a democracia e produzido leis úteis ao povo.

Se o ritual em torno da morte do meu pai não fosse tão longo, é possível que eu não buscasse nos labirintos da mente memórias de tempos distantes, e não teria como contá-las.

Por vezes, a luz da "lanterna na popa dos barcos" é tão forte que não só clareia o que passou, como ilumina o que vai à frente e permite até ver o futuro.

𝒪 terceiro suicídio que tive notícia foi bem diferente dos dois primeiros; nestes, os suicidas buscavam apenas uma fuga para seus problemas reais ou imaginários. No terceiro, o morto praticara um frio ato político. Os primeiros seriam privados de qualquer serviço religioso, seriam abertos, estudados, costurados, teriam um atestado de óbito emitido pela polícia; o terceiro teria toda a sorte de honrarias.

Ele foi diferente em tudo, do seu anúncio ao sepultamento.

— Getulio morreu! Getulio morreu!

O tom da voz aumentava, já era ouvido por todo o longo corredor para onde davam as salas de aula.

O prédio tinha cinco andares. No térreo ficavam a livraria, as salas do curso primário e os banheiros. No último andar, a clausura, sempre fechada, inacessível aos alunos, cheia de mistério, despertando conversas maledicentes sobre o que lá se passaria. Nos demais andares, as salas de aula das primeiras séries do ginásio. Na frente, o pátio de areia grossa e vermelha, cercado ainda por um prédio mais novo à direita, onde ficavam as salas dos alunos de admissão e turmas do ginásio, do científico e do clássico. O terceiro e último edifício do conjunto, onde funcionavam os cursos superiores e o salão de atos, completava o entorno do pátio. O prédio intermediário se comunicava com o primeiro, mas não com o terceiro; no fim dos corredores, portões trancados impediam o livre passar de um lado para o outro. Os irmãos tinham a chave para abri-los, pois o refeitório, a clausura, a capela, o percurso das orações, rezadas em voz alta com o breviário às mãos, sempre depois do almoço, estavam deste lado e não no das faculdades.

Era fácil imaginar a excitação do irmão que gritava:

— Getulio morreu! Getulio morreu!

O som que começava distante aproximava-se rapidamente, o ritmo já era ofegante; a fantástica notícia, em tom cada vez mais alto, aproximava-se. Era aguardada com ansiedade. A essência do aviso já era sabida, afinal "Getulio morreu", mas os detalhes, não. O que fazer a partir daí? Haveria ou não feriado?

Informações vitais para as próximas vinte e quatro horas.

Finalmente a porta da sala de aula se abriu. Cansado, resfolegante, mas orgulhoso da nova que trazia, ele entrou bruscamente, assustando o irmão Pascoal, que, absorto na lição de francês, não havia se dado conta da longa caminhada do arauto da morte recém-ocorrida.

— Getulio morreu! Podem ir para casa.

A alegria do fim de aula superou eventuais tristezas pela morte do irmão Getulio.

Ele era o único que contava piadas, meio gordo, meio careca, de óculos, simpático. Sem dúvida, o irmão Getulio faria falta, mas uma folga às 10 horas da manhã era por demais auspiciosa para provocar qualquer questionamento sobre a perda do simpático marista.

O seu nome poderia ter sido dado em homenagem a São Getulio de Roma, mártir cristão do segundo século depois de Cristo, ou em honra a Getulio Vargas, ou mesmo aos dois; a coincidência facilitava a lembrança espiritual e terrena.

Eu estava na primeira série do ginásio, era agosto, dia 24, e o irmão Getulio acabara de morrer.

Só a caminho de casa comecei a estranhar o que se passava. Nas outras mortes de um irmão não éramos dispensados dos estudos; por que desta vez? Corri, passei pelo armazém Matoso, pela casa de minha avó, entrei e disse que um irmão havia morrido. Minha avó estava muito velha para pedir detalhes sobre mais uma morte; não questionou e, como de costume, me ofereceu balas, peguei várias e saí correndo. Poucos metros mais adiante entrei em casa, gritando:

— O irmão Getulio morreu!

Minha mãe, junto ao fogão a lenha, preparava o almoço e cuidava de minha irmã; envolvida em sabe-se lá quantas preocupações, não deu nenhuma importância à notícia que eu transmitia com tanta emoção.

Bem, agora era brincar. Um dia sem aula, sem temas de casa, sem verbos franceses a decorar.

O estranho era a mudança nos ritos estabelecidos para a morte de um irmão. Aparentemente, o irmão Getulio não teria missa de corpo presente rezada pelo cônego Hélio, vestindo uma casula roxa com detalhes negros, auxiliado pelo padre Estanislau, recém-chegado da Polônia. Nem coro cantando sob a regência do irmão Remi, muito magro, vermelho, de óculos escuros, acompanhado pelo órgão do irmão Renato, responsável pela livraria e pelos melhores acordes ouvidos na capela do colégio.

Recentemente havia morrido, quase centenário, um irmão francês. Teve exéquias completas, com todos os ritos. Tudo coerente com o coroamento de uma vida exemplar.

A morte de um irmão, além de quebrar a rotina, era festejada; afinal, ele ganhara a vida eterna. Milhares de terços, missas, primeiras sextas-feiras, correto uso do escapulário, penitências, clausura, vida monástica, o padecimento diário com centenas de adolescentes, enfim, toda uma vida dedicada à outra vida finalmente tinha tido o seu desfecho.

Seria um imenso contrassenso chorar a morte de alguém que viveu almejando uma vida melhor, só alcançada pela morte. Não havia outra maneira de chegar ao paraíso a não ser morrendo, encerrando a permanência neste "vale de lágrimas" para finalmente alcançar um lugar ao lado direito do Senhor.

A missa de corpo presente, o caixão aberto ante o altar, a longa encomendação, os escuros parâmetros do celebrante, os turíbulos espargindo incenso, trechos de réquiens, a pouca luz da capela, tudo conduzia mais à tristeza que à alegria. Seria razoável que tivesse havido alguma modificação no rito de partida de uma vida cercada de tentações para aquela na qual não haveria mais sofrimento e dor, e que, além do mais, seria eterna. Quem sabe as exéquias do irmão Getulio não seriam realizadas nesse novo rito, mais alegre, menos fúnebre, mais condizente com os benefícios advindos da morte?

Vivíamos para a eternidade. Toda a razão para vivermos era a morte; com ela viria o fim do sofrimento terrestre e o início de uma nova e gratificante existência no céu. As demais alternativas não passavam pelas nossas cabeças, ou, se passavam, os maristas tratavam de apagá-las. Só tínhamos 12 anos e já sabíamos tudo isso. A noção das dificuldades impostas pela vida era para nós algo vago, mas temido, pois, em algum momento elas viriam. A ideia da vida finita, o medo da morte chega na maturidade, exceto para as crianças educadas na boa e rígida fé católica daqueles tempos.

A forte impressão que havia me causado o anúncio da morte do bom religioso irmão Getulio não provocava qualquer impacto aos demais. Isso me deixava um tanto espantado. Qual seria a razão? Bem, afinal só havia transmitido a nova a duas pessoas: minha mãe e minha avó. Quem sabe se saindo à rua e divulgando-a de modo mais amplo não encontraria pessoas que compartilhassem meu sentimento? Ele não era muito claro, mas, associado à novidade, ao impacto da notícia, à ansiedade em divulgá-la, dava uma sensação mais de alegria que de tristeza. Insisti:

— Mãe, o irmão Getulio morreu! Aquele professor da 2ª série. Lembra?

— Não. É melhor você fazer alguma coisa. Vá brincar.

Por alguns instantes me ocorreu que talvez o morto não fosse o irmão Getulio, mas o outro Getulio, o Vargas, o presidente da República. E se fosse ele e não o nosso professor, o que poderia acontecer? Provavelmente não apenas um, mas vários dias de folga. Sabe-se lá quantos dias sem aula em homenagem a um morto tão ilustre? Passou por mim um sentimento misto, temor pela morte de alguém tão importante e ao mesmo tempo satisfação pela agradável perspectiva da folga inesperada em pleno período de aulas.

Mas esse pensamento rapidamente saiu da minha cabeça; afinal, era um dia como outro qualquer, apenas um dia de agosto, 24. O presidente morreria em alguma grande data e não em um dia como outro qualquer. Só poderia ser o irmão Getulio. Teria que me contentar com apenas um dia sem aulas, afinal morrera apenas um professor e não o presidente da República.

O suicídio do presidente causou profundo impacto, mesmo no meu pai, que não lhe dedicava qualquer admiração. Foi ele quem, perto da hora do almoço, nos trouxe a trágica notícia.

No Rio Grande do Sul as pessoas estavam divididas em dois grupos, os getulistas e os contra eles. A unanimidade que Getulio teve no estado na eleição para presidente da República em 1930, não mais existia. Os irmãos eram a favor dele. Meu pai não lhe atribuía virtudes, seu modo de pensar era liberal.

Getulio Vargas dera o disparo fatal no local apropriado, um só, certeiro, no coração, como se no último momento, depois de ler a carta escrita por um auxiliar a partir de bilhetes que ia lhe passando, e que seria o seu testamento à nação, lembrasse que deveria ser feita uma máscara mortuária. O rosto não poderia ficar desfigurado. O tiro não poderia ser na têmpora. O único descuido foi morrer, e ser depois fotografado, de pijama, cor clara, com listas alternadas escuras e claras, parecia de algodão, depois soube-se que era de seda, confeccionado sob medida pela famosa casa Raul Camiseiros. Se pensasse mais um minuto, tiraria o traje de dormir e colocaria algo mais apropriado à ocasião, principalmente às fotografias. Foi sem dúvida um pequeno descuido. Pouco antes do ato final mandou vir o barbeiro. Não havia necessidade, sua barba seria aparada pelos encarregados de vesti-lo e pentear seu cabelo antes de acomodá-lo para as homenagens.

A morte programada permite a organização para que o evento seja o mais trágico possível, comovente até aos mais indiferentes, como no caso de meu pai em relação ao chefe da nação.

O tiro mortal partiu de um revólver Colt 32 com cabo de madrepérola, pouco depois das 8 horas da manhã, 19 dias após o atentado ao jornalista que lhe fazia oposição e que resultara na morte de um jovem militar.

Quatro horas antes, na última reunião do ministério, ouviu de seu ministro da Guerra a sugestão para que renunciasse — os demais ficaram em silêncio. Silêncio de apoio à ideia do colega.

A renúncia era entendida como um gesto de grandeza para permitir a isenta apuração do atentado. Pairava a suspeita de que tudo houvesse sido tramado e executado por pessoas do palácio. A oposição o acusava de estar mergulhado em um "mar de lama".

A única sugestão de seus ministros era a renúncia. O presidente a compreendia como confissão de culpa. Não queriam ser cúmplices de um homicídio, gostariam de continuar suas carreiras com outro líder. Aquele, agora, os contaminava. Os inquéritos poderiam atingi-los. Anos de cega lealdade destruídos em poucas horas pelo medo de serem atingidos por um descuido cometido na velhice, pelo chefe que tanto os havia beneficiado.

O presidente entendeu que o ministério não chegara a conclusão alguma, não havia indicado um rumo a seguir, ou melhor, havia, mas não era do seu agrado. Não se soube o que ele queria naquela madrugada, naquela reunião iniciada às três horas: ataques à oposição, confronto ou um golpe de estado, como já ocorrera no passado. Nunca se saberá o que se passava em sua cabeça, a não ser que não renunciaria.

Encerrou a reunião às 04h30, dizendo: "Os revoltosos encontrarão aqui dentro do palácio o meu cadáver."

A frase fora entendida por todos, era tão forte que sequer se entreolharam; ouvi-la dera certo alívio aos presentes. A sugestão da renúncia fora aceita e seria executada por outro meio.

O trágico desenlace os livraria da perigosa companhia e ainda os colocaria na história ao lado de seu líder. Teria dupla utilidade. Não havia nenhuma dúvida; ele soubera, como sempre, escolher a melhor opção para seus futuros. Todos fingiram não entender o que se passaria nas próximas horas e retornaram às suas casas. Ninguém teve coragem de comentar com os outros o que pensava. Repousariam um pouco e seriam chamados ao palácio, onde, surpresos, atônitos, receberiam como novidade a notícia tão aguardada.

O auxiliar que o ajudou na escrita da carta de despedida ficou no palácio; poderia ser necessária alguma mudança de última hora, trocar uma palavra, alterar uma frase — sua presença era importante. Quando ouviu o tiro, percebeu que seu trabalho estava bem feito. Sua presença não seria mais necessária.

Não poderiam ocorrer improvisos. Na mesma madrugada, após a reunião, o ministro da Justiça despachou para a imprensa uma nota curta, informando que o suicídio ocorreria nas próximas horas: "...persistirá inabalável no seu propósito de defender as prerrogativas constitucionais com o sacrifício, se necessário, da própria vida". A nota refletia o pensamento unânime do ministério. Getulio, instado a lê-la, não quis, sabia o seu conteúdo: o anúncio de sua morte. A leitura do fúnebre aviso talvez o fizesse recuar.

A carta deixada pelo suicida convocava o povo a substituí-lo na luta contra as pressões "das aves de rapina" que o impediam de modernizar o país. Alertava a nação de que, quando a fome batesse às suas portas, sua alma estaria sofrendo ao seu lado. Como um mártir, sancionou: "Eu vos dei a minha vida. Agora ofereço a minha morte".

As palavras, as frases, conclamavam à luta contra seus inimigos, também inimigos de seu povo. A oposição se viu acuada e se recolheu, foi para longe dos acontecimentos, pôr-se a salvo e pensar com mais calma. No primeiro momento sentiu-se aniquilada.

Como um terremoto, uma explosão vulcânica, tudo mudou de repente. A nossa cidade parou, o comércio fechou, hordas passaram a protestar pela morte do caudilho. Tudo que fosse americano tinha que ser destruído. Para ser americano bastava ter nome estranho, como a cervejaria dedicada ao maior dos deuses do hinduísmo ou a loja cujo dono tivera a infeliz ideia de chamá-la de Importadora Americana. Ocorreram grandes incêndios em prédios de jornais e rádios tidos como seus adversários.

Quando a calma voltou a reinar, ficamos meses sem as novelas da Rádio Farroupilha e os programas domingueiros de seu auditório, destruído, incendiado pelo povo ensandecido. O piano foi jogado do segundo andar na rua, um troféu de guerra, rescaldo do campo de batalha, vencida pelos vingadores da morte presidencial. Um piano.

Os que participavam dos protestos pela morte do ex-ditador, há poucas horas eram pessoas pacatas, exerciam suas profissões, cuidavam de seus filhos, obedeciam aos seus patrões, viviam de forma ordeira, obedientes às leis e aos costumes.

De repente, alguma voz os conclamou a vingar a morte de alguém que chegou a ser conhecido como "pai dos pobres". Não houve um líder, a conclamação saiu de cada um; somente nas ruas apareciam os que iam à frente dos demais, seus líderes momentâneos. Alguns trouxeram bandeiras do Brasil ou do estado, a referência colorida e tremulante facilitava o exercício do comando.

Tudo mudou. A passividade cotidiana transmudou-se em rebelião. Rebelião contra o quê? Contra os que levaram o presidente, que não soubera conviver com a democracia, à morte, contra aqueles que lhe faziam oposição ou que escreviam coisas que lhe desagradavam.

Viu, fingiu que não viu que seus inimigos estavam à sua volta, muito próximos. Nos anos de ditadura jamais pensou em abandonar o palácio em um caixão de madeira. Os acólitos amenizavam suas dificuldades. Os jornais amigos exaltavam seus feitos, os contrários eram fechados ou censurados.

O clamor popular por vingança era no fundo uma revolta contra suas vidas medíocres, aprisionadas, com pouco presente e nenhum futuro. Uma explosão interna, do fundo de suas almas, um protesto íntimo que se transformou em coletivo. Sem essa explosão — que agora queimava, destruía e que muitas vezes ao longo da história derrubara governos —, expressariam suas frustrações em brigas com amigos, palmadas nos filhos, gritos com a mulher; os mais extremados, em algum crime passional.

Após a batalha, a fúria permaneceria contida, fora apenas aliviada, continuaria aguardando nova palavra de ordem para atacar. A massa está sempre à disposição de um líder que lhe diga o que fazer. As revoltas pessoais permanecem latentes, prontas para explodir quando alguém as conclamar à luta.

Nesse dia estavam livres para a catarse, para a grande liberação de seus desgostos em nome de algo maior, a vingança da morte de um caudilho que não lhes dedicava nenhum apreço, mas isso eles não sabiam. Era um dia memorável, sem punições, milhares de seres invisíveis adquiriram o direito de participar da história.

No caso das revoluções, uma vez vitoriosas, os heróis anônimos voltam ao seu pobre cotidiano, ao anonimato, à vida invisível, obedecendo da mesma forma que antes aos novos donos do poder. Aguardam, às vezes décadas, que uma nova palavra de ordem os coloque novamente nas ruas, derrubando estátuas, queimando prédios, saqueando palácios, apagando o passado que até o dia anterior aceitavam pacificamente, mas, de repente, tornava-se insuportável às suas pálidas existências.

Meu pai tinha consciência que aquele era um momento histórico. Não apenas a calma da cidade fora quebrada, como estavam sendo produzidos fatos que seriam lembrados. Pegou a mim e meu irmão menor para caminhar pelos locais vandalizados. Minha mãe protestou, em vão; saímos de mãos dadas, fomos à cervejaria, a poucos metros de nossa casa, onde a única maquete da cidade, feita há mais de cem anos, fora destruída. Por que o fundador da cervejaria não lhe dera um nome português e não aquele do deus que os arianos há milênios levaram para a Índia? A escrita estranha, o nome pouco familiar, não havia dúvida, era americano, imperialista, representava todo o mal que o Império fazia às terras oprimidas.

Países governados por caudilhos como o que acabara de morrer, interessados apenas em si e no seu poder, invariavelmente populistas, presenteavam o povo com algumas miçangas e eram por eles idolatrados, não podiam de forma alguma ser culpados pela pobreza de pessoas a que tanto amavam e que por elas eram tão queridos. Os inimigos só poderiam estar fora das suas fronteiras, em países distantes, bem ao norte. A culpa não estava na estrutura política, na corrupção, na ignorância ou no pouco apreço às leis e ao empreendedorismo. A culpa era abstrata, materializada em um rico inimigo querendo manter os vizinhos na pobreza apenas por maldade. Um inimigo longínquo, distante, sempre facilita a permanência no poder. Um dos trabalhos dos ditadores é manter seu amado povo protegido da cobiça estrangeira.

O governador do estado, general Ernesto Dornelles, era primo do ilustre suicida. Deixou a população manifestar livremente seu pesar, fosse de que modo fosse. A Carta o instava a isso. A última ordem tinha que ser cumprida.

Ao anoitecer, o Exército colocou suas tropas na rua, a situação se acalmou. À noite era possível ver a fumaça dos incêndios do dia. Lá se fora o *Diário de Notícias* e, de sobra, o cinema que ficava ao seu lado, em frente à praça da Alfândega. O proprietário do jornal, Assis Chateaubriand, antigo aliado do presidente, agora queria a apuração do assassinato ocorrido no Rio.

A queima de material impresso é prática antiga. Desse modo se foram os conhecimentos acumulados na biblioteca de Alexandria, os livros contrários à verdade da Igreja durante a Inquisição e tantos outros escritos, eliminados por governos que não os queriam lidos. Há um desejo intrínseco, controlado apenas pelos bons costumes, de queimar o que contraria o saber estabelecido. Ele pode surgir a qualquer momento, em qualquer lugar. Naquele dia aflorou, destruindo o que era julgado herético à história oficial, contrário à vontade do presidente que se fora.

Em alguns momentos, possuir livros pode ser perigoso, pode levantar suspeita e condenar seus leitores a penas que vão além da proibição de suas leituras.

É muito difícil deter o comando de uma nação por longo tempo sem o uso da censura. Mesmos os povos mais atrasados ou passivos em algum momento se rebelam. Censurar informações acalma os ânimos e retarda as manifestações de desagrado.

Que razão levara milhões de pessoas de todo o país a prantear, homenagear, protestar, participar das últimas reverências ao líder morto? A resposta exige um recuo no tempo.

Em 15 de novembro de 1889 foi abolido o Império e proclamada a República dos Estados Unidos do Brasil. As províncias passaram a ser chamadas estado. Cada unidade da federação elaborou uma constituição e elegeu o seu dirigente.

O imperador e sua família foram para o exílio na França. A Constituição garantiu uma pensão vitalícia a Dom Pedro II.

No Rio Grande do Sul o eleito foi o advogado, jornalista e líder republicano Júlio Prates de Castilhos, que assumiu o governo em 1891, com 31 anos de idade, para um mandato de cinco anos, não cumprido. Foi derrubado quatro meses após a posse. Em 1893 foi eleito novamente e concluiu seu período em 1898, conforme o estabelecido.

Fez o sucessor, o também republicano Antônio Augusto Borges de Medeiros, advogado, eleito aos 35 anos. Borges tornou-se o líder maior da vida rio-grandense nos 30 anos seguintes. Para cumprir determinação legal, afastou-se do governo em 1908, elegeu o sucessor e retornou em 1913, saindo em 1928.

Apoiou Getulio Dornelles Vargas para sucedê-lo. Getulio, advogado e político, havia sido ministro da Fazenda no governo do presidente Washington Luiz. Deixou o cargo para participar da eleição para governador de seu estado. Tomou posse, com 46 anos de idade, em janeiro de 1928.

A partir de 1930, a vida de Getulio Vargas e a história do Brasil se entrelaçaram. O que viria a acontecer, ou deixar de acontecer, para o bem ou para o mal nas décadas seguintes devia-se ao que foi iniciado naquele ano.

Para usar os estereótipos regionais, ele era um misto de político mineiro e gaúcho. Dos primeiros herdou a prudência, a desconfiança e o gosto pelas conspirações; dos segundos, a ousadia, a precipitação e o apreço às revoluções, à tomada do poder por lutas que não fossem as eleitorais.

Os mineiros, vivendo nas montanhas, moldaram seu caráter lutando contra a Coroa portuguesa por meio de conspirações e reuniões secretas. Não poderia ser de outro modo. O herói maior, Tiradentes, queria libertar o país do jugo português e implantar uma república, como indicam as anotações que fez em um exemplar da Constituição americana, que teria sido presente de Thomas Jefferson.

Os gaúchos, desde a conquista de seu território, tiveram que lutar em campo aberto, na planície pampeira. Não conspiravam, partiam para a luta usando o cavalo, a lança e todas as armas disponíveis.

No extremo sul do território português havia a vizinhança das colônias espanholas. Era um local estratégico para Portugal; ali terminava sua enorme colônia sul-americana.

A pecuária, favorecida pelas pastagens naturais, tornou a região fornecedora de carne para o restante da colônia. Nas Minas Gerais, a riqueza vinha da extração do ouro.

A província ficava distante do centro de decisões do poder colonial, do representante do rei de Portugal. Era difícil acessá-la e estava povoada por índios guerreiros.

Os limites nas terras naquele remoto ponto de encontro entre os dois países ibéricos no sul do Novo Mundo, Espanha e Portugal, só foram estabelecidos em 1750 pelo tratado de Madri. O primeiro, o Tratado de Tordesilhas, assinado pelo papa espanhol Alexandre VI em 1494, há muito deixara de ser respeitado, se é que algum dia o foi.

Pelo novo acordo, as missões criadas pelos padres jesuítas seriam terras portuguesas, e a Colônia do Sacramento, às margens do rio da Prata, espanhola.

Portugal começou a povoar o território com casais açorianos, e, logo nos primeiros anos, chegaram 2.300 pessoas.

A paz não foi alcançada. O tratado não foi cumprido.

Portugal não entregou a Colônia do Sacramento nem a Espanha cumpriu sua parte. A fronteira continuou sem uma delimitação satisfatória para os dois países.

Os açorianos acabaram recebendo menos terra do que o prometido. Com o passar dos anos, ampliaram suas propriedades, iniciaram de criação gado e se tornaram estancieiros.

A falta de limites bem definidos tornou a região um campo permanente de disputas. Em 1763, a Espanha invadiu um território considerado português. Começaram as lutas, surge o primeiro herói gaúcho, Rafael Pinto Bandeira. Em 1766, os espanhóis foram expulsos do Rio Grande. "A terra foi conquistada na pata do cavalo e na ponta da lança", como gostam de dizer os gaúchos.

Em 1815, tropas do Reino Unido de Portugal, Brasil e Algarves anexaram o Uruguai, criando a Província Cisplatina.

A província sulista, com sua gente prenhe de espírito de luta, resolveu iniciar uma guerra republicana em 1835, a Guerra dos Farrapos. Uns a consideram separatista, outros uma revolução para acabar com a monarquia e criar uma república brasileira. A República Farroupilha, ou Rio,

Grandense, durou dez anos, sendo derrotada pelo Império em 1845.

Os gaúchos não tiveram o mesmo destino dos uruguaios, que, em 1828, separaram-se do Império brasileiro, derrotado na guerra Cisplatina pela Argentina, que não via com bons olhos o vasto reino chegar ao rio da Prata.

Esse espírito de luta impregnou a gente do pampa. Getulio, em que pese ser da região mais indômita, a da fronteira, era e não era como os demais. Dependia do momento e das circunstâncias.

Os destinos de Getulio Vargas e do Brasil mudariam em 1930. Os acontecimentos que se seguiriam não podiam ser previstos; podiam ser pressentidos, havia coisas no ar, como naquelas tempestades que, muito antes de desabar, emitem sinais de sua aproximação.

Os acontecimentos daquele ano entrelaçariam os caminhos do homem e do país por muitos anos, durante e depois de sua vida.

O presidente da República, Washington Luiz, estava terminando o seu mandato de quatro anos. Assumiu em 1926 e revogou o estado de sítio e a censura à imprensa, que vigoraram durante todo o período de seu antecessor, Arthur Bernardes. Foi aplaudido.

Pouco depois retomou a censura, foi acusado de dar pouca atenção aos problemas sociais e, para piorar, a economia estava sendo duramente atingida pela crise americana de 1929. O preço do café, sustentáculo econômico nacional, caiu pela metade entre 1929 e 1930. Também não foi bem recebida por facções políticas adversárias a indicação que fez do político paulista Júlio Prestes, como candidato oficial à sua sucessão.

Em junho de 1929, reuniram-se no hotel Glória, no Rio de Janeiro, o senador por Minas Gerais, e candidato preterido à presidência, Antônio Carlos Ribeiro de Andrade, e o deputado gaúcho João Neves da Fontoura, que firmaram o pacto de unir seus estados em torno da candidatura de Getulio Vargas à sucessão de G Luiz; deram o nome de Aliança Liberal ao seu acordo. Mais tarde, a Paraíba, governada por João Pessoa, juntou-se aos dois estados opositores da candidatura oficial.

Na ocasião o líder mineiro disse: "Façamos a revolução pelo voto antes que o povo faça pelas armas".

Getulio, ministro da Fazenda de 1926 a 1927, deixou o governo federal para se candidatar ao do Rio Grande do Sul. Eleito, passou a combater Washington Luiz. Pela oposição concorreu à presidência da República, em 1930, contra Prestes.

Tão logo saiu o resultado da eleição — as urnas apontaram a derrota de Vargas —, um grupo de políticos e militares resolveu impedir a posse do eleito. Prestes obteve 1 milhão e 100 mil votos e Getulio 669 mil.

As inquietações começaram no estado governado por Vargas; os descontentamentos de outros estados foram canalizados para lá. Políticos jovens e irrequietos, moldados em sucessivas revoluções, achavam que o único meio de colocar o país no caminho por eles considerado certo era o das lutas, não o do voto.

Dentre os descontentes estavam os gaúchos João Neves da Fontoura, vice-governador; Oswaldo Aranha, secretário do Interior e Justiça; o senador José Antônio Flores da Cunha; os mineiros Francisco Campos e Virgílio de Melo Franco; e o tenente-coronel Pedro Aurélio de Góis Monteiro, alagoano radicado no Rio Grande. Começaram a conspirar antes mesmo da realização da eleição presidencial. Se perdessem, não aceitariam o resultado do pleito e desencadeariam um movimento armado.

Como a "revolução pelo voto" não dera certo, tinham que partir para aquela que queriam evitar com o "Pacto do hotel Glória", a das armas.

Começaram a se preparar para o que vinha pela frente fazendo grandes compras de armas e munições na Tchecoslováquia. Os futuros revolucionários gastaram 24 mil contos réis, cabendo ao Rio Grande 16 mil contos, Minas Gerais 6 mil, e o estado da Paraíba 2 mil contos. Queriam a paz, mas iam se preparando para a guerra.

A eles se juntaram tenentes do Exército, revolucionários de outras ocasiões na década passada, sempre dispostos a usar suas armas para derrubar tudo que considerassem fora do lugar.

Líder dos tenentes, o capitão Luiz Carlos Prestes procurou Getulio e sugeriu o caminho da revolução em caso de derrota eleitoral. Getulio repeliu a ideia subversiva. Comentou com seu vice-governador: "Penso que não nos é lícito lançarmos o país numa revolução, sacrificarmos milhares de vidas, arruinar e empobrecer o Estado, só para combater um homem que atualmente nos desafia, que é o presidente da República".

Getulio já havia dito, com firmeza e convicção, o que pensava a respeito de golpes de estado: "...não pensamos em revolução, sim, que isso fique bem claro, no Rio Grande não se pensa em revolução. Os rio-grandenses aceitarão o resultado das urnas. O Partido Republicano e eu tudo faremos para impedir um gesto de desvario".

Mais tarde repetiria esse tipo de discurso, anunciando uma coisa e fazendo outra, diversas vezes.

Pelo sim pelo não, ficou com os dois lados, a favor e contra Washington Luiz. Permitiu que seus auxiliares trilhassem o caminho da luta armada e autorizou amigos a manterem boas relações com o governo da República.

Essa característica, a ambiguidade, foi marcante ao longo de sua vida. Deixar os fatos se desenrolarem e definir-se no momento certo.

Quando o movimento revolucionário teve início, Getulio liderou os revoltosos. Ficou a impressão que ele fora empurrado para essa posição pelos seus aliados. Se tomou a decisão ou foi levado a ela, a história não registra.

O fato é que, por uma razão ou outra, ele esteve à frente dos acontecimentos. Se trocasse novas ideias com João Neves, apenas tiraria o "não" do discurso pacifista de poucos meses atrás, e diria: "Penso que é lícito..." Tirou uma palavra da conversa e partiu para a aventura militar.

O seu propósito era justificado pela necessidade de combater as oligarquias que impediam o progresso, das quais o eleito fazia parte, e demonstrar seu repúdio a uma eleição que julgara fraudulenta.

Vitorioso, Júlio Prestes sentiu-se seguro para viajar aos Estados Unidos levando a boa nova ao presidente Herbert Hoover, a quem visitaria. De lá partiria para Londres e Paris, para descansar da exaustiva campanha eleitoral e alinhavar algumas ideias para os próximos anos. Tomou o navio Almirante Jaceguay, do Lloyd Brasileiro, e partiu.

Os descontentes queriam antecipar o fim do mandato do presidente Washington Luiz, não permitir a posse de Prestes e colocar Getulio Vargas no Palácio do Catete, no Rio de Janeiro. A sequência seria feita pelas armas, seria derramado tanto sangue quanto necessário, até colocarem o seu candidato na presidência.

A imprudência de Júlio Prestes — viajar antes de ser empossado, não estar presente para combater os que não queriam vê-lo ocupando o cargo para o qual fora eleito — teve um alto preço.

Prestes tinha forte convicção democrática, não acreditava ser possível termos uma ditadura. Antes de tomar o navio para a América do Norte, ouvira falar de descontentamentos e reuniões. Soubera que movimentos contrários poderiam ter início na distante província do extremo sul, tão distante que já nem parecia ser no Brasil, afeita a guerras e combates, como seus vizinhos uruguaios e argentinos. Povo irrequieto que já havia lutado contra o Império e proclamado a sua república, só retornando ao Brasil depois de anos de guerra sangrenta.

O eleito subestimou os fatos, não acreditou que, de meras conversas de derrotados, poderiam ocorrer desdobramentos que o colocariam em risco.

A viagem o atraía, sua família gostou da ideia, seus amigos o estimularam a partir, lembravam que o encontro na Casa Branca era aguardado por Hoover e passaria à história.

Quando voltou, constatou que não havia mais condições para sua posse. Exilou-se na Inglaterra até 1934, só retornando à política em 1945, como prócer de partido político de oposição àquele que usurpara seu direito à presidência. Morreu um ano depois. Foi o último paulista a ser eleito presidente da República.

Como Getulio, ele servira a Washington Luiz, foi líder do governo na Câmara dos Deputados. Em 1927 ambos deixaram o governo e cada um foi governar o seu estado.

Não passava pela cabeça de Júlio Prestes um golpe de estado em um país com uma história de respeito à Constituição desde sua independência. Como republicano, despachou o imperador para terras distantes, para o exílio. A ruptura não foi por ele considerada uma ofensa às leis, entendeu como um ato modernizador. Uma monarquia nas Américas era de fato um tanto bizarro.

No exílio, em 1931, disse:

"O que não compreendo é que uma nação como o Brasil, após mais de um século de vida constitucional e liberalismo, retrogradasse para uma ditadura sem freios e sem limites como essa que degrada e enxovalha perante o mundo civilizado!"

Em junho de 1930, a revista *Time* lhe dedicou uma capa; abaixo de seu retrato, o título, *President — elected of Brazil*.

No mesmo ano, a revista norte-americana abriu espaço para noticiar a deposição e prisão de Washington Luiz, e, pela primeira vez, citou Vargas como presidente provisório.

O único contato posterior entre os dois foi uma carta de Prestes cumprimentando o ex-colega pela decisão de declarar guerra ao nazi-fascismo, em 1942, e aliar-se aos países democráticos. Mais que satisfação, expressava ironia no fato de um ditador combater seus semelhantes.

É possível, até provável, que tenha havido fraude eleitoral nas eleições presidenciais. As condições nas quais elas se realizavam favoreciam as trapaças.

A essa época só podiam votar brasileiros do sexo masculino, alfabetizados, com mais de 21 anos. Uma raridade. O voto era descoberto, todo tipo de fraude era possível. Getulio, que acusou a eleição de fraudulenta, foi vencedor em seu estado com a totalidade dos votos; nenhum foi dado ao seu adversário. Prestes teve 91% dos votos paulistas. Participaram daquele pleito menos de 3% da população total do país.

O trabalho para antecipar o fim do mandato do presidente Washington Luiz foi realizado por uma Junta Militar, liderada pelo general Tasso Fragoso. Por meio de uma carta, não pelas armas, foi comunicado que ele deveria ir embora.

Faltavam apenas 21 dias para encerrar o seu período. Washington Luiz não gostou da ideia, mas não resistiu. Foi preso no Forte de Copacabana. Saiu como um inquilino com aluguéis atrasados, não como um presidente deposto.

Do Palácio do Catete à prisão foi acompanhado pelo cardeal Sebastião Leme, não em gesto de solidariedade, apenas de elegância. Mais tarde exilou-se nos Estados Unidos. A Junta assumiu o poder com o propósito de passá-lo adiante; meio caminho estava percorrido para o sucesso da revolução que se seguiria.

O movimento partiu do Rio Grande do Sul tendo à frente o candidato derrotado, Getulio Vargas, seguido por um grupo de políticos gaúchos e mineiros, além dos tenentes do Exército. A juventude do grupo demonstrava o seu idealismo.

Alguns políticos nada jovens, principalmente de Minas Gerais e São Paulo, apoiaram a empreitada dos revolucionários para não perder o seu espaço. Era um grupo pragmático, há muito no comando do país e de suas províncias. O que menos queriam era ver os seus lugares ocupados por outros.

O antigo líder de movimento para depor o presidente da República. Destacou-se na Escola Militar como estudante aplicado. Positivista no começo da juventude, como os gaúchos de sua geração, tornou-se católico aos dezoito anos, quando recebeu o batismo.

Em reunião secreta em Porto Alegre, Getulio insistiu para ele ser o chefe militar do movimento, mas Prestes não aceitou. Disse que o Brasil precisava de uma guerra civil e alegou que a simples troca de homens não mudaria a situação de pobreza dos brasileiros. Tinha razão, mas não sabia o que fazer. Achou que os comunistas lhe apontariam o rumo a seguir. Queria reformar o mundo e não observou o alerta de Molière: "Nenhuma loucura maior que pretender corrigir o mundo".

Retornou a Buenos Aires, onde continuou estudando marxismo e trabalhando como engenheiro; mais tarde, passou a negociar madeira e erva-mate.

Após a vitória de Getulio e seus revolucionários, Prestes partiu para Moscou para ver se lá lhe indicariam um caminho capaz de resolver os problemas brasileiros.

Em 1931, conclamou o povo à derrubada do governo sob a hegemonia do Partido Comunista Brasileiro, esclarecendo que se tratava da seção brasileira da Internacional Comunista. A informação se fazia necessária para que soubessem que a bandeira comunista no Brasil era sua, uma marca registrada na União Soviética. A preocupação era evitar que em algum momento surgisse uma dissidência ou facção que a utilizasse.

Em 1934, filiou-se ao Partido Comunista Brasileiro. Voltou clandestinamente ao Brasil, tentou uma revolução contra o regime, foi derrotado e preso.

O estopim para detonar o movimento contra a posse de Júlio Prestes foi o assassinato de João Pessoa, governador do estado da Paraíba e candidato a vice-presidente na chapa de Vargas, membro de tradicional estirpe oligárquica, a mesma que os jovens queriam acabar. No auge das conspirações, foi morto por João Dantas, que pouco antes tivera suas cálidas cartas amorosas para uma amante publicadas pelos jornais da província. A indiscrição foi atribuída a João Pessoa; só restava matá-lo para limpar a honra ferida com a divulgação de sua paixão.

O assassinato foi perpetrado em uma confeitaria no Recife. João Pessoa apreciava o chá das cinco na confeitaria Glória, quando seu desafeto irrompeu no salão e gritou: "Sou João, a quem humilhastes e maltratastes". Apontou o revolver para o inimigo e o matou.

Preso, foi levado para a casa de detenção, onde foi espancado e degolado. O laudo oficial registra suicídio. Os revoltosos lhe deram conotação política. Tinham agora um mártir para vingar com sua revolução.

Antônio Carlos queria atribuir a Washington Luiz a decisão de perpetrar o assassinato; Getulio discordou. Já havia sido aceito pela opinião pública como um crime político, não havia necessidade de imputá-lo ao presidente da República.

O poder lhe caía às mãos. Os generais no Rio de Janeiro depuseram o presidente, o crime na confeitaria produziu um mártir, eventos que se somavam às demais razões.

Tudo compatível com as grandes mudanças da história da pátria. A independência e a república foram golpes ascéticos, sem sangue, sem mortes, com falsos heróis, tudo limpo e burocrático. Apenas trocas de guarda. O povo era mero espectador do que ocorria. Nada mudava, apenas uns subiam e outros desciam. É difícil encontrar na história dos povos revoluções tão indignas desse nome como as brasileiras. Não tinham nenhuma semelhança com a Revolução Francesa ou com a Guerra Civil norte-americana, lutas de vida ou morte que transformaram seus países e o mundo.

Movimentos, golpes, rebeliões recebiam o apelido de "revolução" para valorizá-los perante a história. Pouquíssimas, das muitas que eclodiram antes e depois da proclamação da República, tinham alguma afinidade com as verdadeiras revoluções com propósitos renovadores.

Em julho de 1930 ocorreu o assassinato de João Pessoa; em outubro, Washington Luiz foi deposto; um mês depois, Getulio assumiu a presidência do país.

No dia 3 de outubro, Getulio Vargas e o tenente-coronel Góis Monteiro deram início à revolução, com tropas formadas por militares e civis. Getulio, com uma apropriada farda militar que lhe ressaltava a liderança, partiria de trem de Porto Alegre a São Paulo — para lá se dirigiriam seus apoiadores de Minas Gerais e do Nordeste.

No primeiro momento, um pouco a contragosto, Borges de Medeiros, que havia reconhecido a vitória de Júlio Prestes, apoiou o golpe. Quando se instalou a ditadura, ele rompeu com Vargas. Antes, com a recusa do capitão Prestes em assumir o comando militar do movimento, Borges sugeriu o nome do coronel Euclides Figueiredo, que também recusou a incumbência, considerando que tramavam um golpe, um atentado à democracia.

Getulio não mais guardava na memória o que havia dito, em 1924, em apoio ao presidente Arthur Bernardes, quando os paulistas iniciaram uma revolução para depô-lo: "Já passou a época dos motins de quartéis e das empreitadas caudilhescas, venham de onde vierem".

Em três de outubro, além de começar a revolução, Vargas iniciou um longo e detalhado diário com anotações do que fazia e pensava. Visava ao futuro, tinha consciência de que estava entrando de forma definitiva para a história. Anotou na primeira página:

"O aparente prosaísmo da vida real é bem mais interessante do que parece. Lembrei-me de que, se anotasse diariamente, com lealdade e sinceridade, os fatos de minha vida, como quem escreve apenas para si mesmo, e não para o público, teria aí um largo repositório de fatos a examinar e uma lição contínua a consultar".

O diário foi escrito de modo sistemático entre 1930 e 1942. Através dele Getulio desvenda fatos, disputas políticas, o caráter das pessoas e, mais do que tudo, sua alma. Não se censurou, não omitiu nem a grandeza nem a mesquinhez do que compôs o seu dia a dia.

Tinha razão. O cotidiano de qualquer um é repleto de altos e baixos, de glórias e tragédias que preenchem o seu pequeno mundo; são como os átomos que compõem a história dos povos.

No primeiro dia de anotações ele reflete sobre a revolução que empreenderia: "O que nos reservará o futuro incerto neste lance aventuroso?" Demonstra dúvida, receio; era apenas um homem refletindo sobre as incertezas da vida. Sabia que a história não é escrita pelos perdedores.

Poderia morrer, ser derrotado ou mudar a história do país; não sabia que a última hipótese prevaleceria sobre as demais. Bons tempos nos quais, com absoluta segurança, se podia consultar o oráculo de Delfos, interpretar os presságios ou ler o que diziam os profetas. Getulio, como todos, tinha ansiedade com relação ao futuro. Não há certeza de nada, exceto da morte — mesmo assim não se sabe quando ocorrerá. As dúvidas são permanentes, monotonamente uma nova vai substituindo a anterior.

No dia em que começou a passar para a história teve reuniões no palácio do governo com seus assessores e reviu o artigo que publicaria no *A Federação*. Saiu de seu gabinete, desceu as escadas, foi à residência nos fundos do prédio principal, fez a *toillete*, almoçou com a mulher e os filhos, jogou pingue-pongue com dona Darcy, retornou a seu gabinete no primeiro andar do palácio, seguiu normalmente a rotina da tarde.

Recebeu do diretor da Viação Férrea informações sobre os trens que levariam os revolucionários ao Rio; ele deu conta de vagões que foram deslocados de vários pontos para a linha principal por onde passaria o comboio dos revolucionários.

Às 04h30 da tarde, ansioso, registra os fatos que viriam a seguir. Escreve: "Aproxima-se a hora". Reflete. Nas próximas horas não seria decidido o destino de um homem, ele, mas de toda uma coletividade, do país.

Minutos depois ouve o barulho dos tiros disparados por fuzis e metralhadoras. Em vinte minutos tudo silencia. O quartel-general do Exército, a poucos metros do palácio onde se encontrava, na rua da Praia, havia sido tomado. A empreitada de Oswaldo Aranha, Flores da Cunha, acompanhado de três de seus filhos, Góis Monteiro e outros tinha sido bem-sucedida. O primeiro passo rumo ao Palácio do Catete, no Rio, havia sido dado. Agora era tomar o trem e iniciar a longa viagem.

Uma pequena resistência foi debelada antes da meia-noite.

Satisfeito, entregou a chefia de seu Estado-Maior ao tenente-coronel Góis Monteiro.

Os telegramas vindos do interior do estado traziam boas notícias; o sucesso era total, não havia mais resistência por parte das tropas federais.

No dia seguinte, mudou o nome da avenida da Redenção, dado em homenagem à libertação dos escravos gaúchos em 1884, quatro anos antes de o Brasil fazê-lo, para João Pessoa, o mártir. Depois pensaria em como lembrar os ex-escravos.

Se a história detalhasse a vida e o sacrifício dos mártires, eles seriam reduzidos a um número bem menor. Pessoas que estavam em dado momento em um lugar certo para os movimentos revolucionários e provavelmente errado para si próprios.

João Pessoa apreciava os seus doces prazerosamente; Marat coçava suas feridas numa banheira; Lincoln assistia a uma peça teatral, quando, de repente, suas vidas foram roubadas. Foram martirizados e garantiram seu lugar na história.

No segundo dia, começou a faltar munição aos revoltosos mineiros. Pediram socorro aos gaúchos. O problema logístico era insolúvel, seriam necessários muitos dias de viagem para o pedido ser atendido. Teriam que lutar com o pouco que tinham.

As boas notícias continuavam chegando de toda parte, do Nordeste a Santa Catarina. Foram depostos os governadores do Piauí e de Pernambuco. As vitórias nordestinas são devidas à ação rápida do capitão Juarez Távora. Seus feitos foram exaltados a ponto de ele ser comparado pelo jornalista Assis Chateaubriand, nordestino como ele, a Bolívar e Cromwell.

Mais tarde, o ex-governador gaúcho, já presidente da República, saudou-o no Campo dos Afonsos, base aérea da Aviação Militar no Rio de Janeiro, dizendo:

"Juarez, foste a espada da vitória, és a glória do Brasil".

A resposta foi igualmente épica:

"Cumpri o meu dever, resta agora que os homens cumpram também o seu".

As lutas prosseguiam, permitiam antever a vitória. As auspiciosas notícias eram levadas a Getulio por Oswaldo Aranha, ministro da Guerra do Rio Grande do Sul, ministro, não secretário, tratava-se de uma guerra contra forças inimigas, como se fosse contra outro país. Góis Monteiro, o chefe militar, conduzia de modo amplamente satisfatório suas tropas, formadas por 30 mil homens do Exército e da Brigada Militar do estado.

Os comandantes garantiram que era hora da caravana partir. A viagem em direção à conquista final começou às 11h30 do dia 11 de outubro; saíram da estação ferroviária na rua Voluntários da Pátria. No meio de uma multidão eufórica, partiram os combatentes, deixando para trás Oswaldo Aranha como governador do estado. Vargas não passou o cargo para seu vice, o legítimo sucessor, João Neves da Fontoura.

No comboio, pessoas amigas, como Flores da Cunha, o senador Idelfonso Simões Lopes, acompanhado de seu filho Luiz, e o sobrinho de Getulio, Vargas Neto. Ao final da tarde, o trem chegou a Santa Maria, no centro do estado, e foi recebido pela população em delírio; enquanto os revolucionários eram saudados, a locomotiva recebia cuidados, água para a caldeira e carvão para a fornalha.

Na parada seguinte, Carazinho, uma falta foi suprida. Foi entregue pelos líderes locais uma bandeira vermelha, com a divisa "Rio Grande, de pé, pelo Brasil". A revolução agora tinha líder, mártir, bandeira e divisa. Foi composto, ainda, um hino a João Pessoa.

Na parada no Erval, ainda no Rio Grande, no quarto dia de viagem, incorporou-se ao grupo o jornalista Ganot Chateaubriand, irmão de Francisco de Assis Chateaubriand. Foi recebido com muitos abraços; era o apoio que faltava: o da revista *O Cruzeiro* e de todos os jornais e rádios do Randolph Hearst brasileiro. A certeza da vitória, o sucesso do movimento deve ter sido forte estímulo para a adesão em território tão remoto.

Tinha que chegar ao Rio junto com aquele que seria o novo mandatário da nação.

Chateaubriand, paraibano, advogado e jornalista, havia constituído um império jornalístico impensável à época e jamais igualado nos anos seguintes. A partir de *O Jornal*, do Rio de Janeiro, comprado em 1924 com ajuda do político mineiro Virgílio de Melo Franco, montou uma organização, os Diários Associados, que em menos de duas décadas possuía 28 jornais, 15 emissoras de rádio e uma agência de notícias. Nos anos 1950 ele introduziu a televisão no Brasil.

A cada parada, leem os telegramas de Aranha dando conta de vitórias e mais vitórias.

No 17º dia após a partida, já no estado de São Paulo, em Itararé, Getulio recebeu um telegrama de seu vice-governador, o eleito com ele, informando que ia renunciar ao cargo. Demorou 17 dias pensando no que fazer em face da humilhação que sofrera ao ser preterido por Oswaldo Aranha. Não ficara satisfeito por não ocupar o lugar de Getulio quando de sua saída para buscar algo maior. O chefe, que contrariou a Constituição estadual e nomeou quem bem quis, considerou o telegrama impertinente. Tratava-se apenas de uma frustração pessoal e não de um atropelamento às leis. Modo de pensar desconhecido até então, mas que prevaleceria no Brasil nos anos que se seguiriam à vitória da revolução de 1930.

Era esperada sangrenta batalha tão logo o trem saísse do Paraná e entrasse no estado de São Paulo. Paulistas armados e furiosos na cidade de Itararé receberiam à bala os revoltosos. Chegando à estação ferroviária da cidade todos temiam o pior; seria travada luta encarniçada, com mortos e feridos, vitoriosos e derrotados.

Nada aconteceu. A população aglomerou-se na plataforma da estação para saudar entusiasticamente os revolucionários.

Alívio, a entrada no território inimigo deu-se com aplausos e vivas; mais uma vez o derramamento de sangue foi evitado. Os primeiros paulistas que avistaram deram fortes indicações do que aconteceria dali para frente: não deveriam esperar qualquer resistência, apenas adesões.

O jornalista satírico Aparício Torelly passou a assinar barão de Itararé, em homenagem à batalha que não houve.

No 18º dia, os revolucionários chegaram à cidade de São Paulo e foram bem recebidos. Em que pese a hora imprópria, onze da noite, havia uma multidão eufórica aguardando-os na Estação da Luz.

Ainda houve tempo para homenagens no palácio dos Campos Elíseos e um encontro particular com o descontente vice-governador gaúcho. A conversa o acalmou; deve ter recebido a notícia de que poderia ser nomeado consultor jurídico do Banco do Brasil. Às três horas da manhã, Getulio se recolheu, satisfeito com os acontecimentos. Custou a pegar no sono. A excitação era enorme. Por fim o cansaço venceu e, pôde ter umas poucas horas de descanso.

Os adeptos de Washington Luiz consideraram um afronta Getulio dormir nos aposentos do governador do estado de São Paulo.

Enquanto Getulio se deslocava do Sul ao Rio de Janeiro para receber o comando do país da Junta Militar que havia deposto Washington Luiz, jornais paulistas e cariocas que davam apoio ao presidente afastado eram incendiados, destruídos, empastelados, termo usado para denominar essa forma de protesto.

O Cruzeiro apoiou as violentas manifestações populares, considerando-as "irreprimíveis".

Em São Paulo havia muitos adeptos dos revolucionários. Antes da chegada à capital paulista, alguns simpatizantes da revolução tomaram a delegacia de polícia no bairro do Cambuci, para onde iam presos os inimigos do governo, em um o episódio que foi chamado de "A queda da Bastilha do Cambuci". A delegacia foi destruída e incendiada, como a congênere francesa. A similaridade com a derrocada francesa estava apenas no incêndio e na demolição da edificação, não nas mudanças, das quais a de Paris foi o símbolo maior.

Getulio ficou na capital paulista apenas dois dias, tempo necessário para chegar, vindo do Rio de Janeiro, o trem presidencial enviado pela Junta Militar. Em 31 de outubro chegou à estação da Central do Brasil, no centro da cidade, e foi recebido por entusiástica multidão.

Na plataforma traseira do último vagão, a vitoriosa comitiva se apinhava em torno de seu líder; todos riam e respondiam às saudações da massa, exceto Getulio, que apenas olhava, talvez nem a visse, não compreendia a histeria popular. Trocara a farda usada durante a viagem por um terno com colete, fora um revolucionário militar seria um presidente civil.

Sua chegada foi antecedida por 3 mil soldados gaúchos. Não queria surpresas. Dezesseis deles amarraram seus cavalos no obelisco existente na confluência das avenidas Rio Branco e Beira-Mar. O gesto feriu o orgulho dos cariocas, que se sentiram ocupados por hordas forasteiras. Simbolizava a posse da cidade e do que ela representava.

Durante a viagem ao Rio, Getulio olhou a paisagem pela janela do trem, viu as "Cidades Mortas" do Vale do Paraíba e alguns poucos cafezais que restaram dos tempos de riqueza; pensou em coisas repousantes, distantes dos dias agitados que estava passando. Percorreu na sua mente os últimos 20 dias, os mais intensos de sua vida.

Gostara do palácio do governo paulista, uma graciosa edificação do final do século XIX inspirada em um castelo francês, projetada por arquiteto alemão para ser residência de um rico produtor de café, Pacheco e Chaves. Seus materiais foram todos importados da França, Itália e Estados Unidos. Transformado em residência oficial em 1912, teve como seu primeiro morador Rodrigues Alves, mais tarde presidente da República.

Não teve tempo de visitá-lo todo; gostaria de conhecê-lo em detalhes. Deu para ver que era menor e menos imponente que o prédio gaúcho, recém-deixado para iniciar sua empreitada revolucionária.

O palácio do governo em Porto Alegre resultou de um concurso internacional realizado em Paris, em 1908. Deveria ser escolhido "o edifício público mais belo e majestoso de todo o Brasil", de acordo com a ordem do governador Carlos Barbosa à comissão encarregada de eleger o projeto vencedor.

Foi escolhida a proposta do arquiteto francês Maurice Grass. A obra foi iniciada em 1909. Em maio de 1921, o palácio foi inaugurado como sede do governo e residência oficial.

Getulio deixou o Campos Elíseos orgulhoso com a certeza de sua inferioridade ante o palácio do Rio Grande do Sul.

O local onde moraria a partir de agora, o Palácio do Catete, era seu velho conhecido; frequentara-o quando ministro de Washington Luiz. Fora construído para ser residência de outro cafeicultor, Antônio Clemente Pinto, barão de Nova Friburgo. Toda riqueza nacional estava associada ao grão que produzia a deliciosa bebida e era praticamente o nosso único produto exportável. Se acabasse, o Brasil ficaria igual às cidades que morreram com a decadência da produção cafeeira ao longo do rio Paraíba do Sul, como acabara de ver durante a viagem.

O proprietário do Palácio do Catete optou por um arquiteto alemão. O projeto não teve a sofisticação do gaúcho, nem a beleza do paulistano. Sua construção foi iniciada em 1858 e concluída em 1866, exigindo ainda obras que se prolongaram por mais dez anos. Em 1889 o proprietário o vendeu, virou hotel. Em 1897 passou às mãos do governo, que o transformou em sede da presidência da República, função que perdeu em 1960 para o palácio do Planalto, em Brasília.

A nova residência era, também, inferior à deixada para trás; não estava no alto de uma colina, tendo à sua frente o harmônico conjunto formado pela praça da Matriz e o Theatro São Pedro, nem tinha ao fundo a bela vista do rio Guaíba. O Catete era cercado de prédios vocacionados ao comércio, com uma linha barulhenta de bondes à sua frente. Das janelas, de um lado da casa e das de fundos, dava para ver seu jardim e a baía de Guanabara, a poucos metros. As da frente e as da outra lateral permitiam apenas enxergar as ruas vizinhas com seu casario.

O grande atrativo da nova casa era o poder que dela emanava, superando em muito o palácio porto-alegrense; além do mais, estava no Rio de Janeiro, cidade que tanto agradava a Getulio. Pensou até em comprar um terreno às margens da lagoa Rodrigo de Freitas, indicando a intenção de morar na cidade quando deixasse a presidência. As bucólicas ruas que circundavam a lagoa, terminando em exuberantes florestas que subiam as encostas, amostras da Mata Atlântica, eram do agrado do casal Vargas. Terminado seu período no Governo Provisório, morariam ali, viajando ocasionalmente ao sul, à sua terra, São Borja. A presidência seria o coroamento da carreira política. Viveria dos rendimentos da fazenda, leria, conversaria com os amigos.

O conforto do Catete não seria o mesmo da residência que deixara para trás. O ruído dos bondes, passando na parte da frente, a poucos metros da entrada principal, interromperia seu sono. Pensava: por que não o haviam construído no meio do terreno, cercado de árvores, ou no extremo oposto à barulhenta rua do Catete, em frente à praia?

Só mais tarde o mistério foi desvendado. A inadequada posição fora uma escolha da mulher do proprietário. Ela queria janelas dando para as ruas, de modo a poder apreciar o movimento. Talvez viesse a colocar cadeiras na calçada nas noites de verão, como fazia quando morava no interior, para receber a agradável fresca noturna e manter alguma prosa com os vizinhos. Na casa em que morava, em Cantagalo, queixava-se por só ver mato.

A baronesa queria um sopro de civilização. Viveu apenas quatro anos na suntuosa residência, morreu em 1870, um ano após o barão.

Getulio utilizou como residência o palácio Guanabara, em frente a uma rua de pouco movimento, silenciosa, praticamente sem saída, terminando em um morro. A rua homenageava outro caudilho gaúcho, Pinheiro Machado, senador e general, homem de invulgar importância política. Morreu apunhalado pelas costas no lobby do hotel dos Estrangeiros, na praça José de Alencar, a poucos metros dos palácios Guanabara e Catete. Não foi crime político, como se pensou no primeiro momento. O grande homem morreu vítima de um crime comum, pouco para quem sobreviveu à Guerra do Paraguai e a tantas revoluções ao longo de sua existência.

Chegando ao Rio, Getulio foi direto ao Catete. Embora a posse estivesse marcada para três dias depois, três de novembro, tinha que pensar no que fazer. No dia combinado recebeu o poder da Junta Militar. A cerimônia de transmissão durou cinco minutos. Esse período de governo, sem um prazo definido, recebeu o nome de Provisório.

Antes de tudo seria composto o ministério. Getulio escolheria pessoas sérias, competentes e afinadas com as ideias revolucionárias. Em hipótese alguma se renderia às indicações políticas como as da "Velha República", que acabara de derrubar.

Queria ser cercado por homens inteligentes e preocupados com o Brasil, e não com aqueles que haviam sido afastados pela recente revolução, mais afeitos às intrigas e fuxicos. A mentalidade a ser criada pelos novos tempos não mais admitiria o emprego dos velhos processos, "do critério puramente político". Na composição do seu corpo de auxiliares, Getulio varreria do país os conchavos da República que se fora. Desse modo estaria combatendo as oligarquias e removendo um passado pouco realizador, um dos propósitos de seu movimento.

O líder político de Minas Gerais, Arthur Bernardes, trouxe de pronto três nomes para compor um ministério com sete pastas. Os antigos vícios continuavam na mentalidade dos políticos; sentiu que o novo modo de pensar precisaria de alguns meses até ser compreendido. Afinal, Bernardes era um homem forjado nos velhos hábitos. Previa que, no início, teria que ser compreensivo, ceder um pouco. O ex-presidente concordou em ser atendido com apenas um cargo; seria criado o Ministério da Educação e Saúde para acomodar o dr. Francisco Campos.

Agora já seriam oito os ministros. É obrigado a atender mais reivindicações por cargos. Não se aborrece. Cria mais um ministério, o do Trabalho, Indústria e Comércio. Atende pedidos e sugestões. Fica satisfeito porque lhe sobram os ministérios da Agricultura e da Justiça, nos quais coloca seus amigos Joaquim Francisco de Assis Brasil e Oswaldo Aranha. Em 1931 deslocou Aranha para as Relações Exteriores e nomeou Assis Brasil embaixador na Argentina, função que durante algum tempo acumulou com o ministério.

Deve ter pensado, é o começo; no próximo ministério poderia adotar critérios mais técnicos e menos políticos, seria entendido e teria a compreensão de todos.

O primeiro passo fora dado em total conformidade com os pressupostos dos velhos tempos. Reconheceu que deveria esperar um pouco mais para bani-los; afinal, teria que promover uma mudança nos hábitos dos políticos. Com o tempo, eles passariam a pensar mais no país e menos em si, em seus amigos e na parentada. É otimista quanto a isso.

Designou para a chefia da polícia do Distrito Federal seu amigo, conterrâneo e estancieiro Batista Luzardo.

Concluído o ministério, Getulio pensou em como era diferente dos demais políticos, estava acima deles. Colocou três velhos amigos, mas eles eram competentes.

No dia 11 de novembro, por meio de um decreto assinado por Vargas e seus ministros, foram estabelecidas as regras para o funcionamento do Governo Provisório, que duraria até ser promulgada, por uma Assembleia Constituinte a ser eleita, a nova Constituição. Não estabelecia prazos. Todos os legislativos foram fechados; foi criado, ainda, o Tribunal Especial, para julgar crimes políticos e funcionais, que, a partir de março de 1931, passou a se chamar Junta de Sanções.

Sem Constituição e Poder Legislativo, Getulio governaria por meio de decretos-lei. O primeiro deles destituía todos os governadores eleitos, abrindo espaço para a nomeação dos interventores federais.

Foi criado um curioso dispositivo antinepotismo: os interventores federais não poderiam nomear nenhum parente até a sexta geração de seus ascendentes. Não foram dadas indicações de como identificar parentes retrocedendo a quase duzentos anos. No Brasil sempre fica faltando alguma coisa para dificultar o cumprimento das leis.

A nomeação dos interventores foi marcada por disputas entre políticos tradicionais dos estados e pelos novos donos do poder, notadamente os "tenentes", que se consideravam com direitos sobre os espólios da revolução.

Getulio optou por uma mescla entre os antigos e os recém-chegados. Em Minas Gerais manteve o presidente Olegário Maciel; para São Paulo enviou o tenente pernambucano João Alberto Lins de Barros, visível afronta aos paulistas; e, para o Rio Grande do Sul, nomeou seu amigo e revolucionário, o senador e general José Antônio Flores da Cunha.

A maior força militar estadual era a gaúcha e Getulio tinha que contar com ela para qualquer eventualidade. O interventor deveria ser homem de sua inteira confiança. O general era viciado em jogo, perdia grandes quantias e passava noites em claro, mas isso não prejudicava sua capacidade de discernimento nem de trabalho.

A maioria dos estados, notadamente os do Norte e do Nordeste, recebeu jovens militares para comandar seus destinos.

O coronel Góis Monteiro nada reivindicou, preferiu exercer comandos militares. Altruísta, idealista, queria apenas ficar ao lado de Getulio, observando eventuais reações de militares contrários à revolução. Juarez Távora, indicado para ministro de Viação e Obras Públicas, relutou em aceitar o cargo; por fim rendeu-se ao apelo do presidente e tomou posse.

A primeira manifestação de descontentamento veio do já insatisfeito ex-vice-governador, João Neves da Fontoura, que queria ser ministro do Interior. Propõe-se ao rompimento e ao lançamento de um manifesto. Afinal, era a segunda vez que Getulio lhe passava a perna.

Os interventores federais constatam que os estados estão falidos pela incompetência das administrações anteriores, exceto o de Minas, é claro. Vêm ao Rio expor ao presidente a herança maldita que receberam e as dificuldades que terão para fazer alguma coisa. No fundo eram pedidos de habeas corpus preventivos. Não fariam nada e os culpados seriam os antecessores. Como os costumes políticos são arraigados! Serão necessários séculos para mudá-los. Getulio matutava: "Para que fiz a revolução?" Pressentia dificuldades.

O vitorioso movimento lhe conferiu poderes plenos, mas refletia: "Tenho que combinar um limite, ou antes, temperar os poderes ditatoriais que me conferem à revolução, para que não atente contra seus ideais, com medidas de liberdade que possam ser consideradas como continuação do antigo regime".

O ideário autoritário de Júlio de Castilhos, o respeito à Constituição gaúcha, o federalismo vinham à sua mente. Sente-se incomodado em ser ditador.

Felizmente, alguns países começaram a reconhecer o novo governo. No quinto dia já eram vinte manifestações de reconhecimento.

O governo dos Estados Unidos rapidamente enviou cumprimentos ao novo presidente brasileiro por meio de telegrama do secretário de Estado Henry Lewis Stimson: "Este governo estará feliz em continuar com as mesmas amistosas relações que manteve com seus predecessores". Era o quarto reconhecimento de um governo revolucionário na América Latina nos últimos 50 dias. O telegrama se tornou rotineiro. Para não perder tempo com isso, no meio da crise econômica que se iniciava, o melhor era deixá-lo redigido, apenas mudando o nome do destinatário, sem questionar sua legitimidade nem as razões do golpe.

Getulio recebeu o telegrama, ficou feliz. O presidente Hoover recebera Júlio Prestes na Casa Branca, mas era a ele que cumprimentava. Nada poderia ser melhor.

Todos sabiam das dificuldades que os latino-americanos tinham em conviver com a democracia. Atrasados, sem indústrias, com baixos índices de alfabetização, poucas universidades, tendo um enorme desapego à disciplina, produtores de carnes, bananas e café, não havia muito que esperar deles. Eram vulneráveis a golpes civis e militares, ou mistos, e a governos paternalistas. Sua importância era relativa, dependia do momento e das circunstâncias.

Os golpistas queriam o reconhecimento americano, que, pragmaticamente, o deu. Mais tarde, quando precisavam criar um inimigo externo para demonstrar ao povo que havia alguém querendo espoliá-lo e que seus governantes estavam atentos, protegendo-o escolhiam os Estados Unidos. Se algum dia o Brasil se tornar um país rico e respeitável, terá que dividir essa responsabilidade com os americanos do norte. Vizinhos que não encontrarem seu rumo terão um inimigo mais próximo, ao seu lado, para imputar o seu subdesenvolvimento e perpetuação de tiranias.

A pobreza necessita de tanto afinco quanto a riqueza para ser produzida. A opção por um ou outro caminho não é tão simples como poderia parecer. Há povos que levam séculos para descobrir o rumo da prosperidade; para outros bastam algumas décadas e alguns poucos já nascem vocacionados ao trabalho. A maioria não o encontra nunca, alguns até retrocedem.

Getulio ficou chocado com a desorganização das contas do governo, principalmente no Tesouro e no Banco do Brasil. Por que não se ateve a esses problemas quando foi responsável pelas duas instituições? A falta de culpa, a inocência, é uma característica irremovível de todos os políticos brasileiros de todas as épocas. A verdade é sempre relativa.

Quer trabalhar, mas é difícil, tem que resolver descontentamentos na Marinha, complicações em São Paulo, manifestações de desagrado de Juarez Távora, muito jovem para entender as coisas da política; chegam notícias de ameaças por parte dos comunistas. Resolvidos esses tipos de questões, estaria liberado para tratar do que o trouxe ao Rio: modernizar o país como um todo, um projeto holístico, da economia ao modo de fazer política. Produzir o novo homem brasileiro.

Góis Monteiro, sem cargo algum, é companhia constante, visita, almoça, troca ideias com o presidente.

O capitão Távora decide deixar o Ministério de Viação e Obras Públicas, 20 dias depois de assumi-lo; sugere o nome de José Américo de Almeida, governador da Paraíba e escritor de notoriedade. A sugestão foi aceita.

Góis entregou a Getulio um manifesto comunista contra o governo redigido por Luiz Carlos Prestes e tornado público pelo seu antigo companheiro, o capitão Cordeiro de Farias, que o mostrara a um jornalista do *Diário da Noite*. Era a primeira manifestação pública de sua adesão ao comunismo e a primeira vez em que firmava seu propósito de fazer oposição ao governo.

Gostaria de ter ao seu lado o capitão Prestes. Sem dúvida o nomearia para um ministério e teria sua inteligência a seu lado, dando bons conselhos e ajudando-o a entender os acontecimentos. Faria uma boa dupla com Góis, mas o capitão optou por um caminho que não o levará a lugar algum. Uma lástima. Num país com tão pouco talentos, Prestes era um deles, nenhum poderia ser desperdiçado.

O presidente não queria presos políticos em território nacional e começa a despachá-los para o exílio. Os primeiros partem para a Europa, dentre eles Washington Luiz, o ex-prefeito do Distrito Federal e um ex-ministro da Guerra. A presença deles, encarcerados, o incomodava. Vinha sempre à lembrança de que quem assume por um golpe pode ser derrubado por outro. Era um pensamento impertinente, vivia retornando para tirá-lo de seu sossego.

Quando essas reflexões perturbadoras tomavam conta de sua mente, aproximava-se a ideia de suicídio; afinal, a vida lhe pertencia, poderia fazer o que bem entendesse com ela. Não temia a condenação nem o fogo eterno, "quantas vezes desejei a morte como solução da vida". Isentava-se de culpa por tudo que havia feito ao presidente anterior, "ele não deixara alternativa, ou o depunha ou Júlio Prestes assumiria, perpetuando o atraso".

Logo ele, no seu entender, "o mais pacífico dos homens", ser obrigado a dar um golpe. Cada um se define como melhor achar. Atribuía ao destino a sua colocação no centro dos acontecimentos, os riscos que correra, e continuava correndo: "Dizem que o destino é cego. Deve haver quem o guie pela mão". Quem seria este alguém? Os positivistas negavam a existência de Deus.

São Paulo aborrece-se mais ainda. Estava humilhado. A Inglaterra negou ao estado um empréstimo de um milhão de libras e aprovou dois milhões para o Rio Grande do Sul. Não sabiam o que era pior, a negação ou a aprovação para o outro estado.

O prudente cardeal Sebastião Leme esperou assentar a poeira, sentir que não haveria retrocesso, e então rezou uma missa campal na praia do Russel, em ação de graças ao novo governo. A multidão, os cânticos religiosos, a vibração cívica, os vivas e aplausos — Getulio considerou a iniciativa do arcebispo "o batismo da revolução"— foram uma proveitosa aproximação com a Igreja. O governo a apoiaria e ela retribuiria.

Os estados o pressionavam, queriam recursos federais para sanear suas finanças. Ele avisa que a União não tem dinheiro, também recebeu os cofres esvaziados. Ocorrem descontentamentos. Afinal, para que apoiar um governo que não abria as "burras"?

Demite os titulares de cartórios, gente da "Velha República", e nomeia os novos atendendo a pedidos de seus correligionários. Nem lembrava mais dos tais critérios técnicos, não políticos, para as nomeações.

Perde enorme tempo com boatos de natureza variada, de contrarrevoluções ao agravamento da crise política paulista. Felizmente, no Rio Grande do Sul, o interventor estava afinado com o governo da República. Não queria nem imaginar o que aconteceria se os gaúchos estivessem descontentes como os paulistas.

No dia 15 de dezembro mudou-se para o palácio Guanabara. O Catete seria usado apenas para despachos e reuniões. Os aposentos privativos só seriam utilizados para repousos rápidos, ou em algumas noites, depois de reuniões que se prolongassem madrugada adentro.

O palácio residencial ficava a pouco mais de um quilômetro do agora palácio de despachos; dava para ir a pé.

Gostava de dar caminhadas à noite, ia sempre acompanhado por seu ajudante de ordens. A cidade, embora com grande população e inúmeras favelas, era tranquila. O povo era pobre, mas ordeiro e trabalhador. Todos conheciam o seu lugar. Havia respeito.

Como o Catete e o Campos Elíseos, o Guanabara foi construído para ser residência de um comerciante no tempo do

Império. Nos anos 1860 foi adquirido pelo governo para ser residência da princesa Isabel e do conde d'Eu. Seu acesso era pela rua Paissandu, ornada por palmeiras imperiais em seus dois lados, plantadas em homenagem ao nobre casal. Com a República, passou à União, que, em 1974, o doou ao governo estadual.

O palácio, em cor branca, amplo, no meio de agradável jardim, era quase uma chácara. Seu estilo é neoclássico.

Na sua vizinhança, o imponente campo do Fluminense Football Club, o estádio das Laranjeiras, construído a partir de 1902 e inaugurado em 1919, com uma partida entre as seleções do Brasil e do Chile.

Getulio não apreciava o "esporte bretão". Como não havia partidas à noite, só aos domingos, a presença da praça esportiva não o incomodava.

Ao contrário do Catete, era silencioso e fresco; o único ruído à noite era o da passagem do bonde Águas Férreas, na rua das Laranjeiras, subindo até o Cosme Velho, um pouco mais adiante. Às vezes era acordado pelos entregadores da madrugada. Padeiros, leiteiros e geleiros deixavam suas mercadorias nas portas das casas, na calçada. Para realizar seu trabalho utilizavam carroças puxadas a cavalos ou burros; o aro metálico das rodas atritava com os paralelepípedos de pedra que revestiam as ruas, provocando um ruído às vezes agradável, às vezes aborrecido, dependia da noite e do estado de espírito de quem o ouvia.

Mais tarde passavam os entregadores de jornais — vinham a pé, não incomodavam ninguém. Era agradável abrir a porta pela manhã e encontrar o jornal, o pão, o leite e a barra de gelo para a geladeira, prazer que Getulio só voltaria a ter quando terminasse o seu mandato provisório.

Ao amanhecer, os guardas noturnos que durante as horas mortas passavam apitando, anunciando a sua presença traquilizadora aos moradores e preocupante aos amigos do alheio, já haviam ido para suas casas.

A paz, tão necessária para começar a missão que a revolução lhe impôs, não chegava nunca. Cada dia, novos fuxicos, novas reivindicações. Apaga um incêndio, logo surge outro.

O governador de Minas Gerais traz um pedido para armar sua Polícia Militar com armamento próprio de um exército. Equipamento para combater outra tropa e não ladrões e bandidos comuns. Será que já não bastam as bem armadas tropas paulista e gaúcha para lhe tirar o sono? Não vê com bons olhos o pleito mineiro.

Boatos sobre a organização de novas revoltas em São Paulo. O coronel Bertoldo Klinger vem de lá e procura tranquilizar o presidente. É bom ter pessoas em quem confiar, como esse militar. Pensa em promovê-lo a general.

Demite alguns funcionários públicos. Sem querer — só queria o bem público — dá início a novos focos de descontentamento. Filosofa para si mesmo sobre as dificuldades de fazer que o interesse coletivo predomine sobre o individual.

Dispõe-se a cortar o excesso de servidores onde houver, seja no Executivo ou no Legislativo; afinal chefiava os dois poderes.

Os interventores querem que a União arque com o pagamento do pessoal de suas forças militares. Consideram o pleito justo, já que elas no momento estão subordinadas ao Exército. A lógica dos chefes estaduais não é a mesma de Getulio. Considera o pedido inaceitável. Tem que reduzir despesas e não aumentá-las. Sente que só ele pensa dessa maneira.

Os boatos, embora preocupantes, vão se tornando inconsistentes. O último é sobre uma aliança entre paulistas e comunistas para derrubá-lo.

Os jornais se voltam contra a demissão dos funcionários públicos ociosos. Será que havia jornalistas entre eles?

Tinha que pensar o que fazer com a imprensa. Censurar ou agradá-la com algum subsídio? Teria que amadurecer alguma ideia, esperar um pouco mais. Como estava não dava para continuar. Ele e a imprensa tinham que caminhar na mesma direção.

Os passeios a pé lhe traziam calma. Ia até a cidade, ao centro, dava caminhadas pela praia do Flamengo, logo atrás do palácio de despachos.

Uma nova pressão vem dos produtores de café; não estão sozinhos, têm o apoio do ministro da Fazenda, o paulista José Maria Whitaker, e do interventor de São Paulo, tenente João Alberto. Reclamam a falta de empréstimos do Banco do Brasil. Pediam para o banco emitir dinheiro — podia fazer isso. Para evitar esse poder, Getulio pensava, desde quando fora ministro da Fazenda, em criar um banco central, uma única autoridade monetária. Acabaria com liberdade e liberalidade do Banco do Brasil, afastaria os riscos de desvalorizar a moeda e aumentar a carestia.

Ouviu o ministro Francisco Campos, que se mostrou contrário ao pleito dos cafeicultores. Gostava dele, era um homem culto e austero. Nem parecia vir da "Velha República".

A enorme dependência do comércio do café lhe tirava o sono. Tinha que, com a máxima urgência, adotar medidas para diversificar a economia através da instalação de indústrias e do plantio de outras culturas agrícolas.

Tão logo terminassem essas inquietações cotidianas trataria desse assunto.

Relutante, cedeu às pressões de São Paulo. Não queria chateá-los mais. Seria perigoso. Os boatos poderiam se transformar em ações efetivas contra ele. Autorizar as emissões teria efeitos negativos no longo prazo, mas o que fazer? Restava uma decisão, quem fará as emissões, o Tesouro ou o Banco do Brasil? Acabara de saber que os dois estavam combalidos; a decisão só piorará a situação de um ou outro. Definitivamente esqueceu que fora ministro da Fazenda do governo anterior.

O Tesouro estava exaurido, as receitas haviam caído pela metade, o Banco do Brasil, quebrado, sem reservas em ouro. Lamentou o descalabro do governo anterior. Qualquer decisão que adotasse só aumentaria o descontrole das contas públicas.

Não havia como decidir sozinho. Chamou, à noite, ao Catete, alguns conselheiros mais próximos, Francisco Campos, Oswaldo Aranha, Mário Brant, presidente do Banco do Brasil, o coronel Góis e o capitão Távora; pediu a presença do interventor paulista e do seu secretário da Fazenda, Sousa Costa, que havia lhe causado boa impressão.

A reunião avançou pela madrugada; às duas horas os trabalhos foram interrompidos, sem qualquer decisão. Tinha começado no sábado e já era domingo. Continuariam às 10 horas da segunda-feira.

Finalmente, uma sugestão aceitável. Talvez pelo cansaço físico e com o próprio assunto, o ministro da Fazenda achava que o melhor era a União comprar o café, estocá-lo e evitar depreciação no preço. Getulio começava a entender o papel do intermediário, do atravessador.

Assim acabou o ano de 1930, o mais importante e arriscado de sua vida.

A partir de 1931 teria tempo para eliminar os vícios políticos do passado, modernizar o país e começar os estudos para a implantação de estradas, usinas geradoras de energia e indústrias. Ficaria mais aliviado da rotina, poderia trabalhar em cima dos objetivos maiores da revolução, deixando as picuinhas e decisões que não deveriam ocupar o tempo do presidente para outros. Quanto às fraudes eleitorais, não havia porque tratar desse assunto no momento; passariam alguns anos antes de haver eleições.

O dia 1º de janeiro começa festivo. Getulio recebe a visita do cardeal trazendo os votos de bom ano novo. O clérigo retornou ao palácio episcopal, próximo ao Catete. Com seu Estado-Maior, o presidente retribui a visita do cardeal Leme. A amizade entre os dois se consolidava. As simpatias eram recíprocas.

Getulio observa que não está sendo coerente com seu passado. Acabou com o federalismo, substituiu a liberdade constitucional por atos discricionários, e agora essa amizade com o representante do Papa no Rio de Janeiro.

Novos tempos, novas atitudes, novos amigos, novo modo de pensar. Só os tolos se apegam à ortodoxia. Sentia-se moderno, um homem de seu tempo. O passado liberal e ateu ia ficando para trás, um dia seria uma pálida recordação.

Retoma o trabalho com más notícias. O câmbio continua depreciando, as rendas públicas seguem em queda e no Banco do Brasil aumentam as grandes dívidas em moeda estrangeira; não há como pagá-las.

O ano de 1931 será uma mera continuação de 1930, sem sequer ter o heroísmo do ano anterior? Será que pensam que o presidente é um mero contador, um amanuense, o administrador do caos e do descalabro? Não, esse ano será diferente, o presidente tratará dos grandes temas nacionais. Dará um novo rumo ao país, a posteridade se orgulhará de seus feitos.

Trata de gratificações ao funcionalismo público. Confere a patente de general ao governador de Minas, o civil Olegário Mariano. Ministros vão a Belo Horizonte entregar-lhe a espada, símbolo maior de seu posto. Reforma um almirante. Vai ao casamento de Juarez Távora. Alarma-se com o descrédito do Banco do Brasil no exterior; seu passivo descoberto ultrapassa nove milhões de libras. Assiste à chegada de uma esquadrilha aérea italiana com 11 aviões que cruzaram o oceano em formação. Os aviões vinham para a Marinha Brasileira. Serão pagos com café.

Voltam as ameaças de uma revolução comunista. Determina prisões e apreensão de documentos.

Vai assitir a uma experiência com o uso de álcool como combustível para automóveis. Entusiasma-se com a novidade. Poderíamos plantar cana e reduzir a importação de petróleo. Ideia boa e fácil de executar. Toma o propósito de levá-la adiante. A produção de cana-de-açúcar cresceria, ombrearia com a do café, reduziria sua importância. Excelente. Por que não pensaram nisso antes? Como o povo brasileiro é criativo! O que o impedia de levar suas ideias adiante? Os políticos? Talvez, sai falando consigo mesmo.

Acabou janeiro, tudo igual aos meses do ano anterior. A única novidade foi o álcool combustível. Será que fevereiro será diferente?

A rotina era exaustiva, não produzia nada, as coisas continuavam onde sempre estiveram. O único consolo é que trabalhava muito, ninguém poderia acusá-lo de preguiça ou omissão.

Em algum momento parariam de importuná-lo com pequenezas, estaria liberado para as grandes realizações que marcariam sua passagem pela presidência. Não seria lembrado como um acomodador de situações provocadas por conflitos menores, mas por decisões que mudariam o Brasil. Disso tinha certeza.

Em breve não teria nada mais a dar, conceder ou apaziguar. Cada governante estadual teria que cumprir suas obrigações com o que dispunha, já era de amplo conhecimento a penúria da União e a impossibilidade de ajudá-los.

Achava que o último pedido a atender era o do ex-presidente Epitácio Pessoa. Todos solicitavam alguma coisa, até ex-presidentes, homens que deveriam para sempre honrar o cargo que ocuparam. Epitácio lhe pediu a concessão de um serviço de abastecimento de água para seu genro.

Era um absurdo esse tipo de assunto ser da alçada presidencial. Terá que fazer alguma coisa para desonerar-se, passar estas decisões a um escalão inferior. Assim que tiver tempo, promoverá uma modernização na administração pública e criará uma autarquia para tratar desse assunto.

Atende o ex-presidente, fica satisfeito com o favor prestado. Essa é uma das coisas boas do serviço público, presentear. Mais tarde poderá cobrá-lo em forma de algum apoio. Quem sabe quando isso será necessário?

Deve reformar o Estado, mas esse tipo de generosidade não poderá ser de todo eliminado, até porque sobraria pouco para os ministros fazerem. Sem trabalho, ociosos, trariam mais intrigas a ele. Tem que pensar na reforma administrativa. Será modernizadora, tornará ágil o trâmite da papelada, mas convém deixar algumas pequenas decisões para o presidente; elas poderão ser úteis no futuro.

Na hora oportuna mandaria alguém à América do Norte para estudar como era a burocracia por lá. Poderia ser o Luiz Simões Lopes, filho de Idelfonso Simões Lopes e oficial de seu gabinete, jovem, aberto a novos conhecimentos, gostava de viajar, saber o que se passava pelo mundo.

Não tem tempo para nada. Suas horas são ocupadas com promoções de militares, ameaças de crises, o café e suas oscilações de preço, deposição de interventor, entrevistas preocupantes de opositores, pequenas viagens, missas, estação de águas termais, banquetes, bailes, querelas e desentendimentos. Até o preço da xícara de café e a greve dos motoristas dos carros de praça no Rio são decididas por ele. Todos querem um cartório, um emprego ou uma linha telefônica; seu tempo é todo tomado.

Finalmente algo útil: Getulio assina um decreto tornando obrigatória a compra do álcool produzido no Brasil na proporção de 5% da gasolina importada. O decreto isentava de impostos os equipamentos destinados à produção de álcool para motores e criava incentivos à extração de combustível do xisto betuminoso — dele poderia ser extraída gasolina para os automóveis.

Em 1927 havia sido inaugurada em Alagoas uma usina com o propósito de produzir combustível a partir da cana. O decreto estimularia a modernização desta e de outras usinas nordestinas.

Toda a gasolina vinha dos Estados Unidos; a perspectiva de o país produzir um combustível alternativo foi recebida com grande euforia. Os mais otimistas falavam em autossuficiência e até na exportação de excedentes. O Brasil daria uma lição ao mundo.

Pena que, passada a novidade, a euforia inicial, muitas coisas boas são esquecidas, a ponto de desaparecerem; algumas renascem anos depois como novidade, outras somem para sempre.

Aproxima-se a chegada do príncipe de Gales, Edward Albert, coroado rei em 1936 com o nome de Eduardo VIII. A excitação é generalizada. A visita ocupará quatro dias inteiros do presidente.

Orgulhosamente, Getulio oferece o primeiro banquete de sua administração a um estrangeiro ilustre. Foi no palácio do Itamaraty, antiga sede do governo, no momento ocupado pelo Ministério das Relações Exteriores. O palácio fora remodelado, limpo, o mobiliário e as tapeçarias recuperadas. Bem diferente do tempo do presidente Floriano Peixoto, com sujeira por todo lado, teias de aranha, móveis empoeirados e cortinas rotas. O palácio foi construído em 1859 para ser residência do rico comerciante Francisco José da Rocha, conde de Itamarati.

Os tempos são de relativa calma e permitem agradáveis passeios pela cidade com a família e visitas a amigos.

Há três anos e meio que não comete qualquer infidelidade à dona Darcy. O amigo Iedo Fiúza, que trouxera do Sul para ser prefeito de Petrópolis, leva-o para uma tarde nada rotineira, agradável. A euforia faz com que utilize uma palavra pouco comum para festejar o rompimento da longa fidelidade conjugal, "uma sinalefa". O que quis dizer? Será que Fiúza lhe apresentou duas amigas?

Sun Tzu, há 2.400 anos, já alertava para o perigo que poderiam representar as províncias distantes do centro do poder imperial, que faziam fronteira com outros países.

Mesmo que tivessem lido *A arte da guerra*, seria difícil aplicá-la na província do extremo sul. Caso as tropas federais lá postas fossem fracas, o inimigo externo gozaria de grande vantagem no caso de um conflito. Teriam que ser mais numerosas que em qualquer canto do país. Era uma exigência geográfica. Sendo fortes, teriam que ser leais ao governo, mas não havia como garantir essa lealdade. Getulio sabia desse risco, ele mesmo teve o Exército ao seu lado para combater quem deveria chefiá-lo. O Rio Grande do Sul poderia lhe trazer alguma inquietação.

Ele habitua-se às confusas disputas políticas nos estados e entre os militares. Não as vê ameaçadoras à sua posição. Terá que conviver com isso, é da natureza do seu povo. A falta do que fazer preserva energia para assuntos sem grande importância, que no momento não lhe tiram o sono. Acredita que nem ele nem outro qualquer fará com que os políticos brasileiros ocupem o seu tempo com outras coisas que não sejam banalidades. Os militares só sossegarão se partirem para alguma guerra de verdade; caso contrário, a monótona rotina de suas vidas os impulsionará às coisas da política.

A paz de espírito foi interrompida por uma entrevista do seu conterrâneo Antônio Augusto Borges de Medeiros, lembrando a necessidade de instalar a Assembleia Nacional Constituinte, prevista na Lei do Governo Provisório, mas sem data para acontacer. Não pode ser contra, mas sabe que ela poderá encurtar sua permanência no Catete e afastá-lo das coisas agradáveis que a capital e o poder absoluto oferecem.

Poderia continuar morando no Rio, mas ficar à mercê de adversários e no anonimato seria desagradável; retornar à provinciana Porto Alegre ou à fria São Borja não atrai. Opções difíceis que Borges lhe traz à lembrança.

Felizmente o Exército não vê nenhuma necessidade de apressar a Constituinte. O ministro da Guerra comunica que está ao lado do presidente contra o açodamento dos políticos. Getulio sente-se feliz por não ser um deles. Mas, afinal, o que seria? Não era político, não era militar; apenas um homem a serviço da pátria, para conduzi-la à modernidade.

Getulio, ouvindo seus conselheiros mais próximos e o interventor gaúcho, decide que a Constituinte não é assunto prioritário; só cuidará dela após a realização do programa revolucionário. Borges de Medeiros não gostou da decisão.

Na falta do que fazer no Catete, visita a Ilha Grande, no litoral do Rio de Janeiro, onde há um presídio e um leprosário, e vai ainda à Escola de Grumetes; acompanham-o os ministros da Viação e da Marinha.

Borges se junta a outro político gaúcho respeitado por Vargas, Raul Pilla. Ambos estão obstinados com a ideia de uma Assembleia Constituinte. A falta de uma constituição é desagradável aos dois.

"Por que essa gente não se acalma, espera com mais paciência o desenrolar dos fatos?" — pensa e escreve Getulio.

Começa a perder o sono. Descontentamentos em Minas, São Paulo, Pernambuco e Distrito Federal. Boatos falam em sua deposição ou assassinato no dia da independência, 7 de setembro. O feriado passou e não foi deposto nem morto. Sentiu que teria de combater com energia as fontes dos boatos, antes que eles se tornassem desagradáveis realidades.

O ministro Francisco Campos, aborrecido por ter sido demitido de sua pasta, prepara um livro contra o governo, e Vargas é alertado. Homens descontentes, atingidos em sua vaidade, são mais perigosos que amantes rejeitadas. "Na verdade, todo homem, por mais firme que seja, é totalmente vaidade", nos ensinam os Salmos.

Getulio sente-se enfraquecido. Os inimigos não são apenas seus, são da revolução, e surgem por toda parte. Não percebem que empreendeu uma revolução e que cumprirá seus intentos de qualquer maneira. O problema é que não estabeleceu um calendário para a realização de seus nobres propósitos. Era natural a desconfiança em torno da efetivação de suas intenções. Poderiam ficar para as calendas.

O colapso nas finanças britânicas provoca mais baixas no preço do café no mercado internacional. Não dá para confiar nem na libra. Adota o dólar para o cálculo do imposto sobre o café.

Os Estados Unidos, mergulhados na recessão, mantêm sua moeda confiável a outras economias, até como substituta da libra inglesa. Difícil de entender.

Antes que a situação fuja inteiramente de seu controle, Vargas monta um conselho para ajudá-lo a decidir o que fazer com os focos de rebelião. Curiosamente chama-o de "soviete".

Enquanto estudam alternativas, Getulio ocupa longas horas preparando o discurso que pronunciará no dia 3 de outubro, aniversário da revolução de outubro, como a outra. Será que foi isso que o levou a adotar a palavra russa para denominar o seu conselho? As semelhanças se resumem ao mês em que ele e Lenin pegaram em armas para mudar o mundo.

Está satisfeito com a inauguração da estátua do Cristo Redentor, no Corcovado, apesar do pequeno percalço com a iluminação. Em Nápoles, na Itália, Guglielmo Marconi, inventor do telégrafo sem fio, apertaria um botão acendendo as luzes e inaugurando o monumento. O mau tempo impediu o uso da avançada técnica; acabou sendo iluminado por um providencial botão que havia no local. Vêm peregrinos de todos os cantos. Getulio os recebe com satisfação. Ganha uma bênção do papa Pio XI, momento de ímpar alegria em sua vida. Não tem tempo de questionar por que foi positivista. Será que ainda era?

A bênção papal teve seu preço. O que não tem? Dom João Becker traz uma carta do cardeal Leme, assinada por quarenta e um bispos, com reivindicações da Igreja Católica, dentre as quais a liberação do ensino religioso em todas as escolas, públicas e privadas, incluindo as militares; revogação do decreto de cassação dos direitos civis de quem se negasse a fazer o serviço militar obrigatório em virtude de convicção religiosa; e a extinção da lei proibindo a existência de sindicatos de religiosos. Nada demais, só uma curiosidade: por que o cardeal usou o arcebispo de Porto Alegre como mensageiro e não veio ele mesmo? Sua residência ficava a poucos metros do Catete. Se convidasse o presidente, ele teria prazer em ir ao encontro de Sua Eminência.

Finanças públicas perto do colapso, o mundo em convulsão, talvez o Brasil tenha que declarar uma moratória. A crise americana se espalha pelo mundo, contaminando todas as economias. Parece a gripe espanhola, que há poucos anos dizimou milhões de pessoas em todo o planeta.

A recuperação econômica da Alemanha e o colapso norte-americano dão fortes argumentos aos que acreditam na intervenção do Estado nas questões econômicas.

As esquerdas festejam o fim do capitalismo, esquecem que a maior capacidade desse sistema é se renovar permanentemente, suas cíclicas crises apenas aceleram o processo.

A precipitada avaliação se repete a cada transição da prosperidade para a recessão, dando momentânea alegria aos que deploram a economia de mercado. A reinvenção é fruto da liberdade, nela não há verdades absolutas a serem obedecidas, não há limitações à criatividade.

Rosa Luxemburgo queria que as reformas na sociedade fossem promovidas pela luta de classes, mas temia as ininterruptas reformas capitalistas. Os proletários recebiam o apoio da burguesia e atrasavam a implantação da sociedade socialista. O pensamento embutia a superioridade do capitalismo em atender novas demandas da sociedade, renovar-se. A militante alemã, nascida na Polônia, foi repreendida por Vladimir Lenin, para quem não havia nada aproveitável no livre mercado.

Lenin não deve ter lido com atenção o Manifesto do Partido Comunista, 1872, apesar de comentários feitos em sua obra *O Marxismo e o Estado*. O Manifesto diz: "A burguesia não pode existir sem revolucionar continuamente os instrumentos de produção... por consequinte todas as relações sociais".

Flores da Cunha muda de opinião e coloca-se ao lado dos que querem uma constituição o mais rápido possível. Getulio tem a impressão de que o movimento constitucionalista é contra ele. O país pode viver perfeitamente sem uma constituição, não lhe falta bom senso e equilíbrio para tomar decisões.

Resolve eliminar um foco de rebelião e traz Francisco Campos de volta ao ministério. O ministro ficou apartado do poder por quatro meses. Retornou para a mesma pasta que ocupava antes de ser demitido, a da Educação. O tal livro não será mais escrito; se algum dia retornar ao projeto literário, será para expressar sua gratidão ao presidente.

Os jornais dão conta de que o Rio Grande está impaciente, prepara um levante para impor a Constituinte. Flores ameaça renunciar para liderar a movimentação. É difícil entender sua brusca mudança de opinião; há poucos dias acabara de dizer que ela não era prioritária.

"O grupo revolucionário parece perder terreno", anota em seu diário logo depois do Natal de 1931. Os revolucionários de primeira hora começaram a se dispersar; cada um tem interesses e problemas pessoais a tratar.

Mais um ano termina. "A passagem do ano não me sugere ideias, esperanças? Sim, de prosperidade para o Brasil. Tudo indica que terminou a convalescença e começará a prosperidade. Sinto meu declínio político — ou por falta de capacidade para abrir novos horizontes ou por falta de apoio para transformações mais radicais".

Falta-lhe conhecimento do que e de que modo fazer coisas úteis, palpáveis, ir além do seu medíocre dia a dia. Sentia essa qualidade nos homens de São Paulo, em Washington Luiz, no empresário que o apoiou em 1930, Armando de Sales Oliveira, em Roberto Simonsen, Francisco Matarazzo e uma enormidade de outros empreendedores. O que seria? Um dom privativo dos paulistas?

O ano termina como começou. Nada de útil foi produzido, a não ser o decreto do álcool combustível. Como no Brasil prevalece a ideia de que bastam as leis, era esperar e ver o programa do álcool prosperar e começar a realizar o sonho de mudanças. Os senhores de engenho de Alagoas e Pernambuco importando tecnologia, aumentando a produtividade de sua cana e o Tesouro economizando divisas. Eles seriam o motor da modernidade.

O réveillon foi em Copacabana, uma beleza, a noite estava clara e enluarada. Cada vez encanta-se mais com as belezas e o lazer que a capital oferece. Só faltava aprender a jogar golfe; praticaria nos gramados do Itanhangá Golf Club, veria a exuberante mata, receberia a brisa do mar, não tão distante, e o agradável cheiro da maresia.

Nem Borges nem qualquer outro o afastará desta cidade que o recebia tão bem e que ele tanto amava, ainda mais agora, com as descobertas do Fiúza. Aliás, teria que tirá-lo de Petrópolis, colocá-lo mais próximo. Pôs essa questão entre seus propósitos para o ano. Coisa simples, daria prioridade a ela. Demorou dois anos para achar um lugar para o Fiúza no Rio.

Não esperaram nem completar a primeira semana de janeiro. Antes do dia de Reis começaram as zangas com os interventores do Rio Grande do Norte, Ceará, Bahia e Rio Grande do Sul.

Os pobres estados do Nordeste — Norte, como se falava naquela época — resolvem incomodar; nada parecido com São Paulo e Rio Grande do Sul, com suas tropas bem armadas, mas de qualquer forma eram chateações que desequilibravam o seu tabuleiro de xadrez.

Os paulistas queriam substituir o interventor e aderem à sugestão de não passar este ano sem instalar a Assembleia Nacional Constituinte.

O presidente continua assinando atos, decretos, portarias, regulamentos. Fica satisfeito, dá a impressão para si e para os outros de que está assoberbado de trabalho. Nomeia um novo ajudante de ordens: o tenente Amaro da Silveira será seu novo companheiro de caminhadas à cidade para apreciar a belíssima arquitetura de seus prédios; constata que não combinam com o casario feio e as ruas estreitas que existem próximo ao porto. Terá que abrir grandes avenidas, fazer a cidade respirar, afastar aquela paisagem que a enfeia para outro lugar; há espaço abundante nas favelas, é só ocupá-lo.

Pensou numa grande rua perpendicular à avenida Central, Rio Branco, próxima à igreja da Candelária. As duas formariam uma cruz e abririam espaço para a construção de monumentais arranha-céus, como os de São Paulo e Nova York.

Anos mais tarde construiu a avenida que levou seu nome. Sumiram 525 casas, dezenas de ruas e três igrejas barrocas. Sentia-se o Haussman brasileiro; este modernizou Paris, ele, o Rio.

Com as duas avenidas o centro adquiriria ares das grandes metrópoles europeias e americanas.

Tinha finalmente uma coisa concreta a realizar, a nova avenida. Imagina a felicidade que sentiria se povoasse o país de ferrovias, rodovias, barragens. Tudo estava por fazer. Tão logo se desvencilhasse da amarga rotina preenchida com ambições pessoais, invejas e vaidades trataria desses assuntos. Queria que a posteridade o lembrasse como o presidente que a livrou do marasmo ao qual estava condenada. Seria o construtor da modernidade, como dr. Fausto, Pedro, o Grande, e Baudelaire.

Sentiu-se bem quando se comparou a Haussman; se bem que o francês abriu dezenas de ruas e avenidas, e ele, por enquanto, só pensava na portentosa, larga, extensa avenida que legaria aos cariocas. De comum com o prefeito parisiense teria o arrojo do projeto e a despreocupação com os desalojados.

Mensageiros de maus presságios deslocam-se do Sul e de São Paulo, dando conta das maledicências que Borges falava dele; outros, informando que São Paulo queria se separar do Brasil.

As notícias mais importantes, sigilosas, não podiam chegar pelo telégrafo; alguém poderia ler antes do destinatário. As cartas demoravam, poderiam não chegar ou cair em mãos impróprias.

O papel dos mensageiros era fundamental para ele perceber a veracidade dos fatos. O portador jamais trazia boas novas. Não dizia: o ambiente está tranquilo, estão todos dedicados às suas tarefas; o preço do café continua subindo; os militares estão nos quartéis planejando seus exercícios de adestramento, não para movimentos internos, mas para confrontar aqueles que ousassem entrar no território pátrio com más intenções; e até algumas notícias sobre o bom desempenho das safras, crescimento dos rebanhos, construção de alguma fábrica, embora isso não interessasse muito nem ao narrador nem ao ouvinte, meros assuntos econômicos, coisas sem a grandeza da política.

O mensageiro, um interventor, um bispo ou um general, trazia sempre notícias preocupantes, acrescidas de alguma fantasia para aumentar o valor da informação da qual era portador. O sacrifício da longa viagem por um país desprovido de meios de transportes sequer razoáveis impunha valorizar a missão.

A carência de meios e vias que permitissem o deslocamento das pessoas de maneira razoável, mesmo as mais importantes, fez com que um ex-presidente, o derrubado e exilado por Getulio, fizesse uma descoberta: "Governar é povoar, mas não se povoa sem abrir estradas, e de todas as espécies. Governar é, pois, fazer estradas".

O país, pouco afeito às obras públicas, à infraestrutura de apoio ao desenvolvimento, levou seu pensamento na galhofa; seus adversários o chamavam de "General Estrada de Bobagem". Não deu importância aos comentários e abriu importantes rodovias quando governou São Paulo. O que não o impediu de iniciar uma reforma agrária com a regulamentação de posses, construir faculdades no interior do estado, melhorar o ensino público e o poder judiciário. Não passou em brancas nuvens. Como presidente, concluiu a rodovia ligando São Paulo ao Rio, que havia iniciado como governador.

Na falta de estradas e telefones, o papel dos que traziam as boas e as más novas tornava-se relevante. Getulio os aguardava com ansiedade. Os fatos narrados sempre traziam preocupação e méritos ao portador das más novas. Diferentemente do passado, não eram mortos; aqui eram úteis e valorizados. Não havia como avaliar a veracidade do que diziam, só restava acreditar neles e ouvir suas sugestões.

Flores da Cunha e Oswaldo Aranha dão boas notícias do Sul — Borges de Medeiros estava quieto. A imobilidade de tudo e de todos mantinha as situações equilibradas, cada coisa no seu lugar. Por que o interventor gaúcho a cada instante mudava de opinião? Deveriam ser apenas intrigas provocadas por inveja devido a sua proximidade com o presidente, nada além disso.

São Paulo não se acalma. Getulio manda para lá o ministro da Justiça, quer notícias precisas e providências a adotar.

Recebe carta de seu irmão Protásio, dando-lhe conta de que ampliou a estância da família, comprou 14,5 quadras. "Será este meu refúgio final, o repouso tranquilo de minha velhice?"

A imprensa começa a questionar a demora da Constituinte, o que irrita Getulio e seu ministro da Guerra. Oficiais e praças do Exército e da Marinha empastelam o Diário Carioca. O ministro diz que não pode conter a insatisfação de seus subordinados com pessoas que só querem desprestigiar o governo. O assunto Constituinte vai tornando-se explosivo. Até quando será possível contê-lo? Nem Oswaldo nem Góis lhe trazem uma solução para a desagradável questão. "Estou numa encruzilhada". São abertos inquéritos para estabelecer a verdade dos fatos.

Comentou com o prefeito do Distrito Federal, Pedro Ernesto Batista, a respeito do empastelamento do jornal, informando que recebeu com surpresa a ação dos soldados.

Recebe a visita de Oswaldo Aranha, "emocionado, abatido e revoltado. Um temperamento complexo, vário, tempestuoso e apaixonado, mas sincero, mesmo nas suas infidelidades intelectuais". O amigo entrou e saiu sem esclarecer as razões de sua contrariedade. Queria algum consolo, mas não disse o que deveria ser consolado. Problemas familiares? Talvez.

Getulio reluta em apurar os fatos ocorridos com o jornal. Alguns ministros pedem demissão, querem tudo esclarecido. Na mesma ocasião criou o Corpo de Fuzileiros Navais; vários oficiais da Marinha, em protesto, pedem demissão de suas funções, inclusive no gabinete do ministro e no seu próprio Gabinete Militar.

Não pode fazer nada, a sensação de impotência é total. Todos o tratam com cordialidade e respeito, mas ninguém o obedece. Lembra que recebeu poderes absolutos, se não os usa é culpa dele mesmo. Precisa com urgência sentar com o Góis e o Aranha e definir um rumo. Tem que ser obedecido por soldados, marinheiros, interventores e jornalistas, principalmente por estes últimos. Acha que o estão boicotando, que são todos comunistas. Os jornais deram pouco espaço à ideia do álcool combustível, no entanto dão tantas páginas para as bobagens do Borges e outros constitucionalistas. Os amigos lhe darão uma saída, o Góis sempre soube achar um rumo nos momentos mais intricados.

O empastelamento do *Diário Carioca* e a suspensão, por 24 horas, do jornal *O Globo* tiveram péssima repercussão. No Rio Grande do Sul sentiram que Getulio estava ultrapassando os limites impostos por ele mesmo quando recebeu os poderes ditatórios.

Os partidos políticos gaúchos exigem algumas providências para normalizar as relações com a União, dentre elas a punição aos atacantes ao jornal carioca e a volta parcial da Constituição de 1891. Se não fossem atendidos, o rompimento seria imediato. Uma nova revolução liquidaria a de dois anos antes.

Getulio propõe medidas conciliadoras; a resposta de Borges de Medeiros e Raul Pilla vem em tom de "rompimento, agressivo e irritante".

Reuniu todos os ministros e interventores, leu o telegrama dos dois desafetos. Os presentes ficaram indignados, perplexos, entreolharam-se e manifestaram através de palavras e mímicas seu desagrado e a total solidariedade ao presidente. A solução foi responder por meio de outro telegrama, assinado por todos os presentes, menos Getulio. Uma guerra de telegramas estava sendo iniciada.

Flores da Cunha leu a resposta e embarcou para o Rio. Seu estado tinha uma moderna companhia aérea, a primeira do Brasil, a Varig, fundada em 1927. Era fácil chegar à capital.

O encontro com Getulio deu-se em Petrópolis, no Palácio Rio Negro. Voltaram a falar em conciliação. Mandaram um telegrama a Borges e a Pilla, que continuam intransigentes. São atendidos ou romperão. Flores ficou mal impressionado com a resposta, sentiu-se inútil ao presidente. Decide pedir demissão de seu cargo.

Getulio não a aceita e lhe dá plenos poderes para tratar a questão. Trocam ideias a respeito de ele vir para o Ministério da Justiça e o Oswaldo Aranha ocupar a interventoria.

Engana a si próprio, imagina a situação se acalmando. Para distrair, vai inspecionar os trabalhos de pavimentação da rodovia para Juiz de Fora. Voltou satisfeito. Pensou em convidar dona Darcy para ver com os próprios olhos o que ele e o Fiúza faziam quando saíam à tarde.

Aranha traz uma desagradável picuinha. No meio da tormenta, ameaça deixar o ministério, em desagrado pela não promoção de um auxiliar a cônsul de terceira classe. Homem estranho, sereno nas grandes decisões e intempestivo nas pequenas.

A intensa vida social que a cidade proporcionava, da qual o ditador gostava, amenizava o cotidiano.

No meio das confusões paulistas e gaúchas, identifica sua terra como "a fonte de todas as inquietações do país". Arranja algum tempo para espairecer.

O prefeito de Petrópolis, Iedo Fiúza, leva-o para uma exposição de animais na cidade. Getulio considera o gado de boa qualidade, os cavalos, nem tanto, e as mulheres, interessantes.

O engenheiro Fiúza era amigo de Getulio desde muito tempo. O relacionamento começara em Porto Alegre. Tinha perfil diferente das demais pessoas próximas, não era político e trabalhava em uma empresa norte-americana no Rio de Janeiro desde 1924. Só o fato de trabalhar já era uma excentricidade entre a maioria das pessoas do seu círculo de amizades. O espírito boêmio o aproximou do político. As relações de

Vargas eram com fazendeiros, como ele, funcionários públicos e uns poucos advogados que exerciam a sua profissão.

Volta ao Rio para inaugurar uma Feira de Amostras, comuns naquele tempo; serviam para expor o que a indústria nacional produzia. Inaugurada a modesta exposição, vai ao aniversário do embaixador americano no Brasil, Edwin Morgan, que, como Getulio, gostava da cidade e nela vivia há 20 anos. Fora nomeado para a função em 1912 e não mais quis deixá-la.

O ano está passando rapidamente, chega junho, consegue debelar algumas crises, mas elas aumentam a cada dia. A situação está fugindo ao controle.

A ideia de mandar Oswaldo Aranha para o lugar de Flores da Cunha não deu certo. Aranha preferiu ficar no Rio e Flores informa que só vem se for para ser chefe de polícia, cargo recém-ocupado pelo capitão João Alberto, ex-interventor em São Paulo e homem de inteira confiança do presidente.

O trabalho dos mensageiros é intensificado. O vai e vem do Rio a Porto Alegre e São Paulo torna-se incessante. Ninguém mais trabalha. Ideias brotam de todas as cabeças. Trocar comandos militares, interventores, ministros, até que todos se acomodem, fiquem satisfeitos e restabeleça-se o equilíbrio.

O país não possuía uma rede de telefonia minimamente razoável. Não deu tempo para pensar nisso; a troca de telegramas torna-se cada vez mais intensa. Em que pese o sigilo ficar em risco, não havia como deslocar com a rapidez necessária os importantes emissários. O trabalho deles já estava além de sua capacidade.

Não há mais qualquer resquício do ideário revolucionário, apenas o desejo de restabelecer a rotina, mudando pessoas de seus lugares, fazendo novas composições. Os interesses são cada vez mais individuais e menos coletivos. A cada dia que passa a revolução vai se distanciando de seus propósitos, perdendo o sentido. O governo de Júlio Prestes não poderia ser menos realizador, pelo menos não existiria a questão constitucional para ocupar seu tempo. As antigas oligarquias haviam sido substituídas pelas novas, o propósito de eliminar as fraudes eleitorais caira no esquecimento.

Apenas os incômodos constitucionalistas pensavam em alguma coisa para o país. Do ponto de vista de Vargas e de seus amigos, eles só queriam tumultuar a vida nacional, nada mais além disso.

Um ato com certa solenidade ocorreu no Palácio do Itamaraty, todos os ministros renunciaram para facilitar a composição de um novo ministério.

A frágil hierarquia militar era outra preocupação. Amigos e revolucionários das décadas de 1920 e 1930, ainda que tenentes ou capitães, podiam ser mais fortes que generais. As forças armadas estavam desunidas. Getulio não sabia mais com quem contar.

Pressente dias ruins. Maus preságios o assombram. Pensa em Júlio César.

Não sabe mais em quem confiar, as notícias são inquietantes. Se houver uma revolução unindo São Paulo e Rio Grande do Sul, ainda contando com uma parcela do Exército, certamente o governo federal será derrotado.

O que restaria a ele? O exílio, considerava humilhante; um retorno à vida comum poderia ser uma boa ideia, mas não imposta pelos adversários; o suicídio era sempre uma saída a ser considerada.

Tinha tudo para estar intranquilo, a instabilidade era natural no país e mais ainda em seu estado. A insatisfação era permanente, a maneira de resolvê-la era sempre pelas armas, jamais por meio de acordos civilizados ou de eleições, respeitando o desejo da maioria.

Que maioria? O três por cento que votavam? Os analfabetos espalhados por um imenso território desconectado? O desejo da maioria era difuso: comer, aprender a ler, ter um emprego? Só um pequeno grupo letrado, que estudara em alguma das poucas faculdades existentes, poderia interpretar o desejo do povo, mas o interpretava de maneira diversa da população, com menos objetividade. Os propósitos dos diferentes grupos de brasileiros não eram coincidentes. Uns queriam comer, outros, derrubar oligarquias.

Os golpes e as revoluções promoviam ruptura com o presente, jamais com o passado. Outro grupo subia ao poder, pouco fazia pelo povo ou pelo país. Ficava aguardando o golpe que o derrubaria, procurando apenas retardá-lo.

Getulio sabia de tudo isso. Sabia que da proclamação da República até a sua revolução, em 1930, o Brasil passara por nove tentativas de ruptura.

Ocorriam por tudo: para não tomar vacina, para acabar com a chibata no lombo dos marinheiros, para estabelecer as fronteiras entre estados, para combater um líder místico nordestino; algumas ameaçavam bombardear o Rio de Janeiro, outras não tinham um propósito muito claro, como o movimento dos tenentes e a Coluna Prestes.

O movimento dos tenentes na década de 1920 propunha acabar com o voto descoberto, queria o voto secreto, reformar da educação pública, dar independência ao judiciário, liquidar as oligarquias cafeeiras, combater a corrupção e tornar moral e ética a vida política. Liquidadas essas oligarquias, quem plantaria café? Pensariam depois da vitória, como sempre.

Para isso, os jovens de 20 e poucos anos que queriam mudar o país só pensaram em um caminho, o das armas. Promoveram ou participavam de quatro revoluções isoladas e ineficientes. A dos 18 do Forte de Copacabana, em 1922; a revolução do Rio

Grande do Sul, em 1923; a revolta tenentista em São Paulo, em 1924; e a Comuna de Manaus, também em 1924.

Tudo começou quando o jornal *Correio da Manhã* divulgou cartas do candidato à presidência Arthur Bernardes, nas quais desqualificava os militares e atacava o ex-presidente, marechal Hermes da Fonseca. Chamava-o de "sargentão sem compostura".

Hermes protestou e foi preso. Alguns tenentes se julgaram na obrigação de defender a honra do ex-presidente, da corporação, de seus superiores e deles próprios.

Partiram do Forte de Copacabana, em 5 de julho de 1922, 301 militares e civis, caminhando pela calçada junto à praia. O forte era comandado pelo capitão Euclides Hermes da Fonseca, filho do marechal. O grupo foi pouco a pouco debandando a menos de três quilômetros de onde saíram restavam 18 militares e um civil.

O intento do pequeno grupo era impedir a posse de Bernardes, o presidente eleito. Houve confronto com tropas do Exército, dos dezenove sobreviveram dois tenentes, Eduardo Gomes e Siqueira Campos, gravemente feridos.

As cartas publicadas pelo *Correio da Manhã* eram falsas e foram submetidas a peritos que provaram a falta de autenticidade. A ação fora um equívoco, uma precipitação.

Os tenentes, quase todos oriundos da classe média e do meio urbano, não tinham vivência nem conhecimento do país para estabelecer um claro programa revolucionário; suas ideias eram vagas. No fundo não sabiam o que queriam, daí a dificuldade em estabelecer programas objetivos. É possível que estivessem manifestando apenas o descontentamento de sua classe social, de seus pais e dos professores da Escola Militar.

Aborreciam-se com os baixos soldos, as lentas promoções, a falta de equipamentos modernos e de adestramento das tropas. Culpavam as elites, as oligarquias; tinham que derrubá-las.

Embora derrotados, os tenentes ganharam notoriedade. Os que liam os jornais, parcela pequena da população, da qual eles faziam parte mesmo sem se dar conta, sabiam o que se passava, e não levavam a sério aqueles arroubos da juventude.

Alguns começaram a se destacar, ajudando suas futuras carreiras políticas. Uns alcançaram altos cargos na República. Como não eram mais tão jovens, o idealismo estava um pouco diluído pelo melhor entendimento da realidade. As bandeiras, que já eram genéricas e confusas no passado, tornaram-se mais vagas, sem prazo ou data para sua implantação.

Continuaram emocionalmente instáveis, dificultando o país trilhar um caminho democrático. Permaneceram décadas na vida nacional, nos mais diferentes lados, até que a morte os substituiu por outra geração.

O movimento dos tenentes desaguou numa longa marcha, 29 meses e 24 mil quilômetros, realizada entre 1924 e 1927. Liderada pelo major Miguel Costa, da Força Pública de São Paulo, e pelo capitão Luiz Carlos Prestes, dela participavam civis e militares, oficiais e praças.

Objetivos vagos norteavam os atrapalhados idealistas: combater as oligarquias, modernizar o país através de reformas institucionais, derrubar o presidente Arthur Bernardes e colocar alguém honesto no seu lugar.

Em 5 de julho de 1924, mesma data do movimento de 1922, revoltosos paulistas sob o comando do general Isidoro Dias Lopes, na reserva e beirando os 60 anos, tentaram outro golpe. Partiriam de São Paulo para o Rio de Janeiro para derrubar Arthur Bernardes, tomar o poder e consertar o país.

Depois de três semanas de acirrados combates e mais de quinhentos mortos, um grupo liderado pelo major Miguel Costa, chefe militar do contingente, partiu em direção contrária de onde estava o alvo do movimento, dirigindo-se ao sul, para o Paraná.

No oeste paranaense enfrentaram as tropas bem armadas do coronel Cândido Mariano Rondon. Novas derrotas. Seguiram adiante e chegaram a Foz do Iguaçu na fronteira com o Paraguai.

Em 28 de outubro, um outro grupo revolucionário partiu de Santo Ângelo, no Rio Grande do Sul, sob o comando do capitão Luiz Carlos Prestes. Seu intento era o mesmo dos paulistas: sair de onde estavam, chegar ao Rio, tomar o Catete, prender seu ocupante e, de imediato, começar a modernizar o Brasil.

Imaginavam engrossar suas fileiras por multidões descontentes e combativas. Depois de cada batalha vitoriosa, suas tropas receberiam incontáveis adesões. Aos 1.500 combatentes iniciais se somariam milhares de outros. Os líderes falariam ao povo, ao longo da caminhada, sobre a derrota que imporiam às oligarquias; não haveria mais fome, todos teriam comida e direito ao voto secreto. Teriam que compreender que antes deveriam derrotar as tropas federais que lhes dariam combate. Para chegar ao paraíso passariam primeiro pelo inferno.

Tinham certeza de que a adesão do povo à sua causa criaria condições para provocar uma rebelião popular em todo o Brasil, quando deporiam o presidente da República; com ele cairiam as oligarquias. Os tenentes assumiriam o poder e promoveriam as reformas de que o país necessitava. A Coluna demorou tanto indo de lá para cá que Bernardes terminou o seu mandato tranquilamente. A meta passou a ser derrubar o seu sucessor.

Alguns dias depois da partida, em Santa Catarina, ocorreu a primeira defecção: o capitão João Pedro Gay afastou-se do grupo. Mais adiante, o tenente Filinto Müller abandonou a tresloucada aventura. Chegaram à conclusão que o movimento era inútil, não teria condições de atingir os objetivos propostos.

Alguns combatentes também se foram e restaram 800 homens. Tropa tão pequena para propósito tão grandioso.

Em abril de 1925, em Foz de Iguaçu, no Paraná, com as tropas em frangalhos, os movimentos de Prestes e de Miguel Costa se uniram. Miguel Costa seria o comandante e Prestes, o chefe do Estado-Maior. Juntas, as duas forças somavam 1.500 homens. Não esqueciam que este era um número inicial; a ele se somariam milhares.

Os dois líderes se autocomissionaram a postos mais elevados, passaram a ser chamados de general. Movidos por grande entusiasmo, os comandados de Prestes e Costa esqueceram alguns detalhes importantes, como repor as munições e o armamento. Devem ter pensado só nas vitórias que teriam e nas adesões às suas fileiras.

No grupo que partiu do Rio Grande, a alimentação foi mais bem organizada que a dos paulistas. Incorporaram às tropas um padeiro e um cozinheiro, que trabalharam pouco, já que a alimentação, do café da manhã ao jantar, era churrasco feito com gado "requisitado". As provisões seriam conseguidas por saques no meio do caminho. Dariam recibo de tudo. Combateriam de barriga cheia e fuzis vazios.

O destino da marcha era o Rio de Janeiro, a pouco mais mil quilômetros de onde se encontravam quando partiram. Antes de atingir seu litorâneo objetivo, andaria pelos rincões mais atrasados e despovoados do país levando suas mensagens urbanas. O deslocamento se daria a pé e a cavalo.

Com as tropas de Rondon no seu encalço, o melhor era ir para o Paraguai. Estavam cada vez mais distantes do alvo, o Palácio do Catete e seu ocupante.

Do Paraguai foram para Mato Grosso. A cansativa e até então infrutífera campanha provocava desentendimentos entre os comandantes. Sentiam que a longa caminhada se afastava do objetivo inicial, discordavam do rumo a seguir.

A partir do Mato Grosso, os revolucionários passaram a ser perseguidas pelo Exército de modo mais intenso. As tropas federais eram comandadas pelo major Bertoldo Klinger.

Chegaram ao Piauí, a mais de três mil quilômetros do objetivo, e promoveram o cerco a capital, Teresina, de onde foram rechaçados e marcharam para o sertão de Pernambuco. Continuaram buscando adesões nas regiões mais despovoadas e despolitizadas do país, andando sem rumo, cada dia mais distantes do alvo, o presidente da República.

Em fevereiro de 1926, os dois comandantes lançaram um manifesto à nação, "Motivos e Ideais da Revolução". Tinham o propósito de resolver tudo que supunham errado no Brasil.

Era trabalho para várias gerações, desde que não fosse interrompido a todo momento por movimentos e revoluções que não tinham a mais remota crença na solução dos problemas pela via democrática.

Continuaram se embrenhadon pelo sertão. Inóspito, paupérrimo, despovoado, fugiam do litoral, onde vivia quase toda a população do país. Buscavam adesões onde elas não existiam. Difundiam ideias que não eram compreendidas.

Percorreram 13 estados do Sul, Nordeste e Centro-Oeste; por fim, exaurida, reduzida, sem atingir seu objetivo, a Coluna parou na Bolívia, onde os 620 revolucionários remanescentes entregaram suas armas ao Exército boliviano e receberam asilo.

O interessante é que os dois comandantes não se consideravam chefes supremos do movimento. Antes de dar por encerrada a desorientada caminhada, enviaram emissários à Argentina, onde estava exilado o general Isidoro Dias Lopes, que dera início ao ataque a São Paulo, e a Bagé, no Rio Grande do Sul, onde vivia o político gaúcho Joaquim Francisco de Assis Brasil, para informar a decisão de encerrar a marcha e deles receber compreensão.

Dez anos depois da grande marcha de Miguel Costa e Prestes, Mao Tsé-Tung, na China, deu início à sua.

A marcha brasileira não tinha o objetivo de conquistar algum território, se organizar e depois partir para a grande empreitada; sua meta, antes de atingir o alvo, era divulgar ideias e receber adesões. O percurso mostra uma enorme falta de objetividade, já que seguiram pela parte quase desabitada do país, fugindo das aglomerações urbanas.

O mapa da grande marcha dos comunistas chineses indica a busca de um território para estabelecer uma base, reorganizar-se e daí partir para derrubar o governo. Em dois anos foram percorridos 9.650 quilômetros em uma região montanhosa. A marcha começou com 80 mil homens e atingiu seu primeiro objetivo com 30 mil, sendo 8 mil remanescentes do grupo inicial e 22 mil que aderiram ao longo do deslocamento. Conquistaram uma província no noroeste da China.

Não há sucesso militar sem um inimigo perfeitamente caracterizado, um fortim a conquistar. Não se faz revolução sem um objetivo físico, sem conhecer o inimigo, o tigre, onde ele está e qual é o seu entorno, como ensinou Mao.

Costa e Prestes não conheciam bem seu tigre nem sabiam como chegar até ele. Para derrubar o presidente da República, não havia por que perambular sem rumo tentando conquistar Teresina, no extremo nordeste do país. O tigre estava no Catete, muito longe de onde andaram os desnorteados combatentes.

Vinha sempre a Getulio a lembrança de que a Coluna Prestes fora o resultado da união de gaúchos e paulistas. Tinha que confiar que Flores jamais se uniria aos paulistas. A improvisação não levou a Coluna a canto algum; o perigo seria uma nova soma de esforços, mais organizada e objetiva, tendo ele como alvo.

Depois de divagar sobre o desperdício de energia que produziu a estranha marcha, com um objetivo, mas sem saber como atingi-lo, Getulio deixa o passado de lado e volta a preocupar-se com o presente e o futuro imediato.

Foge da raiz dos problemas, a falta de uma constituição e a desordem nas forças armadas. Esta última era coisa antiga, aumentada por ele, dando destaque aos oficiais de baixa patente, colocando capitães como ministros e interventores, imaginando que isso não desagradaria e enfraqueceria os generais. Esquecera que recebeu o poder de um velho general, Tasso Fragoso. Se ele não tivesse afastado Washington Luiz, talvez a Revolução de 1930 tivesse sido apenas mais um movimento frustrado, como os que a antecederam.

A fonte real dos problemas, no fundo, era um presidente com poderes absolutos, que os usava de maneira equivocada.

Chegam notícias inquietantes de São Paulo. O general Bertoldo Klinger, que tão bem combatera a Coluna Prestes e que há pouco tempo estivera com o presidente tranquilizando-o com respeito a São Paulo, agora falava em uma rebelião pela instalação da Assembleia Nacional Constituinte.

Fora promovido a general por Vargas, mas adotara o mesmo discurso de Borges de Medeiros e Raul Pilla.

O fiel da balança seria o interventor gaúcho. Os dois lados, os constituintes e os contra ela, aguardavam sua adesão.

Getulio passa para a reserva o general Klinger. Sem tropas, ele não representará perigo, pensa o presidente.

O efeito foi contrário ao desejado. O general afastado começou a receber adesão de políticos e de membros da Força Pública estadual. Getulio produziu o líder que faltava para explodir a revolução. Flores declarou lealdade ao governo federal. Os paulistas passaram a considerá-lo um traidor.

No dia 9 de julho, as tropas paulistas comandadas pelos generais Bertoldo Klinger, Isidoro Dias Lopes e pelo coronel Euclides Figueiredo levantaram-se contra o Governo Provisório e começaram a Revolução Constitucionalista.

O presidente determina ação imediata do Exército. Percebe a desorganização e o domínio da burocracia em suas tropas. "Morosidade, confusões, atropelos, deficiências de toda ordem, felonias, traições, inércia. Algumas dedicações revolucionárias". Refere-se aos oficiais simpáticos à causa constitucionalista.

Passa a conhecer melhor o seu aparato militar. Dois anos na presidência não lhe deram tempo para se ater a esse problema. Nem ele nem os generais abordaram esse assunto.

Designa Góis Monteiro para comandar as tropas que combaterão os revoltosos. Coloca à disposição todo o estoque do Exército — "Estoque de carabinas no material bélico: apenas 4.700 carabinas! Os aviões do Exército que deviam voar não têm bombas!"

Getulio está perplexo, assombrado. Da mesma maneira que se assombrou com o descalabro das finanças públicas deixadas pelo governo anterior e esquecendo-se que esse assunto era com ele mesmo no governo anterior.

O presidente começa a revelar uma personalidade pouco afeita a aprofundar os assuntos — e depois ser tomado de surpresa, sem sentimento de culpa.

Não é privilégio seu, é uma característica da maioria dos políticos brasileiros, daqueles e de todos os tempos, abordar os mais difíceis problemas da maneira mais superficial possível. As maquinações para permanecer, subir, derrubar, nomear, tomam todo o tempo, não sobra nada para leituras e reflexões.

Recebe novas informações: "O estoque não é de 4.700, mas de 180 mil, ainda bem". Fica aliviado, não questiona como o Exército controla o que possui em seus arsenais e paióis a ponto de dar uma informação tão distante da realidade ao presidente. Questiona-se: e se a segunda for tão errada quanto a primeira? Qual a razão de números tão díspares?

Todos o traem, "inclusive a velha múmia que exumei do esquecimento, o interventor Pedro de Toledo", nomeado recentemente para o cargo, em São Paulo.

O Exército continua moroso. Abre-se uma nova frente de batalha em Minas Gerais, e Getulio manda para lá o capitão Juarez Távora, herói da campanha nordestina em 1930.

Klinger assume o comando das tropas rebeldes e determina uma marcha para o Rio. Getulio sente que é o alvo da revolução. Sabe que pouco conta com o Exército, falta-lhe tudo o que se espera de uma tropa profissional.

Os combates se alastram pelo estado de São Paulo em direção ao Sul e ao Rio. Finalmente, com dois anos de atraso, ocorre a batalha de Itararé. Fica satisfeito, o Exército derrotou o adversário.

Flores propõe o fim da guerra com uma declaração de paz. Frustrou Getulio: "Fiquei desolado com esta proposição. Nem firmeza, nem mentalidade para a luta. Que fazer?" Tratava-se de uma rendição; aumentavam as desconfianças em torno do interventor gaúcho.

Voltam os temores de que os gaúchos se uniriam aos paulistas. Seria o completo desastre. Outro proporia a Constituinte, não ele. Por que demorara tanto em tratar desse assunto? Vargas faz um balanço desses dois anos e constata que não se aprofundou em nada, não tomou decisões importantes; sente certa decepção consigo mesmo. Será que outros o veem dessa maneira?

Arrepende-se de ter se acomodado, de ter estendido por tanto tempo a ressaca da vitória. Se a cidade não fosse tão atraente, teria se dedicado mais aos problemas reais. A capital poderia ser em um lugar agreste, sem mar, com arquitetura monótona e urbanismo pouco convidativo a passeios e caminhadas. Alguém, um dia, vai perceber que a magnífica cidade litorânea, cercada de exuberantes florestas e cheia de belas mulheres desviava a atenção dos governantes vindos das províncias. O deslumbramento era inevitável. Fica aliviado: a culpa não é dele, é da cidade.

Getulio não concorda com uma proposta de paz de Borges de Medeiros. Prefere a paz romana, pelas armas.

"A sugestão do antigo chefe rio-grandense são condições de um vencedor para um vencido. Recuso-as".

Os militares querem a rendição incondicional dos paulistas. Começa a faltar pólvora, constatam que a aviação militar é insuficiente. Os dois lados têm que chegar à vitória o mais rápido possível, a guerra poderá terminar por falta de munição.

João Neves da Fontoura, cheio de ressentimentos bem escondidos, a ponto de Getulio não percebê-los, alia-se a um foco revolucionário na serra gaúcha, rapidamente debelado. Foge de avião para São Paulo. Pelo rádio, fala de maneira agressiva contra o presidente.

Getulio se orgulhava de ser um excelente conhecedor do espírito humano. Pensou que, com as recompensas e oferecimentos de cargos, João Neves esqueceria que, ao sair para a revolução, não passou o governo para ele, o legítimo sucessor.

O presidente fica bastante satisfeito, o vidente Sana Khan anunciou a sua vitória para o dia 29 de julho. Quem trouxe a boa nova foi o ministro da Fazenda, Arthur Costa. As notícias sobre as finanças públicas não são boas, mas a outra compensa estas. O ministro sente-se fortalecido em transmitir a informação da vitória em primeira mão.

Fica preocupado. O mago errou a data; já estavam no dia 30 de julho e os combates continuavam, não havia rendição à vista. Será que não seria outro dia próximo ao indicado pela bola de cristal? Anos mais tarde viu-se que o vidente não era bom para datas.

A aviação paulista intensificava os bombardeios; a sua era de pouca serventia, comandada pelo major Eduardo Gomes, mas com pouca munição.

O edital de 1919 da Missão Francesa, que convidava cadetes e oficiais para matrícula na arma de Aviação Militar, era bem claro: seria dada prioridade aos da Arma de Cavalaria por razões esportivas. Até a entrada em combate, a aviação militar era vista desse modo. Teve apenas uma rápida experiência em missão de observação em 1915, na Guerra do Contestado, em Santa Catarina.

Minas Gerais, que estava calma, apoiando o presidente, de repente foi tomada por boatos de adesões aos rebeldes. Na ausência de boas informações, Getulio era obrigado a trabalhar sobre boatos.

Klinger envia uma carta ao presidente, sugere a paz em troca de sua renúncia. Propõe um governo militar para São Paulo.

Luiz Simões Lopes retorna de viagem a Paris. Más notícias. O governo francês proíbe o embarque de material bélico já adquirido, alegando razões humanitárias. É o troco por não ter encomendado todo o equipamento militar na França. Os Estados Unidos mandam apenas cinco aviões de uma encomenda de vários. Os americanos não respondem a seus pedidos e o deixam mais inquieto. Sente-se isolado.

Percebe toda a fragilidade política, diplomática e militar de seu país. Não é respeitado pela comunidade internacional. Poderia? Possivelmente não. O Brasil só se destacava na produção de café e de golpes de estado, mais nada.

O foco de todo o atraso é a despreocupação com a educação pública; não era levada em conta em nenhum plano de governo. No meio de boatos e intrigas, ninguém fala mal do ministro da Educação, seu tema não tem importância. O entendimento do que era democracia tornava a questão militar prioritária, seu ensino era bom e seus alunos eram oriundos de boas escolas privadas. Não havia por que se preocupar. As elites e a classe média estavam bem atendidas.

Como não se preocupavam com o que se passava no mundo, não sabiam que a contemporânea revolução turca estava dando toda prioridade à educação e à cultura.

Agradece a Deus por não ter havido grandes combates em São Paulo em 1930; tem certeza de que não teria chegado ao Catete. O Exército não teria condição de ajudá-lo.

Rumores de uma aliança entre Góis e Klinger para implantar uma ditadura militar prosperam. "É preciso um espírito muito resistente a todos estes boatos e nervosismos para não se impressionar". Mas se impressiona. A visão de Sana Khan havia lhe trazido tranquilidade. Calma e esperança vindas do além são boas para momentos de desespero. Getulio disfarçava bem seus sentimentos e paranoias.

A paz do Rio é perturbada no segundo mês de lutas. Duas bombas explodiram. O povo nas ruas dava vivas a São Paulo. Getulio determinou prisões e o chefe de polícia, o ex-interventor João Alberto, agiu rápido. Não quer de modo algum tumulto no Rio, perto de sua casa. Tudo acaba rápido. Um protesto na avenida Rio Branco foi rapidamente dispersado.

A França não devolveu o dinheiro, não embarcou o armamento adquirido por lá, nem deu resposta aos pedidos de informação. Esse desrespeito ao Brasil exasperava. Sentia-se humilhado.

Governar não era mais sequer abrir estradas. Era acalmar os ânimos em São Paulo, Rio Grande do Sul e Minas Gerais. O resto do país era mencionado de passagem, entregue ao seu atraso, às antigas e às novas oligarquias.

"A rebelião tende a alastrar-se como uma furunculose", está nas anotações de Getulio.

Movimentos no interior do Rio Grande do Sul e boatos de revolta nas escolas militares do Exército aumentam a perspectiva de derrota.

O medo toma conta dele; esforça-se para parecer calmo, senhor da situação. Desde que partiu do palácio do governo gaúcho não se sentia tão inseguro. Bem, sempre resta a hipótese de suicídio.

O pesadelo com as tropas inimigas levando-o preso, sua família sendo humilhada, seus amigos o abandonando e aderindo aos novos detentores do poder, tudo isso dominava sua mente. A paranoia, o pavor de uma derrota, levaram-no a determinar a construção de um refúgio onde buscaria abrigo caso acontecesse o pior. A "casa de pedra" foi erguida próxima ao pico das Agulhas Negras, a 2.800 metros acima do nível do mar, lugar frio e de acesso difícil.

A Polícia Militar de Minas Gerais não acata ordem do governador para ficar ao lado das tropas federais, que, por sua vez, estão cada vez mais desorganizadas e sem munição.

Intriga-se com a capacidade de organização e produção dos paulistas. Eles fazem veículos blindados, canhões, metralhadoras, capacetes de aço, conseguem canhões de longo alcance e gases paralisantes. E ele, nada; só carências e desorganização.

O político gaúcho Maurício Cardoso, ex-ministro da Justiça e revolucionário de 1930, embora defensor da Constituinte, ficou ao lado de Vargas em 1932. Foi escolhido para ser o mediador entre o governo e os rebeldes paulistas.

As duas primeiras propostas de paz vieram dos adversários Klinger e Borges, além da dúbia e inaceitável oferta de Flores da Cunha. O governo federal só queria paz depois da vitória final; até lá encarava qualquer iniciativa nesse campo como demonstração de fraqueza e até de covardia.

Maurício Cardoso e o ministro da Marinha, almirante Protógenes Guimarães, sugerem um documento a ser submetido aos paulistas, a Klinger, com quatro pontos: deposição das armas pelos rebeldes; novo governo civil e paulista; anistia; uma constituição provisória até que a futura Constituinte vote a definitiva.

Enquanto isso, Getulio recebe com imensa satisfação notícias de bem-sucedida campanha no sul de Minas, próximo a São Paulo, do 14º Batalhão de Voluntários da Brigada Militar gaúcha formada com gente de São Borja. Entre os voluntários está seu irmão caçula, Benjamin.

No Rio não há combate em campo aberto, "a capital continua a serviço da espionagem, da conspiração e da sabotagem". Quem serão os espiões, conspiradores e sabotadores? Aparentemente não sabe. Deve supor.

Desconfia até do ministro da Marinha e de Maurício Cardoso, os pacificadores.

Boas notícias de Minas, os mineiros estão combatendo com sucesso. Más notícias de sua terra: "O dr. Borges de Medeiros, num triste crepúsculo da vida, deixa-se arrastar, por alguns despeitados, a lamentáveis aventuras, logo fracassadas". Borges estava velho, tinha 61 anos. Viveria mais 37 anos e veria a morte de Vargas. O "crepúsculo da vida" foi um vaticínio tão falho quanto a profecia do vidente paulista.

Seus nervos estão à flor da pele, não tem informes nem informações, só boatos e mais boatos. Pensa: "É preciso um espírito forrado de grande serenidade para resistir aos embates morais desta luta. A um dia de relativa tranquilidade sucede-se outro cheio de boatos, de intrigas, de conspiração, de ameaças de atentados pessoais. Procuro isolar-me desta atmosfera enervante que só serve para perturbar".

Continua tendo bom conceito de si próprio e de sua grande serenidade; quanto aos outros, nem tanto — não possuem essa qualidade.

A guerra prosseguia com pouca munição e muitos descontentamentos internos. O aliado de hoje poderia ser o inimigo de amanhã. As imprecisas notícias sobre quem estava levando vantagem dificultavam as adesões e tornavam frágeis as lealdades. Concluiu que se for vitorioso terá que ter um sistema de informações.

A aviação inimiga lançava manifestos de Borges de Medeiros e Raul Pilla indicando que a vitória estava próxima — praticavam a guerra psicológica. Infundem o derrotismo aos que estão ao seu lado; Getulio sente clima propício à debandada de amigos muito chegados e de ministros.

Borges organizou um batalhão e partiu para o combate em Piratini, antiga capital dos Farrapos. Acabou derrotado e preso. Vargas não sabia onde encarcerá-lo. A primeira ideia foi o Forte de Copacabana, mas achou mais conveniente trancafiá-lo na ilha do Riso, na baía de Guanabara. Teria como companheiro de prisão o ex-presidente Arthur Bernardes, que lá se encontrava por ter apoiado a revolução constitucionalista. Para Borges, a ilha não foi uma Santa Helena, esteve mais para Elba; dela, como Napoleão, saiu para tentar voltar ao poder.

A prisão de Borges e Bernardes deu uma alegria adicional a Getulio: ambos tinham como carcereiro o ministro da Marinha. Quando presidente, Arthur Bernardes prendera no mesmo local o almirante Protógenes: "Bernardes e Borges, dois homens que fundamentalmente se hostilizaram e prestaram-se depois apoio, dois temperamentos afins de dominadores a decaídos e não conformados, vão afinal se conhecer na mesma prisão". O local foi construído por Bernardes para ser uma residência de lazer da presidência.

O maior castigo não seria a privação da liberdade, mas a desagradável e constante presença do companheiro de cárcere. Getulio antecipava a posterior constatação de Sartre sobre o inferno e a companhia de outros, ou de Schopenhauer: "O mundo é o inferno, os homens dividem-se em almas atormentadas e em diabos atormentadores".

Getulio regozija-se com sua traquinice. Aprisionar no mesmo local os dois velhos que não se toleravam... deu boas gargalhadas com o almirante carcereiro. Uma pequena maldade para divertir aqueles dias sombrios. Sabia que se perdesse a guerra iria para uma prisão, talvez não tão confortável como a que confinara os dois ilustres adversários.

É hora de promover oficiais. Qualquer promoção desagrada os padrinhos. No auge dos combates, que exigem toda a concentração nos passos do inimigo, na escolha de estratégias, Góis e Flores se agastam com Getulio; um, por causa da promoção de um coronel e, o outro, de um major.

Como se o país não estivesse pegando fogo, o jornal carioca *O Globo* inicia uma campanha para reduzir a jornada de trabalho dos funcionários públicos. Os que trabalhavam pouco queriam trabalhar menos. Volta a perguntar: será que havia muitos jornalistas no serviço público?

Oswaldo Aranha interrompe seu desassossego com um projeto de lei regulamentando as companhias de seguro. Por que a urgência? Depois, Vargas soube que as próprias interessadas haviam redigido o projeto. Ri, não toma providências. Volta-se para os combates.

A guerra parece que é só contra ele. O ministro da Educação lhe traz um pleito para empregar mais gente em seu gabinete.

Será que imaginam continuar com outro governo, com outro presidente?

Generaliza-se a paranoia. Góis se sente ameaçado por inimigos invisíveis: Getulio preocupa-se com o Oswaldo, "tão assíduo, há três dias que não aparece". Será a questão do seguro? Medo de uma derrota? Confabulações com o inimigo?

No terceiro mês de hostilidades, o general Klinger propõe um armistício. Manda um telegrama a Getulio propondo se reunirem para estudar a interrupção dos combates.

Os dois lados estão exauridos, tudo indica que os paulistas um pouco mais. A Força Pública começa a negociar com o inimigo através de seu comandante, o coronel Herculano de Carvalho.

No dia 3 de outubro, São Paulo se rende sem condições. Getulio nomeia para interventor federal interino o coronel Herculano, no lugar da múmia Pedro de Toledo.

O tratado determinando o fim das hostilidades é assinado na cidade de Aparecida, onde está o quartel-general de Góis Monteiro.

Ficou acertada a eleição de uma Assembleia Nacional Constituinte para dali a sete meses, no dia 3 de maio. Aprovada a Constituição, a própria Assembleia elegeria o novo presidente da República.

Alguns detalhes foram esquecidos, um deles foi o modo de compor a Assembleia, estabelecer quem seriam seus membros. Praticar atos jurídicos incompletos é da natureza nacional, as coisas deixadas para trás abrem espaço para intermináveis discussões, reformas constitucionais e golpes de estado.

Essa foi de fato uma revolução, tinha um objetivo de interesse comum e atingiu seu alvo. Getulio se vangloriou da vitória militar, ainda que, aparentemente, derrotado no campo das ideias pelos constitucionalistas.

A imprensa americana classificou a Revolução Constitucionalista como a mais sangrenta da América Latina naqueles tempos.

Klinger e seus oficiais foram presos no navio Pedro I, da Armada. Todas as confusões vêm do Sul, Getulio já havia feito essa reflexão sobre sua gente; Prestes, Isidoro, Klinger, Hermes da Fonseca, até o marinheiro João Cândido que liderara uma rebelião na Marinha de Guerra, eram conterrâneos do ditador.

O presidente resolve nomear um governador militar para São Paulo; será o comandante da II Região Militar, o general Valdomiro Lima, tio de Darcy Vargas.

Os direitos políticos dos rebelados são cassados, alguns vão para o exílio e outros continuam presos.

Há pressões de Flores para não deportar Borges; teme novas manifestações em seu estado. Getulio reluta em diferenciar o velho caudilho, Góis concorda.

Sabia que grande parte de seu tempo seria dedicado a assuntos desse tipo. Pedidos de anistia, abertura de exceções, revogação de prisões; afinal, os homens que compunham a elite dirigente eram em pequeno número, todos se conheciam — se não fossem as traições, formariam um grupo unido, sem defecções.

Todos eram graduados nas pouquíssimas escolas superiores existentes, interessavam-se muito pouco pelo progresso tecnológico e industrial dos países desenvolvidos e não demonstravam preocupação em aumentar o número de participantes de seu grupo. Estavam plenamente satisfeitos com os três por cento de eleitores, era muito mais fácil manipulá-los do que se fossem os trinta por cento dos Estados Unidos, da América, como gostavam de chamar o país do norte, como se o restante do continente ficasse em outra parte do globo.

Nas colônias espanholas da América, o ensino superior teve início no século XVI. Na portuguesa, era proibido o funcionamento de faculdades. Somente em 1808, quando a colônia passou a fazer parte do Reino Unido de Portugal e a abrigar sua capital, é que foi instalada a primeira instituição de ensino superior, a Faculdade de Medicina da Bahia.

A primeira universidade brasileira data de 1912, a Universidade do Paraná. Em 1920 foi criada a do Rio de Janeiro, a partir reunião das três faculdades existentes ali. As universidades seguintes tiveram que esperar quatorze anos para serem criadas; as estaduais de São Paulo e do Rio Grande do Sul, também, aglutinando instituições existentes.

Nos Estados Unidos o ensino superior começou com a colonização. A Universidade de Harvard foi criada em 1636, vinte e nove anos após a chegada dos primeiros colonizadores à Nova Inglaterra. Quando da proclamação da independência, em 1776, havia no país sete grandes universidades privadas, a maior parte da Ivy League. Em plena conquista do Oeste foram criadas as primeiras universidades na Califórnia.

Em 1862, sete anos após o fim da Guerra Civil, foi iniciada a reforma agrária por meio do Homestead Act, definindo as regras para a ocupação das terras públicas devolutas, divididas em áreas de 65 hectares. O College Act, do mesmo ano, liberava os estados a venderem suas terras para uso agrícola. O dinheiro arrecadado deveria ser aplicado no financiamento de faculdades estaduais direcionadas à tecnologia e às ciências agrárias.

Essa preocupação fundamental foi negligenciada no Brasil por várias gerações. O interessante é que muitos governos promoveram reformas no ensino, reformaram o que não existia. De 1890 a 1925 foram promovidas cinco reformas no ensino secundário; apesar dessa dedicação à educação, o país continuava com mais de sessenta por cento de sua população sem saber ler nem escrever.

Getulio convidou à luta, em 1930, os agitados tenentes dos movimentos revolucionários da década anterior à sua revolução. Prontamente atenderam ao chamado para mais uma guerra; afinal, haviam sido preparados para elas. Se não acontecesse nada no seu campo de conhecimento, passariam os anos restantes da carreira treinando recrutas, fazendo cursos que lhes assegurassem promoções, exercendo tarefas burocráticas e, mais tarde, participando das acirradas lutas internas para ultrapassar os colegas e galgar os últimos postos na hierarquia. Na velhice, iriam para o Clube Militar, onde continuariam conspirando para o resto da vida.

Getulio lhes oferecia uma nova oportunidade de saírem do marasmo em que viviam e partir para a luta, uma luta que combinava com seus ideais de tornar o Brasil um país mais justo e moderno.

Com a vitória, sob certo aspecto, Getulio corrompeu os jovens idealistas, deu-lhes cargos, poder e os introduziu nas disputas políticas palacianas, o que aniquila o caráter de qualquer um; direciona-o às intrigas da corte e o único objetivo passa a ser não perder o espaço conquistado, se possível, subir mais alguns degraus.

O bem comum perde-se numa penumbra que vai engolindo os sonhos e as motivações iniciais. Esse é o destino de todas as revoluções, de todas as tomadas de poder pela força.

Em 1932, os revolucionários do tenentismo dos anos vinte foram anistiados, foi-lhes dada uma antiguidade hierárquica maior que a dos que seguiram sua carreira e participaram da Revolução de 1930. Ocorreram protestos. Nessas ocasiões a disciplina militar era sempre colocada em segundo plano. A solução foi criar dois quadros separados de modo a acomodar o desejo de uns em retomar a carreira e o protesto dos outros, que se julgavam prejudicados.

Era sempre assim, um eterno acomodar de situações. Os problemas reais raramente eram atacados de frente. Não eram eliminados e continuavam silenciosamente mantendo ressentimentos que seriam o fermento do próximo golpe.

A revolução paulista interrompeu a paz dos últimos dois anos na agitada vida política nacional. Em dois anos não ocorrera nenhum golpe, nenhuma movimentação de tropas, sequer passeatas protestando contra alguma coisa. Apenas uma greve de motoristas de carros de aluguel no Rio de Janeiro, rapidamente debelada com a pronta e enérgica intervenção do presidente da República.

Toda energia fora gasta, ou desperdiçada, na administração de boatos, intrigas, atendimentos a pedidos pessoais, promoções e distribuição de cartórios. Foram dois anos exaustivos. A luta não era travada em campos de batalha ou trincheiras, passava-se nas repartições públicas, nos salões, nas mesas, durante inúmeros almoços e jantares, nas recepções nas embaixadas.

Todos haviam engordado. O próprio Getulio, e, principalmente, o general Góis apresentavam silhuetas mais avantajadas que as do início da patriótica jornada. Apenas o capitão Távora e Prestes, no exílio, continuavam magros; o primeiro, pelo seu biotipo longilíneo, e o segundo, pelas dificuldades impostas pela sua opção de vida, casta e austera.

A culinária do Rio era cosmopolita, diversificada, influenciada pelas cozinhas francesa, portuguesa e espanhola. A fartura dos ibéricos era equilibrada com o requinte, ainda que gorduroso, dos franceses.

No Rio Grande do Sul comia-se a saborosa carne de seu gado e tudo o mais que ele contivesse. A cozinha era monótona, churrasco, arroz de carreteiro, farofa, alguma salada, não variava muito. Acreditava-se que o chimarrão ajudasse a digerir a enorme quantidade de carne consumida diariamente.

Os gaúchos lembravam com saudades do mocotó comido no Gambrinus, nas noites de inverno, depois da faculdade ou da saída dos cinemas no entorno da praça da Alfândega.

Atravessavam a rua da Praia, enfrentavam o vento gelado no cruzamento com a avenida Borges, desciam a Galeria Chaves, ao lado da Livraria do Globo, cruzavam o abrigo dos bondes e a praça Quinze, com seu pitoresco chalé, ótimo para tomar chope no verão, e estavam na frente do belo prédio do Mercado Público, rodeado de restaurantes que viravam a noite sem fechar suas portas. O Treviso nem as tinha. O mercado ocupa um quarteirão, é enorme, foi inaugurado em 1869. Como quase todo prédio público da época, é em estilo neoclássico com algumas variações.

Trocavam ideias sobre política, falavam do Pinheiro Machado, Júlio de Castilhos, Borges de Medeiros, eram positivistas e anticlericais. Não sabiam bem por quê. Ser gaúcho incluía algumas crenças e atitudes peculiares.

Pensavam: quando chegará a hora de lutarmos, arriscarmos as nossas vidas por um país melhor, como fizeram nossos antepassados? Getulio se destacava do grupo, não esqueciam que ele havia feito uma oração fúnebre para Júlio de Castilhos.

Comentavam os filmes vistos, com Theda Bara, Gloria Swanson, Lon Chaney, Rodolfo Valentino, Pola Negri, Chaplin. Caminhavam um pouco curvados para se abrigar melhor do vento. Os sobretudos, as mantas de lã enroladas no pescoço e, às vezes, um poncho típico da gente da fronteira, do Pampa, não eram suficientes para aquecê-los. As mãos enluvadas seguravam os chapéus para não serem levados pela ventania.

Getulio gostava de recordar as tertúlias intelectuais que promoviam ao final da tarde em frente à livraria do Globo; comentavam os livros lidos e por ler, trocavam ideias sobre os artigos que publicavam no jornal do centro acadêmico da faculdade de Direito.

Quando governador, estimulou a livraria a editar uma revista para divulgar a cultura rio-grandense; da sugestão, surgiu a *Revista do Globo*, que começou a circular em 1929. No editorial do primeiro número anunciava seu propósito: "...construir uma ponte de ligação mental e social entre o Rio Grande e o resto do mundo".

Não havia dúvida, boas lembranças, mas o Rio de Janeiro era muito melhor. Comiam churrasco e tomavam chimarrão na casa de um ou de outro conterrâneo. A cidade não tinha churrascarias. Quando começaram aparecer, Getulio já não podia usufruí-las, os seus amigos, sim.

Adaptaram-se bem à comida local; as barrigas proeminentes davam provas de que ela era boa. Ao que parece, o chimarrão não facilitava a digestão daqueles pratos.

No balanço que fez daqueles dois gloriosos anos na presidência, lembrou que havia estimulado algo útil, o álcool combustível.

Quis saber a quantas andava essa questão.

Foi ao cinema Palácio, na Cinelândia, caminhou pela noite agradável trocando uma boa prosa com o seu ajudante de ordens. Saíram do Catete pela praia, passaram pela Praça Paris, pelo Passeio, Getulio fez algum comentário sobre o palácio Monroe, onde funcionava o Senado Federal, e já estavam na Cinelândia. Poucas cidades proporcionavam caminhadas tão estimulantes.

Terminado o filme, pegaram um táxi para o palácio Guanabara. Perguntou ao *chauffeur* como andava a questão do álcool. Ele elogiou a mistura com a gasolina, sugeriu aumentar a produção, mas reclamou de seu preço.

Há pouco havia sido inaugurada a primeira bomba pública com álcool—motor na cidade. Sentia enorme satisfação com essas realizações que davam para ver, sentir, tocar. O resto era papelório e discurseira sem fim. As melhores intenções esbarravam na burocracia, no desinteresse dos ministros e secretários e na ausência de cobranças e acompanhamento por parte dele. Reconhecia que não estava preparado para essas coisas. A gerência era tarefa para comerciantes e guarda-livros, não para estadistas. Acabaria por descobrir alguém afeito a esse tipo de trabalho, teria que procurar fora do seu círculo de relações, todos eram como ele. Talvez entre aqueles industriais paulistas tão incultos, sem graça e sempre objetivos. Há pouco tempo havia concedido uma audiência a "um Matarazzo"; poderia ter trocado algumas ideias com ele.

Oswaldo Aranha insiste com Flores da Cunha na deportação de Borges. A sugestão é repelida mais uma vez; também não quer a cassação de seus direitos políticos. Getulio retarda a assinatura do decreto da cassação desses direitos, tem que pensar mais em quem excluir e quem incluir.

Comporta-se de maneira ambígua e determina ao chefe de polícia que não atenda nenhum pedido de exceção, executando as prisões e as deportações.

Comentou com Góis sobre o caráter sempre dúbio do general Tasso Fragoso, o que lhe deu a presidência e seus plenos poderes. Reprova atitudes desse tipo desde que não sejam as suas.

O ministro de Viação e Obras, José Américo, veio comunicar a Getulio que seria candidato à presidência nas eleições que se seguiriam à Constituinte. O presidente ouviu e o estimulou a perseguir seu objetivo.

Pouco tempo depois retornou para dizer que havia desistido de sua pretensão. Mudou de opinião e passou a achar que Getulio seria o melhor candidato.

Difícil acreditar nas pessoas, principalmente nas que fazem da política sua profissão, seu meio de vida. A constante mudança de opinião, para elas, não é um defeito, é uma essencialidade. Difícil é levar a sério seus compromissos e suas juras de fidelidade. Mais do que nenhum outro, Getulio sabia disso.

Continua assoberbado, com todo o tempo tomado pelas audiências, interrompidas pelos três meses de luta. A rotina continua a mesma, os fuxicos, idem. Não há tempo para mais nada.

Felizmente o posto de álcool está funcionando.

Duas tarefas urgem: acompanhar o projeto da Constituição, entregue ao jurista Carlos Maximiliano Pereira dos Santos, e decidir o que fazer com o prisioneiro Borges de Medeiros. Seu companheiro, Arthur Bernardes, seria deportado para Lisboa. Não tinha problema, ninguém que pudesse abalar o regime estava pleiteando qualquer coisa para ele. Com Borges era diferente. Flores da Cunha advogava com insistência a sua não deportação.

Havia conseguido a neutralidade do interventor gaúcho na recente revolução. Não lutou, manteve seu exército de 27 mil homens, com muitas armas e munições, intacto, enfrentaria com facilidade o combalido Exército nacional. Não podia contrariá-lo, como também não podia contrariar Góis Monteiro. O comandante vitorioso não admitia exceções, todos teriam que ser tratados da mesma maneira. Borges deveria ter o mesmo tratamento dos outros: prisão ou exílio.

Getulio remói os pensamentos, dá tratos à imaginação, busca soluções conciliatórias, finalmente encontra uma saída. O velho caudilho escolheria ser deportado ou continuar onde estava, prisioneiro da Marinha na aprazível ilha, sem a presença desagradável de Arthur Bernardes, que já estava a caminho da Europa.

Os dias de privação da liberdade de Borges seriam amenizados. Antes só que acompanhado do Bernardes.

O imbróglio Borges caminha para uma solução. Seu genro, Sinval Saldanha, informou a Flores que ele preferia o exílio, desde que fosse dito à imprensa que ele partiu porque quis, para onde quis e por conta própria. Nada lhe seria imposto.

Getulio pensou: Que velho impertinente! Mas a sugestão do prisioneiro já era meio caminho andado para a solução do impasse.

Aniversário da República, banquete no Itamaraty, audição musical com a declamadora, a *deseuse* Margarida Lopes. "As festas diplomáticas são elegantes e corteses, mas frias, sem entusiasmo", pensa e anota o presidente.

Getulio envia um telegrama a Oswaldo Aranha comunicando que depois das eleições abandonará a política, se dedicará às atividades privadas. O destinatário o tornou público. Ambos sabem que não há a menor sinceridade no texto do telegrama. A conversa com o escritor José Américo lhe tirou da letargia e o colocou em movimento para continuar onde estava.

Parece até mentira, chegam notícias de possíveis movimentos de sargentos do Exército e de tenentes da Marinha. "Sinto-me doente e abatido". Getulio tinha 50 anos, era recorrente o pensamento da velhice e de males, possivelmente imaginários. O do suicídio não o abandonava, uma porta de saída para eventuais derrotas ou situações vexatórias.

Borges optou pelo exílio em Pernambuco. Getulio achou estranho, mas concordou; pressentia que estava cometendo um erro. "O velho" não podia ficar no país. Tinha que ir para o mais longe possível. A qualquer momento estaria criando novos problemas.

Alberto Santos Dumont suicidou-se. Getulio foi ao velório na catedral do Rio de Janeiro, conversou sobre uma visita que havia feito à sua casa, em Petrópolis. Percorreu o caixão, olhou-o de todos os ângulos. Os suicidas o fascinavam. Observou para si mesmo que a Santa Madre Igreja o tratava com respeito, não lhe negou exéquias religiosas. Deve ter sido decisão do cardeal Leme, homem de extraordinária acuidade política e bom conhecedor das necessidades terrenas. Imaginou que se cometesse o ato extremo no qual tanto se apoiava nos momentos mais difíceis, não seria esquecido pela Igreja. Sentiu conforto.

O brasileiro Santos Dumont foi o primeiro a decolar um aeroplano por seus próprios meios, em local público, sem precisar de uma catapulta.

O modelo *Demoiselle* estabeleceu a aerodinâmica dos aviões por dezenas de anos. Não patenteou o seu extraordinário invento, não tratou de produzi-lo em série. Disse a um jornalista: "Se quer prestar-me um grande favor, declare, pelo seu jornal, que, desejoso de propagar a locomoção aérea, põe à disposição do público as patentes de invenção do meu aeroplano".

O que seria isso: espírito magnânimo, ingenuidade, falta de praticidade que complementasse a criatividade? Talvez de tudo um pouco. Pesou, sem dúvida, vir de uma terra onde os empreendedores eram relegados a segundo plano. Preferiu ter o seu gênio criativo exaltado a se transformar em um mero industrial.

O dinheiro para seus projetos vinha dos cafezais da família. Ele não precisava buscar recursos em bancos ou se associar a outros.

Era depressivo. Suicidou-se aos 59 anos, enforcou-se no Hotel de La Plage, no Guarujá. Recentemente havia escrito ao presidente da República sobre o atraso da indústria aeronáutica militar brasileira e informava sobre avanços em outros países, até mesmo Argentina e Chile.

O suicídio não o impressionou, sempre o considerou uma alternativa. Se o inventor não suportava mais a vida, por que não terminá-la? Era uma decisão sua, apenas sua e de mais ninguém.

Getulio sentiu a falta que fizeram os aviões e armamentos produzidos no Brasil na revolução paulista. Mais um assunto que trataria tão logo parassem de incomodá-lo.

Em 1931 fez um voo no avião Muniz 5, projetado e construído por um engenheiro do Exército, o major Antônio Guedes Muniz. Mais tarde, o empresário Henrique Lage produziu em série vinte e oito Muniz 7, modelo de treinamento com dois lugares. A produção foi descontinuada.

Getulio gostava de frequentar a casa do empresário, próxima ao Jardim Botânico e ombreando com ele em exuberância e beleza da vegetação. O Parque Lage nada devia ao jardim de plantas construído por Dom João VI.

Após as refeições, os convidados eram brindados com uma récita da mulher do anfitrião, a cantora lírica italiana Gabriela Bezanzoni. Não há indícios de que o convidado de honra apreciasse o "bel canto". De tempos em tempos ia às temporadas do Teatro Municipal, como anteriormente fora ao Theatro São Pedro assistir às companhias operísticas italianas que, a caminho de Buenos Aires, às vezes paravam em Porto Alegre. Elogiava a apresentação e tecia algum comentário sobre a voz e a graça da anfitriã. Todos faziam algum elogio à sua abrangente cultura. Agradecia com sorriso discreto, procurado demonstrar modéstia.

Getulio habituou-se a pensar no quanto deveria fazer. Não acreditava no pensamento fatalista de que o Brasil estava destinado à mediocridade eterna. Não associava o desenvolvimento a homens como Henrique Lage ou aos Matarazzo, de São Paulo. Para ele, a riqueza só poderia ser produzida por ações do letárgico governo, utilizando recursos do combalido Tesouro e gerenciadas por políticos despreparados.

Precisava trabalhar mais, se ateria menos às intrigas políticas e se voltaria ao que o país verdadeiramente necessitava.

A seca grassava no Nordeste. Desde o Império que buscavam uma solução para os problemas acarretados às populações que vivem no sertão nordestino. O fenômeno é periódico, apesar disso é recebido com surpresa pelos governantes e pelas vítimas. Os primeiros vão à capital buscar dinheiro para medidas paliativas, os segundos procuram na fé uma solução.

Pedem que Deus lhes mande chuva. Fazem promessas, organizam novenas e procissões com santos de sua devoção, rezam dia e noite, contam com o apoio dos padres, bispos e do poder terreno. O que os homens não fazem, confiam que o Senhor fará. A fé e a ignorância não lhes permitiam perceber que estavam sós. Abandonados por Deus, pelos homens e pela natureza.

Getulio é informado que há milagres de Cícero Romão, o Padre Cícero, nessa área. Lembra que ele foi o patrocinador da entrada do Flores da Cunha na política. Pensa mal do santo homem, não mais um político, a morte já o havia levado, mas um eficiente produtor de milagres, não de candidaturas. Quem sabe?

Abre um crédito de 150 mil contos de réis. Atende aos políticos da região. É cético com relação à correta aplicação dos recursos. Ouvira, antes mesmo de chegar à presidência, muitas histórias sobre o uso desse dinheiro. Enfim, se não der nada vão acusá-lo de ser insensível ante o drama daquela gente forte, mas sofrida, que insiste em viver na aridez.

Tem que pensar em uma solução definitiva para o problema. Quando tiver algum tempo disponível tratará dele. Sabia que o sonho dos políticos era criar uma autarquia para cuidar do assunto. Empregariam apaniguados, distribuiriam benesses aos amigos e deixariam os miseráveis à míngua. O que fazer?

Perenizar os rios, construir açudes, acumular e distribuir água, abrir poços, tanta coisa passa pela sua cabeça. Com mais tempo fará tudo isso. Tem uma fé inabalável em sua capacidade de trabalho, só lhe falta tempo.

Não criará nenhuma repartição pública; se fizer isso sabe que os poços e açudes serão feitos nas fazendas dos amigos e dos padrinhos dos dirigentes da tal autarquia. O emprego de uma enormidade de pessoas deixará muito pouco dinheiro para as providências hidráulicas. Com ou sem autarquia, os males da seca continuarão para os sertanejos até que ele ache uma maneira de resolvê-los.

Chegou o Natal. Aproveita para ler um livro de Emil Ludwig sobre Mussolini. Trata-se de uma pessoa interessante, quer saber mais sobre ele. Ficou nas primeiras páginas. Lamenta haver perdido o hábito da leitura. Desde que adotou a política como profissão não lera mais nada que pudesse lhe trazer cultura ou entretenimento. Lia apenas os jornais, com ansiedade, buscando os elogios e as críticas. Os primeiros animavam seu café da manhã, os segundos colocavam em alerta, alternando raiva e melancolia.

Imaginava respostas e ações que dirigiria aos que não o compreendiam e o atacavam. Remoía preocupações e planos vingativos

Sentou-se na poltrona preferida, de couro, confortável, para passar algumas horas sentindo o prazer de ter um livro nas mãos, como antigamente. Abriu, leu a orelha com alguma atenção; com o curto prefácio não teve o mesmo cuidado, olhou o livro, virou de um lado para outro, considerou-o grosso. Leu as primeiras páginas, não fixava o que lia, os parágrafos iam se apagando em sua memória, as aventuras e os feitos de Mussolini eram substituídos rapidamente por pensamentos mais imediatos, Flores, Góis, café, secas.

Percebeu que, como todo político, mergulharia na ignorância; felizmente tinha uma boa memória, que preservava a lembranças dos clássicos da língua portuquesa e da francesa que havia lido na juventude. Caso em algum evento social um interlocutor mencionasse algum autor novo, faria uma expressão inteligente, balançaria a cabeça, não diria nada — se houvesse oportunidade falaria sobre algo que lera há mais de vinte anos. Não se preocupava com essa possibilidade, afinal convivia com pessoas com os mesmos hábitos que ele.

Almoçou, tirou a sesta, participou da ceia com a família, depois deu uma caminhada a pé à Cinelândia, foi até o Teatro Municipal, comentou com seu acompanhante que se tratava de uma réplica da ópera de Paris. A feérica iluminação das ruas, a beleza dos edifícios, o vai e vem de pessoas, carros passando lentamente, as vitrines, tudo era maravilhoso. Programou uma visita à loja Mestre e Blatgé, na rua do Passeio, com Darcy e os filhos. Possivelmente nem na América existisse comércio daquele porte e requinte.

Oswaldo Aranha lhe informara que em Nova York estavam surgindo lojas enormes e luxuosas que vendiam de tudo. O Luiz Simões Lopes lhe contou que fora, em Paris, com a Aimeé, fazer compras em duas lojas imensas chamadas *Galleries* ou *Les Grands Magazines*, construídas e organizadas com indescritível requinte, com a vantagem de ser uma perto da outra. O *chauffeur* podia estacionar entre as duas e aguardar as compras. Prático e elegante. Contou ao presidente que sua bela esposa pretendia algum dia morar em Paris.

Getulio sentia que o poder lhe fazia bem, mas o privava de coisas prazerosas. Era o tributo à vaidade.

Divulgou uma mensagem natalina chamando a atenção para os problemas das crianças pobres. Ficou frustrado, "não teve a repercussão que era de esperar, dada a importância do assunto". Não leram.

Quem tinha filhos carentes de assistência pública não sabia ler ou não tinha dinheiro para comprar o jornal; quem não os tinha não se interessava pelo assunto. Deve ter sido por isso que não recebeu os cumprimentos que esperava pela piedosa mensagem.

Decidiu criar uma instituição para tratar da assistência aos carentes. Não teria caráter político nem demagógico, seria uma instituição séria. Colocaria sua mulher, a Darcy, na presidência, para garantir a correção na aplicação de suas verbas.

Agiu com a costumeira rapidez. Oito anos depois estava criada a Legião Brasileira de Assistência. Cada estado teria uma extensão da do Rio, dirigida pela primeira-dama local.

Os chás beneficentes se multiplicaram. As senhoras iam com suas melhores roupas, algumas aproveitavam a ocasião para renovar o guarda-roupa, os maridos abriam a mão, tratava-se de um investimento, era uma ocasião única de sentar à mesa com a mulher do presidente ou do governador. Durante a sobremesa, tratavam com atenção e piedade dos problemas sociais, das crianças abandonadas e dos velhos desvalidos. Lembravam qualidades dos maridos, isso poderia valer-lhes alguma promoção.

Numa dessas ocasiões, dona Darcy anunciou um plano para criar a Casa do Pequeno Jornaleiro, para abrigar as crianças que entregavam os jornais antes do amanhecer. Foi aplaudida e elogiada pelas mulheres.

Deve ter recordado o inverno em Porto Alegre. Meninos percorrendo as ruas nas madrugadas frias, o minuano soprando em seus rostos, com as mãos enrijecidas tirando os jornais da sacola de pano dependurada do lado esquerdo, na altura da coxa, por uma tira que lhes cruzava o peito como um talabarte, e quebrando com a ponta da botina as geadas que se espalhavam pelo caminho.

As mulheres passariam a ter uma ocupação e parariam de importunar seus ocupados maridos. Uma ação, dois resultados. Se comentou com alguém seu plano foi só com o Fiúza.

Em geral, ao dia de Natal seguem-se dias de repouso, leitura e convívio com a família. Naquele ano de 1932 teria que ser diferente.

Horas após a ceia de Natal e o reconfortante passeio pelo centro da cidade, chegaram notícias de que o chefe de polícia teria agido com violência contra jornais de Assis Chateaubriand, para acabar com a intenção do empresário de imprimir dois jornais, um conservador e um outro, perigosíssimo, dedicado às reivindicações dos trabalhadores. Um para os patrões e outro para os empregados. O pragmático jornalista seria o promotor da luta de classes e não o capitão Prestes.

A questão preocupou Getulio. Sabia dos baixos salários pagos aos trabalhadores, das longas jornadas de trabalho, das condições nem sempre salubres em que exerciam seus ofícios, da insegurança em relação à aposentadoria e à saúde, caso aparecesse alguma doença. Lembrou que quando leu Charles Dickens na juventude ficara impressionado com as más condições de trabalho em Londres nos anos que seguiram a revolução industrial. Se um jornal desse espaço à classe trabalhadora, poderia iniciar um movimento reivindicatório sem fim, estimulando outros, com estudantes civis e com tenentes, uma espécie de movimento estudantil fardado.

A violência da ação do chefe de polícia foi narrada pelos ministros da Justiça e da Fazenda e poderia colocar Chateaubriand contra ele. Nenhum dos dois queria que ocorresse uma ruptura entre eles, mas sabiam que, se o assunto vendesse mais jornais e aumentasse a tiragem de *O Cruzeiro*, Chateaubriand não hesitaria em fazê-lo. Queria mais e mais poder. Poder vem do dinheiro, dos jornais e revistas ou das armas.

O jornalista, com dinheiro e material impresso. Getulio, sem dinheiro e desfalcado de armas devido aos recentes combates, estaria em uma situação de inferioridade, não era o melhor momento para criar um desafeto daquele porte. Teria que debelar a crise antes que se alastrasse.

"Nem no Natal tenho paz", cutucou seus pensamentos. Os ataques nem esperaram a Missa do Galo terminar.

Ainda pensando nesse episódio, chegam notícias de uma ampla conspiração em curso em Minas Gerais, Rio Grande do Sul e São Paulo. Preocupa-se, mas desconfia da veracidade de tantos incômodos. Será que são parte de uma tática dos interlocutores para se aproximarem e serem úteis ao presidente?

Até a burocracia o incomoda naqueles dias que deveriam ser de descanso. Por sugestão do ministro da Agricultura, Juarez Távora, transfere o Instituto do Café de São Paulo do Ministério da Fazenda para o seu, e muda o nome para Serviços Técnicos do Café. O heroico capitão de 1930, travestido em burocrata, garante-lhe que com esse ato estarão mais atentos à política de preços e exportação do café. Getulio desconfia. Pensa por um momento: e se uma praga, um ataque bíblico de gafanhotos ou de formigas, como o que sofreu Policarpo Quaresma em seu sítio, destruísse os cafezais? Acabaria o país. De tão terrível afastou rapidamente o obscuro pensamento. Concordou com a sugestão do ministro. A mudança do nome faria grande diferença.

Távora deve estar com a razão, o novo nome dará vigor ao órgão e tudo mudará. A produção e o consumo aumentarão, os preços irão às alturas, poderá comprar mais armamentos e iniciar a construção de aviões militares, como sugerira o inventor recém-falecido. Teria dinheiro adicional para tudo isso, poderia sobrar algum para uma ou outra obra pública.

Se queria a paz, o melhor a fazer era preparar-se para a guerra. Lera, em latim, várias vezes essa frase no frontispício do quartel da praça do Portão, perto da faculdade onde estudara. Usava o antigo nome da praça, esquecera que agora se chamava conde de Porto Alegre. O homenageado pelo Império tivera sua estátua em mármore mandada construir pela Princesa Isabel e colocada em local nobre, na praça da Matriz; de lá foi removida para dar lugar ao monumento a Júlio de Castilhos. O herói imperial abriu espaço ao republicano.

Apesar de não haver mais o portão — a cidade ultrapassara seus limites —, o novo nome da praça não eliminou o anterior; por gerações todos continuaram a chamá-la pelo antigo nome. Diferentemente do que ocorreu na urgência em honrar João Pessoa com o nome de alguma avenida, antes de partir para a revolução da qual ele era o mártir a ser vingado. Nesse caso todos esqueceram os antigos homenageados, os escravos libertos.

Antes de terminar o ano, recebeu a visita de Góis Monteiro: "Veio falar-me sobre promoções, boatos etc." A conversa foi agradável e cordial. Ambos teriam que arrumar inimigos internos permanentemente para combater. O povo se sentiria protegido por eles e pediria sua permanência, se possível para sempre.

No dia 31 de dezembro ficou com a família no Guanabara; à noite fez um passeio a pé.

Começa 1933. Pode ser o início do fim de sua permanência no Rio. A Assembleia Constituinte, que será instalada nesse ano, elegerá um novo presidente. E se não for ele? Voltam os pesadelos. Tudo que fez aos outros poderão fazer com ele, deportação, prisão, inquéritos, interrogatórios. E se o Borges ou o Bernardes for o vitorioso? Será preso junto com o almirante Protógenes na ilha-prisão? Pede a Deus um ano melhor que o prenunciado pela sua natureza depressiva.

Não esperam nem bem o ano começar e desencadeiam as chateações de sempre. Flores, através de jornais, diz que pedirá para deixar a interventoria. Quer apoio explícito. Faz um apelo público. É para valer? Se for, tem que neutralizar reações adversas e premiá-lo de modo a não aumentar seu desagrado com alguma coisa que não consegue identificar o que é. Alguma mágoa, algum ressentimento? Será que perdeu mais dinheiro no baralho, com as mulheres ou no turfe?

Getulio não aceitou o pedido de demissão e ainda massageou o seu ego. Deu certo, acalmou-se, continuará no cargo.

O ano, na essência, será semelhante aos anteriores. Passará administrando boatos e descontentamentos de seus auxiliares. Sobrará pouco tempo para aprofundar a questão do equipamento militar, da aviação, da seca no Nordeste, das crianças carentes, do descalabro das finanças públicas e das demandas dos trabalhadores.

Haverá outra guerra, não contra algum estado, esta será travada no Palácio Tiradentes durante a elaboração da Constituição. Não pode perdê-la de modo algum.

Procurará ter uma reunião com os membros da comissão que está elaborando o anteprojeto constitucional, o qual, uma vez concluído, será apresentado e aprovado pela Assembleia, assim ele pensava.

Conhecia o pouco apego dos parlamentares pelo trabalho, fora um deles. Dariam graças a Deus por receber um documento pronto para aprovar. As propostas de emendas, como sempre, não deveriam ser levadas a sério, seriam apresentadas para agradar eleitores, patrocinadores de eleição e interesses de corporações, nada que merecesse inclusão no texto. A proposta do dr. Carlos Maximiliano e seus pares será aprovada, não tinha dúvidas.

A maior preocupação com a Constituição é que ela não permitisse sua reeleição. Não forçaria nada, apenas continuaria a adotar medidas preventivas para que não fosse pego de "calças curtas". O desejável era que o novo texto constitucional fosse como o gaúcho de 1891, que possibilitou a Borges governar por tantos anos.

Góis comemorou o dia de Reis mostrando uma carta de João Neves e Raul Pilla convidando-o a dar um golpe, derrubar Getulio e assumir o poder até o fim da Constituinte.

Liam os pensamentos de Vargas. A Constituição a ser aprovada seria aquela que estava sendo redigida pela comissão, com pequenas alterações para possibilitar sua candidatura. O pretenso golpe tinha o intento de intimidá-lo para que não manipulasse o trabalho de modo a continuar a ditadura provisória.

Escolheram o mensageiro imaginando que ele seria um aliado, alertaria para o perigo de tentar, por meio da Carta Magna, prorrogar seus poderes discricionários. Não imaginaram que a única preocupação dos próximos ao presidente era tê-lo no mesmo lugar por muito tempo.

Góis rechaçou a sugestão do golpe, sabia que o melhor seria aguardar os acontecimentos. Não por repulsa a atitudes anti democráticas, mas pelo modo como propunham; preferia-o pela via constitucional, seria menos arriscado, mais barato, asséptico, eficiente e democrático.

Mais pedidos de créditos para os flagelados da seca do Nordeste. A Fazenda reluta em liberá-los, deviam saber qual a sua real destinação.

O general Valdomiro Lima, atual interventor de São Paulo, convida Oswaldo Aranha para iniciar um movimento, não confia mais em Getulio, considera-o um homem gasto. Aranha repele a sugestão.

Pelo menos dá para confiar no Oswaldo e no Góis, conversa consigo mesmo.

Se não agir rápido, a situação se descontrolará em São Paulo. O Valdomiro, preocupado, vem visitá-lo no Guanabara, traz a esposa e uma lembrancinha para Darcy, sua sobrinha.

A única boa notícia é que começou a chover no Nordeste. Prepara-se para os pedidos que virão para reconstruir estradas, pontes e casas destruídas pelas enxurradas. O destino do que for enviado para corrigir o excesso de água deverá ser o mesmo daquele dado para enfrentar sua falta.

Não há muito que fazer. A natureza conspira contra a região. Seus líderes também.

Flores da Cunha manda uma carta cheia de intrigas contra Góis Monteiro. Getulio fica apreensivo. Se Góis se bandear para o outro lado ficará praticamente só, isolado. Nessas ocasiões, o Aranha some de seu convívio.

Chega-lhe um novo envelope do interventor rio-grandense, desta vez lacrado. Traz inquietação, decide ler apenas em Petrópolis, para onde estava indo com a família passar uns dias. Para espairecer e dar passeios com o prefeito.

O Fiúza, além dos bons momentos que lhe proporcionava, não pedia nada nem o incomodava com intrigas delirantes. Era diferente dos outros. Nascera em Porto Alegre, cidade mais tranquila que as de onde vinham os outros amigos. Talvez isso o fizesse ser diferente dos demais.

A capital gaúcha ficou ao lado do Império no início da Guerra dos Farrapos. A resistência durou pouco. A única unidade militar leal ao imperador, um batalhão de caçadores situado no portão da cidade, aderiu ao inimigo. Depois de vitorioso combate na Ponte do Chico Azenha, os farroupilhas tomaram o baluarte inimigo. O presidente da província, Antônio Fernandes Braga, pegou um navio em Rio Grande e fugiu para a corte.

Os revolucionários nomearam um novo presidente; meses depois ele foi preso pelas tropas imperiais e a cidade retomada, sob o comando do conde de Porto Alegre.

No restante da província os combates duraram mais nove anos, até a vitória final das tropas do Duque de Caxias. O patrono do Exército brasileiro precisou de menos tempo para chegar à vitória na guerra contra o Paraguai.

O apoio de Porto Alegre, a cidade, aos legalistas imperiais fez com que Dom Pedro II lhe desse o título de "Cidade Leal e Valerosa". O que fora uma traição para os farrapos tinha sido um ato de lealdade ao imperador. A história jamais tem uma única versão.

A gente da fronteira, últimos guardiões dos limites da província e do Brasil, tinha que estar desperta. A qualquer momento poderia ser chamada à luta. Estavam sempre atentos a algum bochicho do outro lado. Assim era no longínquo rincão onde nasceu Getulio.

Qualquer rumor, mesmo que fosse uma mera bravata ou desabafo, tinha que ser levado ao presidente da República. Ele se aborrecia com tantas conversas fiadas que só serviam para perturbar seu sono, mas sabia que fazia parte do jogo do poder. Não podia desprezá-las, sequer desestimulá-las. Constituíam seu mais precioso serviço de informações.

Abriu o envelope; tinha apenas mais detalhes das tramas que já conhecia. Aprofundava as intrigas. Entendeu que não havia novidades e que Flores queria ser útil.

O tal do órgão que traria a modernidade aos cafezais era alvo de denúncias. Tão cedo? Imagina: o que acontecerá se criar a tal autarquia para cuidar da seca? Cada órgão público criado para resolver um problema transformava-se em um novo problema. Para que criá-los? Sabia bem o porquê, se não os criasse acabaria só, sem aliados.

Para reduzir o número de possíveis concorrentes na eleição presidencial que ocorreria após o término dos trabalhos da Constituinte, assinou um decreto de inelegibilidades. Interventores, ministros de Estado, ministros de tribunais superiores, chefes e subchefes dos estados-maiores da Armada e do Exército, e até ele próprio, o chefe do Governo Provisório, não poderiam participar do pleito para a escolha do presidente da República. Getulio achou melhor assim; saberia, no momento oportuno, remover este obstáculo.

Havia tomado duas outras providências para se precaver de imprevistos. Assinou um decreto cassando por três anos os direitos políticos dos revolucionários e de todos que, no exercício de cargos legislativos e executivos, haviam apoiado o movimento de 1932, bem como aqueles que se mantiveram solidários a Washington Luiz na revolução de outubro de 1930. Por fim, mas não menos importante, incluiu na comissão de juristas notáveis encarregada de redigir o anteprojeto da Carta Magna,

Oswaldo Aranha, Góis Monteiro e o escritor e ministro que trocara o seu sonho presidencial pelo apoio a Vargas, José Américo de Almeida.

Adotadas essas providências, pôde tratar de assuntos importantes que vinham se arrastando por algum tempo. A liberação ou proibição dos jogos de azar; fazer alguma coisa para cessar de vez as inquietações em São Paulo; ler o que o jurista Carlos Maximiniano lhe trazia sobre o texto constitucional em andamento; estudar a reogarnização partidária e a lei do alistamento eleitoral; e restabelecer a Ordem do Cruzeiro do Sul.

Tanta coisa por fazer não lhe deixava tempo para nada: "Sinto-me doente e bastante abatido. Não tenho a quem me queixar nem me sobra tempo para um tratamento sério".

Esquecia que no Palácio havia uma enorme quantidade de médicos militares à sua disposição, pelo menos para os primeiros exames e diagnósticos; depois chamariam ao Catete os grandes especialistas, que indicariam o tratamento adequado.

Sabia que, se os consultasse, eles falariam a todos sobre sua saúde. Uma gripe se transformaria em pneumonia, uma mera dor de garganta poderia virar um câncer como o que levara Júlio de Castilhos. Todos aguardavam uma oportunidade para divulgar algum conhecimento sobre a intimidade presidencial.

Seu filho mais velho estudava medicina, poderia falar com ele. Talvez não confiasse no seu saber.

Não deveria ser nada grave. Morreu saudável, e porque quis, vinte anos depois dessa crise hipocondríaca, pessimista e depressiva.

Levava a sério os boatos e as intrigas que chegavam aos seus ouvidos. Acreditava que muitos interlocutores "carregavam nas cores", para se valorizar ou para insinuar providências desnecessárias. A verdade é que levava tudo a sério. Os boateiros sabiam disso.

Precisava de sete horas de sono: dormia à meia-noite e levantava às sete. Estava dormindo menos do que considerava necessário.

Tinha medo de não continuar presidindo o país. A consciência pesava por não ter feito praticamente nada pela educação, saúde pública e pelas estradas. À noite era assombrado por pesadelos comuns aos depressivos.

Os exilados e presos políticos apareciam em seus piores sonhos, atormentando-o, clamando por justiça e vingança. No escuro do quarto de dormir os problemas se avolumavam, uns se misturavam aos outros, adquiriam dimensões além da sua capacidade de resolvê-los. Virava-se na cama, suava. A noite tornava-se interminável e insuportável.

Ansiava pelo nascer do sol, quando os pensamentos obscuros retornavam à sua verdadeira dimensão. Os boatos não seriam mais tão perigosos e sua eleição tornava-se provável. Adotaria todas as providências que se fizessem necessárias para que ela ocorresse.

Acordava cansado, física e mentalmente. Tomava o café com o ajudante de ordens. Lia sofregamente os jornais, ansioso, buscando boas e más notícias. Era levado a um estado que anos mais tarde seria chamado de bipolaridade. Se falasse a um discípulo de Freud daquelas alternâncias de humor, imediatamente seria considerado maníaco-depressivo, portador de doença passível de internação em algum sanatório. Não, não podia falar com ninguém sobre o que sentia.

Caso trocasse ideias com o Góis, ele poderia usá-las em alguma oportunidade para torná-lo incapaz por meio de uma junta médica bem escolhida, desprovida de meios adequados para fazer um bom diagnóstico e promover tratamento eficiente. Não queria ser tratado como o rei George III da Inglaterra. Poderia falar com o Fiúza, este saberia o que fazer. As "saídas" o revigoravam e acalmavam, mas como administrar as chateações de sua mulher? Tinha que criar logo o tal órgão assistencial para que ela o deixasse em paz.

Não sabia por que as caminhadas com o ajudante de ordens o acalmavam. Pensava em estabelecer um horário, tornar um hábito, ser sistemático, fazê-las em mangas de camisa e não de terno, incluindo colete, gravata e chapéu. Poderia ser pela manhã, mais cedo. Vivia no Rio, o clima ameno as tornariam bastante agradáveis.

Sairiam pela rua Paissandu, iriam até a praia do Flamengo, daí a Botafogo, contornariam o morro da Viúva e voltariam. No outro dia, com o mesmo início, iriam ao Calabouço, poderiam ver o local onde o Eduardo Gomes queria construir um aeródromo, ao qual daria o nome de Santos Dumont em homenagem ao grande inventor. A cidade oferecia inúmeras alternativas para caminhadas e passeios de automóvel.

Faria isso, arrumaria um lugar para a Darcy trabalhar à tarde, caminharia pela manhã com o tenente, leria os jornais no gabinete de despachos, teria com quem comentar as maledicências e as enfrentaria com melhor ânimo. À tarde, entre um despacho e outro, estaria à disposição do Fiúza.

Essa rotina mais saudável o revigoraria, dormiria melhor, trabalharia mais e acordaria bem-disposto. Não havia por que adiá-la.

Na verdade, não queria se afastar um minuto que fosse do pouco eficiente e inquietante dia a dia. Ele o mantinha desperto, atento aos mais silenciosos movimentos, comportava-se como os felinos à espera das presas.

O major Eduardo Gomes gostava de uma frase que havia lhe dito. "O preço da liberdade é a eterna vigilância". Getulio sabia que aventureiros não sentariam na sua cadeira enquanto permanecesse atento, em eterna vigilância. Ela deveria ser sempre exercida, por maior que fosse o preço a pagar.

Não aguentava mais as histórias que chegavam da capital paulista. Não confiava no general Valdomiro Lima, que acabara de prender o político e jornalista José Eduardo Macedo Soares, revolucionário de 1932. O preso aliou-se ao general e propôs um golpe para derrubar o governo. A ideia, segundo testemunhas, se é que esse tipo de conversa tem a audiência de outros, não foi repelida. O general a ouviu com algum interesse.

Valdomiro mantém Getulio informado de movimentos estudantis e outros que podem desestabilizá-lo. Sabe que está "forçando as cores". Até que ponto o que ele diz pode conter alguma perigosa verdade? Não tinha como saber.

O novo ministro da Justiça, Francisco Antônio Maciel, no despacho rotineiro, alerta-o sobre o controle dos telefones do Ministério da Fazenda e do general Góis. A escuta, tudo indicava, era feita pelo capitão Dulcídio do Espírito Santo Cardoso, da quarta delegacia de polícia. O ministro considera o assunto muito grave, até mesmo desestabilizador. Getulio finge que concorda e que tomará providências. O ministro retira-se aliviado.

O presidente anota em seu diário: "O novo ministro... não está ainda bem afeito à psicologia do meio e dos homens". Como interpretar a frase? Cínica, realista ou derrotista — só Getulio saberia o seu significado. Será que a invasão da privacidade dos dois espionados não era de seu conhecimento? Não esquecia a frase, a recomendação do aviador Eduardo Gomes. Homem sério, incapaz de esboçar um sorriso, Getulio o tinha em elevada consideração. Não se envolvia em intrigas e tramas desleais, sempre trazia boas ideias. Depois do capitão Prestes, era o melhor de todos. Sabia que havia sido ferido gravemente no episódio dos Dezoito do Forte; nunca falaram sobre isso.

O general Valdomiro está cada vez mais estranho e menos confiável. Sua mulher retorna, dessa vez com a filha, a visitar dona Darcy no Guanabara. Novas lembrancinhas, juras de amizade e falas sobre quanto o Valdomiro gosta do presidente. A Darcy, enfurnada na enorme residência oficial, apreciava essas visitas. Preenchiam seu tempo. Levava os visitantes a conhecer o Palácio, a percorrer os jardins que vão até o sopé do morro próximo à rua que mais tarde se chamaria general Cristovão Barcelos, oferece chá e conversa sobre coisas apropriadas às senhoras.

Comenta no jantar com o marido: "O tio Valdomiro gosta muito você". Poderia, ao menos nas refeições em casa, ser poupado dessas tolices. Prefere não dizer nada.

À noite do mesmo dia lhe entregam um retrato do leal general com os estudantes que queriam sua saída. Estava buscando aliados ou desarticulando manifestações contrárias?

Recebe o chefe de polícia, trata de diversos assuntos, não aborda a preocupação do ministro da Justiça; afinal, ele ainda não estava familiarizado com o serpentário onde havia sido colocado. Se não saísse, se durasse no cargo, em mais alguns meses compreenderia melhor aquele ambiente.

Uns alertavam sobre a hipocrisia do Valdomiro, outros traziam novas sobre a sua lealdade e competência. Em quem acreditar? Todos, sem tirar nenhum, estavam a serviço de algum interesse.

Osvaldo Aranha sugere a imediata substituição do general.

O chefe de polícia, João Alberto, propõe medidas para criar embaraços ao Valdomiro. A proposta era de um tenente, Stoll Nogueira, homem de confiança do general. O que esperar de um governo em que se praticavam traições de maneira tão clara?

Novos boatos e novas amizades vão se sucedendo. Lê uma carta de Assis Chateaubriand "blasonando" intimidade com o general, que era traído por pessoa de sua confiança e adotava como estratégia de fortalecimento pessoal mandar lembrancinhas e recados pela Darcy.

Não seria melhor demiti-lo, passá-lo para a reserva? Aparentemente sim, mas não teria graça. O comentário a respeito do neófito ministro da Justiça mostra que as intrigas faziam parte dos seus interesses. Algo como aqueles negociantes orientais para os quais a venda de um produto qualquer só tem graça se houver muita barganha, senão é preferível nem fazer o negócio.

Havia um lado útil em ouvir os mexericos. Acompanhava os passos dos desafetos, antigos ou novos; permitiam identificar outros adversários, conhecer melhor os homens.

Nem na Florença dos Médici, nem durante o papado de Alexandre VI, nem no reinado de Henrique VIII, na Inglaterra, a intriga foi tão usada, difundida e estimulada. Uma lástima não haver mais os assassinatos silenciosos dos inimigos do papa, elogiados até por Leonardo da Vinci, ou as escandalosas decapitações inglesas. Tinha que ser mais paciente no aplicar das punições.

A diferença era que naquelas cortes havia tempo para consolidar os planos, originar o Renascimento ou criar uma nova Igreja. Aqui nem o órgão assistencial para manter a primeira-dama ocupada transformava-se em realidade. Se Getulio ocupasse função de mando no fim da Idade Média, a Renascença teria que esperar mais alguns anos para surgir.

No fim do caos medieval, papas, príncipes e duques italianos criaram condições para a chegada do mundo moderno. No Brasil havia a sensação de que se caminhava para trás. Os elevados propósitos dos revolucionários de 1930 haviam caído no mais absoluto esquecimento.

O irrelevante era tratado como prioritário, o essencial era sempre relegado a um segundo plano, para amanhã.

Resolveu chamar o general Valdomiro Lima para uma conversa a dois. Se o militar estava preocupado com o encontro, não transpareceu. As intrigas o deixavam desassossegado, senão não imporia as incômodas viagens de São Paulo ao Rio às duas mulheres, esposa e filha, para conviverem com a mulher de Getulio e se tornarem amigas, se possível confidentes.

Os dois se cumprimentaram, um aperto de mão mais para frio que caloroso. Não havia hostilidade nos semblantes, apenas expectativas.

Depois de perguntar sobre a viagem e as senhoras, Getulio entrou no assunto. Contou-lhe todas as acusações que ouvira. Acusações graves, que iam da busca de aliados para um golpe a atitudes dúbias com estudantes hostis ao governo. "Defendeu-se de modo satisfatório".

Era disso que gostava. Varrer os problemas para baixo do tapete mais próximo, fingir que não existiam e seguir em frente.

Na mesma hora em que julgou e absolveu o general, presenteou-o com o cargo de interventor em São Paulo, até então era governador militar, e comunicou que colocaria o general Daltro Filho no comando da Região Militar. O general entendeu. Seria estreitamente vigiado. Agradeceu o cargo e elogiou a escolha de seu sucessor, enviou recomendações à dona Darcy. Ficou aliviado, mas sabia que teria que ser mais prudente em suas conversas.

Antes do general se retirar, Getulio chamou Távora, João Alberto, Ari Parreiras, o interventor do estado do Rio de Janeiro, e Oswaldo Aranha, para lhes comunicar a boa nova, a pacificação paulista. Tornaram-se cúmplices de sua decisão. O general entendeu a razão da presença dos outros. Cuidaria apenas dos trabalhos administrativos. Como era inelegível, seu sonho de se candidatar a deputado federal caíra por terra. A nomeação seria a última de sua carreira. Assim pensou.

Oswaldo aproveitou para reclamar ao major Távora não tê-lo avisado de uma reunião no Ministério da Agricultura para tratar da organização partidária, dos novos focos de descontentamento e da busca de uniformidade do pensamento político entre os membros do governo. Távora ficou de chamá-lo para o próximo encontro. Lamentou o esquecimento, atribuiu a falha a assessores.

Os assuntos tratados nada tinham a ver com agricultura, mas era assim mesmo. Os agricultores e cafeicultores que cuidassem de suas plantações. Eles tratariam dos elevados assuntos de Estado.

O presidente era novidadeiro, gostava de contar e ouvir novidades. As pessoas sabiam disso. Mesmo os dirigentes de concessionárias estrangeiras dos serviços públicos cariocas, como a canadense Light, responsável pela energia elétrica e o serviço de bondes, e a inglesa City, encarregada dos esgotos e da água, em reuniões com o presidente — várias decisões empresariais dependiam dele — traziam algumas maledicências.

Agradavam-no e aproximavam-se mais do comportamento dos políticos; isso fazia com que sua presença não fosse de todo desagradável, como aquelas dos produtores de café e da nascente classe industrial paulista, que só traziam assuntos práticos, áridos, objetivos, de pouco interesse.

No meio da calmaria que veio com a nomeação do novo interventor federal de São Paulo, surge uma crise explosiva. Brigas, discussões, bate-bocas entre o ministro da Guerra e seu chefe do Estado-Maior, o general Góis. Getulio intervém e restitui a calma aos quartéis.

Um dos mais graves problemas do país era a falta de profissionalismo e de sentimento hierárquico entre os militares. A ingerência na vida política ocupava o seu tempo; na profissão, tinham muito pouco a fazer.

Os amuos entre os membros dos altos escalões chegavam sempre ao presidente. Ele gostava disso. Criavam condições para enfraquecer uns e fortalecer outros. Se não apreciasse essas maledicências, não as estimularia. Tudo que lhe traziam passava por um filtro mental: "Ouço tudo, concordo com as providências, mas acredito que em tudo isso haja uns 50% de boatos".

Notícias de revolução durante o Carnaval. Não levou a sério, sabia que nada seria feito para prejudicar os festejos e interromper os corsos.

Tinha horror aos partidos políticos, sabia que eram agrupamentos de pessoas cada vez menos interessadas em ideias para o país e cada vez mais voltadas à solução de seus problemas pessoais.

Os partidos daqui se distanciavam cada vez mais dos sólidos e programáticos partidos dos Estados Unidos e da Inglaterra, consolidando-se em torno de um ideário. O Partido Republicano brasileiro teve um ideal: acabar com o Império; o do Pilla queria extinguir o presidencialismo e implantar o parlamentarismo; os demais tinham apenas nomes diferentes e programas semelhantes.

Getulio imaginava que jamais teríamos partidos como os saxônicos. Os nossos tenderiam a piorar com o passar do tempo. Sob certos aspectos a sociedade piorava, moral e culturalmente. Isso se refletia nas organizações partidárias. No futuro seriam ocupadas por aventureiros de todo tipo. Se algum dia o país se tornar rico, industrializado, povoado de universidades, os melhores quadros irão empregar seus talentos em outras atividades que não as da política — estas serão dominadas por aventureiros e gente dos estados mais pobres, menos alfabetizados e com reduzidas oportunidades. Os "coronéis" da política sobreviverão às gerações. Getulio observava como os ideais que moveram a sua geração se evanesciam à medida que os cabelos caíam em uns e tornavam-se brancos noutros.

É obrigado a participar, dar opinião e fingir interesse em uma reunião sobre a futura organização partidária. "Confesso minha repugnância, verdadeira fadiga para tratar destes arranjos, que só a necessidade de defesa do governo leva a cuidar".

Certa vez foi procurado por um candidato a vereador em Porto Alegre, José Vechio, que perdera as eleições e todo seu patrimônio nas despesas de campanha. Getulio ouviu suas lamúrias e disse:

— Vechio, faz como eu, não te mete em política.

Pela terceira vez é importunado pelo dr. Belizário Pena, médico da saúde pública, que, por ser revolucionário de 1930, achava que tinha direito a uma aposentadoria integral, embora estivesse saindo do serviço público antes da hora. Recebeu-o e ficou de estudar com carinho o assunto. Esqueceu dele antes de o pleiteante chegar à rua. Não daria solução ao pedido e dificultaria novas audiências ao sanitarista.

O coronel Gay, que abandonara a Coluna Prestes, procura-o pleiteando sua promoção a general. Parece que não havia critérios para esta subida na escala hierárquica. Era promovido quem o presidente quisesse.

O general Valdomiro vem visitá-lo, estava revigorado, satisfeito. Queixas? Apenas uma contra Aranha. Getulio lembrou a advertência feita por Maurício Cardoso, que mais de uma vez afirmou que o Oswaldo procurava afastar dele os outros amigos. "Sempre me repugnou aceitar esta acusação". Mas não repeliu com veemência a fala do jurista intrigante.

Os cargos vagos eram alvo de encarniçada cobiça entre os aliados. Quer colocar funcionários em disponibilidade e reduzir os gastos, os amigos não deixam. Se não der cargos perderá aliados. Rende-se aos pleitos e ao aumento das despesas públicas.

Flores, no momento, não pleiteia cargos para apadrinhados. Pior, queria a anistia dos presos políticos. Pensava no Borges. Seria melhor dizer do preso político, falar no singular. Getulio diz que não é oportuno tratar desse assunto antes da Constituinte. Na realidade deseja postergá-lo ao máximo. Afinal, só Flores falava em anistiar conspiradores. Pessoas que mesmo no exílio trocavam correspondências desconsiderando a democratização tão próxima e atacando quem os havia deportado. Considerava isso um absurdo.

Trata o interventor gaúcho como general, posto que ganhou pela sua participação em lutas na sua terra. Até parece o Império, com suas inúmeras patentes da Guarda Nacional, ou os Estados Unidos, após a Guerra Civil e a guerra contra a Espanha, quando todos ostentavam algum título militar. Coronel, major, valia mais que doutor, comendador ou presidente. Theodore Roosevelt gostava de ser chamado de coronel e o presidente William McKinley Jr., de major.

Essas patentes, até certo ponto, substituíam os títulos de nobreza que perderam seu sentido na República. Nos Estados Unidos, a denominação de George Washington como presidente foi amplamente discutida; no início, queriam denominá-lo rei. Se houvesse um monarca, outros títulos nobiliárquicos poderiam ser distribuídos; republicanos poderiam ser duques, condes, barões. A ideia não era de todo má, mas não foi aceita.

Outra indicação de nobreza, de pertencer à elite, eram os nomes familiares considerados importantes. Os do Império já não lustravam tanto seus portadores, os republicanos estavam em fase de consolidação e memorização. Após esse período inicial, eles seriam repetidos por décadas, dando alguma respeitabilidade e prestígio a inúmeras nulidades que povoaram e ainda povoam a sociedade brasileira.

Os nomes dos imigrantes bem-sucedidos vindos da Itália e Alemanha começavam a substituí-los, citados com orgulho por quem os portava e por quem os apresentava aos outros; eram associados à riqueza vinda dos empreendimentos industriais.

Recebeu com satisfação a renúncia do velho caudilho Assis Brasil da embaixada em Buenos Aires, que foi exercida a partir de sua fazenda em Pedras Altas, próxima ao Uruguai, onde vivia em um castelo em estilo medieval com quarenta e quatro cômodos.

Nesse local foi assinado o tratado de paz que pôs fim a onze meses de lutas sangrentas, iniciadas em 1923, entre os aliados do sempre reeleito Borges de Medeiros, os chimangos, e seus opositores, os maragatos, que queriam reformar a Constituição estadual para impedir sua sexta candidatura. Prevaleceu a mudança constitucional, Borges não poderia se candidatar na próxima eleição, em 1928.

Os maragatos foram liderados por Assis Brasil; do outro lado, o chefe militar era Flores da Cunha, prefeito de Uruguaiana, nomeado coronel por Borges de Medeiros.

Os chimangos eram identificados por um lenço branco no pescoço e seus adversários, por um lenço vermelho.

A origem das duas facções remonta às lutas estaduais dos primórdios da República à revolução de 1893. Os castilhistas se opunham ao poder excessivo do governo central, eram federalistas; os chimangos aceitavam a concentração de força nas mãos do presidente da República, eram governistas.

Janelas do castelo, atingidas pelas balas dos adversários, só foram consertadas depois da morte do castelão. No seu entender, "toda casa deve ter suas cicatrizes". Elas registram com marcas indeléveis a passagem da história.

Ao receber a notícia de que o embaixador queria deixar seu posto, Getulio registra: "Mais uma bota descalçada". Graças à guerra empreendida por Assis Brasil e seus comandados ele pôde chegar ao governo estadual.

Aproximam-se as eleições para a Constituinte. A espionagem é intensificada. Pede ao governo uruguaio que acompanhe as reuniões dos exilados na cidade de Rivera, na fronteira com o Brasil, e ao general Daltro Filho que não afaste os olhos do interventor Valdomiro. O primeiro relato de Daltro traz boas notícias sobre o Exército sob o seu comando, e observações desfavoráveis a seu antecessor e agora interventor.

Mais decisões importantes. Restabelece o feriado de Tiradentes e cria mais uma vaga de ministro no Superior Tribunal Militar para acomodar o general Andrade Neves.

A ditadura não lhe restringe a liberdade. Caminha sem ser importunado, sequer é reconhecido pelo povo. Não sofrera atentados como seus demais colegas em quase todo o continente. Vê vantagens nisso.

Se algum dia tiver que participar de uma eleição popular, tornar-se conhecido será uma necessidade. Será uma maçada, não poderá mais passear livremente, andará cercado por seguranças, será um prisioneiro do cargo, perderá a liberdade que tanto aprecia. Os seguranças adquirirão poder, poderão fugir ao seu controle, serem manipulados por outros e criarem problemas insuperáveis. Deus o poupará dessa modalidade eleitoral tão desagradável e envolvendo muitos riscos.

Não sofreu nenhum atentado por fanáticos ou desafetos, mas não escapou de fatalidades naturais.

Em dia de intensa chuvarada e muito vento, a família Vargas sobe para Petrópolis. Ao aproximar-se da cidade, uma enorme pedra, um matacão, desprendeu-se da encosta da serra e atingiu seu automóvel, matando o ajudante de ordens, ferindo a ele e dona Darcy. Sentiu de perto a morte, o sangue quente nas mãos o estremeceu, ficou preso ao carro até ser retirado pela polícia. Passou 20 minutos de angústia real, diferente daquelas que sentia quando lhe traziam as intrigas mais preocupantes.

O presidente sofreu três fraturas de gravidade menor, sua mulher teve a perna quebrada com ameaça de gangrena e risco de amputação. Teme o futuro. Apela a Deus.

Ao saber do acidente, o prefeito do Rio de Janeiro, Pedro Ernesto, dirigiu-se imediatamente à serra para oferecer seus conhecimentos médicos. O presidente ficou grato ao amigo leal, revolucionário de 1930.

Tomou conhecimento do assassinato, por multidão ensandecida, do presidente do Peru, o general Luiz Sánchez do Cerro. Mas uma vez agradeceu a Deus. Os ditadores de origem lusa tinham destinos menos atribulados e violentos que os hispânicos.

Os médicos o forçaram a permanecer no leito, de onde despacha. Darcy melhora, está afastado o risco de gangrena.

Chega o dia 3 de maio. Conforme o programado, são realizadas as eleições para a Assembleia Nacional Constituinte. Embora apreensivo, ficou satisfeito. Não ter morrido no acidente o torna menos preocupado com as coisas mundanas.

Tem insônia. Poderá perder, mais à frente, o controle da situação. Não dorme. Não se arrepende de ter concordado com essa data. Minimiza a revolução paulista que o forçou a tomar a atitude que protelava. Não lhe atribui mérito, apenas precipitação.

Pela manhã do dia seguinte à eleição, os jornais o cobrem de elogios pela lisura do pleito, transcorrido na mais absoluta ordem. Compareceram às urnas um milhão e duzentos mil eleitores de uma população de quarenta milhões de habitantes, os três por cento. Não faz considerações sobre a relatividade do número nem o associa à imensa quantidade de analfabetos. Foram eleitos 254 constituintes, entre eles uma mulher, a primeira parlamentar brasileira; quarenta eram representantes classistas: dezessete empregadores, dezoito empregados, três profissionais liberais e dois funcionários públicos, todos escolhidos por sindicatos reconhecidos pelo Ministério do Trabalho.

Poucos meses antes, Franklin Delano Roosevelt havia sido eleito presidente dos Estados Unidos. O pleito foi realizado em plena turbulência econômica, no meio da grande depressão, no auge do desemprego e da falência de inúmeros bancos e empresas.

Roosevelt iniciou seu período lançando um programa arrojado de governo e criando uma série de agências governamentais para tirar o país daquela situação. As agências atacariam em várias frentes, buscariam reduzir a pobreza nos estados do sul, garantiriam os depósitos bancários, melhorariam a qualidade da administração pública, desenvolveriam a agricultura e assim por diante. Com isso pretendia despolitizar a administração pública e atingir resultados efetivos. Aproximou a gestão do Estado e a afastou do governo.

Getulio tomou conhecimento das providências do colega americano; caso fosse eleito presidente pretendia aproveitá-las.

Nos Estados Unidos, em novembro de 1932, compareceram às urnas quarenta milhões de eleitores, mais de trinta por cento de uma população de 124 milhões de habitantes. Segundo a revista *Time*: "Ricos e pobres, pretos e brancos, homens e mulheres, ocupados e desocupados, inteligentes e tolos, que estavam passando os três anos mais difíceis de suas vidas foram às urnas. Pelo menos um quarto dos trabalhadores estava sem emprego, quinhentos bancos haviam falido, as aplicações financeiras tinham sido devoradas pela onda de falências industriais". Comenta ainda que o país escolhera o caminho da democracia para enfrentar a crise. Não o do militarismo, como o Japão, o do caos, como a China, o das disputas entre direita e esquerda, como França e Alemanha, ou o das revoluções trilhado na América do Sul.

Getulio passa a trabalhar sua própria candidatura a presidente, é tão reservado que poucos notam. José Américo, há meses, já percebera sua intenção. Sempre que o tema é abordado o presidente diz que não é candidato.

O interventor Valdomiro Lima traz um plano classificado por Getulio como "sensacional", com muita ironia. Unir São Paulo e Minas Gerais em torno da candidatura de Oswaldo Aranha.

A perspicácia e esperteza que sobravam em José Américo faltavam ao general. O candidato de Vargas à sua sucessão era ele mesmo. Entendia as ingênuas articulações do interventor como traições.

Estranhou a não vinda de Góis a Petrópolis. Informou que estava adoentado, mas viajara a Minas. Muito estranho. Será que ele estava metido naquelas conversas do Valdomiro?

Soube que o general Góis, junto com João Alberto, estava articulando a sua própria candidatura. O mais leal colaborador não lhe falara nada. Parecia com aquele tenente que conspirava contra o Valdomiro, ou com o próprio Valdomiro, que conspirava contra o presidente que o havia nomeado, ou com ele mesmo, que dera um comando ao general Daltro Filho para que espionasse o Valdomiro. Os Bórgia teriam muito a aprender com Brasil.

Getulio, não explicitando o seu desejo de se candidatar, deixava o espaço aberto a todas as ambições. Queria vê-las expostas. No momento oportuno, essa atitude poderia ser de enorme valia.

A liderança da Revolução de 1930 caíra no seu colo, a presidência do Governo Provisório, também; agora estava movimentando as peças de seu jogo de modo que a presidência da República, através de uma eleição indireta, viesse naturalmente até ele.

O escritor paraibano entendeu tudo; Oswaldo Aranha, mais ou menos; os militares não estavam compreendendo a movimentação sutil e silenciosa do presidente candidato.

Os primeiros movimentos para a arrumação do quadro sucessório o incomodam. As articulações do seu amigo leal, sincero, confidente de todas as horas, colega dos tempos de juventude, Góis Monteiro, acompanhado do recentemente demitido, a pedido, chefe de polícia do Distrito Federal, João Alberto, não são do seu agrado.

A dupla pretendia receber o apoio de todos os interventores do Nordeste e partem para as articulações. Góis nem sequer se despede, nem ao menos pede o seu apoio, afinal ele não era candidato. Se era não sabia, havia apenas aquela atitude astuta do José Américo, que Getulio ainda não tinha conseguido entender por completo. Abandonará sua própria candidatura e lançará a dele. Por quê? Pensa:

"Todas essas coisas e, principalmente, as manobras ocultas de pessoas que se dizem meus amigos. E a falta de franqueza tanto mais me desgosta porque nunca fui um postulante de candidatura, nunca me apresentei como tal para a próxima eleição". Não é sincero nem consigo mesmo, já que, anotações no diário não eram para ser lida por outros.

À dor das traições somam-se as dores físicas. A permanência no leito em Petrópolis, a lembrança do acidente que por muito pouco não lhe tirou a vida, a falta de ação deixa o campo aberto a todo tipo de aventuras. Uma pedra rolando de um morro poderia destruir todos os seus sonhos. Mudar o destino de um país.

Não admite, mas, no íntimo, pensa que só ele pode conspirar e esconder seus anseios dos amigos mais chegados. Não imagina que nas amizades mais sinceras há uma troca permanente de sentimentos. A lealdade é respondida com lealdade, as traições, com traições. No seu caso, o caminho tinha mão única. Era sincero ao seu modo de pensar. Tudo se resumia a ele, a mais nada e a mais ninguém.

Há um mês está preso aos médicos, ao leito e a Petrópolis. Precisava estar mais do que nunca na sua fortaleza, no Catete; ali adquiriria forças para combater os adversários, eliminar aventuras, coisas impossíveis de serem feitas em um leito de convalescente, onde cada um o via como queria. Uns diriam que a recuperação andava melhor que o esperado, outros o enxergariam como um moribundo aguardando a extrema-unção a qualquer momento.

Conversa com os médicos. Concordam que ele desça a serra numa ambulância. A Darcy irá numa outra.

Pensa em quanto é indigno um presidente, um ditador, um revolucionário vitorioso se deslocar numa ambulância. Sente-se completamente inválido.

A imprensa conclama o governo a conceder uma anistia ampla. Getulio sabe que isso é inevitável. Não chegou a uma conclusão se será bom ou não à sua candidatura *in pectore*. Se todo mundo puder participar, pode se destacar um nome e o seu ficar num segundo plano. Pode, também, ocorrer o contrário, a disputa embolar, tornar-se confusa, e ele ser o candidato mais representativo. Nesse caso viriam ao Catete buscá-lo, como há três anos haviam ido a Porto Alegre. Pediria um tempo para pensar, falaria na necessidade de cuidar de sua vida, de se dedicar mais ao convívio familiar, de dar oportunidade aos outros, a lenga-lenga de sempre. Por fim, com total desprendimento, pensando na pacificação das forças políticas e na tão ansiada modernização do país, se renderia aos apelos e sairia candidato.

O casal temporariamente inválido não foi para o palácio residencial; ficou alojado no Catete. Sentia-se mais fortalecido no seu ambiente de trabalho, no seu quartel-general.

Finalmente, recebe a visita de Góis; nunca se afastou por tanto tempo, jamais esteve tão ausente do convívio com o amigo. Estava curioso sobre o que ele falaria. Góis não vai ao centro da questão, sua pretensão presidencial. Tergiversa. Fala muito, como sempre, tece considerações sobre o que se passa em Minas, dá suas impressões sobre os astutos, conservadores e desconfiados mineiros. "Não têm candidato à presidência da República, mas exigirão grandes compensações para concordar com um candidato..."

Está mais animado, os médicos lhe permitem sair da cama e se locomover em cadeira de rodas. Não se sente impedido de agir, lembrou-se do presidente Roosevelt dirigindo o grande país em seu pior momento em uma cadeira de rodas. A semelhança da situação o anima. Imagina que a comparação será feita pela imprensa. Pensa que a imobilidade temporária poderá render dividendos eleitorais. Os médicos retiram o gesso de sua perna, colocam talas de madeira e começam as sessões de massagem. A perna continua doendo.

As intrigas atingem o impensável. Mesmo com as limitações de locomoção impostas pelo acidente, chegam aos seus ouvidos que o ex-chefe de polícia, capitão João Alberto, tornara-se um agitador. Conspirava com os estivadores do porto de Santos, estimulando-os a promover uma greve. Não acreditou, mas faz reflexões sobre a lealdade e as intrigas. Em quem acreditar?

Aproveita o relativo ócio imposto pelo tratamento para ler um livro sobre o ditador português, *Salazar, o homem e sua obra*. No sobre Mussolini não passara das primeiras páginas; sabia que agora, também, não iria muito longe.

Adotou uma decisão que deveria ter sido tomada há muito tempo. Determina a saída do interventor de São Paulo, o general Valdomiro. Confiava cada vez menos nele. Sabendo que seu fim estava próximo, manda uma longa carta pedindo demissão, e faz de sua filha a portadora. O general gostava de usar as mulheres de sua família. Será que era para amolecer os corações?

Surtiu efeito. Getulio pediu para ela transmitir ao pai não ter pressa.

Oswaldo Aranha lhe dá um par de muletas, deve ter tomado como medida suas próprias pernas, Getulio teve que mandar encurtá-las.

Está há quarenta e seis dias sem aparecer em público. Decide ir sem cadeira de rodas a uma solenidade da Marinha. Gostou de voltar a ser visto e aplaudido, mesmo com dores nas pernas ainda em tratamento.

Recebeu o capitão João Alberto, e, em vez de cumprimentá-lo com cara amarrada, cobrando explicações, pede para ele representá-lo na Exposição de Chicago. Não era conciliação, era compra. Assim desarmava os espíritos.

Em hora imprópria, para causar impacto, o interventor paulista resolve renunciar publicamente. Não cumpriu a determinação do presidente, dada através da filha. Ter calma, aguardar, não ter pressa.

Sabe-se lá o que se passou com o general Valdomiro. Não conseguia dormir. Os pesadelos o tiraram do eixo. O medo de desagradar um ditador que podia prender, exilar, colocar no ostracismo, transformá-lo em um morto-vivo fez com que se precipitasse. Não aguentou a insuportável expectativa em relação ao que iria lhe acontecer. Não suportou a guerra de nervos. A beberagem de maracujá que tomava antes de deitar não estava mais fazendo efeito.

Getulio soube logo do que se passara em São Paulo, e anotou: "Não estou de bom humor. Cansaço, enfaramento, desilusão. O Brasil não tem dinheiro para tantas dedicações que pretendem sacrificar-se. Não será melhor ir embora?"

Se tivesse aceitado o pedido de demissão que recebera da filha do general passaria uma noite melhor. A sua natureza impedia de tomar decisões cirúrgicas; levava as situações a um limite insuportável para o outro e para ele próprio.

O expediente se acumulou. Eram pilhas de papel para ler, pelo menos para tomar conhecimento do que se tratava, e assinar. Luiz Simões Lopes, o Luizinho, o ajuda nessa tarefa que se prolonga noite adentro. Encerram a atividade às 02h30 da manhã. Gostava de seu jovem auxiliar, o tinha como a um filho.

Terá outra noite maldormida. Um dia mal-humorado e com dor nas pernas.

Flores previne de uma conspiração para implantar uma ditadura militar. Ouve e anota: "Vou dormir".

Aceita a sugestão do ministro da Viação e resolve eletrificar os serviços de trens dos subúrbios do Rio de Janeiro. Fica satisfeito com a decisão.

A esquerda quer a permanência do Valdomiro em São Paulo. Lembra aquela foto dele no meio dos estudantes anarquistas. Chegou a pensar que o militar estava lá para acalmar a situação, percebe que estava errado; tratara-se de uma reunião para buscar aliados contra ele.

Oswaldo Aranha pede demissão devido a desentendimentos com Flores da Cunha. Não compreende bem o que ele tem a ver com isso. Acha que Aranha mais uma vez foi precipitado, considera-o um bom amigo, porém estouvado.

Reúne o ministério, não para tratar de assuntos relevantes ao país, mas para discutir a longa e inacreditável demissão do Valdomiro. Depois da reunião chama-o ao Rio. O general pede para ficar mais três dias, Getulio concorda, mas fica apreensivo. O que ele fará nesses três dias? Arrumar as roupas e outros utensílios para a mudança ou aguardar a conclusão de alguma ação malfazeja?

Os três dias o deixaram intrigado. Ele chega e informa que se mantém no cargo para evitar tumultos que ocorreriam com a sua saída. "Está forçando as cores", mais um tentando iludi-lo, colocando os fatos sob lentes de aumento. Daltro Filho lhe diz que o interventor não está sendo sincero. Já imaginava isso.

As visitas da família do interventor paulista à família Vargas surtiram efeito. Todas as pressões para tirá-lo de onde está são neutralizadas por pedidos familiares e dos próprios ajudantes de ordens. Simpatizavam com o general, achavam que ele era vítima de intrigas. Poderia ser, todos são.

A única maneira de se defender é fazer mais intrigas, buscando que as suas superem as que são lançadas contra si. Um círculo vicioso difícil de ser rompido.

A novela chega ao fim. Um general substitui outro. Sai Valdomiro entra Daltro Filho. A solução não satisfaz plenamente. Getulio atendeu aos ministros, conselheiros próximos, mas desagradou à família e aos tenentes do Gabinete Militar, seus companheiros de caminhadas. Pode ter cometido uma injustiça, só o tempo dirá se errou ou se acertou.

Completa o terceiro aniversário da morte de João Pessoa; presta-lhe homenagem, visita seu túmulo no cemitério São João Batista. Para em frente ao mausoléu, fica pensativo:

"Raras vezes um homem pode morrer tão dignamente. Chega a despertar inveja".

A ideia da morte o obceca. Um assassinato público é melhor que um suicídio. A permanentemente pensada saída para situações sem saída.

O crime político produz um mártir, livra do estigma da covardia de não ter enfrentado os problemas e não impede a salvação da alma.

O ministro da Justiça, Francisco Antunes Maciel Júnior, lhe provoca irritação: "Acho o ministro Maciel muito preocupado com os casos miúdos, com os quais perde mais tempo do que o necessário, embora seja muito trabalhador". Individualiza um comportamento geral, dele próprio, de todos os assessores e até dos mais distantes interventores.

O interventor gaúcho viaja ao Rio. Convida-o a um chimarrão no Catete, chama também o Aranha e o Maciel. Sentam-se um próximo ao outro, colocam o bule com água fervendo na mesinha que fica entre eles, passam a cuia com o chá verde, quente e amargo, de mão em mão. Sorvem-no por uma bomba de prata trabalhada, com um relevo no meio. A bomba é de uso comum, única para todos.

Getulio várias vezes ofereceu a visitantes não familiarizados a fervente infusão; estranhavam o beber pelo mesmo canudo metálico, mas não diziam nada, com receio de aborrecer o anfitrião, tão cioso dos hábitos de sua terra.

Os que elogiavam eram convidados a repetir, queimavam a língua de novo, mas não perdiam a pose nem desagradavam o presidente da República. Dizer que a bebida era amarga e pouco saborosa poderia custar alguma nomeação.

O chimarrão era tomado pelos índios Guaranis e chegou ao sul do continente trazido por soldados espanhóis.

Numa boa roda de chimarrão não podem faltar narrativas de "causos"; contaram muitos, riram, por um momento esqueceram o fervilhante mundo de intrigas que os cercava e ocupava seu tempo.

Sentiram-se jovens, pareciam estar em sua terra natal. Era como se o ano de 1930 não tivesse chegado. Não trataram de nada, só relembraram os bons tempos.

O anfitrião aproveitou a ocasião e deu duas missões ao convidado que vinha de longe: coordenar a escolha do presidente da Constituinte e ajudá-lo a achar um novo interventor para Minas Gerais — Olegário Maciel havia morrido. Tinha que ser alguém de confiança. As missões eram delicadas. Confiava em Flores, seu jeito estouvado e falastrão às vezes o aborrecia, gostaria que fosse mais discreto e menos mutável em suas atitudes.

A descontração da noite gauchesca o levou a uma decisão impensada, o que era usual: designar um caudilho gaúcho para ajudá-lo em uma questão mineira. Não pensou que poderia ferir susceptibilidades.

Depois de vinte anos os Estados Unidos enviaram um novo embaixador ao Brasil, Hugh Gibson. Apresentou suas credenciais e foi bem recebido. "Não tem as características convencionais dos tipos americanos. Aparenta antes a forma e a flexibilidade do espírito latino".

O general Daltro Filho estava feliz na interventoria. Sabia ser interino. Seu curto período durou apenas vinte e cinco dias, tempo suficiente para proibir os jogos de azar em São Paulo. A exposição de motivos que justificava sua decisão considerava que o jogo desenvolve o desamor ao trabalho; incita as más paixões, a preguiça, o espírito de aventura e minando-lhes a economia; ...tem razão os que julgam de melhor alvitre combater sem tréguas essa praga social; ...uma polícia organizada e honesta pode perfeitamente reprimir com êxito o jogo se for auxiliada por uma campanha moral pela imprensa...

Caso a polícia fosse honesta, a partir do seu decreto poderia deixar de ser, seria tentada pelos que, inevitavelmente, explorariam de modo clandestino os jogos proibidos.

Havia compromissos para nomear em caráter efetivo Armando de Sales Oliveira, engenheiro especializado em construção de usinas elétricas e jornalista; em 1930 ele foi o principal apoio paulista à candidatura de Getulio e liderou no seu estado a revolução que se seguiu a vitória de Júlio Prestes. Em 1932 ficou ao lado dos constitucionalistas e passou a ser visto com maus olhos pelo ditador.

"Vou entregar São Paulo aos que fizeram a revolução contra mim". Volta à paranoia; eram contra ele e não contra seus atos antidemocráticos.

A revolução fora contra a sua omissão em não marcar a data para a instalação da Assembleia Nacional Constituinte, deixando no ar a intenção de perpetuar-se na presidência. Não considerava uma aberração o país estar sem uma constituição. Todos tinham que acreditar que era um homem magnânimo, incapaz de cometer injustiças; se, às vezes, ultrapassava a lei, era pelo bem da pátria.

Elogia para si próprio o gesto de nomear um adversário: "Não pode haver maior demonstração de desprendimento". Mais uma vez faz bom conceito dele mesmo. Nomeia o antigo aliado, agora desafeto, mas teme o que farão na Constituinte.

Inicia rapidamente articulações para entregar a presidência da Assembleia a um aliado mineiro. Pressente que até o término dos trabalhos da Constituinte e de suas missões — dotar o Brasil de uma Constituição e eleger um presidente — terá todo o seu tempo ocupado com o seu plano secreto. Qualquer descuido poderá ser fatal.

Assina o decreto marcando a data para a instalação da Constituinte, 15 de novembro, a mesma da proclamação da República. Faz sentido, estaria iniciando uma nova República. O desagradável é que poderia ser com outro, não com ele.

Para apaziguar os ânimos, elabora uma lista de exilados que podem retornar. E o Borges, era ou não exilado? Não fora deportado, a imprensa anunciara que ele fora para Pernambuco por sua própria vontade. Temia o "velho" solto, livre para dizer o que quisesse e atacá-lo de todos os modos.

Enquanto a Assembleia não se reúne, Getulio parte para uma viagem pelos estados litorâneos do Nordeste e Norte. Tem um repentino desejo de conhecer o país que governa. Ver como é sua parte mais pobre e atrasada.

Segue no navio Almirante Jaceguay, o mesmo que levou Júlio Prestes para os Estados Unidos e para a Europa. Será que reservarão a cabine que ele usara?

O político paulista, que o derrotou nas eleições, não sai de sua cabeça. Lembra de Lady Macbeth, com o fantasma dos seus crimes e do marido povoando eternamente seus pensamentos, sujando suas mãos com sangue só visto por ela. Nos piores momentos vem à memória a Coluna, que saiu com bons propósitos e acabou perdendo o rumo e esquecendo as motivações iniciais. Pensa que está ocorrendo com ele o mesmo que aconteceu com a longa caminhada. Foi, voltou, subiu, desceu e não chegou a lugar nenhum.

Antes de ser incorporado à frota do Lloyd Brasileiro, em 1933, o transatlântico pertenceu à Marinha de Guerra durante sete anos, sendo utilizado como navio hidrográfico.

O vapor partiu do Rio acompanhado por uma esquadrilha de aviões da Aviação Naval, um belo espetáculo.

A primeira parada foi em Vitória, no Espírito Santo. Desce, recebe homenagens, faz turismo. À noite oferece um banquete, em traje de gala, a bordo. Convidou as autoridades e a sociedade locais. Conversa com os jornalistas sobre ortografia e espiritismo!

Seguem para a Bahia e são sobrevoados pelo Zeppelin. Disserta sobre a pujança alemã, sua capacidade tecnológica e disciplina. Comenta o bom trabalho dos colonos alemães e seus descendentes em seu estado. Trabalham muito e não se preocupam com as coisas da política, exercida pelos descendentes dos açorianos.

Segunda parada, Salvador. Novo *tour*, está conhecendo outro Brasil. Gosta do que vê. Não se atém à pobreza exposta à luz do dia. Será que o interventor, capitão Juraci Magalhães, mandara recolher os mendigos e os ociosos e lavar a malcheirosa cidade, com esgoto escorrendo a céu aberto em suas ruas coloniais?

Não observou os milhares de trabalhadores braçais e criados negros nem se interessou em saber como eles viviam. Praticavam um escravagismo disfarçado, como se não tivesse havido o fim da escravidão 45 anos atrás.

A Princesa Isabel os libertou em 1888 sem impor quaisquer restrições. Podiam fazer o que bem entendessem desde que dentro da lei; eram livres para estudar nas mesmas escolas dos brancos, urinar nos mesmos mictórios, utilizar os mesmos meios de transporte. Se não o faziam era por timidez, falta de traquejo ou de roupas adequadas, jamais por restrições à liberdade.

Não havia racismo no Brasil. Pouco à frente, em 1936, o professor Sergio Buarque de Holanda ensinou que o homem brasileiro é cordial, entendendo-se isso como alguém movido pelos instintos do coração. Não havia por que recusar o convívio com aqueles que haviam sido privados da liberdade por mais de 300 anos.

Os brasileiros gostavam de comentar as dificuldades impostas aos negros americanos, as barbaridades cometidas no Tennessee e no Alabama. Lá os negros eram obrigados a criar movimentos e desenvolver lideranças para conquistar algum direito; bem diferente daqui. Dávamos aulas de tolerância racial ao mundo.

O presidente visita o interior baiano, próximo à capital e impressiona-se com a cultura e a verve dos prefeitos. "Homens cultos, progressistas e dedicados ao serviço público". Qualidades até então só vistas por ele.

De Salvador a comitiva seguiu de trem até Aracaju. "Passeios, visitas, banquete, despedidas, regresso".

Como nas outras paradas, o povo o recebe com entusiasmo. Considera o estado bem administrado. Como fazer essa observação em uma visita tão rápida? Pela limpeza e excelente cozinha da residência oficial, pelo casario antigo do centro bem conservado, pela conversa encantadora do interventor? Não se sabe, apenas fica ressaltada cada vez mais a superficialidade com que trata os assuntos públicos.

O interventor, tenente Augusto Maynard, causa boa impressão, só o conhecia de passagem. "Homem dedicado, enérgico, circunspecto". De Aracaju segue para Propriá, ainda em Sergipe.

Percorre o trecho sergipano do rio São Francisco. Largo, limpo, trafegado por barcos de transporte, de pesca e gaiolas, com suas tradicionais carrancas de madeira colorida assentadas na proa para afastar os maus espíritos. Nas margens, na areia branca, vê as lavadeiras e o casario das cidades ribeirinhas. Comenta sobre a arquitetura colonial de Penedo, de onde segue de automóvel até Maceió, terra de nascimento do Góis.

Dona Darcy recebe, após o banquete em sua homenagem, uma caixa com as belas rendas alagoanas, tidas como as mais finas do país.

Apreciam as danças folclóricas locais. Alegres, com moças bonitas e rapazes com trajes coloridos, dançando com os pés descalços. A que mais gostaram foi a do Pastoril.

Muito diferentes das de sua terra. Danças masculinas, com bombachas e botas, dançadas sobre adagas como os cossacos, às vezes com lindas "prendas" usando saias compridas, rodadas e rendadas, vestindo blusas abotoadas até o pescoço. As suas eram mais sóbrias, guerreiras e animadas. O que não desmerecia o espetáculo que acabara de ver.

Reflete sobre o isolamento dos estados brasileiros. Um não tem a menor ideia de como é o outro; acha que isso é que produz um folclore tão rico e diversificado, e pessoas com ideais e atitudes tão diferentes.

No porto, o imponente Almirante Jaceguay, fabricado na Inglaterra em 1908, com seus 74 metros de extensão, aguardava o presidente para levá-lo ao Recife. O orgulho do Lloyd Brasileiro era modesto ante o Titanic, com 269 metros de comprimento, e o Queen Mary, em construção na Escócia, com 311 metros.

As coisas e os feitos brasileiros eram modestos; como não havia comparações, as informações era absolutas, produziam orgulho e, com frequência, referências de que causavam o espanto ao mundo pela sua grandiosidade.

Uma ligeira perturbação o acomete, é lá, na próxima parada, que está exilado o dr. Borges de Medeiros. Não gostaria de vê-lo. Devia ser um sentimento recíproco.

A recepção popular foi impressionante, o mesmo achou dos passeios pelas praias e pelo centro, com belas pontes e casas, construídas durante a ocupação holandesa comandada por Maurício de Nassau.

No meio da gente morena, de vez em quando alguém de tez clara, olhos azuis e cabelos aloirados. A herança holandesa não havia se limitado apenas a pontes e prédios.

A última visita foi à viúva de João Pessoa. Ficou pouco tempo, o suficiente para relembrar as qualidades do marido. Falou pouco. Nunca se sabe o que uma viúva pensa do morto. Recusou o café, mas aceitou o delicioso licor de jenipapo feito pela dona da casa.

À meia-noite o navio recolheu as âncoras e rumou à Paraíba. Desembarcou pela manhã no recém-construído porto de Cabedelo. Lembrou que o ministro das Obras Públicas é de lá.

Jantar, festas, visitas, tudo de modo a emitir um bom conceito do estado e de sua gente. Parada seguinte, Natal. Fica feliz; é recebido pelo que ele chama de ex-flagelados da recente seca. O pequeno grupo de pessoas prematuramente envelhecidas, com a pele enrugada, sem dentes, manifestou gratidão a quem lhes deu generosamente água e comida em momento tão adverso. Sem dúvida foram beneficiados pelo numerário que enviara para amenizar o seu sofrimento, o dinheiro fora bem aplicado, pelo menos parte dele. Pôde constatar com a prestação de contas a céu aberto, vendo beneficiados e benfeitores felizes. Feitos os rápidos agradecimentos, o grupo se retirou a pedido das autoridades locais; foi bom vê-los demonstrar sua gratidão, mas sua presença por mais tempo prejudicaria o restante das festividades.

Seguem para Fortaleza, conhece o pai de Juarez Távora, com 91 anos, "velhinho de rija têmpera". Mesma idade de seu pai.

O programa é invariável, apenas muda o local do banquete. O da terra de Juarez é no Clube Ideal, a festa seguiu no navio que se encontrava ao largo, sendo alcançado por rebocadores que levavam a comitiva e os convidados. Por que não encerrar a festa no requintado clube, em terra? Deviam querer conhecer o transatlântico.

Parte para São Luiz, onde ocorre uma pequena variação no programa, a visita a um leprosário. Todo o país, de Norte a Sul, era povoado por leprosários. Não eram em quantidade suficiente para abrigar, esconder da vista das pessoas as mazelas que os hansenianos expunham. Em que pesem as boas intenções dos responsáveis pela saúde pública, não era raro vê-los vagando, esmolando pelas ruas das cidades, vestindo andrajos iguais aos usados na Idade Média. Não diferiam em nada dos lazarentos da época das trevas; só faltava o sino no pescoço. Despertavam curiosidade e mais medo que piedade.

Finalmente, uma má impressão na região nordestina, São Luiz. "A cidade é desoladora". Dominada pela sujeira e cheia de pobreza. O belo casario colonial em ruínas. Pobre Maranhão! O interventor, diferentemente dos que o antecederam, expõe à ilustre comitiva a miséria do estado. A situação econômica e financeira beira a calamidade. Lembrou leituras passadas; o estado era o único da região que não era assolado por secas. A que atribuir tanto desleixo com as coisas públicas?

Tem a infeliz ideia de ir para Teresina por trem. "Viagem má, calor, poeira". A cidade é pequena, mas as coisas parecem em ordem e asseadas. Será que de novo esconderam os miseráveis?

Segue para Parnaíba, onde embarca no navio. Tirou a poeira, fez a *toilette*. Recebeu um telegrama inquietante do ministro da Justiça, falando em ameaças à ordem pública, pedia a imediata presença do general Góis no Rio de Janeiro.

A viagem prossegue. A próxima visita será Belém, às margens do rio Amazonas; o Nordeste ficara para trás. As autoridades locais chegam à sua embarcação a bordo do encouraçado Floriano.

Recebe a chave da cidade, feita em ouro, do interventor, capitão Joaquim Magalhães Cardoso Barata, hospeda-se no Palacete Passarinho, no restante é tudo igual às outras visitas. Queixam-se do abastecimento d'água. Será que nas capitais que visitara havia esse problema? Se havia, ninguém o comentou;

se não comentaram era porque a água jorrava farta e limpa das torneiras. Belém deveria ser uma exceção.

Certamente as cidades nordestinas tinham uma estação de tratamento d'água, como a dos Moinhos de Vento, em Porto Alegre, construída por uma empresa americana e inaugurada em 1927. Podia-se tomar água da torneira. Além do bom serviço prestado, seus prédios eram bonitos e os seis hectares de jardins que a volteavam eram inspirados nos de Versailles.

A volta é com poucas paradas; aproveita para ler a *Economie Dirigée, Economie Scientifique*, de Charles Bodin. Não comenta sua leitura. Deve ter ficado nas primeiras páginas.

O aniversário da revolução, três de outubro, é festejado a bordo. Desce no Recife e segue no Graf Zeppelin para o Rio de Janeiro. Viagem deslumbrante, ao longo da costa, menos de um dia. Desce no Campo dos Afonsos. A volta foi inesquecível e rendeu bons dividendos aos alemães.

O governo comprou por quase um milhão de dólares, da Zeppelin, trinta viagens, uma por ano, até 1964, entre o Brasil e a Alemanha. A compra, de tão exótica, deixou um rastro de suspeita jamais decifrado; é claro que não houve nenhuma reflexão sobre como seriam as viagens aéreas em futuro tão distante. Em contrapartida, os alemães construiriam um hangar para acomodar a imensa aeronave em suas paradas no Rio de Janeiro.

Getulio percorreu a parte habitada daquele pedaço do país, o litoral; não se aventurou em ir ao agreste, ao sertão, ver as miseráveis condições de vida na região das secas. Lembrou-se do Prestes, o capitão, e sua brava coluna, percorrendo o desabitado sertão nordestino à cata de adesões à sua causa.

Não pôde deixar de pensar, mais uma vez, naquela estranha caminhada sem rumo. Em vez de ir para o leste iam para o oeste, onde só existiam índios e caboclos. A marcha era conduzida por pessoas julgadas inteligentes. Cada vez que lembrava o episódio o compreendia menos.

A viagem ao Nordeste pode ser considerada pré-eleitoral. Caso viesse a ser candidato à presidência a eleição seria indireta, mas os políticos da região poderiam, acusá-lo de não tê-la visitado, não estar atento aos seus problemas. Agora não, esteve lá e estava inteirado de sua situação.

O Góis Monteiro e o João Alberto eram de lá e ultimamente estavam demonstrando um inusitado interesse pela região, por seus problemas e pelos votos que poderiam ter no colégio eleitoral.

A viagem foi agradável, conhecia mais o Brasil. Não era tão ruim como pensava, exceto o Maranhão. Ficara mal impressionado com a capital estadual. Não conseguiu achar uma razão para tanto descaso e tanta pobreza. Chegou a imaginar alguma coisa sobre seus líderes, mas rapidamente deixou o assunto de lado.

Algo se passou na viagem, talvez um olhar furtivo a alguma dama local, algum boato; a verdade é que, chegando ao Rio, ocorreram aborrecidas cenas de ciúme de sua mulher, discussões e reconciliação. Não vê razão para isso, é um marido dedicado, o único que conhece que joga pingue-pongue e dominó com a esposa.

𝒪 primeiro encontro depois da longa excursão foi com o presidente da Argentina, o general Augustin Pedro Justo. A sua chegada ao Rio foi apoteótica, saudado com entusiasmo e espontaneidade pelo povo.

Getulio o considerou um homem franco, com trato acolhedor, simples, sincero, de natureza dinâmica e constituição sólida. Sentiu seus bons propósitos em desenvolver uma política de cooperação com o Brasil. A visita de poucos dias permitiu fazer um completo retrato, bastante favorável, do ilustre visitante.

Justo presidiu o país vizinho de 1932 a 1938. Sua época foi denominada "Década Infame", devido à imensa corrupção que dominou a Argentina. Sua eleição teve o apoio da ditadura que o antecedeu e houve acusações de fraude. De 1931 a 1943 as eleições argentinas receberam a denominação de "Fraudes Patrióticas", organizadas para impedir que a oposição chegasse ao poder. Tudo dentro da normalidade continental.

No dia 14 de outubro, o bravo general retornou à sua terra.

Talvez animados pelo ambiente fraternal que daqui para frente predominaria entre os dois países, no dia 16 o irmão de Getulio, Benjamin, com dois filhos e alguns peões da fazenda, pegou um barco, atravessou o rio Uruguai e foi visitar Santo Tomé — segundo ele, para assistir a um filme falado, novidade que ainda não chegara a São Borja.

Numa briga com os locais, morreram os dois sobrinhos do presidente. "Foram recebidos num ataque brutal. Impressão desoladora". Pede providências ao governo argentino.

Antes de receber novas notícias sobre o trágico episódio, o governo do Chile o alerta para uma falseta do visitante recente, o general Justo. Os dois países estão com um litígio na região do Chaco, há compromissos em curso. Sem mencioná-los, o presidente argentino tratou desse assunto com Vargas, provocando protestos dos chilenos. A diplomacia brasileira não tivera o cuidado de informar ao presidente dessa pendência entre os dois países.

Não se preocupou com o incidente diplomático. Ficou decepcionado com a história que seu irmão contou sobre o trágico desenlace da visita à cidade fronteiriça para apreciar uma inocente sessão de cinema.

A verdade foi bem diferente da fraternal versão. Benjamin e os filhos, acompanhados por soldados armados com fuzis e metralhadoras, invadiram o solo estrangeiro para trazer, à força, dois desafetos argentinos. Não contavam com a reação que acabou em tragédia. Mesmo assim, o presidente determina a ida de pessoal da polícia do Distrito Federal a Santo Tomé para ouvir testemunhas!

Está muito ansioso. Flores da Cunha recebeu duas missões e não está lhe prestando contas do andamento das *démarches*. Sabe que ele é chegado a um carteado. Será que esqueceu o que tinha que fazer?

Irrita-se com a ausência de notícias. A ansiedade mistura-se com a paranoia. Pensa em novas traições.

O Governo Provisório completou três anos. Nenhum trabalho foi desenvolvido que pudesse ser chamado de realização. A bomba de álcool continuava a ser a única do país que pretendia inundar o mundo com o novo combustível.

Os mineiros demonstraram insatisfação com a estranha interferência do interventor do Rio Grande do Sul em assuntos internos do estado. Getulio acabara com a federação, mas, nesse aspecto, os interventores dos estados mais fortes não o levaram a sério. De fato, a escolha do impetuoso caudilho gaúcho para tratar de questões tão delicadas não fora uma boa ideia.

A situação se acomoda por si mesma. O mineiro Antônio Carlos de Andrada é escolhido para presidir a Assembleia Nacional Constituinte. Os trabalhos começam na data aprazada.

O líder da maioria é Oswaldo Aranha, que continuará ministro da Fazenda. Todos os ministros eram constituintes, uma brecha deixada na não bem definida composição da Assembleia quando foi encerrada a revolução paulista.

Essa promiscuidade entre o Legislativo e o Executivo não causava estranheza. Nossos bacharéis resolveram ignorar o que haviam lido sobre os ensinamentos de Montesquieu. Era preferível esquecer por um tempo o mestre. O que falara sobre a separação dos poderes não era o mais indicado para o momento.

Aparecem sugestões para eleger Getulio, fazê-lo presidente antes da conclusão dos trabalhos. O líder da bancada paulista se opõe à estapafúrdia ideia; afinal, para que a Constituinte?

O próprio Getulio pede cautela aos apressados correligionários. O problema era a ansiedade geral, queriam uma definição sobre suas vidas.

Tudo tem que ser feito de modo a dar impressão de normalidade, de correção, sem açodamento. Quer ser legitimado, respeitado pelos povos civilizados e não continuar sendo visto como apenas mais um ditador latino-americano. Tem que controlar os amigos que temem perder seus cargos. Quando pedem demissão das funções que ocupam, o presidente sabe que se trata de um jogo de faz de conta.

No meio da tarefa mais importante desses três anos, o embaixador da Argentina no Rio lhe traz novos dissabores. Brasileiros e exilados argentinos estão planejando o retorno a Santo Tomé para vingar as duas mortes da família Vargas. Querem partir para um confronto armado em solo platino.

Ouve e fica alarmado. Mandou prender todos os envolvidos na preparação do combate. Considerou acertada a decisão de mandar a polícia para a região do conflito. Agiu rápido. Fica satisfeito consigo mesmo.

Lembrou que há algum tempo anotara no seu diário que todas as inquietações começavam em seu estado. Agora era pior, iniciavam na sua cidade e na sua família. Não saberia o que dizer ao general Justo, um homem correto. Sem dúvida ficaria tão horrorizado quanto ele.

O trabalho não diminui, o ritmo continua intenso. Decide nomear para interventor de Minas um ilustre filho da terra, Virgilio de Melo Franco. A ideia desagradou Flores e o outro pretendente ao cargo, Gustavo Capanema, que o ocupava interinamente.

O gaúcho designado para conduzir a escolha considerou uma intervenção indevida do presidente em sua missão, que recebera na animada roda de chimarrão, e não a considerava encerrada. Não levara nomes ao presidente por falta de condições.

Minas ficava longe de seu estado, as comunicações eram precárias, Getulio não era apressado em questões de maior importância, havia uma enormidade de pretendentes. Ademais, para que tanta urgência? A troca de um interventor por outro não mudaria nada.

Como de hábito, Flores da Cunha apresentou mais um pedido de demissão. Pede porque sabe que não será aceito. Se tivesse dúvida, não pediria.

Getulio convoca todos os interessados na sucessão mineira ao Catete. A reunião arrasta-se por horas. Falam ao mesmo tempo, elevam o tom da voz, chegam à beira das ofensas pessoais, recuam, não podem atingir um ponto sem retorno. Getulio se mantém calado, cansa de ouvir, interrompe a interminável discussão, adia a decisão para o dia seguinte.

Imagina que irão para o bar do Hotel OK, não muito longe de onde estão. Getulio sabe que lhe trarão uma solução, não precisa perder mais tempo com aquilo. A única preocupação é com Flores, se tiver um baralho por perto pode abandonar as conversas, protelando a decisão.

Não adiantava chamá-lo ao telefone quando estava com as cartas; na última tentativa de falar com ele naquele hotel, durante um carteado, dera um tiro no telefone para não ser importunado.

A solução não foi a esperada, decidem delegar ao presidente a escolha. Terá que arcar com as consequências de seu ato. Não é o melhor momento para desagradar seja lá quem for. O que fizer tem que descontentar o menos possível os constituintes, o seu colégio eleitoral.

Como não chegam a uma solução, delegar a escolha a ele não era uma solução; decide seguir outro caminho. Pede a presença de dois mineiros ilustres, o presidente da Constituinte e o ex-presidente da República Venceslau Braz, que estava afastado da política. Propõe que Minas Gerais elabore uma lista com sete nomes, pede para que incluam o nome do obscuro deputado Benedito Valadares. Concordam. Pensaram se tratar de um agrado ao apagado parlamentar. Não havia por que não atender o pedido do presidente.

Da lista não podia constar o nome dos dois principais postulantes, que, ao tomarem conhecimento dessa determinação, resolveram se unir e articular um golpe de estado. Depois de doze dias, anuncia o nome do escolhido, o deputado que ele havia incluído entre os candidatos. Nem a eleição de alguns papas foi tão difícil e demorada.

Foi o episódio no qual Getulio mais exercitou o maquiavelismo. Armou a confusão, deixou todos se desgastarem, usou os dois notáveis mineiros e escolheu quem bem entendeu. A revolução não tinha entre seus nobres propósitos acabar com as oligarquias?

"Escolhi este rapaz simples e modesto, que me procurou antes, sem nunca pensar que seu nome pudesse ser apontado para interventor". Um pequeno erro de avaliação; se o rapaz o procurou foi porque queria o cargo.

Minas Gerais gozava de uma autonomia negada aos outros estados; isso causava preocupação a Getulio. Além de sua desimportância, o escolhido era cunhado de seu primo, o capitão Ernesto Dornelles. Antes da inclusão de seu nome na lista, Valadares assumiu o compromisso de nomear Dornelles comandante da Polícia Militar de Minas. Fatos desconhecidos da elite mineira.

Não deu importância aos protestos dos derrotados, sabia que, uma vez nomeado, todos iriam procurá-lo e elogiar a escolha. Nenhum queria deixar seus apadrinhados ao relento.

Oswaldo Aranha disse a Getulio que ele havia escolhido um débil mental, incapaz, imoral, desmoralizado, para governar Minas Gerais. Pediu demissão, não foi aceita. Esses pedidos de demissão eram como os duelos realizados no Uruguai. Um tiro para cada lado e as honras estavam limpas, sem sangue ou mortes.

Os pedidos de demissão transformaram-se em meros rituais, sem mortos nem feridos.

Flores não falou mais da sua decisão de se demitir. Provavelmente a esquecera. Retornou ao seu estado, não se deu sequer ao trabalho de retirar o pedido de afastamento que dissera ser irrevogável.

No dia seguinte ao da escolha do novo dirigente mineiro, todos protestaram, renunciaram, pediram demissão, fizeram tudo que estava ao alcance para demonstrar o descontentamento com a matreira decisão presidencial.

Por acaso, vários generais vão juntos ao Catete. Foram tratar de assuntos rotineiros: "Assuntos banais da administração". Dessa vez os boatos foram a favor de Getulio. Os ânimos começaram se acalmar.

Visitou o Oswaldo e foi recebido com cordialidade. Retirou o pedido de demissão da liderança do governo na Constituinte. Sentiu que a tormenta passara. Tal qual previra, nada aconteceu, a não ser o enorme tempo ocupado com a questão mineira, que se somou à burocracia, aos atos e decretos, à papelada sem fim.

Debelada mais uma falsa crise, os fuxicos são retomados imediatamente. Este é o método de trabalho que conhecem. Oswaldo é o primeiro a chegar. Traz notícias alarmantes de um iminente golpe militar. Aproveita e inclui Góis entre os conspiradores. Pelo sim, pelo não, Getulio convida o general para ser ministro da Guerra — ele pediu um tempo, queria pensar um pouco. Ou conspirar um pouco mais? Fica preocupado; Góis some do seu convívio. Não aparece há dias. Não dá nenhuma notícia.

Aranha pede, novamente, demissão do ministério. "Será definitivo este afastamento?" Getulio fica apreensivo. Que maneira de encerrar o ano!

Antes da chegada de 31 de dezembro, dá um presente ao general Justo. Manda prender na cidade fronteiriça de Uruguaiana um grupo de dissidentes argentinos. "Essa diligência causou excelente impressão ao governo argentino".

Terminou o atribulado ano de 1933. Ele transcorreu como os anteriores, povoado por deslealdades, intrigas, mentiras, avaliações precipitadas e poucas realizações. Sente desânimo, não pelo que deixou de fazer, mas porque pode ter sido seu último ano no centro das decisões.

𝒪 novo ano começa bem. Oswaldo retirou o pedido de demissão. Góis é empossado no Ministério da Guerra.

Sente-se aliviado. Decide subir para Petrópolis; segue de trem, não quer surpresas com pedras rolando morro abaixo. Entre os convidados está o jovem oficial de gabinete Luiz Simões Lopes. Pela primeira vez Getulio observou como a mulher do Luizinho é bonita; sempre que podia, voltava seu olhar para ela, com cuidado, para não despertar ciúmes na sua mulher nem suspeitas no marido.

Sua namorada desde os tempos de São Borja, Darcy estava com 38 anos; quando se casaram, tinha dezesseis anos e ele beirava os trinta. Tiveram cinco filhos. Perdera cedo o viço e a beleza morena que o encantara. Não podia se falar em paixão. Estava na hora de constituir família e a conterrânea seria boa mãe e esposa. As partidas de dominó e pingue-pongue eram o que restava de convívio entre eles; achava-as cada vez mais sem graça, mas era uma maneira de terem algo em comum, além dos filhos.

O sábio príncipe de Salina definiu para o seu gordo confessor o casamento como sendo um ano de fogo e uma eternidade de cinzas. O casal presidencial estava no período das cinzas. Há muito que a fogueira se apagara.

O chefe de polícia, capitão Filinto Müller, suspendeu a publicação do jornal *O Globo* por desobediência às diretrizes da censura. O presidente não gostava de censurar, mas entendia como algo necessário para manter as coisas nos seus devidos lugares.

A censura não era nenhuma novidade, era praticada por todos os governantes.

Em 1912, o presidente da República, Hermes da Fonseca, censurara o filme *A vida de João Cândido*, narrando a história do marinheiro que liderara a revolta na Armada para acabar com as chibatadas dadas nos marujos indisciplinados. O filme nacional antecedia em 13 anos *O Encouraçado Potemkin*, no qual Sergei Eisenstein narrava a rebelião de marinheiros contra as crueldades praticadas por seus superiores.

Surgem dificuldades na Constituinte. Apesar da maioria que possui, teme perder o controle da situação e que redijam um documento distante do que ele quer. Nos debates são expostos pensamentos diferentes do seu, o que não lhe soa bem.

Para deixá-lo mais preocupado, aparecem outras candidaturas à presidência. A do general Góis começa a ganhar adeptos na imprensa. "O futuro a Deus pertence". Nos momentos de dúvida, só apelando a uma entidade superior, as terrenas nessas horas são de pouca valia. A candidatura de Góis movimenta-se em direção contrária à sua.

As finanças públicas continuavam se deteriorando. A preocupação com elas neste momento era secundária. É um período eleitoral, a austeridade fiscal, sempre malvista, nessa época torna-se mais incompatível com o pensamento habitual dos políticos.

As portas para operações de crédito externo estão fechadas. O ministro da Fazenda está mais preocupado com seu papel na Assembleia Constituinte do que em proteger o Tesouro. Getulio acusa Oswaldo, que rebate as críticas, dizendo que o presidente criou gastos sem a necessária cobertura orçamentária. Batem boca, mas não resolvem a questão.

Sempre há uma boa ideia de plantão. A do momento era dissolver a Assembleia e outorgar uma constituição semelhante à gaúcha de Júlio de Castilhos. Aquela que permitia ilimitadas reeleições e foi alterada no campo de batalha. Borges de Medeiros era um dos constituintes da oposição, sabia o perigo que ela representava. Getulio jamais deixaria o Catete.

Rejeitada uma sugestão surge imediatamente outra. Ganha força a movimentação de seus amigos para antecipar a eleição presidencial, realizá-la antes de concluída a Constituição. Oswaldo Aranha não concorda e pede demissão. Caso fosse aprovado o impedimento de Vargas como candidato, ele estaria pronto para substituí-lo.

Dessa vez retirou o pedido rapidamente. A antecipação foi amplamente rejeitada nas conversas nos corredores do Palácio Tiradentes e nos bares dos hotéis, onde os parlamentares se hospedavam.

A rotina das demissões só acabará quando ele aceitar uma e não voltar atrás. Os pedidos de demissão eram pequenos golpes individuais praticados pelos mais íntimos, os amigos.

Arranja um tempo para ler o esboço da Constituição; não gostou. "Achei-a um tanto inclinada ao parlamentarismo, reduzindo muito o poder do Executivo".

À medida que se aproximava o término dos trabalhos da Assembleia, intensificavam-se os boatos. Era impossível acompanhá-los. Um neutralizava o outro. A aproximação do fim dos poderes ditatoriais assoberbava o presidente. Assinava diariamente uma enormidade de decretos.

Em 16 julho de 1934 foi promulgada a Constituição. O povo, sem saber direito do se tratava, saiu às ruas, festejou como festejaria uma vitória futebolística, a chegada de algum ídolo popular ou de um potentado estrangeiro.

A nova Carta retirou as inelegibilidades e reduziu a idade mínima para as pessoas votarem, de 21 para 18 anos. Não haveria necessidade de alfabetizá-las para aumentar o número de eleitores. Nessa época, 60% dos brasileiros continuavam sem saber ler e escrever. As mulheres já podiam votar desde 1932, mas seu comparecimento às urnas não era obrigatório, como o dos homens.

Há pressa, as eleições presidenciais serão realizadas no dia seguinte à promulgação. Os aliados não deixaram muito tempo para confabulações. Os principais candidatos são Getulio Vargas, o anistiado Borges de Medeiros e o general Góis Monteiro. O primeiro foi eleito com 175 votos, o segundo teve 59 e terceiro recebeu 16 votos.

A candidatura do Borges era natural, a do Góis era surpreendente. Getulio lhe daria o troco oportunamente.

E assim terminou o longo Governo Provisório.

O livro de posses da presidência não contém qualquer registro sobre a Junta Militar, nem sobre os primeiros três anos de Vargas. A sensação de ilegitimidade os constrangia. A ausência de anotações apagaria das páginas da história qualquer conotação de usurpação. Não queriam deixar impressões digitais do que praticaram.

Getulio, presidente da República eleito, legitimado, teria um mandato de quatro anos; em 1938 passaria o cargo a seu sucessor. As eleições seriam em 1937, e ele não poderia se candidatar. Deve ter sido o Borges que forçou a colocação desse item no texto.

Não foi uma eleição direta como a que levara Júlio Prestes à vitória em 1930. Foi democrática, mas pouco representativa e bastante manipulada.

A composição da Assembleia, a escolha de juristas notáveis, mesclados com outros nem tanto, para elaborar o anteprojeto, a interferência do Executivo nos trabalhos parlamentares, as ameaças de golpe militar durante as discussões, a censura à imprensa, o possível e o impossível foram feitos para manter Getulio no poder.

Foi um elegante golpe de estado, talvez o mais elegante que já houve. Não rolaram cabeças, ninguém foi deportado; pelo contrário, houve uma magnânima anistia.

Mesmo assim, o eleito não gostou da Constituição que lhe deram para governar e limitar seus passos. Para quem governara três anos sem qualquer restrição e sem Legislativo, o novo período poderia se tornar insuportável.

O período "provisório" só não foi melhor por causa da ansiedade dos amigos, que, não querendo perder seus cargos, inventaram dezenas de situações de risco para mantê-lo atento, não se acomodar e ir removendo obstáculos a uma prolongada permanência no comando da nação.

Agora percebia com mais clareza as situações alarmantes que lhe traziam todos os dias, os boateiros se valorizavam e o mantinham em estado de alerta.

O risco real pelo qual passou foi a Revolução Constitucionalista de São Paulo; continuava sem querer compreendê-la, via-a apenas como um movimento de gente afoita. Se esperassem um pouco, alguns anos, veriam que ele daria uma constituição ao país, melhor que a aprovada. Não restavam dúvidas, isso seria melhor para todos os brasileiros, haveria continuidade na administração, o povo não seria perturbado com uma eleição após a outra e os governantes teriam mais tempo para trabalhar.

Tomou duas decisões, ficou com elas para si. Trataria de buscar um caminho legal para alterar o texto aprovado; se não o encontrasse, acharia algum pretexto para promover as mudanças; e aceitaria todos os pedidos de demissão que fossem apresentados, mesmo os dos amigos mais chegados. Não toleraria mais aquelas chantagens.

A derrota do seu principal adversário lhe deu uma satisfação adicional, um prêmio. Chegara ao poder estadual com o apoio de Borges, mas na verdade não o tolerava. Sua derrota lhe fez bem.

As principais razões de seu desagrado foram: o fortalecimento do federalismo, os estados seriam mais independentes, e a pluralidade sindical, o governo queria apenas um sindicato por categoria profissional.

Getulio, enxergando alguns anos à frente, queria diversificar os seus apoios. Não poderia depender apenas do Exército para exercer o seu mando. Os sindicatos, do jeito que ele queria, desde que bem comprados com cargos e benesses, promoveriam tantas greves e protestos quanto ele determinasse. Sempre a favor, jamais contra o governo.

Gostou da aprovação pela Assembleia Constituinte de uma série de benefícios aos trabalhadores. Na regulamentação desses itens ampliaria os direitos e assumiria sua paternidade.

A nacionalização das jazidas minerais, dos bancos e seguros foi de seu agrado. Mais instrumentos para facilitar o exercício do poder. Os constituintes não chegaram a pensar se o Estado teria meios para fazer com eficiência o que lhe estava sendo atribuído.

Os políticos ficaram satisfeitos; disporiam de mais cargos a distribuir e teriam novas oportunidades de negócios. O povo também ficou feliz: as riquezas nacionais pertenciam a ele, não eram mais de um gringo qualquer ou de um capitalista nacional.

A nação estava na plenitude democrática e não seria espoliada por quem quer que fosse. Nada mudara, mas reinava paz, tranquilidade e felicidade.

Os políticos vão mudando suas convicções de acordo com as circunstâncias.

Estava obcecado pelo poder. A coerência com seu passado e os princípios que o levaram a liderar a Revolução de 1930 tinham caído no esquecimento. O único intento era aprimorar o projeto pessoal de ficar no Catete, saindo, se possível, morto, bem velho. Tudo faria para isso.

Olhava com desprezo os correligionários, sempre preocupados com coisas menores, organização partidária, favores, promoções, lutas provinciais, encenações, bajulações.

Tinha que se tornar mais conhecido, mais amado. Em algum momento poderia ter que enfrentar as urnas. Programaria mais eventos que o colocassem frente a frente às multidões.

Daria mais atenção ao Ministério do Trabalho, o seu futuro instrumento de manipulação das massas assalariadas e dos sindicatos. A nova legislação trabalhista, imposição constitucional, regulamentou o direito às férias, o trabalho dos menores de idade e das mulheres, e as convenções coletivas para discutir direitos e salários dos trabalhadores.

Foram organizados os institutos de aposentadorias e pensões, entidades estatais, para várias categorias profissionais. Ainda foi criada a Justiça do Trabalho, para decidir questões entre patrões e empregados.

Passos modernizadores em um país que confundia o liberalismo com a falta de direitos dos trabalhadores.

Com a nova Constituição, os sindicatos se sentiram fortalecidos, começaram uma série de movimentos reivindicatórios e a radicalização política. Como Getulio previu, a pluralidade sindical reduzira o poder de manipulação.

As greves se multiplicaram. Bancários, barcas, correios, táxis, marítimos, escreventes de cartório se mobilizavam, mostravam força. Preocupavam o presidente. Sabia que quem recebe alguma coisa logo quer mais outra.

No começo, as greves eram contra um ou outro dirigente público; os colegas que queriam vê-lo enfraquecido apoiavam os movimentos. As intrigas corriam nas veias, como o sangue. Era cultural. Não seriam eliminadas tão cedo, talvez nunca.

A posse na presidência foi em um dia chuvoso e frio de julho de 1934. O ato foi no palácio Tiradentes, na Câmara dos Deputados. Getulio gostou, apesar da falta de povo devido às condições climáticas. Considerou sua posse "brilhante e festiva". O ego estava no seu esplendor.

Dali voltou ao seu palácio, o do Catete, para iniciar os novos tempos, escolhendo os ministros. Nem sequer pensou por alguns segundos nos tais critérios técnicos que havia estabelecido, e não cumprido, em 1930. Tem que atender os que o apoiaram, mesmo com uma ou outra traição, e os que, de agora em diante, poderão ser úteis ou representar perigo.

É cercado por todos os lados. Os cargos disponíveis são disputados acirradamente por qualquer um que tenha um trunfo e pelos amigos. Para e pensa: "Haverá amigo? Permanente?"

No decorrer nos anos, quando chega a velhice, percebe-se que a resposta na maioria das vezes é não. No caso dos detentores de funções públicas, as amizades mais sinceras desaparecem à medida que os possuidores do poder vão perdendo sua capacidade de serem generosos. Como na vida pública as amizades são circunstanciais, elas acabam quando findam as circunstâncias que as criaram. Nada mais triste que a volta à Terra por quem habitou o Olimpo.

Será que o Borges tem amigos, o Venceslau Braz, o Júlio Prestes? Por que os teriam? Não possuem mais capacidade de prestar favores ou mandar prender.

Os apartados do poder tornam-se reféns de sua própria história. Repetem-na, burilam-na, ficam chatos. As poucas visitas vão espaçando suas chegadas. Ficam o tempo suficiente para tomar um cafezinho e ouvir mais um feito, cada vez mais heroico. A narrativa vai crescendo com o passar dos anos. Quando quer começar outra história, o visitante lembra que já está atrasado para um importante compromisso. O ilustre homem do passado retorna à solidão e às memórias de tempos longínquos. Não as reduz à sua verdadeira dimensão nem para ele mesmo; ao contrário, amplia-as.

O visitante sai aliviado. Voltará cada vez menos, até que chegue o glorioso dia do enterro. Aí os papéis se invertem. O cadáver é obrigado a ouvir, ou sua alma imortal, como todos foram seus amigos, a participação de cada um nos feitos corajosos, a lealdade até o fim, as frequentes visitas até a chegada do momento final. Orgulham-se de terem convivido com pessoa tão ilustre.

Também envelhecerão, perderão sua utilidade, restará para contar aos poucos interlocutores o papel coadjuvante ao lado do grande líder com quem conviveram. Em alguns momentos cometerão exageros, destacarão os seus feitos em detrimento do outro.

O ostracismo é uma punição que Deus impõe em vida aos vaidosos.

A vaidade é verborrágica, ao contrário da silenciosa soberba. A primeira necessita dos aplausos, dos discursos laudatórios, de exibição e plateia. Sua presença é estridente. Getulio lera Schopenhauer, sabia distinguir uma atitude da outra.

O castigo antecipado à morte, o inferno em vida, é imposto a quase todos os políticos. Em algum dia acordarão e verão que estão sozinhos. Aguardarão com ansiedade a chegada de uma visita, por mais rápida, por mais desimportante que seja, para que possam avivar a memória do chegado com os seus feitos.

Getulio transitava entre os dois pecados. A vaidade, satisfeita pelo povo, pelas massas aplaudindo, rindo, chorando à sua passagem. A soberba praticada com os mais chegados. Amigos? Não se sabe se os teve. A dúvida que manifestou sobre a existência de amizades indica que não.

Se algum dia for para a solidão do exílio sofrerá pouco, continuará maquinando planos vingativos e a vaidade será soterrada pela soberba. Bastará a si mesmo.

Na segunda geração ninguém mais se lembra dos heróis e de seus feitos. Caso tenha sido merecedor de algum busto de bronze, talvez já tenha sido roubado e virado alguma coisa útil, como uma chave, um vaso para flores ou mesmo voltando a ser uma escultura homenageando outro.

As estátuas de mármore, em que pesem ficarem encardidas com o passar do tempo, têm pouco valor comercial e permanecem honrando algum herói desconhecido pelos anos afora, como a do conde de Porto Alegre, na antiga praça do Portão.

A dúvida de Getulio era válida. Quem ainda se lembra do Castilhos, do Pinheiro Machado, e pior, do Borges, que está vivo.

O carisma do ex-governador gaúcho nos tempos de glória começara a se apagar muito cedo. Era apenas um deputado federal, derrotado na recente eleição presidencial, obrigado a assistir a sua posse na presidência. Não aprendia; na Câmara compôs com o bloco de oposição ao governo.

Sem dúvida, quando Borges de Medeiros morrer terá um magnífico enterro. Não haverá cidade no Brasil que não o homenageie com alguma rua ou praça. Até lá será uma sombra vagando pelas ruas de Porto Alegre com o genro e a filha, reconhecido apenas pelos mais velhos.

O político que se mantém coerente às suas ideias torna-se incoerente aos olhos do seus pares à medida que vai mudando a direção dos ventos. Passa a ser considerado apegado ao passado, pouco prático, sem o pragmatismo necessário ao exercício da política, incômodo. Por fim, é apartado do convívio dos antigos companheiros, para que com seu mau exemplo, não desperte consciências.

A memória dos brasileiros não compensa o sacrifício que os governantes e políticos fazem por eles. Ou será que se trata de um povo inteligente que esquece o mais rápido possível seus homens públicos?

Substituiu as reflexões pelo trabalho, voltou-se à organização do ministério. Não nomeou Oswaldo Aranha nem seu candidato à pasta da Educação. Lembrava-se daqueles incômodos pedidos de demissão no momento que mais precisava se concentrar na Constituinte.

Tudo tem seu preço. Oswaldo ficou desgostoso. Nada passava em branco, o castigo vinha na hora certa, apenas variava a intensidade; uns passavam algum tempo no purgatório, outros iam direto ao inferno.

Quem mais gostou do ministério foi o interventor paulista Armando de Sales Oliveira, adversário de 1932, que indicou os ministros das Relações Exteriores e o da Justiça. "O interventor de São Paulo está radiante".

A nova composição ministerial indica que dará fim ao compadrio, pouco leal em momentos difíceis, e deseja ter São Paulo ao seu lado.

O general Góis ganhou a pasta da Guerra. Havia estranhado sua candidatura a presidente, mas não a levara a sério, entendia que fora movido pela vaidade. Pobre em votos, mas poderia dizer que disputou com Vargas a presidência. Entraria para a história em um patamar mais elevado. Ninguém perguntaria quantos votos teve.

Os boatos continuavam, eram de naturezas variadas. O novo mandato não removeu os fatores culturais entranhados nos genes. É um governo de comadres.

Oswaldo Aranha, convidado para ser embaixador em Washington, a pedido dele e da esposa — dona Vidinha queria tirá-lo do Rio —, recusou. Getulio não dá a menor importância, comenta com Góis o pedido familiar. Logo virá aceitando o cargo.

A recusa não durou um dia, embora continuasse zangado. Tudo fazia parte da encenação por ter sido esquecido na hora da composição do ministério. O amuo estendeu-se à família; seu irmão recusou um cargo para o qual tinha sido chamado pelo presidente, não compreendeu que o convite era apenas para agradá-lo.

Para comemorar a posse, dona Darcy deu uma recepção no Palácio Guanabara. Dois incidentes empanaram o brilho da festa. Um garçom bêbado agrediu o mordomo, e, o filho mais velho, Lutero, também embriagado, arrumou grande confusão.

Completou um mês na presidência. Nada mudara. Apenas diminuiu um pouco a intensidade da boataria, assim como a importância que dava a ela. Despachos, audiências, visitas, zangas, nomeações; continua sendo um grande burocrata, não consegue ser um estrategista para o futuro do país.

Admira Roosevelt, que é capaz de administrar o presente caótico e organizar o futuro. Está quase reconhecendo a sua incapacidade para impor um ritmo mais dinâmico ao governo, plantar alguma coisa para as gerações futuras.

Onde será que o presidente americano, sem pernas que obedeçam ao seu comando, arranja tempo?

Oswaldo parte para a sonhada embaixada. Trará novas informações sobre o crescimento daquelas enormes lojas, com um departamento para cada coisa. Podia-se comprar tudo no mesmo lugar. Será que a recessão as afetou?

A chegada do embaixador brasileiro à capital americana se deu em uma tarde fria, chuvosa e escura de outono. Desceu do trem vestido elegantemente, com um sobretudo com gola de pele, e exclamando em português: Maravilhoso!

A imprensa o descreveu como o "homem forte" de Vargas no *coup d'etat* de 1930. No dia da apresentação de suas credenciais ao presidente Roosevelt, ao sair da Casa Branca, gritou: "Vashington! Vanderful! Vanderful!"

Getulio resolveu apressar a vinda do Fiúza para o Rio. A decisão mais importante que tomou nos últimos dias. O amigo dirigirá a Comissão de Estradas de Rodagem Federais.

A primeira visita ilustre que recebe depois de eleito é a do presidente do Uruguai, Gabriel Terra. "Homem bom, afeito às lutas, franco, espirituoso, alegre, paternal". Paternal? Considera-o pouco culto, mas inteligente. Lamenta ele ser reumático, não pôde saudar de modo mais efusivo o povo quando percorreram a cidade em carro aberto. Andava sempre acompanhando do dr. Mané, médico particular e ministro das Relações Exteriores.

Um ano depois, Getulio retribuiu as duas visitas que havia recebido, a do general Justo e a do presidente Terra.

Viajou aos dois países no encouraçado São Paulo. Sabia do conforto das instalações, mas desconfiava da qualidade da austera cozinha castrense. Para preparar as refeições foram embarcados cozinheiros do hotel Copacabana Palace.

Gostou da maneira carinhosa e afável com que foi recebido. As recepções foram mais simples em Montevidéu e mais sofisticadas em Buenos Aires. Ganhou uma enormidade de presentes. Guardou para si os destinados ao uso pessoal, os demais foram encaminhados a museus.

Em Montevidéu foi ao hipódromo. Ao seu lado, Terra foi atingido de raspão por um tiro. O atentado era para matá-lo. A má pontaria do desafeto salvou-lhe a vida. Sorte do uruguaio e do brasileiro, que poderia ter recebido a bala destinada ao outro.

Não ficou descontente ante o risco corrido. Havia invejado a morte de João Pessoa na confeitaria no Recife. A sua, se a bala o pegasse, seria num elegante hipódromo e em terra estrangeira. Mais gloriosa do que a que lhe havia provocado inveja.

Em 1933, Terra havia dado um golpe de estado, dissolveu o parlamento e estabeleceu a censura. A "Ditadura Terra" foi extremamente autoritária. Em 1934, outorgou uma constituição ao país; no mesmo ano foi eleito presidente até 1938. Igual a Vargas.

No retorno, uma das primeiras providências foi chamar o Fiúza. Queria contar ao amigo como tinha sido a viagem e sugerir uma revigorante saída. "Saí com o engenheiro Fiúza para um passeio..."

Desvencilhado de alguns compromissos, o casal presidencial foi passear de carro por Copacabana. Parou na praia, perto do majestoso hotel Copacabana Palace, o melhor da cidade. Ficaram na calçada próxima à areia, olhando o mar, sentindo a brisa e a maresia. Congratularam-se. Haviam ganhando mais quatro anos na mais bela cidade do mundo.

As greves incomodam a ele e ao ministro da Guerra. Não tinham dúvida, eram promovidas pelos comunistas.

Quer votar algumas matérias importantes, não pode. Os deputados pouco comparecem à Câmara. Pede aos interventores que os convidem a vir ao Rio, pelo menos por uma semana, para votarem matérias de grande interesse público, como o orçamento federal e a legislação eleitoral.

Escreve o seu diário há quase quatro anos e pela primeira vez duvida de sua utilidade: "Valerá a pena continuar estas anotações? Terão algum valor lançadas, assim, apressadas, apressadamente, sem forma, palidamente, truncadas, defeituosas, abrangendo superficialmente apenas alguns fatos?"

Pede desculpas e dá explicações à posteridade: "Alguns pensamentos e ideias não só guardo segredo para os outros como, por uma defesa natural e inconsciente, para mim mesmo, esquecendo-os ou relegando-os para o melhor momento".

Sabe que aquilo que anota com tanta sinceridade e sem censura expõe sua intimidade. O futuro saberá como foram ele, o seu governo, as rebeliões, as conspirações, o caráter dos que o cercavam, e poderá analisá-los com um realismo impossível se não existissem suas anotações. Vai mais além, possibilita estudar o imutável comportamento dos políticos brasileiros. As décadas se sucedem e o diário permanece atualizado em relação aos hábitos e costumes.

Estava depressivo no dia em que fez aquele comentário. Sabia que os diários seriam úteis à história do país. Passada a dúvida, voltou às anotações.

Nos estados, a movimentação é intensa, estão escolhendo os candidatos a governador e elaborando as chapas para deputados federais e estaduais. De acordo com a determinação constitucional, as assembleias estaduais serão constituintes e terão a responsabilidade de eleger o governador.

Não consegue votar nada, falta quorum na Câmara. Além do pouco apego ao trabalho, o momento exige a presença dos deputados em seus estados. Alguma desatenção e poderão ser excluídos das chapas eleitorais. "Compareçam ou não, eles recebem subsídios..."

Os interventores estavam em articulações em seus estados para serem eleitos governadores. A maioria não tem problemas para continuar onde está.

Ocorreram as eleições parlamentares; Getulio ficou apreensivo, as primeiras apurações favorecem a oposição. Se vencerem, será impossível governar. Com maioria, não conseguia aprovar nem a Lei Orçamentária.

No Pará, o interventor, major Joaquim Magalhães Barata, ficou em minoria na Assembleia, perderia a eleição. Ameaçou os deputados da oposição, que, assustados, correram para o quartel-general do Exército, pedindo proteção. Antigamente, esse tipo de refúgio era realizado em igrejas; no momento, o mais prudente era buscá-lo no Exército.

Momentaneamente, o interventor ficou com maioria, só os seus aliados tinham o direito de ir e vir, os da oposição haviam abdicado dele ao buscarem a segurança de um abrigo.

O interventor convocou a Assembleia e foi eleito por unanimidade, contando com os seus treze deputados. A minoria virou maioria por poucas horas.

O golpe não feriu lei alguma, os adversários buscaram refúgio na caserna porque quiseram.

O presidente achou o evento uma sensação. Duvidou de sua eficácia, poderia haver desdobramento nos tribunais.

O caso do Pará não teve civilizado prosseguimento nas cortes de justiça, mas em luta campal, mais apropriada aos costumes brasileiros. Houve mortos e feridos.

Por iniciativa própria, o presidente do Superior Tribunal Eleitoral decidiu pela intervenção no estado. Determinou ao presidente da República que nomeasse um interventor.

Getulio indica imediatamente o major Carneiro de Mendonça e pede ao comandante do Exército na região que garanta a sua posse.

A falta de espírito público torna muito difícil governar. Pensa em reformar a recém-aprovada Constituição.

O dia 3 de outubro, aniversário de sua revolução, a de 1930, não é festejado. Passou esquecido. "Observei-o com amargura". O seu esforço, com risco da própria vida, caíra no esquecimento. Volta a pensar como os feitos, por mais importância que tenham, são rapidamente esquecidos. Milhares de revolucionários, de heróis, foram apagados da memória coletiva.

Recebe uma informação que o deixa apreensivo. O intermediário na compra de armamento para as Forças Armadas brasileiras vira notícia nos Estados Unidos. A imprensa local informa que ele pede 50 mil dólares para pagar propinas no Brasil a pessoas íntimas do presidente. Getulio determina ao ministro da Guerra imediata abertura de inquérito. A honestidade é uma das suas maiores marcas. Como repudia a corrupção, imagina que os outros são como ele. Mostra-se ingênuo.

Os lobistas agiam, como continuaram agindo nas décadas seguintes, estreitamente unidos aos governantes. Uns não existem sem os outros.

Aborrece-se, vai cedo para casa. Não tem o que conversar com sua mulher. Vivem em mundos distantes. Em casa sente-se só, como se ali não vivesse mais ninguém. Para melhorar o ambiente desafia-a para uma partida de dominó.

"Terminei mal-humorado ou, pelo menos, desgostoso do tempo perdido com esta banalidade. Preciso aproveitar melhor o tempo, dividi-lo melhor, tomar várias iniciativas, sacudir, empreender".

Reconhece e amargura-se com sua incapacidade de tomar iniciativas, sacudir, empreender. Não fora treinado para isso, nem seus ancestrais, nem seus colegas, nem seus amigos. O que fazer? Continuar administrando fuxicos, mesquinharias, pacificando e estimulando desentendimentos? No fundo sabe que se tornar um empreendedor está além de suas forças.

Pensa naqueles imigrantes estrangeiros há pouco chegados ao seu estado. Em tão pouco tempo já criaram e produzem tantas coisas. Algum dia, no futuro, tomarão conta da economia e depois, da política. Os descendentes dos açorianos serão lembrados apenas como atores de um momento da história que se foi.

Vai acabar descobrindo outra coisa para fazer. Jogar golfe? Quem sabe?

A preocupação do momento é com o perigo comunista. Góis lhe dá conta de movimentos e reuniões alarmantes. Convidou o ministro da Justiça, Vicente Rao, para ouvir da própria fonte, o que ele acabara de escutar. Tomaria providências para que a infiltração marxista nos sindicatos, no Exército, em tudo que era lugar cessasse imediatamente.

Enquanto isso, dedica dois de seus dias à visita do cardeal Eugenio Pacelli, legado do papa. Durante a estadia, esteve seis vezes com o representante da Cúria Romana. Getulio não podia imaginar que ele seria o próximo papa.

O cardeal fora núncio apostólico na Alemanha, de 1920 a 1929, e acompanhou de perto a ascensão do nazismo. Continuava atento à progressão do nacional socialismo, temia pelos católicos, embora Hitler, pelo menos até então, não manifestasse antipatia pelos do seu rebanho.

Lera *Mein Kampf*. No livro, o Führer clareava seu pensamento: seu intento era "varrer judeus e comunistas da face da Terra". Informou o presidente que os judeus haviam perdido a nacionalidade alemã e só podiam exercer suas atividades profissionais entre si. Lamentaram o fato de eles não terem um chefe único e protetor como tinham os católicos. Getulio lembrou a falta que fazia ao "povo eleito" ter ignorado por séculos o apelo contido no Pai-Nosso, para se converterem ao cristianismo. Rezariam por eles. Em breve por suas almas.

A preocupação dos dois com a segurança dos católicos na Alemanha de Hitler não tinha muito sentido, afinal, o braço direito do Führer, Heinrich Himmler, era um bom católico bávaro, educado pelos jesuítas. Hitler se referia a ele como "meu Inácio de Loyola". A confiança era tal que o escolheu para transformar a pequena tropa de choque do partido nazista na SS, um poderoso exército com mais de três milhões de homens. Recebeu ainda a chefia da Gestapo, que reunia as polícias secreta e política. Couberam a ele os trabalhos arqueológicos para encontrar a origem da raça pura, e, por fim, o projeto a que os nazistas dedicavam mais carinho e atenção: eliminar todos os judeus do planeta. Para melhor servir o Führer, nas horas vagas dedicava-se à astrologia, ao ocultismo, à procura do Santo Graal e à mitologia germânica.

Os católicos tinham mais uma salvaguarda: a concordata assinada em 1933 entre a Igreja e os nazistas, garantindo os direitos dos católicos em todas as terras governadas por Hitler.

O Partido Nacional Socialista só conquistou o poder absoluto, dois terços do parlamento, com o apoio da principal organização católica alemã, o Zentrum. Prevaleceu a convicção de que a presença de católicos no ministério de Hitler conteria excessos antidemocráticos.

O porte elegante, o impressionante modo de vestir, a segurança, os gestos deixavam transparecer que ele seria o sucessor de Pio XI e provavelmente adotaria o onomástico Pio XII, em homenagem ao antecessor que muito favoreceu sua carreira.

Não se improvisa uma eleição para o ocupante do trono de São Pedro. O que acontece em segredo na Capela Sistina nos dias do Conclave é o resultado de anos de confabulações.

Getulio, como no caso dos presidentes do Uruguai e da Argentina, não poupou adjetivos: "Alto, esguio, ágil, inteligente, culto e discreto, bem diferente do tipo bonacheirão e bem nutrido da maioria de seus colegas".

Lembrou dos cônegos e padres lisboetas que cercavam a beata Tití, que lhe haviam sido apresentados nas leituras da juventude por Eça de Queiroz.

Observou que o pecado da gula era comum ao alto clero. Bem tratados, com mesa farta, poucas preocupações, a alma com a salvação quase garantida, não poderia ser de outra forma. Acabavam morrendo de apoplexia. Se iriam ou não para o céu, era uma dúvida que deixavam aos vivos.

Comer demais foi definido como pecado quase quatrocentos anos depois da morte de Jesus. O excesso de comida turvava a mente, prejudicando as orações, não a saúde. Séculos depois, o gordo papa João XXIII o relativizou, considerando o apetite uma graça.

O cardeal veio de navio e partiu de navio. Getulio o recebeu no cais da praça Mauá e lá dele se despediu.

Logo depois recebeu o cardeal de Lisboa, Dom Manuel Gonçalves Cerejeira. Observou sua juventude, tinha apenas 45 anos, considerou-o simpático e inteligente. Anos mais tarde rezaria a primeira missa da nova capital do Brasil, sem o viço nem a elegância daqueles dias no Rio. Praticara o pecado da gula.

O presidente promoveu uma reunião com todo o ministério e deu a palavra aos ministros da Guerra e da Justiça, para que todos soubessem que o perigo comunista rondava o país. As breves exposições deixaram os presentes alarmados.

Informou, ainda, que a Alemanha, destroçada pela inflação e sem reservas em moeda forte, propõe a todos os países com que negocia a utilização do escambo no comércio internacional. Em princípio, o Brasil concorda. Roosevelt vetou o acordo dos alemães com seu país. Os americanos pedem que o Brasil também o recuse.

O pior que lhe podia acontecer é pedirem que tome grandes decisões, ainda mais nesse caso; parte do governo nutria simpatia pela Alemanha, outra, menor, queria estreitar laços com os americanos. Reúne os principais assessores econômicos e decide protelar as negociações com a Alemanha; aguardará a proposta dos Estados Unidos sobre o desenrolar do comércio entre países.

Os nazistas estavam no poder com o modo de pensar parecido ao de Vargas. Ambos admiravam o nacionalismo, repudiavam o liberalismo, não nutriam nenhuma simpatia pelo legislativo e a independência do judiciário os incomodava.

Roosevelt era o oposto: convicto das vantagens do livre comércio, o nacionalismo não ia além do patriotismo e sabia que teria que respeitar a independência dos outros poderes. Um modo de pensar semelhante ao de Vargas antes de ser ditador.

A situação econômica brasileira era similar à de vários países europeus. O preço do café, em baixa, mas o produto continuava sendo praticamente tudo que o país exportava. As divisas estavam escassas.

Que dilema! Agradar aos americanos ou aos alemães? Ouve muitos, não tem ideia do que fazer. Sabe que em algum momento lhe indicarão o melhor caminho. Pena que Góis não está muito interessado no assunto. Neste momento todos seus sentimentos estão voltados para o perigo "vermelho".

A solução, como de outras vezes, foi ambígua. Assinou um tratado de trocas com a Alemanha, em 1934, e outro com os Estados Unidos, em 1935, baseado em estímulos cambiais para as duas partes.

Enquanto isso, é alertado por amigos insuspeitos sobre a sua excessiva aproximação com o clero católico. Estão preocupados, acham que em breve vão vê-lo beijando a mão do cardeal. Finge que presta atenção. Os interlocutores não haviam percebido a imensa capacidade de mobilização da Igreja, demoraria décadas para que os sindicatos pudessem fazer o mesmo.

Finalmente, a Câmara dos Deputados se reúne, dá quorum; a oposição não pede verificação das presenças. Aprovam a elevação de seus próprios vencimentos e o aumento é tão absurdo que Getulio pensa em ir à casa legislativa para pedir para o reduzirem à metade.

Os líderes não consideram a proposta conveniente. Getulio acha ruim o exemplo moral que estão dando, mas conforma-se, nada pode fazer. Terá que conviver com os legisladores, não pode ignorar que o período é democrático e deve prevalecer o equilíbrio entre os poderes.

Procurou dar uma lição àqueles que não se interessam em se reunir para aprovar leis de interesse nacional, mas são ágeis quando legislam em causa própria. Pensou em enviar uma mensagem ao Congresso pedindo para reduzir seus próprios vencimentos pela metade. Ficou na intenção.

Passaram-se trinta dias e ainda não há o resultado final das eleições, em que pese o pequeno número de eleitores, os três por cento da população. A apuração segue lenta, prestando-se a fraudes. A essa altura o presidente já sabe que terá maioria no Congresso. As fraudes são a seu favor. Fez bem em ignorar esse propósito revolucionário.

O orçamento, por fim, é aprovado com imenso déficit. "Não é possível um veto maior sem desorganizar os serviços e desgostar as classes militares". Fez um pequeno veto, meramente simbólico, moral, como ele mesmo afirmou.

Enquanto isso, quer dar mais vigor ao Departamento de Propaganda e Difusão Cultural. Insiste em ser mais conhecido e mais amado pelo povo. Continua pensando à frente.

Há ameaças de golpes, incluindo atentados pessoais. Passear à noite pelas ruas do Rio, nem pensar. Recomendaram reforçar a segurança pessoal. Como é difícil conviver com a democracia, com a pluralidade de ideias e ações. Não sabe até quando suportará isso. Renúncia, suicídio, golpe de estado? Não decidiu, mas como está não poderá continuar.

Getulio começa a usufruir os benefícios da modernidade, segue para Porto Alegre de avião. "Chegada no mesmo dia. Parto no domingo para São Borja, chegando duas horas e meia depois". Foi para os festejos dos noventa anos do pai. Comemorações e pedidos de emprego. "É rara a visita não acompanhada de pedido de emprego para si ou para outrem".

Uma comitiva de argentinos vem pedir a construção da ponte ligando sua cidade a Santo Tomé. O presidente informa que estão sendo elaborados os estudos. Recomenda calma aos postulantes. Tem razão, sessenta anos depois a obra foi inaugurada. O sentido de urgência, como o fervor em trabalhar e produzir, é diminuto no meio político brasileiro.

Aproveita a estadia em sua terra e casa-se no religioso, na Igreja, 23 anos depois do matrimônio civil.

A aproximação com cardeais e bispos acabou por matar o último resquício da formação positivista. Com sua habilidade milenar, a Igreja o havia cooptado. Para não chocar uns e outros, a cerimônia foi realizada em segredo. Não queria que soubessem de sua nova crença. A Darcy ficou radiante, o matrimônio estava abençoado por Deus através do padre Patrício Petit Jean, amigo do irmão mais velho de seu marido, o Protásio.

A recém-casada pensou que a partir de agora os encontros entre os dois iriam além da intimidade de uma partida de dominó. Estava otimista, ele seria fiel; não ousaria faltar ao juramento feito ao oficiante.

Antes de encerrar a visita a São Borja, seu irmão Benjamin lhe apresentou um peão da fazenda dos Vargas, Gregório Fortunato. Getulio ficou impressionado com seu físico, era um gigante. Entre seus heroicos feitos estava a participação na revolução de 1932; lutara com tal denodo que recebera a patente de tenente da Brigada Militar do Rio Grande do Sul. Fora também à "inocente sessão de cinema" em Santo Tomé, que resultara na morte dos dois sobrinhos de Getulio e um número não divulgado de argentinos. Conversaram um pouco sobre a revolução e coisas do Pampa: gado, cavalo, charqueadas, prendas.

Não falaram nada sobre a invasão à cidade do outro lado da fronteira. O assunto lhe dera muito aborrecimento e bastante despesa aos cofres públicos. Foi paga pelo governo vultosa soma aos familiares das vítimas.

São Borja é o mais antigo núcleo urbano do Rio Grande do Sul, o primeiro dos Sete Povos das Missões, fundado pelo jesuíta espanhol Francisco Garcia. Seu nome foi dado em homenagem ao superior dos jesuítas, Don Francisco de Borja, duque de Gandia, marquês de Llombay e bisneto do papa Alexandre VI.

Lá teve início a Guerra do Paraguai. Em 1865, Francisco Solano López, com dez mil soldados, tomou a cidade. Seu intento era se apossar da província gaúcha e do Uruguai. A população se rebelou e deu duro combate ao invasor; destacou-se na liderança dos filhos da terra o estancieiro Manoel Vargas. O heroísmo na guerra contra os paraguaios lhe valeu a patente de coronel. Seus quatro filhos varões herdaram dele a coragem e o destemor.

Com a ajuda dos Vargas, a cidade ganhou, em 1932, seu primeiro colégio católico, a Escola Normal Filhas do Sagrado Coração de Jesus. Na inauguração, o padre Petit Jean pronunciou comovente discurso: "O novo colégio católico levanta-se justamente sobre o antigo colégio das missões jesuíticas. A terra em que pisamos é sagrada!"

A diretora veio da Itália. Madre Jeronima Zanoni, a conterrânea de Benito Mussolini, foi bem recebida. Dez anos mais tarde, os fascistas, de amigos do Brasil, passaram a inimigos — a piedosa freira foi afastada da direção, poderia ser uma espiã. Mais tarde naturalizou-se brasileira e retornou às suas funções.

Na volta a Porto Alegre visitou o arcebispo Dom João Becker e com ele inspecionou as obras da catedral, ao lado do palácio do governo. Estava gostando do convívio com os novos amigos, não são impertinentes como o confessor do Príncipe de Salina, sempre lembrando que o adultério era pecado grave.

A Igreja e ele estão satisfeitos com os novos tempos, distantes do ateísmo. O presidente é um homem religioso. A Igreja saberá retribuir sua fé.

O melhor momento da estadia foi a ida ao cinema na praça da Alfândega, com o amigo, o governador Flores da Cunha.

Uma noite povoada de reminiscências. Lembraram a revolução de 1923, quando o "velho" Borges foi derrotado, riram da recente derrota eleitoral imposta ao incômodo caudilho com sua obstinação liberal. Falaram sobre a vitória à resistência do Exército à revolução de 1930 ao cair da tarde do dia 3 de outubro. Caminharam pela praça bem ajardinada e arborizada, pararam em frente à estátua do general Osório, expuseram mútuo sentimento de orgulho de serem de uma terra de tanta gente destemida.

Cruzaram a rua Sete de Setembro, esperaram passar o bonde da Carris, admiraram o imponente conjunto de prédios neoclássicos. O dos Correios, o da Delegacia Fiscal, mais atrás os da secretaria de Obras e da Fazenda, com vista para o porto, com seu pórtico de entrada envidraçado, e o não tão bonito edifício da Alfândega.

Os dois amigos caminharam por um pequeno trecho da rua Sete, povoada por imponentes prédios dos bancos gaúchos, logo à frente o edifício de granito avermelhado do Nacional do Comércio e o do Pelotense, na esquina da Ladeira, muito referenciado por possuir filial em Londres; mais adiante, o do Crédito Real.

Ao final da caminhada divisaram o mercado, a prefeitura municipal e o arranha-céu da Casa Guaspari com seus seis andares.

Não falaram sobre os imponentes edifícios dos centros do Rio e de São Paulo, era um momento de exaltação das glórias gaúchas. Nada que pudesse diminuí-las poderia ser mencionado.

Na volta, apertaram o passo para não se atrasar para o cinema. Depois jantariam no Grande Hotel e continuariam a gostosa prosa.

Pensou em como era bom ter um amigo como o Flores. Leal, fraterno, destemido, com ele poderia contar em qualquer dificuldade. Amizades existiam, eram poucas, mas existiam.

Na volta ao Rio trabalhou muito. O expediente acumulado e a questão cambial, que colocava o país às portas da moratória, sobrecarregam o presidente. Não dá atenção aos boatos, são de naturezas diversas, concentra-se em colocar o trabalho em dia e tomar algumas decisões.

Oswaldo Aranha recomendava uma maior aproximação com os Estados Unidos. Getulio tinha dúvidas, não era isso que seus generais queriam.

O perigo da moratória foi afastado. Um acordo comercial assinado com os Estados Unidos permitiu renegociar os débitos antigos. Em Londres foram obtidos novos empréstimos para saldar a dívida antiga.

As exitosas negociações foram conduzidas pelo ministro da Fazenda, Arthur Costa. O embaixador em Washington ficou melindrado, julgou que a missão conduzida por outro o diminuía. Escreveu ao presidente manifestando sua insatisfação; pelo menos dessa feita não pediu demissão. Não satisfeito, enviou mais três cartas ao presidente. Cheio de mágoa, demonstra enorme ressentimento, acredita que Getulio não mais confia nele.

Não tem como não pensar que um eventual fracasso da missão traria enorme satisfação ao embaixador. Desconfia cada vez mais do espírito público de sua gente, subordinado aos seus imensos egos e vaidades.

O momento é de intensas demandas por aumentos de vencimentos dos servidores públicos. Se os deputados foram beneficiados por polpudos ganhos, por que os outros também não levarão algum? Ministros do Supremo Tribunal, marítimos, militares, todo mundo quer ganhar mais.

O ministro da Marinha veio pedir melhores salários para o seu pessoal. Para assustar Getulio, alerta-o sobre grave movimento que está sendo tramado no Exército, caso não recebam o aumento pedido.

Os boatos sobre as reações à falta da melhoria do soldos vão aumentando de intensidade. O almirante tenta deixar o presidente alarmado. Conta que há elementos no Exército planejando o sequestro de sua esposa e que o ministro não tem força para evitá-lo. Para demonstrar a incapacidade, a falta de liderança e a covardia de seu colega da outra pasta militar, finalizou sua trágica narrativa dizendo que o general Góis iria tirar férias bem longe do Rio. A "batata quente" ficaria em mãos presidenciais. Getulio ouviu. Nada disse. Não se sabe se temeu ou ignorou o alerta.

Para terminar, a pitonisa da tragédia salarial dá uma solução ao interlocutor. Tudo se acalmará se, recebendo o projeto de aumento, o enviar rapidamente à Câmara. A máfia não faria melhor.

Na despedida, disse ao almirante que não decidiria sob pressão e recomendou que ele se acautelasse, tomasse precauções contra os movimentos que acabava de lhe comunicar.

O almirante Protógenes Guimarães não sabia que suicidas em potencial são destemidos quando o perigo os ronda. Odeiam pressões. A última saída os torna assim.

A conversa atrapalhou seu fim de semana. O anunciante do caos poderia ter esperado a segunda-feira. No sábado passou o dia em reuniões, contando aos mais chegados o segredo ouvido na reunião do dia anterior. Aliviou um pouco a tensão e, no domingo, foi a um churrasco com amigos.

No meio da semana decidiu dar aumento geral aos funcionários públicos. A conversa do ministro deu resultado. Deve ter contado ao general Góis que, possivelmente, gostou da parte do sequestro e da intenção de tirar férias. Os comunistas estavam roubando o seu sossego e não sobrava tempo para nada. Precisava de fato descansar um pouco.

Góis foi ao Palácio, deu mais detalhes sobre as ações subversivas em curso. Acalmou o presidente, falando sobre o que estava providenciando para terminá-las.

Como se não soubesse da conversa do ministro da Marinha, narrou os mesmos episódios, atribuindo-os a outros militares de alta patente.

Falou rapidamente sobre o aumento de vencimentos, demonstrado pouco interesse na questão; estava acima dessas coisas. Mas deu o recado. Foi entendido.

Getulio convocou o ministro da Marinha, colocou os dois frente a frente, conversou num tom de acareação de delegacia de polícia: "Notei que ambos, sem falar com franqueza, estavam combinados..."

Chama ao Catete o governador gaúcho para contar a ele e ao chefe do Gabinete Militar, general Pantaleão Pessoa, a teatral ação dos dois ministros militares para obter o aumento. Como estrategistas de guerra poderiam não ser grandes coisas, mas, como sindicalistas, eram excelentes. Avisa ao general Pantaleão que a qualquer momento poderá indicá-lo para a chefia do Estado-Maior ou para a pasta do Exército.

Nesse momento não confiava em Góis, aliás, desde a eleição, nutria algumas suspeitas em relação àquele amigo de tantos anos. Volta a se questionar sobre a existência ou não de amigos.

Mais um domingo em Petrópolis, um dia chuvoso. Volta ao dominó com a mulher. A vítima do sequestro imaginário do almirante está satisfeita com o casamento religioso; ele afastava os temores em relação às saídas com o Fiúza. Tinha certeza de que as sombras do adultério não mais a envolviam, a infidelidade do marido era fruto da falta da bênção divina; a bênção do tabelião ou do juiz de paz não afastavam tentações às carnes alheias.

Dona Darcy estava radiante, olhava a chuva caindo através da janela do palácio Rio Negro, admirava seus jardins e ganhava partida após partida de dominó do seu desatento adversário.

Dupla alegria, feliz no jogo e no amor. Não acreditava que isso fosse possível.

Getulio olhava e não via as pedras sobre a mesa, apenas a chuva, que o incomodava, e aquela mulher ainda jovem com um ar matronal, cada dia mais distante da morena viva e bonita com quem se casara.

No dia seguinte, com pressa, os militares lhe trazem o projeto para elevar seus soldos. O aumento salarial provocará um acréscimo de 60% no déficit público.

Acalmou-se. Chamou o Pantaleão e pediu para esquecer a conversa do dia anterior.

Lembra com saudades o tempo de ditador, quando recusou aumento mais modesto; agora era um escravo da lei e das ameaças. Enviou o mais rápido possível o documento ao Congresso.

"Vamos experimentar a capacidade deste engolir sapos". A dele já conhecia.

A Companhia Belgo-Mineira comunica ao presidente que em breve estará produzindo 100 mil toneladas de aço. Fica satisfeito. Apesar do governo, alguma coisa estava em curso para o bem do país.

Lamenta que outros capitais estrangeiros não cheguem para produzir coisas que somos incapazes de fazer. Não consegue identificar a razão. Golpes, ditaduras, omissões do Congresso, limitações legais, mudanças de regras a cada momento, ministros despreparados e o pouco tempo dedicados às coisas úteis, nada disso passa pela sua cabeça. Os investidores não vinham porque não queriam. Apenas isso.

Nesse mesmo momento, um deputado quer alterar a taxação sobre o café. Os mercados consumidores suspendem as encomendas já feitas. Getulio afirmou à imprensa que as regras não mudariam, buscou restabelecer a calma. Se os negócios com o café pararem, o país quebra.

Ele prefere que os deputados não façam nada, apenas se dediquem a discursos tolos, projetos inócuos, homenagens, e, de preferência, só venham ao Rio para receber os seus proventos e votar um ou outro projeto de interesse do Executivo. Quando querem mostrar serviço, podem ser desastrosos.

Pantaleão, preterido em seu sonho de ocupar um posto mais alto, já havia até contado para a mulher e para alguns auxiliares, sabe melhor que ninguém, está sempre ao lado do presidente, que a tática do boato funciona. Nesse caso ele foi o prejudicado.

Para retomar o tempo perdido, Pantaleão preveniu o chefe sobre a marcha da conspiração militar; até aí, nenhuma novidade. Para dar cores mais fortes à sua narrativa, diz que os conspiradores são os oficiais rebeldes de 1932, os que foram anistiados; seu líder é o general Klinger, o coronel que antes de revolução paulista trouxera notícias tranquilizadoras ao presidente, que, em sinal de gratidão, o promovera a general.

Pede a Vicente Rao, ministro da Justiça, para buscar a veracidade dos fatos. Ele os confirma e sugere ao presidente que fale com o Góis. Getulio opta por não dizer nada ao ministro da Guerra, só aumentaria a confusão.

O presidente admira o ministro da Justiça. Homem objetivo, sem meias palavras. A chefia da polícia de São Paulo lhe dera experiência, faro detetivesco para descobrir conspirações, tramas, sequestros, todo tipo de trampolinagem. Antes de ser ministro pensava que certas práticas eram privativas dos que adotavam o caminho do crime como modo de vida. Ao subir aos altos escalões da

República, viu que eram usuais entre seus colegas e subordinados. No novo cargo percebeu que praticavam nos salões o que combatia nas ruas e em casas de má fama quando estava na polícia. As contravenções estão nas suas proximidades. Tem que tomar cuidado e alertar o chefe. Começava a ser mais útil que o Góis.

Inclui entre os conspiradores o interventor do Distrito Federal, o médico Pedro Ernesto Batista. Getulio demonstra um insuspeito desapreço por ele, "que Pedro Ernesto era muito burro, poderia ser arrastado por exploradores, e por isso procurei preveni-lo, mas, dentro de sua burrice natural, ele estava bem". Em que pese o baixo conceito, deixou-o no cargo por cinco anos. Inércia ou sentido utilitário? Ainda se arriscou, ao tê-lo como médico seu e de sua família.

Pedro Ernesto era ambicioso, mas envolvido numa conspiração de enormes proporções era demais. Tirava um pouco a veracidade do narrado. Será que o ministro da Justiça já havia percebido que as intrigas não precisavam ter apoio na verdade dos fatos? Que, para liquidar um adversário, bastava convencer o presidente que a verdade estava do seu lado?

Em três de maio de 1934, instalou-se a primeira legislatura desde 1930. O país tem um Congresso em funcionamento, eleito pelo povo.

Getulio propõe ao legislativo uma nova Lei de Segurança Nacional. Quer tramitação rápida; se os boatos sobre ações subversivas se transformarem em realidades precisará de instrumentos legais mais fortes que os disponíveis. Determina ao chefe de polícia que comece a se preparar para os poderes que terá com a nova legislação, que certamente será aprovada.

Como se não bastassem os comunistas, os integralistas, simpatizantes do nazismo e do fascismo, conspiravam para um motim do Rio Grande do Sul. Desconfia que o ministro da Guerra simpatize com todos que querem desestabilizá-lo.

O fascismo brasileiro se inspirou no movimentado italiano de Benito Mussolini; seu líder, Plínio Salgado, lançou, em 1932, o Manifesto Integralista, explicando sua doutrina. No início apoiou a ditadura, vários de seus expoentes pensavam como Plínio Salgado, mais tarde rompeu com Vargas.

A Argentina não levou a sério o tratado de comércio que assinou com o Brasil. Há um sentimento de que é parte da natureza dos vizinhos não cumprirem o que assinam. Admiram os "europeus" que vivem do outro lado da fronteira, mas pairam no ar dúvidas sobre o seu caráter.

O presidente matuta sobre o que fazer com os argentinos. Não age de maneira rápida e eficiente como fizeram seu irmão Benjamin e o recentemente apresentado tenente Gregório Fortunato, quando invadiram solo estrangeiro para lavar com sangue a honra atingida.

Flores da Cunha insiste para que Getulio tome uma decisão sobre as crescentes pressões militares. Trata-se de um governo paralelo. Ou o dele seria o paralelo? Dúvidas que jamais serão dirimidas.

O general Cristovão Barcelos o procura quase aos prantos, fala de modo "confuso, comovido e apaixonado". Disserta sobre sua lealdade e os serviços prestados. Teme ser prejudicado na carreira. "Tranquilizei-o". Enquanto consola um militar, outro, o almirante Protógenes, passa-lhe a perna: convida um colega, sem prévia consulta ao presidente, para ser interventor do estado do Rio.

Recebe a visita do almirante, não aborda seu descontentamento. Conversam sobre trivialidades, o ministro da Marinha lhe fala de seu imenso cansaço. Fazer nada, só conspirar, cansa. Vai passar uns dias em Poços de Caldas. Repousar e colocar os nervos em ordem.

A Lei de Segurança Nacional é aprovada com presteza pelo Congresso no dia 30 de março de 1935. O presidente está ansioso para ver sua real serventia. O projeto aprovado foi o enviado pelo Executivo e elaborado por Vicente Rao.

A estreia da nova lei se deu três meses após sua publicação, quando determinou o fechamento da Aliança Libertadora Nacional, agremiação fundada no começo de 1935 por pessoas ligadas à oposição, não necessariamente comunistas.

Luiz Carlos Prestes se precipitou, não agiu como o cardeal Sebastião Leme, que, antes de aderir a um novo governo, esperava algum tempo. Quando sentia que o terreno estava firme, não tinha dúvida em dar o seu apoio a quem quer que fosse.

Prestes já havia se precipitado ao desencadear sua estranha marcha, agora agia mais uma vez antes da hora. De Moscou, onde vivia, escreveu um manifesto exigindo "todo o poder para a Aliança Nacional Libertadora", rotulando a organização de comunista. Ignora que a estava condenando à morte. Getulio mandou fechá-la imediatamente, considerando-a um mero disfarce para o Partido Comunista.

Da ANL participavam esquerdistas de vários matizes misturados com outras pessoas que simplesmente repudiavam o fascismo. Na sessão inaugural de sua instalação, no Teatro João Caetano, o estudante universitário Carlos Lacerda propôs o nome de Prestes para presidente de honra, e conclamou a plateia à derrubada do "odioso governo Vargas". Os presentes aplaudiram com entusiasmo, indicando aceitação ao nome de Prestes e a convocação à luta. O capitão-tenente Hercolino Cascardo foi eleito presidente.

Continua a rotina palaciana. Getulio recebeu credenciais de vários embaixadores. Um em particular lhe chamou a atenção, o da Holanda. "Tipo comum de diplomata. Pareceu-me mais interessado pela Inglaterra que pelo seu próprio país".

De Washington, o magoado embaixador Oswaldo Aranha deu entrevista a um jornal do Rio lançando o paulista Armando de Sales Oliveira para a futura sucessão presidencial, para dali a três anos. A mágoa, o sentimento de abandono e o imaginário desprestígio que sentia tinha que ser externado, mesmo que de maneira temporã e inócua.

O general Flores da Cunha teve um entrevero com o general Guedes da Fontoura, comandante do Exército no Sul. Pede a Getulio que o castigue. Devia achar um castigo mais humilhante que uma punição. Se Getulio não fizer, pedirá demissão da interventoria. Como castigar o Fontoura? Era um homem de confiança do ministro da Guerra. Pede ao ministro a punição, mesmo não sabendo bem a sua razão; ele não concorda.

"Em resumo, o general Góis não quer punir o general Fontoura porque pretende para si a glória do plano, e quer marchar à frente desta corrida de gansos".

A decisão de punir o general transformou-se em uma luta de prestígio.

Às vezes dá a impressão de que o país nada mais é que um jardim de infância para crianças grandes. Será que a falta do que fazer os leva a essas atitudes infantis?

Getulio deixa as coisas correrem. Gripado, assiste de uma janela do Catete o "desfilar da procissão da Sexta-Feira Santa, tocando uma música dolente".

Góis anda chateado, pede demissão. Como as crianças, trocam de mal, logo depois trocam de bem, fazem beiço e depois as pazes. Positivamente os anos passaram e os nossos homens públicos não amadureceram. O país segue sem estadistas.

Em que pese a superioridade, em todos os sentidos, de Getulio sobre os demais, a ele não poderia ser atribuído o título de estadista. Para receber este qualificativo, o governante tem que pensar no futuro do país; mesmo as decisões para o momento devem estar inseridas em um contexto mais abrangente. As decisões de Getulio, passados quase quatro anos, são essencialmente de curto prazo. Apagam incêndio. As que seriam úteis aos anos que virão vão caindo no esquecimento. Assim foi com as razões para empreender a Revolução de 1930 e o programa do álcool combustível, que tanto o entusiasmou.

As questões prioritárias para a nação, absolutamente necessárias, são sempre ultrapassadas por coisas menores.

Góis concorda em, por ato seu, trocar o comando no Sul, retirar o general Guedes da Fontoura. Está dado o castigo, o puxão de orelha. O governador ficará satisfeito; talvez já tenha esquecido que pediu a exoneração do desafeto.

Resolvida uma querela nos quartéis, é só esperar, que outra acabará surgindo.

Na realidade não são bem militares, são políticos que vestem farda. Não entendendo isso, fica difícil compreender a história do Brasil, da proclamação da República ao limiar do século XXI.

Eles estavam por todos os lados, em todas as ideologias, comportavam-se ora como sindicalistas ora como partidários de alguma causa; poucas vezes como profissionais voltados à defesa do país.

O presidente promoveu uma série de alterações nos comandos do Exército. Tira daqui, põe para lá, remove, coloca em disponibilidade, por fim, considera a crise debelada. Dá conhecimento ao público das providências adotadas. "Houve uma sensação de desafogo e tranquilidade, as coisas se normalizaram". É claro que o aumento dos soldos também ajudou a desanuviar os espíritos. Normalizaram? Por quanto tempo?

Argentina e Chile se desentendem por causa do Tratado de Paz para a guerra do Chaco entre Paraguai e Bolívia. Pedem o auxílio do Brasil, que não consegue bem se desincumbir da missão pacificadora. Solução: buscar ajuda nos Estados Unidos para promover a paz na América do Sul.

"A fim de sairmos deste impasse, telegrafei ao Oswaldo narrando-lhe o que se passava e sugerindo-lhe tomar o governo americano a iniciativa de novas negociações para um entendimento amistoso entre países. Este aceitou, e está em andamento".

Em poucos dias a diplomacia americana fez o que a brasileira não conseguiu em meses. "O governo americano encaminhou, com êxito, as negociações para uma nova Conferência sobre a Paz do Chaco".

Passados três anos do término do conflito, em 1938, o tratado de paz entre os dois litigantes foi assinado em Buenos Aires, com a intermediação do Brasil, Argentina, Chile, Peru, Uruguai e Estados Unidos.

A sangrenta guerra durou três anos, morreram mais de cem mil homens. O território em litígio é rico em petróleo e gás.

Getulio não falou a ninguém que recorrera aos americanos para ajudá-lo a bem desempenhar sua missão pacificadora na questão do Chaco. A história oficial seria uma farsa se ele não anotasse o que fazia. Em muitas ocasiões a narrativa dos fatos passa longe do que realmente aconteceu.

O presidente lastima a sequência de acontecimentos que lhe dificultam produzir, trabalhar, realizar: "Os atos comuns da administração continuam em segundo plano, absorvidos pela perturbadora questão do reajustamento do vencimento dos militares". Se não for ela, será outra.

Será que agora poderá trabalhar? Tem alguma esperança que lhe deem alguma paz. Pelo menos parem de perturbá-lo com miudezas.

Góis volta à sua atividade mais prazerosa, fazer fuxicos. Enche seus ouvidos com assuntos que Flores abordou de modo reservado com ele. Acha que o governador gaúcho quer ser o próximo presidente ou vir eleito para o Congresso, exercendo poder semelhante ao de Pinheiro Machado na Velha República. Megalomania. Não levou a prosa a sério. O governador era excelente pessoa, mas tinha crises de mitomania, rapidamente superadas.

Não faltavam leituras a Góis para que ele trouxesse assuntos mais interessantes, menos frívolos. O general preferia falar dos outros, muito pouco sobre fatos ou ideias.

Os dias passam e o ministro da Guerra retorna calmo, mas deprimido, acabrunhado, queixando-se de Flores da Cunha. Recebera um telegrama do governador dizendo que pretendia afastá-lo do governo. Não chegou a pensar que se tratava de um ataque de grandeza — parecia que estavam se tornando mais frequentes. Ficou preocupado. Buscou o ombro do presidente para acalmá-lo, dar-lhes garantias, ouvir suas lamúrias; afinal, só ele poderia demiti-lo.

Interessante, um temia o outro. Getulio precisava do Exército ao seu lado, e Góis precisava de Getulio para mantê-lo no cargo. Nunca é bom esquecer que eram amigos desde a adolescência, a nas salas de aula da Escola Militar.

Quando Góis retoma a serenidade, sente-se seguro, passa a ameaçar todo mundo, diz que resistirá pelas armas se quiserem afastá-lo de onde está.

Getulio não dá a menor importância a esses surtos de passagem da depressão à euforia. O general retornará feliz ao seu quartel e contará conversas que não teve com o presidente. Todos ficarão satisfeitos por ter um chefe tão cheio de coragem, que de um só golpe encurralou o presidente e o desagradável general Flores da Cunha. É um militar em sua plenitude. A honra da caserna estava recuperada.

Antes de ir embora, conversa com o capitão ajudante de ordens do presidente e retira o pedido de demissão. Será que consultou sobre o que fazer a oficial de tão baixa graduação? O frágil respeito à hierarquia tornava possível esse tipo de atitude.

Novo surto de melancolia assola o espírito de Góis. Está magoado, deprimido, torna-se um perigo. Impossível prever quais serão suas atitudes nas próximas horas, o melhor é correr o risco de desagradá-lo mais ainda e demiti-lo.

O general João Gomes é designado para o seu lugar. Getulio torna pública a exoneração e aguarda os desdobramentos. Para sua surpresa, foram os melhores possíveis. Ninguém se rebelou.

O exonerado retorna humilde ao Catete. Veio agradecer a carta que o presidente lhe enviara. Como não podia deixar de ser, faz intrigas, diz que o proprietário do *Correio da Manhã*, jornalista Edmundo Bittencourt, tem aversão a ele, o presidente, mas simpatiza consigo, o demitido. Uma ameaça velada: não podia atacá-lo com fuzis e canhões, atacaria-o pelas páginas dos jornais.

Promove Eurico Gaspar Dutra a general de divisão, o mais alto posto militar. Homem calado, apagado, simpatizante da extrema direita, dos nazistas, fascistas e integralistas, religioso, mas leal. Não é gaúcho nem paulista, muito menos mineiro, é do Mato Grosso. Estudou, também, na Escola Militar de Porto Alegre.

Resolvida a questão militar, Getulio retoma a rotina.

O embaixador britânico o alerta para as ações comunistas comandadas de Moscou através de agentes baseados no Uruguai e Argentina. Com o Góis afastado de suas funções, alguém tinha que informá-lo do que se passava nas hostes inimigas.

Getulio comparece à instalação do congresso da Sociedade Brasileira de Educação, observa a rivalidade entre o educador Anísio Teixeira e o ministro Gustavo Capanema. A briga travava-se em torno da presidência da sessão inaugural no Teatro Municipal. "Assistência escassa e fria". Não podia ser de outra maneira, o assunto tratado não era prioritário.

O ex-ministro, ex-postulante à presidência da República, agora senador, José Américo de Almeida, escreve ao presidente pedindo uma vaga no Tribunal de Contas. Getulio respondeu prometendo. Na hora de agradecer, alertou o presidente sobre ações subversivas em curso: os comunistas.

Promove o general Pantaleão Pessoa e anota: "Este ato vai provocar muitas ciumeiras..." Gostava de observar as reações. Divertia-se.

O interventor do Distrito Federal vai alarmado, em pânico, ao presidente. Correm boatos de que ele é comunista. Acalma o alcaide, mas desconfia de que o que se fala dele seja verdade.

O perigo comunista continua. Ao ministro da Justiça recomenda providências para repreensão às ameaças que vêm da União Soviética. Toda atenção é pouca!

O cardeal Sebastião Leme chegou para se despedir. Viaja a Roma. Também está inquieto com o que ouve sobre a ousadia dos comunistas. "Tranquilizei-o". Não iria deixar o santo homem sem paz de espírito em viagem tão importante quanto piedosa. "É um homem hábil e inteligente, mas quando ele elogia não se sabe bem se vem do coração ou apenas do espírito, se é por sentimento, por polidez ou por política".

A dúvida não existe. O cardeal, quando vem ao presidente, suas preocupações e falas são terrenas. Ficou satisfeito com o casamento realizado em São Borja, mas continuava não esperando muito do amigo em termos religiosos. Sabia que, no máximo, ele alcançaria o purgatório; de qualquer forma o casamento foi um bom passo. Por falta de experiência, o clérico não sabe que muitas vezes o matrimônio se parece com o inferno.

Os problemas são de natureza variada, o presidente é o grande árbitro. O ministro da Marinha, o almirante Protógenes, foi eleito deputado federal. O prazo para ocupar sua cadeira na Câmara está se esgotando. Vem ao presidente pedindo para tomar posse e continuar comandando a Armada. A lei mandava renunciar ao cargo no Executivo para ser empossado, mas isso era questão de somenos importância. As leis existem para serem modificadas ou burladas. Getulio optou pela legalidade, o militar teria que escolher uma ou outra situação. O almirante ficou decepcionado. Vai pensar no que fazer. Falará com a mulher e com alguns amigos.

Torna-se imperioso organizar o mais rápido possível o Departamento de Propaganda e Difusão Cultural. Deve estar pensando em levar cultura aos mais afastados rincões do país e em intensificar a promoção pessoal. Não há nem verba nem pessoal para desenvolver as duas atividades. Terá que escolher apenas uma e deixar a outra para depois.

Viaja ao quente subúrbio de Bangu para inaugurar uma escola primária com seu nome. Ficou para as festas. Por mais simples que fossem, as homenagens lhe faziam bem. Terminada a confraternização com professoras e crianças vai para o lado oposto da cidade.

Os mais importantes empresários do Rio de Janeiro promovem um almoço na casa do empresário Guilherme Guinle. O objetivo da reunião era prestar apoio ao governo no combate ao comunismo.

Os companheiros de Prestes provocavam temor em todos os segmentos da sociedade. Estavam unindo-os em torno de uma causa comum, provocando uma trégua nas rivalidades pessoais. Se tentassem alguma investida contra o governo, teriam a opinião pública contra eles.

Getulio fez uma exposição detalhada sobre o plano comunista para a América do Sul, especialmente para o Brasil. Os empresários ficaram alarmados. Confiam que o governo saberá o que fazer na hora oportuna.

Voltando ao Catete reúne de imediato o ministro da Justiça, o chefe de polícia e o líder do governo na Câmara, Raul

Fernandes, para falar sobre a preocupação dos empresários e a necessidade de adotar medidas preventivas de combate à ameaça que paira sobre suas cabeças.

Expressa, durante a reunião, a necessidade de criar um grande partido político, tendo um programa econômico capaz de satisfazer às necessidades e aspirações do país. Não é bem a hora; a grande oportunidade ocorreu quando venceu em 1930 e assumiu o poder em sua plenitude.

De qualquer modo, quem poderia promover a criação de tal organização era ele mesmo. Tinha maioria no Congresso, nos estados, no Exército, na imprensa. Faltava apenas a sua iniciativa, do presidente da República.

Irritado, lembra ao ministro das Relações Exteriores a proibição que baixara, no Governo Provisório, de casamentos entre diplomatas brasileiros e mulheres estrangeiras. Determina a imediata suspensão das licenças já concedidas.

A bancada gaúcha pede uma reunião para tratar do combate ao comunismo. Recebe-os com satisfação; sempre contam coisas que se passam no Pampa e tomam chimarrão.

O prefeito, Pedro Ernesto, cada vez mais inseguro com os boatos sobre a sua secreta ideologia, é procurado pelo jornalista Assis Chateaubriand. Diz que seus jornais o estão atacando a pedido do presidente. Pede "algum", uma contribuição, para cessar os ataques.

O prefeito corre ao presidente para contar o que havia se passado. Apela para que não ouça intrigas a seu respeito. Está com os nervos à flor da pele. É ou não comunista? Getulio continua com dúvidas. Muitos comunistas são dissimulados.

Recebe um telegrama codificado de Oswaldo Aranha. O presidente Roosevelt estava pensando em organizar uma reunião com todos os países da América, mas antes queria saber o que Getulio achava. Concordou de pronto.

Getulio ficava vaidoso com as notícias simpáticas que vinham da América do Norte. Se não fosse o seu caráter ambíguo, sempre buscando tirar o máximo proveito das situações, se alinharia logo aos americanos, deixaria de lado os europeus, notadamente os alemães e italianos.

Tira uns dias de folga, vai para a fazenda de um amigo. Passeia, caça, anda a cavalo, observa o gado Zebu, desprezado na sua terra. Lá recebe o Luizinho e sua bela esposa, traz documentos para despachar. Impossível não observá-la.

Pousa na fazenda um avião pilotado pelo capitão Melo Maluco, simpático e notório por suas imprudências como voar por baixo da ponte ferroviária do subúrbio de Cascadura. Voltou com o intrépido aviador em um pequeno avião de três lugares. Pediu cautela ao piloto e desembarcou são e salvo no Campo dos Afonsos. Gostou da aventura. Observou como eram diferentes os dois aviadores mais chegados, o sisudo major Eduardo Gomes e o outro, cujo apelido dizia tudo.

Quer que o Congresso aprove logo o tratado comercial com os Estados Unidos. Recomenda ao ministro da Marinha que cancele a compra de submarinos na Itália.

Flores deve ter perdido dinheiro no jogo. Chegou irritado, dizendo que o presidente ignorava os pleitos de seu estado.

Aborrece-se: "Tenho me sentido um pouco só, mal ajudado e aborrecido. Obrigado a procurar derivações perigosas em carinhos mais ou menos mercenários". Sente que precisa viver uma grande paixão, não apenas horas remuneradas de prazer.

Aproximavam-se as festas farroupilhas; será festejado o centenário do grande evento histórico. O ponto alto das comemorações é o desfile dos colégios, dos centros de tradições gaúchas com prendas lindas usando saias rendadas, e gaúchos a cavalo, trazendo lanças, espadas e revólveres na cintura, lembrando seus corajosos antepassados, seguidos pelos soldados da

Brigada Militar. Por fim, encerrando a parada, os cavaleiros do Regimento Bento Gonçalves.

Neste ano será inaugurada, no Parque Farroupilha, uma exposição em que cada estado terá um pavilhão e mostrará o que de melhor produz.

Pede ao governador que convide Oswaldo Aranha para estar com eles em Porto Alegre. Ele se nega a atender ao pedido do presidente. Será que seu inimigo imaginário no momento era o embaixador em Washington?

Uma lástima. Repetiriam aquele dia agradável, quando caminharam pela rua da Praia; iriam ao cinema na praça da Alfândega e jantariam no Grande Hotel, onde Getulio se hospedava quando visitava Porto Alegre. Por que o Flores é às vezes turrão, desagradável? Algo no seu comportamento parece lhe fugir ao controle. A compulsão pelo jogo não seria sintoma de alguma coisa mais grave?

Os aborrecimentos vêm do Sul, já sabia disso. Primeiro, o pedido negado pelo governador; agora, um discurso de Borges de Medeiros na Câmara. "O velho Borges estreou na Câmara fazendo um discurso de censura ao governo por gastos imoderados e apelando ao Legislativo".

No seu entender o discurso não é coerente, é meramente de oposicionista: "A tendência ao desperdício vem exatamente do Legislativo, para atender a clientela eleitoral". O "velho" devia dirigir o discurso a seus pares.

Lembra que como ditador, de 1930 a 1933, fora austero com os gastos do Tesouro. Vem à mente a oposição gaúcha em 1932, dirigida por Borges e Raul Pilla, "dois lunáticos e despeitados que sabotaram a obra da ditadura e açularam a Revolução de São Paulo".

L'Etat c'est moi. A visão de Getulio sobre a oposição era monárquica e absolutista. Dois homens talhados no espírito democrático, que marcaram as lutas de sua terra, são criticados por "sabotarem a obra da ditadura"!

Viaja a Minas. Foi preocupado, temia hostilidades, mas voltou bastante satisfeito. Viu de perto empreendimentos, coisas concretas. Inaugurou trecho de uma estrada de ferro, lançou a pedra fundamental de uma nova siderúrgica e visitou o terreno próximo a Belo Horizonte, em Lagoa Santa, onde será construída uma fábrica de aviões. Minas não produzia mais apenas leite.

Nada de ruim aconteceu, nem vaias nem pessoas enlutadas em protesto pela sua presença. A recepção foi igual a todas as outras, o povo o acolheu com carinho e entusiasmo.

"Não sou vaidoso, não cortejo essas demonstrações, mas elas são as únicas recompensas na vida dos homens públicos". Não sou vaidoso!

A censura de Borges ao esbanjamento e ao aumento desenfreado de despesas teve grande repercussão na imprensa. "Feriu-me a nota dos jornais sobre os gastos exagerados e esbanjamentos durante o Governo Provisório".

Não tinha a quem recorrer para aliviar suas mágoas, os outros procuravam consolo no seu ombro. Sofria na solidão com o que considerava injustiça, o que o fortalecia cada vez mais após a passagem das crises. Não conheciam as suas fraquezas e ele sabia das dos outros.

"Não se pode manter o critério de economias, por quê? Fui mal ajudado, fui iludido..." Atribuía o desequilíbrio, o descalabro das contas públicas, ao aumento de gastos com a Revolução Paulista, com a seca do Nordeste e com as condescendências políticas. Depois da Constituinte houve enorme aumento de despesas para agradar os congressistas.

Que fora ministro da Fazenda do presidente que substituíra, estava definitivamente apagado de sua memória; que na ditadura era ele quem decidia tudo também não lembrava mais. Se o enganaram e iludiram, foi porque perdeu tempo demais com fuxicos e boatos.

Era um homem sem culpa, as críticas transformavam-se em injustiças.

Resolveu ir às comemorações do Centenário da Revolução Farroupilha; aproveitou e deu um pulo a São Borja. Graças à aviação, pôde fazer tudo em apenas dez dias. Os aviões o fascinavam.

Em Porto Alegre foi hóspede de Flores da Cunha no palácio do governo, não ficou no Grande Hotel, como gostaria, não poderia recusar o convite, seria uma desfeita.

Foi a uma exposição de gado. Recebeu de presente dois magníficos exemplares da raça Hereford. Ficou constrangido, agradeceu e recusou.

Estranha, há uma trégua nas notícias sobre as ações dos comunistas. Será que estão tramando em silêncio?

Soube mais tarde que, quando esteve em Porto Alegre para as festividades farroupilhas, o anfitrião o hospedou no palácio para ler os seus telegramas e correspondências. A gentileza era na realidade espionagem.

O governador gaúcho estava espalhando que o presidente queria enfraquecê-lo. Não era verdade. Será que há algum problema pior em seu comportamento? Alguma coisa para os médicos estudarem?

Quem fazia companhia ao presidente nas noites no palácio Guanabara era a bancada gaúcha na Câmara. Os deputados aliados vão juntos visitá-lo. São, no momento, seus únicos amigos.

Flores não anda bem e pouco vem ao Rio, embora disponha dos voos da Varig. Oswaldo está longe e o Góis, depois de demitido, se afastou dele. Não sabia o que fazer sozinho. Tomar todas as decisões com ministros quase desconhecidos, não tendo com quem trocar ideias. Sentia uma imensa solidão.

O embaixador alemão reclama do atraso no pagamento das futuras viagens no Zeppelin; com isso, não podia levar adiante a construção de imenso hangar no subúrbio de Santa Cruz para abrigar a engenhoca quando parasse no Rio.

Protásio Vargas presidirá, a convite do governador, o Instituto de Carnes do Rio Grande do Sul. Antes, consultou o irmão. "Respondi que devia aceitar. É espírito ponderado e criterioso que pode controlar um pouco o Flores". Ele era incontrolável, sabia disso, mas não perdia a esperança de vê-lo mudado, mais equilibrado, menos intempestivo, menos intrigante.

Na verdade, queria rivalizar com Vargas, expandir sua influência além dos limites estaduais. O sucesso do conterrâneo o incomodava.

O comportamento do governador do Rio Grande do Sul tornava-se cada vez mais instável e inconveniente. Irritava-se em não ser ouvido sobre assuntos que não lhe diziam respeito, queria participar de decisões privativas do presidente, a quem trata com grosserias. Como resposta, recebe agrados e gestos conciliatórios; até critérios de promoção de funcionários foram alterados para contemplar um parente do amigo, se ainda o é. "É esta a maneira com que respondo aos coices que recebo".

Getulio é paciente, mas vingativo. Trabalha suas revanches com toda a calma do mundo, não deixa passar nada. Não esquece. No entanto, não se pode deixar de considerá-lo tolerante e conciliador. No momento oportuno saberá o que fazer com o general Flores da Cunha.

As apreensões aumentam. Das intrigas de sua província passa à ameaça comunista. Preocupa-se ao ler o relatório do VII Congresso da Internacional Comunista, organizado pelo Komintern e recentemente realizado em Moscou; dele constava uma análise da situação interna do Brasil, indicando condições favoráveis ao êxito de uma revolução popular.

O Kommunistiche Internationale — Komintern, organização criada por Lenin, em 1919, com o objetivo de implantar o comunismo em todo o mundo: "utilizando todos os meios para isso, até eliminar a burguesia internacional". Em seus congressos eram estabelecidas linhas de ação para a tomada do poder. Foi dissolvida por Stalin em 1943, mais preocupado com o seu país do que com o resto do mundo.

Getulio lê, preocupa-se e determina enérgicas e imediatas providências.

O capitão Prestes é outro que, no momento oportuno, terá resposta à altura aos incômodos que vem causando.

Prestes recebeu instruções para deixar Moscou e retornar clandestinamente ao Brasil, para promover um levante armado e estabelecer um governo "popular, nacional e revolucionário".

Getulio recebeu emissários do Sul falando das malquerenças de Flores por ele e de suas atividades hostis ao presidente. Admirava-se de que ainda existissem emissários para essas mensagens. Queriam agradar seu governador e pensam que o presidente gostaria de ouvi-los. Depreende-se de suas atitudes uma imensa e crescente inveja do êxito de Vargas, exacerbada pela sua incontrolável relação com o jogo.

Desde o papa Gregório I, no século VI, que a soberba é um pecado capital. No século XVI foi associada a um demônio próprio, Leviatã, o terrível animal marinho do Velho Testamento.

A inveja abomina a alma de Deus, envenena a alma de quem a pratica e infulniza a vida dos outros.

Dante encontrou os soberbos no inferno, como deveria se esperar; São Tomás de Aquino deu a eles especial atenção, tal a importância de sua ofensa. A punição, conforme Virgílio mostrou a Dante, era caminhar por todos os séculos, curvado, olhando para o chão, carregando uma imensa pedra.

Depois de perder no jogo, pensar no sucesso que é de alguém que não ele, Flores caía em outro pecado, a melancolia. Segundo Gregório I, a melancolia, a depressão, era um pecado capital, ainda que Hipócrates, mil anos antes do papa, tenha descoberto que se tratava de uma doença. Mais tarde, São Tomás de Aquino o substituiu pela preguiça.

Flores era um homem atormentado, buscando nos tormentos que causava aos outros alguma paz interior.

A bancada gaúcha, graças a Deus, ia ao Guanabara quase todas as noites. Se não fosse isso, teria que participar de intermináveis e insuportáveis partidas de dominó com sua mulher.

O governador não lhe sai da cabeça. Ainda não sabe o que fará, mas que deixará a marca indelével de sua vingança não tem dúvida alguma, é questão de tempo. Até lá espera que o vento frio que sopra no Pampa se acalme. "Espera-se que agora o minuano soprado pelo Flores..."

A oposição se ofereceu para apoiar o governo contra o impetuoso general, o soprador de ventos frios. Agradeceu, era problema seu e saberia o que fazer com ele. Impressiona o tempo que apenas um homem lhe ocupava. Se o esquecesse, poderia dedicar-se a empreender, como havia mencionado há alguns meses.

Getulio enviou emissários a Porto Alegre para pedirem ao governador que se mantivesse ao lado da ordem — ou partirá para luta. Faz uso de mais metáforas. Escreve: "Foram pleitear a Flores para verificar qual dos lenços é escolhido pelo sultão. A educação política está muito atrasada".

Tem razão, só não nota que ele é parte e, às vezes, mentor desse atraso.

A longa transição de um país de lutas para firmar suas fronteiras sulistas, proclamar a República, manter-se unido, deixou muitos homens no limbo da política. Não sabiam o que fazer em tempos de paz, quando a espada e o cavalo eram substituídos pelos diálogos. Até que essa geração saudosa dos campos de luta e inadaptada às mesas de negociações se vá, haverá instabilidade. Getulio sabia disso. O seu destino era entregar o Estado brasileiro a outra geração. Precisaria de tempo, muito tempo. Se essa nova plêiade de homens públicos seria melhor ou pior que a do passado só o tempo diria.

Os princípios republicanos e o federalismo não estavam consolidados, as lutas regionais ainda não haviam sido apagadas das memórias. Copiar o sistema de governo americano, espelhar-se na sua Constituição não foi uma boa ideia. O Brasil era luso, atrasado, cartorial, caudilhesco, personalista; nem os estados nem seus líderes queriam abrir mão de nada.

A federação era incompreendida por uns e inaceitável para outros. As lutas contra o Império tinham um sentido: implantar uma organização política mais compatível com a dos demais países americanos, e não se reger por uma estranha monarquia europeia em pleno trópico.

Como não ocorreram lutas para deixar de ser colônia nem para tornar-se República, como os demais países sul-americanos, ficou uma lacuna na marcha da história que estava custando a ser preenchida.

Os mensageiros voltaram do Sul com uma proposta arrogante. Se alterasse o ministério, fazendo uma nova acomodação de forças, o governador pararia de incomodá-lo. Chantagem inaceitável.

No auge de seus aborrecimentos diários com os políticos sulistas, explode a tão anunciada revolução dos comunistas.

Prestes retornara clandestinamente ao Brasil em 1934, vindo de Moscou. Estava acompanhado de Olga Benário, um dos pseudônimos de Maria Bergner, alemã e agente soviética. Seu intento era dar curso a uma revolução comunista no Brasil. Em 1935, divulgou um manifesto exigindo guerra a Vargas. Em novembro desse ano deu início à sua revolução em três focos, Natal, Recife e Rio de Janeiro.

Moscou havia enviado uma dezena de agentes para ajudar na preparação da tomada do poder pelos comunistas brasileiros.

Getulio resolveu acompanhar pessoalmente os combates que se travavam em quartéis no Rio de Janeiro. Não lhe faltava coragem.

Nos subúrbios de Cascadura e Campinho encontrou cadetes da Aviação Militar. Iam a pé para a Escola do Campo dos Afonsos, os trens não estavam indo além de Cascadura.

Entrou na Escola de Aviação e encontrou Eduardo Gomes ferido. Era a segunda vez que escapava da morte; a primeira, ainda tenente, ocorreu no episódio dos 18 do Forte, em Copacabana.

O objetivo do ataque à base aérea era retirar aviões para bombardear alvos na cidade. Não conseguiram atingir seu objetivo; os revoltosos encontraram forte resistência e acabaram derrotados.

Getulio não podia deixar de admirar a coragem e a seriedade de Eduardo Gomes. Preconizava grande futuro para ele.

Da Escola de Aviação do Exército partiu para a Praia Vermelha. Chegou no momento em que os revoltosos se rendiam. "Era um espetáculo desolador; começava a rendição, os prisioneiros dos rebeldes emocionados pelo espetáculo, as cinzas batidas pelo vento e um chuva miúda que caía tornavam o ambiente desagradável".

O quartel estava em chamas, ouviu o crepitar da madeira queimando e viu o fumo espesso se elevar ao céu. Esteve com os feridos, dentre eles o comandante do regimento.

Com a rápida vitória, o prestígio do governo crescera. Sem querer, os comunistas o fortaleceram e o tornaram admirado pela sua firmeza.

Uma rebelião essencialmente militar. Começou e terminou em quartéis do Exército. Os revoltosos esperavam a adesão das massas. O povo não atendeu o chamado. A revolução não foi às ruas, ficou confinada às casernas.

Pela segunda vez, Prestes não foi compreendido pelos que queria proteger da sanha selvagem do capitalismo. O capitão não conseguia se fazer entender pelas massas populares e mais uma vez fracassava. A revolução do proletariado não chegou às fábricas, subúrbios e favelas; ficou confinada aos quartéis do Exército.

Rapidamente debelada, chamaram-na de "Intentona" — segundo os dicionários, plano louco, insano. O nome desqualificava a revolução de Prestes e de seus seguidores.

As ações no Rio de Janeiro foram desencadeadas no dia 27 de novembro de 1935 às duas horas da madrugada. Onze horas depois, os revolucionários estavam derrotados, encarcerados, a caminho de serem expulsos do Exército.

Prestes e sua mulher foram presos em março do ano seguinte na casa onde estavam refugiados, no bairro do Méier, no Rio.

A prisão de Luiz Carlos Prestes provoca elucubrações; Getulio escreve: "Acredito que esta prisão tenha um efeito muito deprimente para a propaganda comunista no Brasil. Prestes talvez não seja tão perigoso como supõem ou talvez ele próprio se julgue. Perigosa é a legenda que criaram em torno de seu nome".

Felicitou o capitão Filinto Müller pelo importante feito.

Condenado a dezesseis anos de prisão, Prestes foi recolhido à Casa de Correção do Rio, próxima ao bairro do Catumbi. Sua pena incluía total incomunicabilidade, proibição de ler ou escrever qualquer coisa. As condições do cárcere eram tão desumanas que seu advogado, Sobral Pinto, buscou amparo na Lei de Proteção aos Animais para pleitear condições menos duras para seu cliente.

No julgamento, Prestes foi perguntado se o dinheiro para a Intentona tinha vindo de Moscou; ele disse que não, e apontou Vargas e Aranha como financiadores de sua batalha. Completou informando à perplexa Corte que, esperando sua adesão à Revolução de 1930, haviam lhe adiantado algum dinheiro — ele o guardara para empregá-lo em luta mais justa.

Sua mulher, Olga, grávida, foi entregue ao governo alemão, deportada junto com outra militante alemã, que também entrara clandestinamente no Brasil, Elize Ewert. As duas morreram em um campo de concentração.

Prestes, com o apoio de sua mulher, havia, pouco antes da prisão, condenado à morte e mandado executar a camarada Elza Fernandes, com 17 anos, suspeitando ser ela uma espiã infiltrada em seu partido. O julgamento teve uma única instância, sem direito a recursos.

A pena, morte por estrangulamento, foi executada pelo camarada Cabeção, usando as próprias mãos. Elza era companheira de Miranda, secretário-geral do PCB, que aceitou sem protestos a pena imposta por Prestes. Foi encontrada uma carta redigida e assinada por ele determinando o macabro assassinato. O termo "camarada", tovarich, era usado para demonstrar a fraternidade existente entre os comunistas.

A desastrada revolução assustou a Igreja, os militares, os capitalistas, a imprensa, o povo em geral, a oposição e o próprio Getulio.

Dois anos mais tarde, o governo divulgou o documento elaborado pelo Komintern e apresentado na III Internacional Comunista, para derrubá-lo e tomar o poder.

No fundo, Getulio gostou do que havia se passado, precisava saber a verdadeira dimensão do perigo. Generais, empresários, o clero, a imprensa, o embaixador britânico, todos lhe falavam de algo impossível de controlar, de uma explosão de violência em tudo semelhante à Revolução de Outubro de 1917, na Rússia.

Os bolcheviques brasileiros invadiriam o Palácio, levariam a ele e a sua família para um lugar remoto, seriam fuzilados. Tomariam as fazendas, fábricas, casas, transformariam igrejas em ginásios de esporte. A verdade é que Getulio sabia que eram marxistas apenas o Prestes, o capitão Agildo Barata, talvez o dr. Pedro Ernesto e seu filho, o Apolinário Torely, aquele rapaz elegante da tradicional família Prado, de São Paulo, e mais uma meia dúzia de jovens. Se fossem capazes de fazer tudo aquilo, seria uma surpresa, se trataria de um fenômeno em termos de organização secreta.

Lembrou que no governo Kerensky, na Duma, havia apenas seis deputados bolchevistas. O partido bolchevique russo, apesar do nome, era pequeno. Lá, rapidamente acabaram com o regime, tomaram as propriedades e governavam há dezoito anos, sem serem incomodados. Stalin reinava absoluto.

Aqui poderia ocorrer o mesmo, mas teriam que enfrentá-lo. Ele não era o czar Nicolau nem Kerensky; por outro lado, Prestes não era Lenin.

O único dado concreto que possuía sobre o tamanho do inimigo era o da eleição de 1933 para a Constituinte. Os comunistas participaram filiados à União Operária e Camponesa, e não tiveram um voto sequer. Será que a estrondosa derrota era parte do plano elaborado pelo Komintern?

Conhecia o denodo e a coragem de Prestes, tanto que o convidara para ser o chefe militar da Revolução de 1930, mas duvidava de sua capacidade de mobilizar massas e tomar o poder, até mesmo do valor das informações com que contava, vivendo tão longe, recebendo-as apenas através de seus camaradas.

Imaginou que o Exército Vermelho brasileiro já estava organizado, pronto para entrar em ação. Não partiriam para uma ação tão temerosa se não estivessem aptos para a vitória. Seriam tão fortes quanto a Força Pública paulista em 1932?

O Exército nacional daria conta? O general Gomes era tão preparado para a luta quanto Góis há três anos na derrota dos paulistas?

Eram dúvidas que só tiraria quando os comunistas mostrassem seus trunfos. Não só deram as informações que faltavam como forneceram pretexto para outras providências. A partir daí saberia como tratá-los e qual era o tamanho de suas forças.

Os rebelados estavam muito longe de ter um exército como o de Trotsky; não ofereceriam perigo tão cedo. Poderiam ser úteis pelo temor que despertavam e dar motivos a outras ações no futuro para fortalecer o governo.

Getulio compareceu ao enterro dos mortos em "defesa da ordem". No domingo seguinte à intentona, Getulio foi ao Hospital Central do Exército visitar os feridos na frustrada revolução.

Debelada a rebelião, o presidente volta a combater boatos, revoltas fictícias, inquietações, vaidosos ensandecidos e notícias alarmantes, divulgadas por quem quer se valorizar e pelas rádios clandestinas.

A primeira medida foi pedir ao Congresso a aprovação do estado de sítio por um mês. A aprovação foi rápida e por ampla maioria. Todos queriam o presidente fortalecido para combater o mal maior.

Apesar de tudo, 52 deputados votaram contra, entre eles os da bancada liberal gaúcha, sob a liderança do governador.

Só faltava essa. Flores ao lado dos comunistas. Percebeu, enfim, que não poderia mais contar com ele para nada.

"Flores está agindo de má-fé, cavilosamente".

Os inimigos de ontem eram os melhores aliados do momento. A bancada de São Paulo atendeu por unanimidade o pleito do presidente. "A bancada paulista do meu lado, e a gaúcha contra. Ironias mordentes da sorte".

Outra ironia, a bancada gaúcha da oposição ficara ao seu lado.

Pensa no governador amigo e inimigo, dependendo do resultado da noite anterior nas mesas de jogo. Seu humor dependia dos ganhos ou perdas com as cartas. De noites bem ou mal passadas.

Infelizmente, as perdas superavam os ganhos, seu patrimônio ia se esvaindo junto com seu bom senso. Getulio não suportava mais seu comportamento com humores alternados. O desenlace estava próximo. "Não se pode protelar muito esta situação". O presidente dependia da sorte ou do azar no pano verde para tomar decisões.

Reaparece o general Góis com notícias alarmantes. "Verificou-se que não tinham a gravidade que se supunha, e fui dormir tranquilo".

Flores não desconfiava que, eliminado o perigo comunista, tornara-se o principal alvo. No seu tresloucado imaginário planejava a saída do ministro da Justiça. A megalomania estava beirando a insanidade. Dava claras indicações de ser mitômano. A mitomania é uma patologia grave, seus portadores devem ser submetidos a tratamento apropriado, a tendência a mentir é uma de suas manifestações. São pessoas com enorme necessidade de atenção e de carinho. Flores queria atenção de Getulio para se sentir seguro.

Góis volta ao presidente, jura lealdade e quer colaborar. Quer um cargo. No fundo isso é bom, está sem amigos e gosta do general. Não desgosta de todo de suas fantasias e boatos delirantes, são em menor dose que os do governador gaúcho, mas têm o mesmo objetivo: receber atenção de Vargas e se sentir protegido. Getulio aprendeu a dosar o que ele conta.

A opinião pública quer punições exemplares aos rebeldes comunistas, além do permitido pela Constituição. Só poderá satisfazer o clamor público se mudá-la.

Considera vital uma reforma constitucional que lhe dê mais poder. Precisa punir os revoltosos e está de mãos atadas.

Os generais se reúnem para analisar os fatos e votar as punições. Góis envia o seu voto ao presidente; está em busca de reconciliação. Salvo o pequeno interregno, há muito um não vive sem o outro. Ambos queriam punições severas aos comunistas.

A imprensa cobra penas duras que estão demorando a ser aplicadas. Se não agir rápido, todo prestígio adquirido com sua vitória na Intentona irá por ladeira abaixo.

Reuniu o ministério. Quer que cada um exponha o que pensa do comunismo.

Todo o tempo é tomado pelos últimos eventos e seus desdobramentos. Não sobra espaço para mais nada, nem para conversar com o Fiúza. Ele não se interessa por política e o momento é essencialmente político.

Sente um pouco de saudades dos dias de combate, pelo menos não era obrigado a administrar toda sorte de rumores e a enfadonha burocracia.

Basta alguém acordar com sentimento de abandono que logo o perturba com alguma ficção ou angústia pessoal. Na maioria das vezes o que traz não tem o menor fundamento ou não oferece qualquer risco ao governo. Jamais esquecerá a história do sequestro de sua mulher. Para se fazerem ouvir, vale qualquer história, não interessa quanto absurda seja.

Recebeu uma carta alarmante do embaixador em Washington, dizendo que o governo inglês prepara ações contra o Brasil para vingar-se da atitude que o governo tomou não censurando a Itália em sua guerra contra a Etiópia.

Lê e vê logo que é pura ficção. O governo britânico preocupado com o Brasil e com a Etiópia! Não está preocupado nem com Mussolini; ao contrário, há muitos súditos do rei da Inglaterra simpáticos a Hitler e ao ditador italiano.

Podiam estar inquietos é com a compra de armamentos nos dois países fascistas. Tratava-se de interesse comercial contrariado e não indignação ideológica.

O Oswaldo devia estar se sentindo muito solitário, sem prestígio, abandonado ou sem ter o que fazer. Não soube interpretar o desejo britânico de vender armamento ao Brasil. Foi uma lástima a atitude do Flores não o convidando para as comemorações da data farroupilha. Teriam conversado muito, se divertido, desanuviado o ambiente.

Acabado o perigo comunista, começa o britânico. Recebeu a visita do embaixador de Sua Majestade acompanhado do comandante do cruzador Dragon. Queriam saber como estavam as tratativas para a compra de equipamentos italianos e sobre a posição brasileira na Liga das Nações no conflito ítalo-africano. O presidente respondeu com tranquilidade e deu por encerrado o assunto. Nada com que se preocupar. O embaixador não causou boa impressão. Foi impertinente.

O governo conseguiu reformar a Constituição. Ganhou da Câmara dos deputados, aprovados por ampla maioria, poderes para declarar Estado de Guerra em qualquer parte do território nacional; antes só podia fazê-lo contra potência estrangeira. Foi também suspensa a estabilidade de funcionários públicos no caso da prática de atos subversivos e as garantias constitucionais quando necessário. O novo instrumento legal poderia ser utilizado em caso de comoção intestina grave, não necessariamente vinda de Moscou.

Tinha aumentado seus poderes e sabia que podia contar com o Congresso. Prestes tinha conseguido que a oposição parasse de incomodá-lo.

Getulio ficou satisfeito, queria agir na legalidade e agora tudo que fizesse teria o amparo da lei.

Em setembro de 1936, foi criado o Tribunal de Segurança Nacional para julgar crimes políticos e contra a economia popular previstos na Lei de Segurança Nacional, quando estivesse em vigor o Estado de Guerra. A principal motivação para a criação desse tribunal foi a Intentona comunista.

Essa é uma característica dos golpes e revoluções brasileiras. Em vários momentos a ilegalidade foi rapidamente legitimada. Juristas e parlamentares são hábeis em mudar leis, dispositivos constitucionais, o que for necessário para que não paire a ilegalidade sobre a pátria. São revoluções envergonhadas.

Mais alguns dias e Getulio começou a aplicar o que determinava a nova legislação. Não podia se omitir sob nenhum aspecto. Lei é lei e deve ser obedecida.

Nomeou uma comissão para executar o Estado de Guerra, tendo como presidente o general Emílio Esteves, ex-comandante da 3ª Região Militar, com a participação do ministro da Justiça e de um almirante.

Os militares não veem com bons olhos a presença do atual ministro da Justiça, José Carlos de Macedo Soares. Os assuntos que seriam tratados na comissão diziam respeito apenas a Getulio e a eles. O ministro civil era um corpo estranho, pouco confiável. Tudo que falassem chegaria aos ouvidos do governador paulista.

Ato aprovado pela Câmara permitia tirar o poder bélico dos estados. Imediatamente, as tropas gaúchas e paulistas ficaram sob o comando do Exército. Flores perdera seu maior poder de pressão. Ao mesmo tempo, é enviado para comandar no Sul o general Daltro Filho, homem de inteira confiança do presidente.

Alguns estados, ao perderem suas tropas, relutaram em passá-las ao governo federal; seus governadores iniciaram conspirações para começar uma resistência. Bahia e Pernambuco são convidados a juntar forças a São Paulo e Rio Grande do Sul.

A boa notícia veio com o arcebispo de Porto Alegre. Dom João Becker garantia que Flores da Cunha havia lhe dito que renunciaria nos próximos dias. Os positivistas de antigamente se aproximavam da Igreja e faziam confidências ao clero. Os tempos já não eram os mesmos que levaram à Revolução de 1930.

A notícia do bispo equilibrava a que recebera de um jornalista amigo. Um vidente mandou avisar a Getulio que ele teria morte violenta. Ouviu e ficou preocupado.

Enquanto no Catete preparavam a intervenção no Rio Grande do Sul, maior foco de indisciplina, chegou mais uma notícia dando conta que Flores da Cunha renunciaria, só não dizia quando, a pretexto de não entregar o comando de suas tropas ao inimigo.

A boa nova produziu alívio e desanuviou o ambiente. Getulio e seus amigos comemoraram. Com a força dada pelo Estado de Guerra e a derrota de Flores seria fácil conduzir a sua sucessão. Embora soubesse que os pedidos de demissão de Flores eram frutos de suas alucinações, não perdia a esperança, em algum momento poderia ser para valer.

Recebeu um novo visitante. Tratava-se do deputado federal mineiro Juscelino Kubitschek, que trazia uma mensagem de seu governador. Jovem, 36 anos, capitão médico da Polícia Militar de seu estado, fora chefe de gabinete do governador Benedito Valadares. Simpático e bem falante, causou boa impressão. Estranhou o nome de origem tcheca.

Conseguiu a prorrogação do estado de sítio. Os companheiros de Prestes estavam lhe dando, além de prestígio, cada vez mais poder.

Flores insistia em se reaproximar. Desistiu, mais uma vez, da renúncia. Não sabia, ou não podia controlar o seu temperamento. Passada a intempestividade, arrependia-se e procurava recompor o estrago. Getulio já lhe havia traçado um caminho sem volta. A sorte já estava lançada. Ultrapassara limites.

O presidente do Uruguai lhe comunicou que rompera relação com a União Soviética em solidariedade ao Brasil pelos recentes acontecimentos.

Com os novos poderes, o melhor que tem a fazer é procurar os simpatizantes dos soviéticos, onde eles estivessem. Organizou uma comissão para descobrir funcionários comunistas, a Comissão Nacional de Repressão ao Comunismo, designou o deputado gaúcho Adalberto Correia para presidi-la.

Logo no início dos trabalhos encontraram um general, Manuel Mendes Rabelo, com indícios de ser simpatizante dos seguidores do Kremlin. Getulio, ao ser informado, lembrou-se de conversas que tivera com ele sobre a doutrina do filósofo francês Auguste Comte. "Positivista, seu positivismo é interpretado de um modo que estabelece certa consanguinidade com o comunismo". Foi exonerado de sua função.

O preço da liberdade é a eterna vigilância, não esquecia Eduardo Gomes; além de herói, era bom conselheiro.

O general, mesmo sem comando, teria a mesma atenção dedicada a Pedro Ernesto, seria permanentemente vigiado. O mesmo tratamento terá qualquer um nos altos e médios escalões da República suspeito de não dedicar lealdade ao governo.

O ministro Macedo Soares manifesta descontentamento por intermédio do irmão, que é senador. Queria 400 contos de réis para comprar uma máquina para o *Diário Carioca*, um agrado. O pedido foi negado pelo ministro da Fazenda. Todos queriam algo do erário.

O Ministério da Educação elaborou um plano de propaganda educacional contra o comunismo; foi aprovado. Todos estavam colaborando, ninguém queria ser colocado sob suspeição.

Deplora o dominó, mas continua jogando sempre que pode. Não há outra atividade comum a ele e dona Darcy.

Incorpora às excursões vespertinas com o Fiúza o seu cunhado Válder Sarmanho, irmão de dona Darcy e oficial de gabinete da presidência. A manobra reduziria suspeitas e cenas de ciúme.

O preocupado prefeito carioca corre ao Palácio, quer instruções sobre como receber o governador do Rio Grande do Sul. Já não bastam os boatos a respeito de sua tibieza ideológica, agora recebe um telegrama do Flores avisando que vem ao Rio e quer visitá-lo. Sabendo que o visitante caminha a passos largos para ser um desafeto do presidente, não sabe o que fazer. "Deveria recebê-lo bem, como eu também o faria", foi o conselho dado. A frieza é uma das principais razões do sucesso de Getulio.

O prefeito tem razão em andar nervoso e agir de maneira cautelosa. A comissão criada para identificar comunistas e suas atividades recomendou sua prisão.

Os trabalhos da comissão se processam com grande fervor cívico; recomendam mais prisões, entre elas as de algumas pessoas insuspeitas, como Virgílio de Melo Franco, Anísio Teixeira, o coronel Felipe Moreira Lima, a lista é extensa, e de outras nem tanto, como o ex-deputado Maurício de Lacerda. Getulio fica alarmado. Considera o trabalho leviano. Quer prender comunistas, mas não desse modo.

Aliviado com o adiamento das prisões que considera absurdas, recebeu o jornalista Assis Chateaubriand.

"Inteligente, ágil, debatendo questões de interesse social, mas tendo sempre, no fundo, um interesse monetário. Deve ter sangue judeu".

Chegou uma carta do presidente Roosevelt convidando-o para participar da Conferência Interamericana para Consolidação da Paz, a ser realizada em Buenos Aires, em novembro de 1936. Respondeu aceitando o convite.

O presidente do Paraguai foi deposto por um golpe militar. Vargas exibe uma pérola do seu modo de pensar: "Nos países de deficiente educação política, o prestígio dos heróis constitui às vezes um ônus muito pesado". Parece governar algum país saxônico e não um com déficit educacional em todos os níveis. Não consegue estabelecer relações de causa e efeito, ou foge delas, por inconvenientes.

Flores vem ao Rio e visita o presidente. O ciclotímico governador chega cordial e amável. É uma lástima que não aja sempre dessa maneira.

Getulio aproveita a oportunidade e desfia sua relação de aborrecimentos com o visitante, que explica uns e desmente outros. Sai desejando harmonia e paz. Depende apenas dele.

Menos emoções nas jogatinas e mais chás calmantes podem melhorá-lo.

O governador pretende passar uma longa temporada no Rio, cidade que apreciava, onde concluiu seu curso de Direito e foi delegado de polícia. Voltará a visitar o amigo. Amigo?

O filho mais velho do presidente fez aniversário. Deu a ele o nome de Lutero em lembrança a Thomas Carlyle e não ao líder da reforma protestante. Lera, nos bons tempos, com gosto, o historiador protestante escocês.

Lembrou a influência que o pensamento alemão tivera sobre seu modo de ser e escrever, e deu o nome germânico ao filho. Chegaram a pensar que era protestante, o nome seria uma homenagem ao patrono da Reforma. Algumas vezes foi obrigado a explicar que não era.

Lamentava a falta de tempo para ler, se instruir, como fazia nos tempos de juventude. Sua superioridade sobre os demais em parte vinha daí, lera mais que os outros.

Carnaval. Vai para Petrópolis acompanhado do jovem casal Simões Lopes. Lá estava ela de novo, impossível não admirar sua beleza. Se fosse casado com uma mulher assim jamais jogaria dominó.

Depois dos almoços faz sempre um passeio a pé. Prática recomendada à boa digestão e para colocar os pensamentos em ordem. Quando não chovia, o clima era sempre convidativo a um passeio. Não foi à toa que Dom Pedro II escolheu a cidade serrana para os seus verões, longe do calor escaldante da capital.

Começou a se interessar pelo petróleo, até então o considerava uma obsessão sem sentido do escritor Monteiro Lobato. Passa a promover reuniões com engenheiros, quer saber tudo sobre o assunto. Ir além do que aprendera em Ouro Preto, antes de ser expulso de lá com seus irmãos. Recebeu informações de que havia óleo no Acre. Qual a utilidade de jorrar petróleo em lugar tão distante de tudo?

Mesmo em férias, Flores arruma confusão com o ministro da Justiça. Não é atendido em pleitos políticos para outros estados, assuntos que nada tinham a ver com ele. Mais um ataque de megalomania.

Tem novo surto de grandeza. Informa a outros que Getulio o aconselhou a tratar da convocação de uma assembleia de próceres nacionais para reelegê-lo na presidência. Não há um pingo de verdade no que diz. No primeiro momento, as inverdades que conta lhe dão segurança; no instante seguinte o arrastam à depressão; por fim, aumentam a insegurança que só será superada com novas bazófias, o ciclo é interminável.

Retorna ao Catete como se nada tivesse acontecido. Afável como da outra vez, quer estabelecer boas relações com o governo federal, e, como prova de cordialidade, presenteia Getulio com um belíssimo poncho de vicunha. Seria de pouca utilidade no tórrido clima do Rio, mas usaria com prazer o abrigo peruano se voltasse a morar no Sul.

O visitante não falou da imaginária eleição presidencial. Para agradar o presidente só dissertou sobre o combate ao comunismo e a prisão do Prestes. Assuntos do momento.

À noite, chegando ao Guanabara, teve uma satisfação. Lutero estava abrindo livros de sua biblioteca e lendo as anotações feitas pelo pai. A que mais gostou foi a encontrada na obra de Darwin — estava sublinhado: "Vencer é adaptar-se". Explicou ao filho como entendia esse comentário. "Adaptar-se não é conformismo, servilismo ou humilhação; adaptar-se quer dizer tomar a coloração do ambiente para melhor lutar". Atacar na hora certa.

Em poucas palavras uma enorme lição de sabedoria e pragmatismo. Uma razão a mais para o seu sucesso. O mimetismo dos animais transportado à luta dos homens.

No dia seguinte, durante despacho, o ministro do Itamaraty queixou-se de seus antecessores e atacou o embaixador Oswaldo Aranha. "Importuna com casinhos, onde havia sua vaidade ferida".

O pouco impacto causado pela história da reeleição presidencial fez com que, o governador gaúcho mudasse o rumo da boataria: espalhou que apesar do presidente querer permanecer no posto além do seu mandato, ele era contra.

Flores, em completo delírio, fala em uma ditadura militar tendo à frente o general Pantaleão Pessoa. Poderia ter pensado em outro líder, este era muito chegado ao presidente, fora chefe do Gabinete Militar. Em que pese a fragilidade das lealdades, não imaginava o Pantaleão conspirando para derrubá-lo.

Era a maneira que encontrara para pressionar mudanças no ministério, a fim de promover novas acomodações políticas que o fortalecessem. Para isso lançaria tantos boatos quantos necessários.

Getulio considerava o comportamento de Flores da Cunha histérico, algo, naquela época, privativo das mulheres.

Sentindo-se isolado buscava, nos momentos de lucidez, desesperadamente se aproximar. Envia um telegrama ao presidente alertando que militares comunistas, revolucionários de 1930, tramam um golpe de estado. Dá conselhos e diz que o faz como um favor especial ao destinatário.

Getulio não acreditou no comunicado: "Parecia mais uma manobra comunista". Não teve sucesso. O comentário irônico era uma referência à malsucedida empreitada dos comunistas para derrubá-lo.

Isolou o mais possível o alucinado governador gaúcho. Pressentiu que era o melhor que poderia fazer, esquecê-lo. "O Flores está reduzido ao triste papel de intrigante. Mentiroso, já o tinha apanhado algumas vezes".

O governador, por meio de intermediário, pede que Getulio o chame para conversarem. Sente a proximidade do fim. Arrepende-se, não sabe se controlar. Não sabe por que é assim.

O ignorado alternava medo com agressividade. Não recebendo resposta do presidente, passou a concentrar tropas entre o seu estado e o de Santa Catarina, indicando que poderia promover uma marcha ao Rio, como a de Vargas, em 1930. Não percebia que tudo mudara e que ele não passaria de São Paulo, talvez nem de Itararé.

Depois de permanecer algumas semanas no Rio esperando um chamado presidencial, sem sucesso, o governador voltou para o Sul. Lá chegando deu início a uma intensa movimentação de tropas. Não pode censurar jornais, mas tem como apreender correspondências destinadas ao presidente. Faz viagens secretas a outros estados. Busca aliados no Exército. Parece mais uma barata tonta que líder político em busca de vitória.

O presidente convocou ao Catete a comissão de combate ao comunismo. Vários documentos apreendidos na casa de Prestes indicavam que mais conspirações estavam a caminho. A situação foi considerada grave e as providências teriam que ser enérgicas. Que descuido! Deixar espalhados, sem cuidado, papéis altamente secretos para o êxito de seu movimento.

Os membros da comissão indicam algumas sugestões: fuzilar subversivos, usar o Estado de Guerra de modo mais enérgico, promover um golpe de estado, reformar a Constituição e prender o prefeito Pedro Ernesto, a essa altura considerado comunista perigoso. Getulio desconfiava de alguma vingança pessoal.

A ideia do golpe de estado não era má, seria para salvar a democracia. Os Estados Unidos aplaudiriam, entendiam a região e seus métodos. Pensou, guardou para si, não falou, cuidou para não mudar sua expressão facial de modo a não perceberem quão boas achou as sugestões.

Fuzilar só em caso extremo; nutria alguma esperança de trazer Prestes para seu lado em algum momento, mesmo desconfiando cada vez mais de seu bom senso. Afinal, vivera na União Soviética e sabia que os dezoito anos com Lenin e Stalin não haviam resolvido nada. Se continuasse pensando do mesmo modo seria por teimosia. Como havia encerrado a sua inglória marcha quando viu que ela não o permitia atingir seus objetivos, poderia encerrar a busca de justiça social pelo rumo que percorria no momento. Seria bem-vindo.

A comissão decidiu pelo golpe. Getulio não disse nem sim nem não. Quando terminasse o atual estado de sítio, seria declarado Estado de Guerra. Cada coisa a seu tempo.

As ações e os documentos de Luiz Carlos Prestes permitiam ampliar os seus poderes com o aplauso da opinião pública.

A comissão recebeu provas concretas de ações subversivas praticadas pelo filho do prefeito do Rio e pelo irmão do governador da Bahia, o capitão Juraci Magalhães.

Dona Darcy viajou aos Estados Unidos em um Clipper da PanAm. O hidroavião com quatro motores faria o voo até Miami com oito escalas. A empresa de Juan Tripp tinha planos para o Brasil, como a construção de hotéis e a criação de uma subsidiária para voos domésticos.

Não dava mais para esperar. Em 21 de março de 1936 foi declarado o Estado de Guerra. Atendeu à sugestão da comissão. Foram conferidos poderes ditatoriais ao presidente e suspensas as garantias constitucionais, entre elas as imunidades parlamentares. Pensou: se o Borges voltar a incomodar, podia exilá-lo ou prendê-lo na ilha da Marinha, sem serventia desde que ele fora para o Recife, em seu exílio "voluntário".

A imprensa aplaudiu a decisão. Sentiu alívio, as perturbações cessariam, a situação voltava ao seu controle. Tinha que festejar. "Saio a um passeio com o Válder..." Um mero passeio para espairecer, na companhia do cunhado, não despertaria ciúmes.

O irmão de sua mulher aprendera muito com o Fiúza. Tornara-se um bom e discreto companheiro.

Darcy estava a caminho de Washington. A cada pouso do avião recebia um telegrama dizendo que estava tudo bem. Bem para os dois. Cada um para um lado e o enfadonho jogo de dominó guardado em alguma gaveta.

Agiu com rapidez. Dois dias depois de ter os novos poderes já estavam presos um senador e dois deputados comunistas. A polícia invadira a Câmara e o Senado e eles foram levados para o cárcere. Mais planos e documentos indicando o rumo de suas ações foram encontrados. Eram pessoas descuidadas com assuntos sigilosos. Cada prisão levava a outras.

Em 2 de maio foi reaberto o Congresso e restabelecidas as imunidades parlamentares.

O prefeito carioca não sabia mais o que fazer para agradar o presidente, afastar as suspeitas sobre si e evitar a prisão do filho. Sobe a Petrópolis, onde Getulio despachava na ausência da mulher, acompanhado do prefeito Fiúza e do cunhado Válder, levando a genial sugestão de montar um jornal em Porto Alegre para fazer oposição a Flores. Tinha certeza de que o presidente a apoiaria; era muito boa para ser desperdiçada.

O investimento seria bancado pelos cofres da prefeitura carioca. Não podia imaginar que Getulio recusaria sua sugestão. Retornou mais preocupado do que quando chegou. Não entendeu a razão da recusa. Sentiu-se só, a viagem de volta parecia não terminar, vivia um pesadelo. Entregava-se ou elaborava outro plano para tentar agradar o chefe. Melhor que o do jornal oposicionista era difícil.

A comissão se reúne novamente na presença de Getulio, dá conta dos árduos e bem-sucedidos trabalhos em curso. Todos acusaram fortemente Pedro Ernesto. Pai e filho são comunistas, não há nenhuma dúvida.

À noite, o presidente da comissão, deputado Adalberto Correia, traz documentos altamente comprometedores contra o pai do jovem comunista. Não há mais dúvida, o filho fora cooptado para a exótica doutrina em casa, pelo pai.

Getulio promove reuniões ministeriais e, em conjunto, decidem: exonerar todos os funcionários comunistas, encarcerar em presídios e colônias agrícolas prisionais os indiciados e apressar o fim dos inquéritos policiais em curso.

Chovia muito em Petrópolis, mesmo assim, foi a um churrasco em Itaipava. Estava exausto, mas feliz; a mulher, longe; a preciosa assessoria, Fiuza e Válder, ao seu lado; e os comunistas, presos. Filosofa: "As naturezas, mesmo as mais adustas, sentem necessidade de um refúgio carinhoso que lhes adormeça os sentidos e lhes dê a impressão, embora ilusória, de que nem tudo o que as cerca é feito de interesse".

Maneira poética e realista de se referir aos amores mercenários. Feliz era o jovem Simões Lopes que encontrava em casa, no aconchego do lar, esse consolo, com a bela paranaense com quem havia se casado. A mulher do oficial de gabinete não saía de sua cabeça.

Pedro Ernesto continuou pensando em coisas para agradar o presidente e eliminar as suspeitas. O apego ao cargo e o medo do cárcere o tornam extremamente criativo e capaz de superar a burrice identificada por Vargas. Substituiu vários auxiliares civis por militares, queria ser vigiado, queria que reportassem aos superiores a sua lealdade ao governo e a repulsa às ideias marxistas. Crê que isso acabará com o disse me disse a seu respeito.

Getulio, ironicamente, considera que ele quer voltar ao passado, a 3 de outubro de 1930, quando não havia no ar o perigo da revolução exportada por Moscou e ele era um cidadão acima de qualquer suspeita. O medo transformado em pânico afetara o raciocínio do prefeito.

O tempo não retorna. Certos períodos da história passam de maneira tão célere que anos se transformam em décadas. Vão deixando suas marcas nas almas e no que as pessoas pensam a respeito dos outros, do mesmo modo como as rugas vão se acomodando nos rostos. Relações pessoais se desfazem como se fossem feitas de areia. O infeliz prefeito sofria muito, nenhum plano dava certo, sabia que o fim se aproximava.

A angústia tornava-se incontrolável, nada desviava seus mais lúgubres pensamentos. As noites eram insuportáveis. Não tinha mais saída. Agora era aguardar a entrada em seu local de trabalho ou em sua casa de um policial lhe dando voz de prisão. Que fosse o próprio chefe de polícia, ainda restaria um fio de dignidade. Era coronel do Exército, deveria ser preso por oficial de mesma patente, mas sabia que isso poderia ser negligenciado na prisão de perigoso adversário da democracia, do governo e da Igreja. Um risco à sociedade.

Maldita hora em que, para exibir sensibilidade, modernidade, contemporaneidade com intelectuais, falara, ainda que de passagem, que as ideias socialistas não eram de todo descartáveis. Fora vítima de um ato fútil de vaidade intelectual. A constante preocupação com os pobres fora outro erro, ninguém lhes dedicava atenção. Reconhece que tinha comportamento incompatível com o de uma autoridade federal.

Insiste em falar com o presidente, quer lhe comunicar a militarização de seu gabinete. Não é recebido. Está no fim.

O ministro da Justiça sugere a imediata prisão do prefeito, acredita que ela trará prestígio ao governo e agradará a opinião pública. Um comunista dentro do governo! É intolerável.

O presidente da República pede provas de seus atos antidemocráticos. Se aceitá-las, determinará a exoneração e a prisão.

O presidente da comissão não aguenta mais esperar. Getulio retarda suas ações. A angústia ocorre dos dois lados, do que quer prender e do que deve ser preso, tal qual o inspetor Javert e Jean Valjean. Descarrega sua ansiedade dando entrevista criticando o chefe de polícia; felizmente, a censura estava em plena atividade e a entrevista do deputado inquisidor não foi às ruas. Indiretamente, o criticado era o presidente, conivente com a liberdade do perigoso subversivo municipal.

Decidem que a prisão do prefeito será à noite, discreta, como a vítima já tinha visto nos seus piores pesadelos. Não seria privado da liberdade pelo guarda da esquina, mas pelo próprio chefe de polícia, acompanhado de um oficial de mesma patente que a sua, como nos seus sonhos mais otimistas.

Em 1922 teve participação discreta no episódio dos 18 do Forte, primeira ação política do tenentismo; mais tarde se envolveu nas conspirações que levaram à deposição de Washington Luiz; apoiou Vargas, tornou-se médico pessoal seu e de sua família. Nomeado prefeito interventor adquiriu grande prestígio com a população mais pobre. Em 1935, consagrou-se como o vereador mais votado, sendo eleito prefeito por aclamação de seus pares. Repudiava o fascismo, talvez por isso tenha sido confundido com um perigoso comunista. Sua prisão se deu em sua casa de saúde, a mando de Getulio, que ainda lhe cassou a patente de coronel.

O novo prefeito seria o cônego Olímpio de Mello, presidente da Câmara Municipal, simpático ao cardeal e adversário dos comunistas. Se administraria bem ou mal a cidade, isso se saberia mais tarde, era questão de menos importância.

Depois que Pedro Ernesto foi preso, Getulio lamentou seu ato. Achou que ele fora vítima de vingança pessoal. Mas já era tarde para pensar nisso. "Há uma crise na minha consciência. Embora as circunstâncias me forçassem a consentir nesta prisão, confesso que o fiz com pesar. Tenho dúvidas que se trate de homem extraviado ou traído, um incompreendido ou um ludibriado. Talvez o futuro esclareça".

Sentia-se como um cardeal na época da Inquisição, com medo do padre inquisidor. Não gostava de agir sob pressão, mas receava o que poderia espalhar a seu respeito o presidente da comissão. A criatura estava engolindo o criador.

O caçador e o cassado foram revolucionários de 1930. O deputado era do Partido Libertador do liberal Raul Pilla; a caça era médico militar e empresário.

Pedro Ernesto ficou preso até 1939, três anos, e por fim foi absolvido de todas as acusações pelo Superior Tribunal Militar. Voltou ao exercício da medicina. O deputado Correia continuou sua pregação parlamentarista e federalista.

Preso o prefeito, o inseguro governador gaúcho veio visitar o presidente. Chegou acompanhado do homem do momento, o deputado Adalberto Correia. Veio reafirmar solidariedade ao presidente e cumprimentá-lo pelas ações para banir o comunismo e os comunistas de terras brasileiras. Getulio não deixou transparecer o desagrado com a visita, sequer apressou sua saída.

As conspirações voltaram ao normal, feitas pelos mesmos políticos de sempre, fardados e sem farda.

Os boatos contra os inimigos passaram a incluir uma perigosa maldição, chamá-los de comunistas. Adalberto Correia acusou o governador de Pernambuco e o ministro do Trabalho de comunistas; nem Getulio nem os acusados sabiam que professavam a perigosa doutrina.

Tinham que ser mais cautelosos ao agir, era claro que o rótulo transformou-se em uma arma política. Daqui a pouco vão lhe dizer que o cardeal ou o apolítico Fiúza são ligados aos "vermelhos".

Flores, na volta a Porto Alegre, publicou nota agressiva contra Getulio, que há poucos dias recebera dele elogios e congratulações. Deve ter exagerado um pouco na bebida no retorno. O serviço de bordo da empresa aérea gaúcha era excelente e propiciava esses abusos. O artigo não foi publicado nos jornais cariocas pela rápida ação da censura. Alertava para um iminente golpe de estado, Getulio seria perpetuado no poder. Não era isso que, no passado, o articulista desejara tantas vezes?

Interrompe as preocupações para um passeio de auto com o oficial de gabinete, Luizinho; vão junto a sua mulher, Aimeé, e a cunhada, Vera. Alegres, inteligentes e bonitas. Passaram pelo sítio de um amigo, desceram, passearam.

"Continuam as apreensões no Sul, os boatos causados pelas maluquices do Flores". Não tem mais dúvida, o caudilho não bate bem da cabeça e está cada vez mais "mavórtico".

Ainda em Petrópolis visitou o castelo do sr. Smith Vasconcelos. "É um desvario da imaginação, um monumento de vaidade e uma exibição megalomaníaca feita com amor e carinho".

Eduardo Gomes foi promovido a tenente-coronel; merecido, um homem digno de admiração. "Tive grande pena. Está com a mão direita sem articulação! Conversamos longamente sobre aviação".

O íntegro militar era o único que entrava e saía de seu gabinete sem falar mal de outras pessoas. Falava de fatos e ideias, era inteligente.

Assinou o decreto de cassação dos militares comunistas, "inclusive do meu ex-amigo Cascardo". O oficial da Marinha de Guerra Hercolino Cascardo, ex-interventor do Rio Grande do Norte, havia cometido o desvario de aceitar a presidência da Aliança Nacional Libertadora. Preso, sem emprego e ex-amigo de quem poderia ajudá-lo.

A General Electric proporcionou uma conversa telefônica com a mulher e a filha em Nova York. "Maravilhas da época!"

Pensou: Quando será que os brasileiros terão acesso fácil ao telefone? Imaginou, em uns vinte anos. Foram precisos mais 60 anos para que isso ocorresse.

Filosofa com o ministro do Exterior que no Brasil o governo é que valoriza os homens e não o contrário. "Poucos valem fora das posições de relevo que lhes dá o país". Dá a entender que considera os homens públicos intrinsecamente sem importância, tornam-se transitoriamente alguma coisa entre a posse e a demissão. Mais uma vez estava certo.

O pensamento é um reconhecimento, pelo menos um desabafo, da falta de qualidades de seu auxiliares, sempre mais preocupados em lhe levar problemas que em resolvê-los, mais ocupados em cuidar de suas ambições e atender suas vaidades do que em trabalhar.

Sente-se sobrecarregado, não consegue repousar nem em Petrópolis.

Os ministros sobem a serra para despachos desimportantes. Levam enorme quantidade de papéis para a decisão do presidente; muitos são assuntos que deveriam decidir com seus auxiliares.

O da Fazenda pede a opinião do presidente sobre temas rotineiros, como combater o contrabando ou comprar um edifício no centro do Rio, não aborda com mais profundidade a encampação pelo governo da Estrada de Ferro São Paulo-Rio Grande e a aquisição de armamento da Alemanha. Não deixa de trazer o seu boato, alguma coisa que ouviu sobre a terra de Getulio, e pedir sua licença para nomear um advogado para a Caixa Econômica.

O ministro do Trabalho discute o preenchimento de cargos vagos em sua pasta, a escolha de juízes classistas para a Justiça do Trabalho e um acordo com a oposição.

Com os ministros militares são abordadas as promoções de oficiais, sempre confusas; não há lugar para todos os apadrinhados.

O prosaico consome suas horas, seus dias e seu mandato. Poderia tomar a iniciativa de dizer aos ministros o que deveriam abordar durante os despachos, serem seletivos, não trazer miudezas.

Não o faz porque ocupa seu tempo, não precisa pensar muito e não corre riscos que poderia correr com decisões mais importantes. Continua o jogo de faz de conta.

O tal Departamento Nacional do Café torna-se alvo frequente de críticas. Juarez Távora, quando o criou, modificando o nome e a jurisdição do anterior, garantiu que a partir dessas alterações as coisas mudariam. O departamento seria um importante auxiliar nas decisões sobre o produto agrícola do qual o Brasil era dependente. Trocar nomes de organizações, criar funções e ministérios é uma atividade permanente dos dirigentes brasileiros.

O Clipper da PanAm traz de volta dona Darcy e os filhos. Não comenta sobre o tipo de sentimento que lhe confere esse retorno. Provavelmente uma satisfação contida, não expansiva, associada à tristeza pela liberdade perdida com os amigos.

O ministro da Viação trata do projeto de eletrificação das linhas da Central do Brasil. Os trabalhos estão em andamento e poderá inaugurá-los no próximo ano. Sente grande satisfação com a notícia. Nem tudo é papel ou mexerico.

Comunistas de todo o mundo enviam mensagens pedindo liberdade para Prestes. Da Espanha chega uma assinada por sessenta deputados comunistas. Estranha não receber nem um pedido da União Soviética. Pensa que Prestes não é tão prestigiado pelo Komintern quanto propagam seus camaradas brasileiros. Ignora todos os pedidos.

As mensagens alertam que, se o mentor da Intentona não for solto, começarão campanhas sistemáticas contra o Brasil por todo o mundo.

Caindo o Brasil, tomariam com facilidade o resto da América do Sul; uma vitória aqui era essencial para sua causa.

O cardeal comemorou o jubileu de sua nomeação. O presidente, com a mulher e grande comitiva, vai ao palácio episcopal abraçá-lo. Este sim, jamais lhe trazia incomodações. Cada vez mais gosta de Dom Sebastião.

A Câmara prorrogou o Estado de Guerra por mais três meses. A situação ficou menos tensa. Os poderes são quase ditatoriais, ninguém quer correr riscos.

Uma crise tem início no Legislativo. Alguns parlamentares não querem dar licença para serem processados dois deputados comunistas. Flores fica com os dois, não por convicção ideológica, apenas para ficar do lado oposto ao presidente.

Getulio dá uma autorização que está se tornando rotineira. O Departamento do Café pode queimar um terço da safra para tentar aumentar seu preço no exterior. Plantar outro grão parece não passar pela cabeça de ninguém. Avançar no álcool é improvável, o tema caiu no esquecimento.

Retomou a questão dos deputados comunistas. A não autorização poderá acarretar decisões não agradáveis aos parlamentares. Na verdade, ninguém está preocupado com os dois suspeitos, trata-se de um jogo contra e a favor de Vargas.

O que não se afasta de sua cabeça é o outro incômodo, o governador rio-grandense e suas ações cada vez mais desprovidas de lógica.

Chama ao palácio três deputados gaúchos, pede para irem aos jornais falar coisas desagradáveis aos ouvidos do governador do estado. O alvo das intrigas lê e fica mais ansioso, quer que o presidente receba um emissário vindo de Porto Alegre para tratar de assuntos da maior gravidade.

Não pestaneja, "é um golpe teatral de aproximação". O mensageiro é recebido, alerta que há movimentos em curso para derrubá-lo. Getulio imagina que deveriam ser mais criativos nas invencionices. O portador da falsa má notícia é obrigado a levar como resposta que qualquer tentativa de golpe tem sua origem em quem o usou para trazer a mensagem. Nada mais diz. Aguarda os desdobramentos. Sente-se senhor da situação.

Não tendo sucesso na investida conciliadora, o portador da mensagem apresenta nova versão aos fatos. As tropas concentradas na divisa com o estado vizinho estão ali para defender Getulio em caso de necessidade. Não riu por educação. Flores ultrapassara a perigosa fronteira do ridículo.

Surgem boatos de revolução em pelo menos três estados para depô-lo nos próximos dias. Não mais por ação dos comunistas, os poucos existentes estão presos, mas de ex-aliados e membros da oposição.

Não dá importância. Sente que os adversários estão brincando com fogo. Convivem com ele há tantos anos e são incapazes de imaginar como ele agirá.

A Câmara aprovou a abertura de processo contra os dois deputados. Não precisará fechá-la novamente.

Roosevelt envia uma carta dizendo não poder ceder os seis cruzadores pleiteados pelo Brasil; em contrapartida, oferece seis contratorpedeiros. Os Estados Unidos aproveitam e manifestam desagrado com o acordo comercial assinado com a Alemanha.

Flores tentava, em desespero para ser notado, representar o papel de conciliador com os comunistas e com toda a sorte de descontentes. "Está fazendo cabotinismo para apresentar-se como pacificador". O prefeito Pedro Ernesto tentou de tudo e acabou preso. O gaúcho segue a mesma trilha.

Foi ao cemitério para as homenagens pelo sexto aniversário da morte de João Pessoa. Aparece gente de todo lugar, não para prestar um tributo ao herói, mas para estar no mesmo lugar que o presidente da República.

Getulio pensa com realismo: "Os vivos atraem mais que os mortos, principalmente quando aqueles ainda podem dar, e estes já não fornecem margem a ser explorados. Quando terminar o mandato, serei um vivo-morto, como tantos outros que andam por aí. Mas poderei descansar".

Jamais será um morto-vivo, nem deseja descansar. Tem na cabeça a solução final, pensada nos mínimos detalhes, para não errar em nada quando chegar o momento. O potencial suicida não teme a morte, coisa difícil de ser compreendida por quem não foi abençoado, ou amaldiçoado, com o pensamento permanente, obsessivo, que quando nada mais lhe interessar saberá o que fazer.

A eleição presidencial será em 1938, falta um ano e meio. A enorme ansiedade e o desejo de esvaziar o governo antes da hora provocam a antecipação dos debates para a escolha dos candidatos.

Como na eleição de 1934, Getulio não demonstra interesse pelo assunto. Lembra que não participará da disputa. Está cansado. Finge ignorar os arranjos que estão sendo feitos.

A antecipação dos debates, envolvendo acordos e conchavos, é conduzida por Flores, movido pelo ódio que sente pelo presidente e pelo desejo de suplantá-lo.

É motivado por sentimentos que não permitem visão ampla do quadro político. Ao contrário de Vargas, não conhece os ensinamentos de Darwin. Sobreviverão os mais espertos e não os mais fortes. O governador gaúcho quer exibir força.

Getulio sabe que debates eleitorais muito antecipados, que colocam em cena candidaturas antes da hora, só as desgastam. Um engole o outro, abrindo espaço para o mais esperto, o exemplar que sobreviverá.

A única providência que adota é censurar os pronunciamentos do general Flores da Cunha, que fala, fala muito, mas o que diz não tem repercussão, não é lido, ouvido ou comentado.

Medita sobre a utilidade da censura. Não sabe o que é melhor para a manutenção do poder: a censura, a propaganda ou a polícia política. Conclui que se complementam. É difícil governar sem algum desses instrumentos.

Por fim, Getulio recebe uma visita agradável, a do escritor Emil Ludwig, bastante admirado pelo presidente. Conversaram por algum tempo. "Um democrata sob a forma norte-americana. Fez algumas perguntas indiscretas".

Sai o escritor, entra o novo embaixador da França para entregar suas credenciais. "Homem amável, mesmeiro e insignificante". Não tem os diplomatas profissionais em bom conceito. Pedantes, gestos e falas estudadas, cultura superficial, apenas suficiente para bem atender conversas rápidas nos salões e audiências, sem precisar emitir opiniões.

Chega mais um 3 de outubro, aniversário da Revolução de 1930. Ninguém mais lembra a gloriosa data, só ele. Ela tem um valor sentimental e não utilitário, que foi colocá-lo onde está. "...este sexto melancólico aniversário da Revolução". O grande feito caíra por inteiro no esquecimento. Não fora uma guerra para ser lembrada ao longo dos séculos, como chegou a imaginar; ele não era Júlio Cesar, Napoleão ou Wellington.

Os mais volumosos despachos continuam sendo os do deputado Adalberto Correia. Estava descobrindo comunistas por toda parte. Trabalhava com total dedicação a essa busca incansável.

O governador de São Paulo, Armando de Sales Oliveira, faz um discurso de lançamento de sua própria candidatura à presidência quinze meses antes do pleito. "Discurso da era vitoriana, em grande estilo, mas fora de moda". Ninguém escapava de sua ácida ironia, de seu desprezo.

Flores não sabia mais o que queria, além de incomodar o presidente. Apoia o governador paulista, anuncia sua saída do governo para conspirar com mais liberdade, preconiza um golpe militar. "Não pode ser levado a sério".

Getulio passa a conviver mais com os ricos do Rio de Janeiro, os grã-finos. Precisava conhecer melhor a elite da cidade que tão bem o acolhia. "Gente bem vivida, um tanto egoísta, mas de um sólido bom senso". Como a maioria quebrou ou sumiu das colunas sociais nas décadas seguintes, não deviam ter tanto bom senso.

O comportamento da grã-finagem carioca era um resquício dos tempos gloriosos da corte imperial, bem diferentes das pessoas de São Paulo e do Rio Grande do Sul, impetuosos, sem muita sofisticação, menos frívolos e mais despreocupados com as aparências.

Os dias são de grande excitação. O presidente Roosevelt passará pelo Rio a caminho de Buenos Aires para a Conferência Interamericana. Os preparativos ocupam o tempo de todos. Nada pode sair errado.

Todos espionam todos, faz parte dos hábitos pós-Intentona. O chefe de polícia vem trazer novidades sobre o comportamento do ministro da Guerra. Saber disso poderá ser útil em algum momento.

O general João Gomes gosta de orgias e de moças jovens. "...os desmandos da vida amorosa do ministro da Guerra, dominado por um grupo de raparigas casadas e bonitas, mulheres de oficiais, que ele frequenta com assiduidade, entrega-se a prazeres e atende ao que estas lhes pedem em matéria de administração". Deviam ser promoções para os maridos.

Quando o espião do general começou a abordar de forma cautelosa o assunto, falando mais baixo para não ser ouvido por curiosos atrás das portas, o coração do presidente bateu mais forte. Imaginou o pior, estava prestes a receber a notícia de que o ministro era comunista. Ficou aliviado, o velho general era apenas um farrista.

Dois pensamentos imediatamente assombraram Getulio. Terá que ficar mais atento às listas de promoções que o ministro lhe traz e ser mais cuidadoso em suas saídas com o Fiúza e o Válder. Será que recebeu um aviso do chefe de polícia? Preocupou-se mais com essa possibilidade do que com as ameaças dos postulantes à presidência.

Podia ser um sutil recado do Góis. Não. Ele seria direto, não é chegado a sutilezas.

Todos sabiam de suas fugidas, até a Darcy, amargurando-o com suas frequentes cenas de ciúme.

Se algum inimigo ousasse publicá-las, provocaria horror ao cardeal, daria munição aos adversários, ficaria nas mãos do Chateaubriand. Estaria liquidado.

Entendeu como um recado. O zeloso auxiliar, por metáforas, havia recomendado cautela. Conversaria só com o Fiúza; o Válder era muito moço e poderia falar para outros.

Mulheres jovens e casadas. O que o general Gomes praticava no plural ele ambicionava desesperadamente fazer no singular. A bela mulher do auxiliar já lançava olhares provocantes. Até quando resistiria? Se a paixão prosseguisse seria única. Pela primeira vez na vida experimentaria a monogamia; acreditava que, vivida com intensidade, seria melhor que as práticas plurais, os amores mercenários.

O ministro da Guerra negava-se a criar dificuldades a Flores. Será que era vítima de chantagem?

No dia 26 de novembro de 1936, chega ao Rio o tão aguardado Franklin Delano Roosevelt.

O presidente americano deixou uma "profunda e agradável lembrança de uma simpatia irradiante, de um idealismo pacifista sincero; o próprio defeito físico que o torna enfermo do corpo aperfeiçoa-lhe as qualidades morais e aumenta o interesse pela sua pessoa".

Gostou das conversas que com ele manteve, falaram sobre várias formas de cooperação econômica e militar. No retorno de Buenos Aires, o assessor para a região, o subsecretário de Estado Summer Welles, ficaria no Rio quantos dias fossem necessários para aprofundar esses assuntos.

Como era diferente dos seus amigos Terra e Justo! Espalhafatosos, propensos a qualquer fraude eleitoral ou golpe para conquistar o poder. A farda do presidente da Argentina, ornada por inúmeras medalhas conquistadas em lugares que não campos de batalha, expunha sua enorme vaidade e um suspeito senso estético. Um desavisado, ao olhar um militar latino-americano de alta patente, imaginava que ele participara de todas as guerras.

Nenhum presidente que conhecera emanava aquela aura de entrelaçamento com os interesses de seu país como o americano. Aprofundava-se na sua percepção do abismo que havia entre as duas Américas, uma rica e outra atrasada. A diferença estava nos homens, somente neles.

Seguramente há muito que os Estados Unidos superaram as fases mais primitivas do exercício político. Acreditava que em mais algumas gerações também o Brasil superaria, mas não enxergava com bons olhos a vocação caudilhesca da América hispânica.

Chegava a pensar que eles se comportariam como hoje para toda a eternidade. A região prosseguirá pródiga em produzir ditadores, demagogos e populistas. Dissociava esse comportamento da educação. Brasil, Paraguai, Peru e quase todos os demais países eram povoados por pobres e analfabetos, fáceis de serem conduzidos nas eleições. As maiores fraudes eram as promessas impossíveis de serem cumpridas, para pessoas que não tinham discernimento e padeciam de toda sorte de carências.

A Argentina era mais rica, culta e letrada que a maioria dos países europeus e muito mais que os países irmãos, mas continuava e talvez continuasse a ser manobrada por caudilhos populistas por séculos. Se assim for será trágico. Atingido o pico de riqueza, o país caminhará espontaneamente para trás. Caso grave de autofagia.

No encontro com o presidente americano, Getulio acertou o apoio brasileiro à tese que ele defenderia na capital argentina: a segurança continental será coletiva, responsabilidade de todos os países. Revigorava e modernizava a doutrina de Monroe.

A tese foi aprovada, Roosevelt retornou vitorioso para Washington, a viagem valera a pena. Além do mais, se aproximou de Getulio, as simpatias foram recíprocas, um modo de começar a se abrir para os inconvenientes de uma aproximação com a Alemanha. O próprio cardeal Pacelli havia lhe dado uma visão realista do que se passava na terra de Hitler.

Aranha já escrevera sobre os riscos dessas relações: "O alemão não trará saldos, não trará paz e só trará ameaças, cada dia mais claras e mais sérias". Faz um paralelo com as relações com os Estados Unidos, de onde deve se esperar exatamente o contrário.

O precoce debate eleitoral dominava a cena política. Os interessados têm ao seu lado a Constituição, que proíbe a candidatura do atual presidente. Esquecem que as mudanças constitucionais recentes podem se repetir.

Tão ocupados que estão em lançar seus nomes, buscar apoios, dizer maledicências contra os outros postulantes, que perdem a noção do que se passa fora do seu campo de visão.

O combate aos comunistas e a vitória na Intentona fortaleceram Vargas entre as classes empresariais paulista e carioca;

confiavam que com ele não corriam os riscos que certamente seriam impostos por uma vitória dos "bolchevistas".

A deportação da mulher de Prestes para a Alemanha e a participação do Itamaraty nas reuniões do Bureau anti-Komintern, criado em Berlim, reforçavam a confiança que depositavam em Vargas — na sua pessoa, não no governo. Estariam dispostos a apoiar sua permanência além do estabelecido pela Constituição.

Nesse momento precisaria remover o grande fator de perturbação da ordem, problema mais pessoal do que para o país, o governador do Rio Grande do Sul. Feito isso enfraqueceria a principal candidatura à presidência, a do governador paulista, que, perdendo o apoio de Flores, não conseguiria substituí-lo pelos donos do dinheiro de sua terra, que prefeririam o atual presidente a correr riscos em aventuras eleitorais.

Com grande dificuldade conseguiu acabar com o déficit orçamentário, que o preocupava sobremaneira. Sabia da necessidade de ter a economia estável, sem inflação, sem carestia, sem desabastecimento nas prateleiras dos armazéns, onde todos faziam suas compras.

Sabia que povo de barriga cheia não derruba governo. A tranquilidade do Estado Novo, a ditadura portuguesa, estava em parte associada ao que dissera Salazar sobre o sonho lusitano de ter uma mesa farta; quando a mesa começou a ficar vazia, lá se foram quatro décadas de ditadura.

Os gastos com as despesas do dia a dia nos armazéns de secos e molhados eram anotados em um caderninho. O débito era quitado ao final do mês.

Uma elevação incontrolável da carestia desmoronaria esse sistema simples e eficiente de conceder crédito, usado em todo o país, do "bolicho" em São Borja aos mais sofisticados mercadinhos do Rio de Janeiro.

Voltando de Buenos Aires, Summer Welles ficou no Rio de Janeiro, conforme a promessa de Roosevelt. Manteve encontros com os responsáveis pela área econômica e ofereceu toda a ajuda para que fosse criado um banco central, necessidade expressada por Vargas durante o seu primeiro mandato, mas que não levara adiante.

Desde que fora ministro da Fazenda estava convicto de que este seria o melhor instrumento para controlar a inflação, fiscalizar os demais bancos e afastar a influência política dos cofres públicos.

Presidentes durante décadas antecederam e sucederam Vargas sem ter a menor noção para que servia esse tipo de instituição. Getulio sabia de sua importância; acovardou-se, rendeu-se a interesses menores e desperdiçou a melhor ideia que teve para o Brasil — de tão boa foi aplicada 28 anos depois. Enfrentava a oposição do Banco do Brasil, a um só tempo banco comercial e autoridade monetária. Esse conflito de interesses só foi totalmente eliminado 52 anos depois. A lentidão em tomar decisões em muito explica o atraso do Brasil.

Nos Estados Unidos, o Federal Reserve System foi criado em 1913, por ato do presidente Woodrow Wilson; a principal motivação foi estancar uma série de crises bancárias, notadamente a de 1907, que levou vários bancos à falência.

O "System" foi ampliado por Roosevelt em 1935, com a criação da FDIC, agência administradora de um seguro para depósitos bancários, visando a restabelecer a confiança nas instituições de crédito, abalada desde 1929.

A intenção era criar um banco central semelhante ao Federal Reserve.

A Intentona completou um ano. Getulio, acompanhado de autoridades e militares, foi à Praia Vermelha prestar homenagem aos mortos.

O tempo ia passando e a boa nova trazida pelo arcebispo gaúcho não se concretizava. Flores continuava em seu posto.

A situação no Rio Grande se agravava. Por precaução, nomeou o general Góis Monteiro inspetor do Grupo de Regiões Militares do Sul, cargo que lhe dava amplos poderes para intervir em qualquer unidade que quisesse nos estados sulistas. Getulio tirou do ministro da Guerra, em quem não mais confiava, os poderes sobre a maior parte de seus comandados.

É claro que criou fissuras nas relações entre os dois generais. Esta era a intenção. O processo culminou com a substituição de João Gomes pelo general Eurico Gaspar Dutra, íntimo de Góis.

Percebendo que a qualquer momento uma tempestade desabaria sobre o governador, os dois principais expoentes da oposição ao governo federal no estado sulista, Borges de Medeiros e Raul Pilla, romperam com o perigoso aliado.

Getulio gostava de cinema, mas os filmes feitos no Brasil não lhe chamavam a atenção. Assistiu *Bonequinha de Seda*, com a atriz Gilda de Abreu, dirigido por Oduvaldo Viana, e o considerou o melhor filme produzido pelo cinema nacional.

Tudo que melhorava no país lhe trazia grande satisfação.

O general João Gomes veio se despedir. Ficou imaginando como seriam de agora em diante as orgias do velho militar. Não podia mais promover oficiais, suas mulheres o abandonarão. Perde o posto e o prazer. Esse tipo de coisa não acontecerá com o austero Dutra, firmemente vigiado por dona Santinha e pelos padres que lhe faziam a corte.

O Congresso, em convocação extraordinária, prorrogou o Estado de Guerra por mais três meses.

Armando de Sales Oliveira, como candidato à presidência, viajou ao Rio. Queria saber do presidente quando deveria se desincompatibilizar do governo estadual para se dedicar à sua campanha eleitoral, ao mesmo tempo, informá-lo de que a intenção de sua candidatura era minar a do integralista Plínio Salgado, que se lançara pelo Partido de Representação Popular — PRP. Os gestos eram sempre altruísticos, era importante demonstrar desapego às ambições pessoais.

Getulio ouve com atenção, agradece a lealdade exposta e à noite escreve em seu diário: "O pretexto era visível, o motivo fraco, a hipótese do candidato perrepista, muito hipotética".

Infeliz do político que não consegue enxergar o invisível. A essa altura, Oswaldo Aranha já sentia o futuro: "Não creio na possibilidade de eleição presidencial. Acho que teremos antes ou pela época eleitoral uma ditadura civil ou militar".

Armando de Sales Oliveira não conseguia ver o futuro, mesmo ele estando tão próximo. Nas lides políticas, nem sempre os mais inteligentes ganham dos mais astutos.

O embaixador em Washington está em viagem ao Brasil. Recebe instruções para ir ao Rio Grande conversar com o governador. Não há mais possibilidade de reconciliação, mas quer saber até onde vão os seus delírios.

O presidente toma uma decisão, resolve equipar o Exército; pressente que pode precisar dele de uma hora para outra.

A empresa proprietária do Zeppelin recebeu o dinheiro das viagens e concluiu o hangar Bartolomeu de Gusmão no subúrbio de Santa Cruz. A magnífica construção foi inaugurada pelo presidente.

O fim do ano de 1936 se aproximava. Summer Welles continuava no Rio, deve ter gostado da cidade e alongou a pauta de trabalhos. O subsecretário de Estado vai ao Catete dar conta das tratativas que mantém com o governo brasileiro. Abre a conversa elogiando a delegação brasileira presente em Buenos Aires; dentre outros assuntos, estende-se sobre o acordo comercial e a criação do banco central. Getulio e Summer consideram da maior importância criar este órgão, mais uma agência reguladora que um banco. Não deve mais adiar esse assunto. Convida-o para o almoço no último dia do ano, no Guanabara.

Getulio demonstrava afeição aos americanos que recebia. Tinha-os em bom conceito.

Nessas reuniões ficou acertado que o Brasil receberia um crédito em moeda americana para sanear as finanças públicas, fortemente abaladas com a sequência de quedas do preço do café no mercado internacional.

Em maio de 1937, Roosevelt determinou ao secretário do Tesouro, Henry Morgenthau Jr. que incluísse o Brasil no plano de ajuda às combalidas finanças da França e Grã-Bretanha. O país recebeu o direito de comprar 60 milhões de dólares lastreados em ouro, pagando com moeda nacional. O benefício foi estendido à China e ao México, com a moeda americana atrelada à prata.

Ao almoço compareceram os senhores Summers e Cordell Hull, secretário de Estado, que já tinha estado com o presidente em duas ocasiões, em 1933 e há um mês. Foi uma reunião agradável, os convidados vieram com suas esposas. Hull foi chamado por Roosevelt de "pai das Nações Unidas". Em 1945, recebeu o Prêmio Nobel da Paz. Getulio encerrou o ano com um pronunciamento pelo rádio. Começou a gostar dessa maneira de se comunicar com a nação.

No início de 1937, os candidatos a presidente começaram a deixar seus cargos para cumprir requisito legal e se dedicar à campanha eleitoral. Getulio pressente que está começando um ano difícil.

As eleições presidenciais estavam marcadas para aquele ano; no seguinte, Getulio passaria a presidência ao seu sucessor, eleito pelo voto secreto e universal.

Quatro candidatos se articulavam para participar do pleito. A União Democrática Brasileira tinha três opções: Armando de Sales Oliveira, de São Paulo, Benedito Valadares, de Minas Gerais, e José Américo de Almeida, da Paraíba; por fora vinha Plínio Salgado. Getulio considerava-o chefe integralista um caipira bem falante; não o levava a sério.

O único trabalho dos candidatos seria viajar pelo país buscando apoio das lideranças locais, políticos e "coronéis". O povo, os três por cento da população que votava, seguiria a sua orientação.

Nos lugares mais atrasados, os eleitores recebiam presentes para votar nos recomendados. Podia ser um par de sapatos, uma dentadura, um prato de comida no dia da eleição ou simplesmente uma vaga promessa de emprego quando fosse eleito.

As fraudes corriam soltas. A contagem dos votos podia levar semanas, permitindo a troca de cédulas. Em algumas localidades, o número de eleitores era maior que a população e noutras, os mortos votavam. A manutenção do poder por um pequeno grupo exigia que fosse assim.

Essas ações eram complementadas pelo desinteresse em alfabetizar a população.

Nos tempos pré-Martinho Lutero, o saber estava preservado em latim, o povo o recebia através do clero católico. No Brasil, ele estava guardado em português, chegando aos eleitores através dos políticos.

Não havia necessidade de refletir sobre os fatos, eles eram transmitidos já interpretados. O povo gostava, não precisava perder tempo com essas coisas. Além dos ensinamentos, recebia os presentes. Nada podia ser melhor. Tanta generosidade apenas para enfiar dentro de uma urna um papelzinho que lhe era previamente dado. As cédulas eram impressas pelos candidatos, quanto mais dinheiro, mais cédulas e maiores dificuldades para os opositores entregarem as deles. O processo era chamado "currais eleitorais" e os votos eram "de cabresto". A analogia com um redil de caprinos era apropriada.

A revolução de 1930 tinha entre seus nobres propósitos acabar com esse processo eleitoral. Foram necessárias algumas décadas para que as mudanças fossem efetivadas.

Não só a data, três de outubro, mas os objetivos da revolução estavam apenas na memória de Vargas, talvez com algum peso na consciência por não ter cumprido nenhum deles, e eram apenas três.

Os candidatos não enxergavam o que Aranha já pressentira. Com suas providências eleitorais, estavam somente perdendo seus empregos e tratando de ser considerados inimigos no futuro.

Oswaldo achava que poderia pacificar o Rio Grande, mas já estava sem esperanças. Começa a se afastar do governador.

Com enorme satisfação, o presidente inaugurou o primeiro trecho eletrificado dos trens dos subúrbios do Rio, da estação Central do Brasil até o bairro do Riachuelo.

Aranha não alimentava esperanças na realização de eleições no ano que se iniciava, mas, movido pela vaidade e não por sua intuição, tinha esperanças em ser candidato; mais do que isso, ser vitorioso. Quer uma solução política para a crise em seu estado. Getulio concorda, "mas ele não oferece qualquer solução política e fica na mesma."

O ministro interino da Justiça, Agamenon Magalhães, com ansiedade, beirando o desespero, vai ao Palácio. O deputado Adalberto Correia o acusara de comunista. Veio jurar que nunca foi nem nunca será. O anátema da Igreja separa os homens de Deus, o do deputado Correia os separa de Getulio; punições duras que todos queriam evitar.

O temor de ser taxado de comunista era tal que certa feita Oswaldo Aranha enviou uma carta à filha de Getulio, Alzira, pedindo para ela não levar a sério, e naturalmente seu pai, uma história que estava circulando no Rio Grande, dando conta dele simpatizar com os bolcheviques.

O presidente perde um enorme tempo com a eleição que não será realizada. Políticos vêm com sugestões para afastar ou unir candidaturas. Getulio ouve todos com paciência. Concorda com tudo que lhe expõem. Pensa na batalha que não houve em Itararé. Não gostaria de perder tempo com o improvável, mas, se não o fizer, poderão pensar que ele tem interesse direto no pleito.

O foco das conversas é afastar Sales Oliveira da disputa. Não querem que São Paulo adicione ao seu poderio econômico e bélico o poder político. Os demais pretendentes e seus apoiadores sentem uma superioridade no bem-sucedido empresário paulista.

Na presidência, ele será um perigo às novas oligarquias, as produzidas por Vargas, poderá criar programas de alfabetização e universidades, como a que inaugurou em São Paulo. Um risco que deveria ser evitado. Alguns sugerem outros nomes; Getulio não discorda, considera todas as candidaturas aceitáveis. Sabe que isso manterá o interlocutor ocupado por algum tempo.

O presidente interrompe as conversas políticas e visita a fábrica de aviões da Marinha no Galeão, na Ilha do Governador. Operários e técnicos alemães estão montando 20 aviões de treinamento.

Foi de barco, na volta passou pela ilha de Paquetá para fazer uma rápida visita ao governador de Minas, que veraneava com a família. Teve uma agradável surpresa, estava lá seu primo, o capitão Ernesto Dornelles.

Um quente sábado de verão bem aproveitado, agradável e sem o calor quase insuportável de onde morava e trabalhava. Soprava uma brisa amena na Baía de Guanabara, deixando o clima das ilhas menos tórrido que o da cidade.

No caso de as eleições seguirem seu curso normal, estava pensando em escolher o candidato oficial em uma lista como aquela que fizera para designar Benedito Valadares interventor de Minas. Líderes, candidatos, políticos elaborariam uma relação de nomes e ele escolheria um. Todos o apoiariam.

Era um plano alternativo que mantinha em segredo. Oswaldo Aranha imaginava que ele existia, por isso pôs em dúvida a realização das eleições e, ao mesmo tempo, começou a trabalhar seu nome com o único eleitor, caso essa ideia vingasse.

O restante do tempo continuava ocupado com a administração das intrigas, normais em tempos eleitorais, às quais dedicava pouca atenção. Fingia interesse para não desapontar os intrigantes.

O discreto aviador Eduardo Gomes começou a se interessar pela política partidária. Até agora, para ele, fazer política era lutar pelo que considerava o mais importante para o país. Daí seus dois ferimentos recebidos em combate. Começa a conversar sobre candidaturas e participar de articulações. Será o início da queda de um anjo? O único que restava.

Aranha, cético, foi o primeiro a pressentir que a data eleitoral que se aproximava passaria em brancas nuvens, mas continuava insistindo que não havia melhor candidato que ele. Era o único capaz de unir todas as correntes e ter o apoio de Vargas.

A vaidade é capaz de cegar até os mais inteligentes. A razão lhe dizia uma coisa e a necessidade de se mostrar lhe indicava o contrário.

O governador da Bahia, Juraci Magalhães, veio ao encontro do presidente para alertá-lo que o combate aos integralistas deveria ter a mesma intensidade do dedicado aos comunistas. Exemplifica com ações que desenvolve no seu estado para conter os simpatizantes do nazismo e do fascismo. Considera os radicalismos igualmente perigosos.

O casal Simões Lopes mais uma vez volta da Europa. Não perdem nenhuma oportunidade de viajar. Ambos são jovens, ricos, bonitos e bem relacionados. Nenhuma sombra paira sobre suas cabeças.

Continuam chegando notícias ruins do Rio Grande e do jogador compulsivo. Não lhes dá a menor importância. Sabe que são mentiras, invencionices de quem perdeu o norte, no momento oportuno, perderá os demais pontos cardeais.

Boa nova, a bordo do navio Augustus a família parte para a Europa.

A agradável companhia de Oswaldo Aranha começa a tornar-se chata. Aborda sob diversas nuances a necessidade de Getulio se reconciliar com o governador que se negou a convidá-lo às festas farroupilhas. Qual será o interesse em falar repetitivamente nesse tema? Será exibir sua capacidade de unir opostos? Para quê? Não sabe ao certo, mas tem algo a ver com seu sonho de ser presidente, seria Oswaldo, o Conciliador.

Devido ao longo tempo que tem passado longe de seu posto, Getulio já havia esquecido que Aranha era embaixador em Washington; a lembrança ocorreu quando veio se despedir, comunicar que estava voltando. Getulio recomendou atenção a vários assuntos, principalmente lembrar aos americanos a ajuda prometida para que ele criasse um banco central.

Nunca algo tão importante fora tratado com tanta obsessão por um chefe da nação — pena que de maneira diretamente proporcional à postergação em implantá-lo. Era vítima dos interesses em torno do generoso Banco do Brasil, inclusive dos amigos do Sul. Enfrentou muitas lutas e dificuldades, mas esse assunto circundava, não o encarava.

Anos de inflação crônica e hiperinflação teriam sido evitados se ele se rendesse à sua consciência e não a interesses menores. Mas eram estes interesses que o mantinham no poder. O melhor a fazer era deixar para outro dia a criação do guardião da moeda.

Informa a quem interessar que aceita qualquer nome à sua sucessão.

Quem mais o procurava era José Américo. Advogava em causa própria. Era estimulado a seguir a trajetória que traçara para si mesmo, ser candidato a presidente.

O interlocutor dos planos futuros era só um, o general Góis. Caberia a ele preparar as medidas militares que fossem necessárias no momento apropriado.

Getulio aproveitou visita a um quartel do Exército e pronunciou discurso doutrinário às autoridades militares presentes. Em sua fala "ressaltou que a função das corporações militares em países como o Brasil sobrepunha-se em importância e complexidade à de quaisquer outras instituições nacionais". "Contem comigo, pois contarei com vocês", foi o recado. É possível que só um ou outro mais perspicaz tenha entendido o que ele quis dizer.

A comissão de busca aos comunistas estava trabalhando sobre os inúmeros nomes de simpatizantes que descobriu. Nada bombástico, até que chegou a denúncia de que o governador Lima Cavalcanti, de Pernambuco, estava protegendo comunistas.

As notícias do Sul eram inquietantes; por falta de ação e aparente fraqueza, o general comandante da IIIª Região Militar estava se deixando levar pelo governador.

O recado dado aos militares surtiu efeito. O ministro da Guerra publicou uma declaração à nação tecendo considerações sobre o momento político e o papel do Exército.

Governadores, ministros, generais, todos estão envolvidos na campanha para a escolha do próximo presidente da República. O ritmo de trabalho, que já não era grande coisa, estava quase parando.

Só Getulio e Góis Monteiro trabalhavam em cima da realidade, tinham um alvo e conheciam bem os adversários; era só ter cautela e paciência que o rumo dos acontecimentos lhes seria favorável. Qualquer precipitação, por menor que fosse, representaria um passo mal dado. Não era coisa para os ansiosos nem para os fortes, mas para os mais inteligentes.

Enquanto os outros se engalfinhavam, Getulio vivia com intensidade uma paixão secreta, dava agradáveis passeios pela cidade e visitava amigos.

Havia boatos que ele estava enamorado pela mulher do jornalista Lourival Fontes, a poetisa Adalgisa Nery. Ao saber da história, Getulio riu, dizendo: "Bobagem! Isso é gabolice do Lourival. Ele espalha o boato para se gabar".

Dedicava-se com todas as energias ao jogo político, para que não percebessem qual seria o seu próximo lance naquela partida de xadrez.

Uma etapa vencida, José Américo de Almeida foi lançado oficialmente candidato do governo.

Comentou com o Fiúza o casamento do duque de Windsor, ocorrido havia poucos dias. Largou tudo por uma paixão, trocou o trono britânico por uma mulher. Talvez esteja certo. Às vezes considerava essa hipótese. Cometeria suicídio político, mas continuaria vivo para se dedicar inteiramente à sua paixão. A diferença de idade não o preocupava, "a paixão era recíproca", pensava ele. O Fiúza, em tom de blague, dizia que em mais alguns anos ela empurraria sua cadeira de rodas e estaria vivendo uma nova paixão. Não se importou. Nunca vivera o presente, só o futuro, não queria nada além daqueles dias.

As crises ocorriam pelos motivos mais fúteis. O governador de Minas, cuja existência devia-se unicamente à tal da lista na qual Getulio mandou incluir o seu nome, queria a demissão do ministro da Educação. Nomearam um inspetor de ensino secundário em uma cidade do interior sem consultar o governador. Promete desdobramentos de largo alcance. O presidente pensa: "Aguardo os resultados de uma nova crise de histerismos. O homem a quem dei o maior estado do Brasil não me permite nomear sem sua anuência um simples inspetor de ensino".

O pivô do embrólio chamava-se Lindolfo Gomes, homem cultíssimo e paupérrimo. Precisava do emprego.

A falta ou a vontade de não fazer alguma coisa útil fomentava essas crises. Elas mostravam a quem quisesse ver a mediocridade reinante na vida pública brasileira.

"As tricas e arrufos do governador de Minas ficam resolvidos". Sabia que ele não iria além do ataque de histeria.

Volta-se à sucessão, a sua sucessão. "Continua-se a limpar a arena para que se trave a luta eleitoral da sucessão: soltam-se presos, suspende-se a censura, trata-se de não prorrogar o Estado de Guerra".

O difícil convívio com a liberdade e a democracia permitia antever como seriam os dias que faltavam para o pleito. Não precisaria fazer nada, o cavalo passaria encilhado em frente dele.

Confusões e instabilidade motivariam apelos pela sua permanência.

O chefe de polícia manifestou apreensão com a campanha que estava sendo desenvolvida pelos comunistas. Aproveitavam-se da liberdade concedida pelo período pré-eleitoral.

"A luta da sucessão presidencial explora e agrava perigos que não têm a significação que lhes querem dar. Assim os fenômenos comunistas e integralistas e a questão do Rio Grande despertam os campeões de democracia, que surgem alarmados como se tivessem descoberto coisa nova".

Tinha plena consciência que os perigos eram menores que os alardeados. Os comunistas e integralistas poderiam tentar ações subversivas, mas não lograriam êxito. O insano governador gaúcho era assunto dele e o liquidaria quando considerasse oportuno.

O que faziam os interessados no pleito era fundamental para o seu plano, do Góis e dos militares. Dedicava mais atenção às promoções no Exército do que às histórias a respeito da eleição.

Aproveitava as comemorações do dia 7 de setembro para, em discurso radiofônico, contestar boatos sobre a sua continuação na presidência. Afirmou que aquele era o último pronunciamento seu no dia da Independência. Em 3 de maio de 1938 passaria o governo ao sucessor indicado pelas urnas.

Dias após o pronunciamento, assessores tentaram convencê-lo da necessidade de restabelecer novamente o Estado de Guerra. Consideraram desestabilizador o aumento das manifestações contrárias ao governo. Concordou. Como estava não dava para continuar, o povo tinha que ser protegido.

A oposição mais radical ia produzindo os pretextos para chegar aonde planejara. A fala doutrinária sobre o papel do Exército estava surtindo efeito.

Além dos subversivos de sempre, esboçava-se em São Paulo um movimento de apoio ao alijado da sucessão, Armando de Sales Oliveira; se crescer poderá provocar outra guerra, como há quase cinco anos.

O consultor-geral da República, Francisco Campos, trabalhava, em sigilo e com toda dedicação, no projeto de uma ampla reforma constitucional. Getulio leu o esboço e elogiou: "É melhor que a atual Carta, repleta de liberdades incompatíveis com o estágio cultural da gente brasileira".

Promoveu-se então longa reunião com Góis e os dois ministros militares; acertaram detalhes para o dia que se aproximava.

O jornal *Correio da Manhã* publicou que estava em andamento um golpe para cancelar as eleições. O próprio presidente desmentiu a notícia.

Flores da Cunha, pressentindo o que estava para ocorrer e que podia lhe ser prejudicial, abandonou o governo e partiu para o Uruguai; exilou-se. Finalmente renuncia, ou melhor, abdica. Para um filho de Santana do Livramento a escolha foi prática; bastava atravessar a rua principal da cidade fronteiriça para estar a salvo de uma eventual prisão por ordem de seu desafeto maior, o general Góis.

Para completar a vingança longamente aguardada, Getulio cassou sua patente de general, eliminou todas as lembranças e homenagens, ordenou que fossem destruídos bustos e trocados nomes de ruas e praças.

Flores da Cunha passou a morar em Montevidéu, onde continuou conspirando e jogando. Alternava o baralho com a roleta dos cassinos uruguaios. Um dia cansou do exílio e cruzou a fronteira, em 1942; foi preso e cumpriu nove meses no presídio da Ilha Grande, no Rio.

No exílio envolveu-se na conspiração dos integralistas, em 1938, para assassinar Vargas. O que pode fazer um inimigo, o liberal aliado aos fascistas. Essas alianças incoerentes fazem parte da nossa história. São espúrias, produzem instabilidade, mas se repetem ao passar dos anos.

O Tribunal de Segurança Nacional o absolveu da acusação de se aliar aos integralistas para assassinar o presidente, mas o condenou a um ano de prisão por importar ilegalmente armamento para a Brigada Militar. Getulio o convidou a retornar ao Brasil, cumpriria a pena e seria nomeado para um cargo relevante. Recusou a proposta do ditador.

Em 1955, com setenta e cinco anos, foi eleito deputado federal. Participava das sessões plenárias fumando charuto, com um lenço branco no pescoço, símbolo de sua facção nas lutas passadas em sua terra.

As sessões eram agitadas, com trocas de insultos e ameaças de agressões. Tudo que o velho caudilho gostava. Presidindo uma reunião plenária, se indispôs com o deputado baiano Aliomar Baleeiro e disse a um companheiro da mesa diretora que ia mandar aquele mulato baiano calar a boca. Todos ouviram. A manifestação racista provocou protestos em todo o país. Flores foi obrigado a pedir desculpas ao colega da Bahia.

O general morreu aos 79 anos. Empobrecera; no seu entender seus bens tinham sido desbaratados por "cavalos lentos e mulheres rápidas". A explosiva combinação acabara com seu patrimônio. Chegado às bravatas, deixou imenso folclore, principalmente com relação ao baralho, à roleta, às mulheres e às atitudes bizarras, como demitir cozinheiros com medo de ser envenenado ou criar galinhas no tempo que passou na Ilha Grande.

Foi esquecido pelos seus conterrâneos. Na sua última eleição para deputado federal, em 1958, aos 78 anos, ficou numa longínqua suplência; só assumiu porque vários eleitos aceitaram outros cargos para que ele pudesse ser empossado.

Para exercer o mandato, se mudou para o Rio; almoçava no Jockey Club, perto do Palácio Tiradentes, depois tirava uma sesta nas poltronas do clube. Nessa fase, aderiu ao jogo do bicho, popular na cidade; apostava por meio dos garçons que o serviam.

Era bacharel em Direito pela Faculdade do Distrito Federal, onde matriculou-se depois de abandonar o mesmo curso em São Paulo, em virtude de uma briga com o diretor da faculdade. Antes havia largado a Escola de Engenharia em Porto Alegre.

Seus pertences foram destruídos pelo tempo e pelos insetos em sua casa abandonada depois de sua morte. Pouco restou de seus livros, fotografias e documentos. Tudo foi deixado de lado pela sua família. Traças foram as últimas companheiras de sua memória.

Governou com austeridade, organizou as contas públicas, deu atenção à educação, criou a Universidade de Porto Alegre e deixou obras importantes.

Curiosamente, a sua primeira eleição para deputado federal, em 1912, foi pelo estado do Ceará. O Partido Republicano gaúcho não conseguiu acomodá-lo na chapa rio-grandense. O presidente do partido, Pinheiro Machado, pediu ao líder político cearense, Cícero Romão Batista, vice-governador do estado, o Padre Cícero, que acolhesse entre os que seriam eleitos pelo seu estado o jovem político gaúcho. Pedido prontamente atendido. Sem ter ido à sua nova base eleitoral uma única vez, Flores se tornou deputado federal.

No mesmo ano havia sido derrubado o governador do Ceará; o que assumiu demitiu o Padre Cícero da prefeitura de Juazeiro do Norte, dando início a uma rebelião. O religioso tornou-se um dos líderes do movimento, tendo o apoio de Pinheiro Machado.

O político cearense foi afastado da Igreja em duas ocasiões. Na primeira porque suas hóstias viravam sangue na boca dos fiéis; ficou proibido de exercer suas atividades sacerdotais por 24 anos. O bispo não se convenceu do milagre. Quando chegou um novo representante da Santa Sé no Crato, Cícero foi perdoado e voltou ao seu ministério. Deu início a um lucrativo comércio de medalhas milagrosas com sua efígie. O novo bispo o proibiu de ministrar sacramentos e o afastou em definitivo da Igreja.

Livre de Flores, Getulio teria tempo para tratar de outros assuntos, coisas menores, como a conspiração de alguns militares e deputados; os descontentamentos de José Américo; o aborrecimento dos generais com o ministro da Justiça, acusado de boicotar a Comissão do Estado de Guerra; o acompanhamento da redação da nova Constituição, em elaboração pelo jurista Francisco Campos; os amuos de Dutra com o general Valdomiro Lima, que tinham ideias diferentes do que fazer com São Paulo; e meditar sobre a recente concentração de integralistas em frente ao Catete com 20 mil homens para homenageá-lo.

Viajou a São Borja para inaugurar a chegada da ferrovia à cidade e conversar com seu pai, com 93 anos. Imagina se viveria tanto tempo. Sua ocupação era perigosa. Havia inimigos por toda parte, talvez quisessem encurtar sua existência. Não teve a felicidade do pai, viver na pequena cidade, cercado de amigos e filhos, lembrando sua participação na Guerra do Paraguai, sem os sobressaltos que ele passava a cada instante.

As razões para a saída antecipada de Washington Luiz e a instalação do Governo Provisório são conhecidas: impedir a posse do vitorioso em uma eleição fraudulenta, modernizar o país e vingar a morte do suspeito de cometer inconfidências amorosas.

O governo instalado em 1930 deveria ter curta existência, seria provisório, uma transição entre a Velha República, com suas oligarquias vindas do Império, e o Brasil moderno a ser edificado pelos idealistas revolucionários, desprendidos de vaidades e anseios pessoais, voltados inteiramente a levar a pátria a um futuro melhor que o seu passado.

Todo governo no Brasil é modernizador, apenas não é explicado o que será feito para que a desejada modernização ocorra.

Modernizar significa apagar o passado, recomeçar, fazer tudo de novo. O governo que dá continuidade às coisas boas do antecessor é tido como pouco criativo. Modernizar, no caso, seria pelo menos reduzir a dependência econômica do café e iniciar um processo de industrialização.

Passados três anos, foi fácil constatar que estavam com a razão o príncipe de Salina e o capitão Prestes. Tudo mudou para continuar no mesmo lugar. O Governo Provisório em nada diferia da Velha República. As principais providências foram instalar uma Assembleia Nacional Constituinte, redigir uma nova Carta Magna e eleger um presidente.

Não que tivessem faltado ideias, elas surgiram. A criação do Banco Central, o desenvolvimento do álcool para mover automóveis, a redução do tempo perdido com a burocracia, a eliminação do funcionalismo ocioso e bem apadrinhado e a construção de rodovias. Havia muito que fazer. O país apresentava carências em todos os setores. Tanta coisa que nem sabiam por onde iniciar. A única premência era dedicada a modificar o aparato legal.

No Brasil há uma sensação de que se forem mudadas as leis o país melhora tão logo o *Diário Oficial* as divulgue. São milhares delas, portarias, decretos, atos de todo tipo sendo alterados todos os dias. Uma busca incessante da norma ideal para que as coisas andem como se espera.

O excesso criou um estranho hábito. A população, não os tribunais, é que decide quais leis devem ou não ser cumpridas. O furor legislativo não para, dormimos sob um aparato legal e acordamos sob outro.

Se essas mudanças pudessem melhorar um país e seu povo, pobres dos americanos e britânicos, há séculos com suas velhas constituições imutáveis em seus princípios, visando à consolidação das instituições e não sua adaptação a interesses momentâneos.

Realizada a eleição de 1933, legitimado o presidente, o Brasil não precisaria sentir vergonha de ter um governo usurpador, não que isso tivesse muita importância, mas a Nação não gostava de ser vista pelos americanos como mais uma ditadura latino-americana. Afinal, os povos de língua portuguesa não eram instáveis como os hispânicos. A recém-inaugurada ditadura lusitana deveria ter curta duração. Como aqui, eles em breve elegeriam um presidente, teriam um primeiro-ministro escolhido como os ingleses escolhem os seus.

Os três primeiros anos passaram rapidamente. Quase todo o tempo do presidente fora utilizado para acomodar situações criadas nos meios políticos e militares. O presidente da República, mais do que um líder levando a Pátria em direção a um futuro glorioso, era um juiz de paz administrando intrigas entre os que lhes eram próximos. Escreveu Getulio: "Quanto tempo se perde com essas tricas irritantes e enfadonhas".

O mandato de quatro anos que se seguiu ao período provisório terminaria logo. Havia passado quase sete anos desde sua chegada ao poder e muito pouco mudara, a não ser as caras estampadas nos jornais e aplaudidas nos desfiles.

A Velha República se fora com seus cavalheiros com barbas, grandes bigodes e cartolas. Caras sisudas, os jovens se esforçavam para parecer mais velhos do que eram. A senioridade estava associada à seriedade, ponderação, capacidade de tomar decisões. Todos tinham que parecer precocemente envelhecidos, com caras amarradas. Rir, nem pensar. Alguns nasceram velhos. As fotos e pinturas de D. Pedro II dão indicações que ele nasceu com longas barbas brancas.

Getulio e seus aliados precisavam de mais tempo. Ainda não falavam, mas descobririam um pretexto para continuar onde estavam. Com mais tempo, teriam condições de mudar o país, tirá-lo de sua letargia secular. Modernizá-lo, como se propunham quando partiram do Sul, tomaram o trem e derrubaram os que impediam o progresso. Não havia dúvidas, a casa precisava de mais arrumação e eles, de mais alguns anos para fazê-la. O sacrifício se impunha.

Mas, com que pretexto? Getulio não poderia sequer se candidatar, a menos que o Congresso alterasse a Constituição; fora isso, só por meio de alguma ação antidemocrática.

No Brasil as coisas caem do céu. Não há necessidade de muita conspiração, é só esperar e dar curso aos fatos. O próprio Getulio havia dito: "Fazer política é montar no cavalo quando ele passa". Bastava ficar atento, sempre havia alguém querendo montar no cavalo do outro ou apeá-lo se já estivesse acomodado à sela.

Cada vez menos agradava a Vargas e seus amigos a ideia de passar seus lugares a outros. Tinham que achar uma solução.

Quem os salvou foi o ministro da Guerra. O general Eurico Dutra sugeriu cancelar as eleições e dar um golpe de Estado. A sugestão era tão boa que não podia esperar nem um dia.

No dia 10 de novembro de 1937, às oito horas da noite, Getulio, pelo rádio, leu seu manifesto à nação.

Foram adotadas as seguintes decisões: fechar o Congresso, cancelar as eleições, federalizar as forças militares estaduais, extinguir o Tribunal Eleitoral e os partidos políticos e estabelecer eleição indireta para presidente com mandato de seis anos, sem data para sua realização.

Na manhã do dia 11, as duas casas do Congresso amanheceram cercadas pela polícia. Ninguém podia entrar.

No mesmo dia foi aprovada e promulgada a nova Constituição pelo presidente e seus ministros. O único a não assiná-la foi o da Agricultura, o mineiro Odilon Duarte Braga, demitido dois dias depois.

Apenas outros dois auxiliares discordaram e pediram demissão: Oswaldo Aranha e Eduardo Gomes. O governador da Bahia Juraci Magalhães, deixou o cargo e retornou ao Exército.

O clima era de intensa satisfação, cumprimentavam-se pelo dever cumprido, elogiavam o saber jurídico do solitário redator, Francisco Campos. Acabariam com a desordem generalizada e liquidariam os movimentos radicais. O país estaria livre dos subversivos e dos loucos.

Aranha chegou dos Estados Unidos e reuniu-se com Getulio, manifestando sua discordância com a ditadura. Afirmou sua lealdade ao amigo. Não aceitaria nenhuma nova função. O perspicaz Vargas sabia que era um jogo de cena, desejava retornar ao Brasil com um cargo de relevo. Sua vaidade era incompatível com o ostracismo.

Getulio apelou a Góis para convencer o amigo a permanecer no governo. Comentou com o general sobre o seu sentimento a respeito do real desejo do embaixador demissionário. O protesto era para manter limpa sua história pessoal, o que seria resolvido com uma massagem no seu enorme ego. Mais uma vez Getulio tinha razão, três meses depois da manifestação de desagrado, Aranha assumiu o Ministério das Relações Exteriores, exatamente o que queria. Deu tudo certo, dessa vez o presidente não perdeu o sono, sabia o que aconteceria. Para isso servia analisar as pessoas e suas fraquezas como poucos poderiam fazê-lo.

Getulio e Góis trocaram um olhar de cumplicidade, tudo dera certo, principalmente a parte dedicada ao governador gaúcho, a essa hora refugiado no Uruguai. Não aguardou ser preso. No exílio teria todos os seus passos vigiados pelo bom amigo, o presidente Terra.

Antes de partir, Flores pensou em uma resistência armada para assegurar a autonomia do Rio Grande e preservar a dignidade de seus cidadãos.

O irmão mais moço, Benjamin Vargas, começou a se preocupar com a integridade física de Getulio. Perigos de toda ordem são inerentes à vida dos ditadores. Para protegê-lo, trouxe de São Borja vinte homens preparados para liquidar qualquer um que atentasse contra a vida do presidente. Ficariam sob o comando do zeloso irmão, que não confiava no aparato de segurança a cargo do Exército. A informal guarda pessoal tinha como segundo na cadeia hierárquica o tenente Gregório Fortunato, filho de antigos escravos.

Os inevitáveis atritos com a segurança oficial eram arbitrados por Getulio a favor da fiel guarda de seu irmão.

Continuaram obedientes ao seu comandante até a morte daquele que tinham que proteger a qualquer preço.

Para surpresa de todos, Borges de Medeiros, mesmo com o mandato cassado, deu seu apoio ao golpe. Cansou de fazer uma oposição que se mostrava inútil. Abandonou a política. Viveu modestamente e recluso o restante de sua existência.

Esse novo período, o terceiro, foi chamado de Estado Novo. Vargas adotou o mesmo nome da ditadura de Portugal, instalada em 1933. Uma manifesta simpatia pelo regime de Oliveira Salazar. Não só a portuguesa, as demais ditaduras europeias o inspiravam.

Dois dias depois de iniciado o novo período ditatorial, Getulio se despediu dos ex-congressistas. Foram ao Catete. Estavam desempregados, bem como os candidatos à presidência. Queriam sair sem demonstrar descontentamento nem rancor. Sabe-se lá o que viria pela frente.

O país estava povoado de ex-parlamentares de todos os níveis, de ex-senadores a ex-vereadores. Os inimigos da ditadura foram presos ou exilados.

Armando de Sales Oliveira, preso logo após o golpe, foi enviado ao exílio. Nunca deixou de se manifestar contra o ditador. Conclamou os militares a promoverem a volta da democracia, lutando contra a "demência autoritária". Em abril de 1945 retornou ao Brasil, falecendo em pouco mais de um mês após sua chegada, vitimado por um câncer.

Os militares importunavam Getulio, ocupavam a maior parte do seu tempo, mas estavam sempre ao seu lado com boas ideias. Seria impossível governar sem eles.

O golpe dado pela Junta Militar contra Washington Luiz foi por carta; o de Getulio, por meio de um discurso radiofônico, o sangue do mártir fora derramado numa confeitaria, não em um campo de batalha, como seria conveniente. O país não fugia de sua história, a ela estava aprisionado.

A nova Constituição era baseada na legislação de países sem tradição democrática; chamada "Polaca", buscou na Polônia e na Alemanha suas principais fontes de inspiração.

A primeira Constituição da República, de 1891, redigida por Ruy Barbosa, teve como paradigma a americana; agora copiavam constituições de países pouco afeitos à liberdade e ao respeito às leis.

Os preâmbulos das constituições se referem ao futuro, lançam bases para que os povos gozem de liberdade para sempre. A nova constituição brasileira era eminentemente conjuntural e sequestrava direitos e liberdades. Bem diferente da brasileira de 1891 e da americana aprovada em 1787.

A Carta brasileira começava comunicando que os representantes do povo estavam reunidos em Congresso para organizar um regime livre e democrático. A dos Estados Unidos informava que o povo se reunira para formar uma união mais perfeita, estabelecer a justiça, assegurar a tranquilidade interna, prover a defesa comum, promover o bem-estar geral "e garantir para nós e para os nossos descendentes os benefícios da liberdade, promulgando e estabelecendo uma Constituição para os Estados Unidos da América".

De acordo com Oswaldo Aranha, o preâmbulo da nova Constituição brasileira poderia ter sido escrito pelo autor de *Mein Kampf*.

O cardeal Leme esperou os ânimos se acalmarem para não correr riscos, então celebrou uma missa de Ação de Graças pelo dia da Bandeira; o seu propósito era demonstrar apoio à nova situação, ao Estado Novo. O ato religioso foi concorrido, a assistência enorme, vivas, aplausos, principalmente quando iniciou uma bela e simbólica solenidade. Foram queimadas em uma pira, por vinte bandeirantes, moças praticantes do escotismo, as bandeiras estaduais e abolidos os seus hinos. O federalismo estava morto e sepultado, sob os olhares de Getulio, do líder dos católicos e de uma multidão entusiástica. Não entendiam bem o que se passava, por que queimaram as bandeiras, mas a cerimônia era bonita e tinha aprovação de Getulio.

Ao anunciar o Estado Novo, Getulio afirmou: "A Constituição hoje promulgada criou uma nova estrutura legal, sem alterar o que considera substancial nos sistemas de opinião; manteve a forma democrática; o processo representativo e autonomia dos estados dentro das linhas tradicionais da federação orgânica". Poucas palavras estiveram tão distantes dos fatos por elas anunciados. Mais uma vez Vargas dizia uma coisa e fazia outra.

O cardeal, com espantosa capacidade de ler o que não estava escrito, compreendeu que a "federação orgânica" não mais existia.

O simbólico gesto não deixava dúvidas, a República era unitária e tinha apenas um mandatário, com o aparato legal e a posse de todas as armas para que nenhum aventureiro pensasse em perturbá-lo. Se alguém algum dia o derrubasse, teria que ser pessoa de sua confiança, insuspeita; não deveria perder tempo pensando nessas coisas.

O governo estava coeso, o golpe havia sido bem compartilhado, todos tinham alguma importância. Getulio sabia dividir os espaços de modo a agradar os que o apoiavam, bem como sabia punir os desafetos. Estava mais vigilante, fora traído por Flores, um dos seus mais leais amigos. Teria que aumentar e melhorar o aparato de informações.

Para cada um dos vinte estados Getulio nomeou um interventor, manteve apenas o de Minas, Benedito Valadares. Para São Paulo foi nomeado, depois de algumas interinidades, Ademar de Barros, médico, revolucionário de 1932 e membro da Assembleia Constituinte. Para o Rio Grande do Sul o indicado foi o baiano general Daltro Filho, que morreu três meses depois de assumir, sendo substituído pelo coronel Oswaldo Cordeiro de Farias, revolucionário de 1930 e 1932 e ex-chefe da Polícia de São Paulo.

Dessa vez Getulio tomou mais cuidado, evitando os que poderiam traí-lo.

Um problema: como justificar o golpe? Só informar à nação que ele gostou do Catete e de lá não queria ir embora? Era pouco. Tinha que expor as razões. A nação compreenderia, não havia outro caminho. As justificativas para o novo golpe eram conhecidas, tinha apenas que ordená-las para que o povo as entendesse melhor.

Um dos principais líderes da revolução de 1930 foi o político gaúcho José Antônio Flores da Cunha. Vitorioso o movimento, Getulio o nomeou interventor do Rio Grande do Sul, cargo que ocupou por sete anos. Além de exercer o seu mandato com competência, tratou de preparar suas tropas para qualquer imprevisto. Eram tempos instáveis, o amigo na presidência não lhe dava a tranquilidade necessária para governar. Tinha que estar preparado para uma revolução que poderia ocorrer a qualquer momento, vinda de onde menos se esperasse. A história de seu estado recomendava esse tipo de precaução.

Equipou a Brigada Militar para ser a mais poderosa força estadual da Federação e montou uma milícia civil, os Corpos Provisórios. Importou grande quantidade de munição da Alemanha. Contava com milhares de homens em armas e importantes aliados na Região Militar, o maior contingente do Exército, sempre atento às hostilidades que os argentinos poderiam desencadear na falta de algum problema interno. Naquele momento, a tropa federal estava mais à disposição do interventor que do presidente da República, seu comandante em chefe.

Getulio conhecia o sangue quente de sua gente, capaz de partir para a luta ao menor motivo. O aliado de outros tempos começava a trazer insegurança.

Para o presidente a paz era um estado da alma e do espírito com o qual não fora abençoado. Alternava o desejo de ficar no Catete para todo o sempre com, o de voltar a São Borja, levando uma vida tranquila, vendo o gado se multiplicar no pasto, comendo churrasco, tomando chimarrão, ouvindo os "causos" da peãozada e contando os seus.

Sentado na cadeira de balanço, que há muitos anos seu pai colocara no alpendre, podia ver, sem enxergar o fim, o verdejante pasto povoado pelo gado Hereford, de fina linhagem europeia. Usaria bombachas e botas como a sua gente. Depois do almoço, faria a sesta na rede que ganhara de um amigo nordestino, colocada no alpendre, próximo à cadeira de balanço.

Quando a noite caísse, jantaria com alguns amigos, em companhia de um ou outro capataz, tomaria vinho, jogaria uma partida de dominó com dona Darcy, deitaria cedo, levantaria ao primeiro cantar dos galos para reiniciar a modorrenta e prazerosa rotina, igual à de todos os vizinhos de estância.

De vez em quanto viajaria a Uruguaiana, visitaria o amigo Batista Luzardo, iriam ao prestigioso bordel do Ivo, o melhor dos dois lados da fronteira. O anfitrião os receberia com os mais luxuosos vestidos trazidos da capital argentina, ninguém tinha guarda roupa feminino mais elegante que o Ivo.

Na prestigiosa casa, Luzardo não teria dissabores como o ocorrido em Montevidéu, quando era embaixador do Brasil no Uruguai, e sua "chinoca" na zona o traíra, obrigando-o à luta corporal para vingar a afronta sofrida.

Tudo muito parecido com a civilizada Argentina, logo ali, do outro lado do rio Uruguai.

A presidência o obrigava a tratar todos como se fossem membros de uma nação homogênea. Recebia gente estranha, compromissada com o atraso. Coisa que lhe desagradava. No fundo sabia que se passariam décadas até que políticos de regiões mais distantes de seu estado se voltassem à coisa pública, ao bem comum, deixassem de confundir o público com o privado. Nessas horas pensava a falta que fez uma guerra como a da Secessão nos Estados Unidos, a guerra civil imaginada por Luiz Carlos Prestes. As décadas se sucederiam e as pessoas continuariam fazendo de conta que o Brasil era um país unido pelos mesmos ideais.

Refletia como seria difícil modernizá-lo. As oligarquias derrotadas tinham sido substituídas por outras, ele mesmo estava criando novas. O café continuava dominando a economia, a industrialização não se impunha; se algum dia houvesse eleições, provavelmente elas seriam fraudadas. Às vezes sentia a sensação da inutilidade da revolução, que o fizera correr tantos riscos e abdicar de tantas coisas que lhe eram prazerosas.

Levar uma calma existência em sua terra natal era um belo projeto, o desejava nos momentos ruins. Superados os problemas, voltava ao que o obcecava: ficar no Catete até o fim da vida. Para isso seria capaz de qualquer sacrifício.

O que mais chateava nos meses que precederam o golpe era o comportamento de Flores da Cunha. Por que a indisciplina? Por que não aceitar sua liderança para sempre? Uma maçada que perturbava seus dias e o impedia de ter um sono tranquilo, incomodado apenas pelo passar de um ou outro bonde durante a madrugada, ou pelo guarda noturno apitando, avisando a todos da sua presença; uns, ao senti-la, dormiam melhor, outros, adiavam seus furtos.

O ministro da Guerra transmitia suas inquietações com as grandes aquisições de armamento feitas por São Paulo e pelo Rio Grande do Sul. Os paulistas estavam até comprando aviões. Será que tinham em vista alguma guerra? Quem seria o inimigo? Realmente, era inquietante. Compartilhava sua preocupação com os generais. O único alvo daquela movimentação era ele, não havia outro inimigo à vista.

Oswaldo Aranha queria uma solução política para o Rio Grande do Sul e não bélica como sugeriam os militares. A razão estava do seu lado. No rumo para o qual a situação estava evoluindo, seria pouco provável que o presidente pudesse contar com a lealdade das tropas do Exército além da fronteira de São Paulo com o Paraná, a IIIª Região Militar, adestradas para o confronto maior, a hipotética guerra contra a Argentina.

Os militares de ambos os lados da fronteira trataram esta como sua principal hipótese de guerra, só a abandonaram ao aproximar-se o fim do século XX. Os argentinos voltaram sua belicosidade para a Grã-Bretanha, o Brasil amadureceu em alguns setores, como na sua política de defesa.

Referindo-se aos chefes militares do Sul, Vargas pensava: "Flores é mais general que eles. Seria preferível que, em vez de espada, lhes dessem uma almofada para bordar". Tinham espadas, apenas não estavam sob seu comando.

Decidiu enviar o general Góis Monteiro para inspecionar as tropas do Exército no Sul, e mais que isso, ouvir e trazer boas informações sobre os riscos que corriam.

Flores havia iniciado perigosas conversas com o paulista Armando de Sales Oliveira. Os riscos aumentavam. Paulistas e gaúchos unidos representavam um grande perigo. O imperador, Dom Pedro II, já havia pressentido isso. Depois da guerra dos Farrapos, para separá-los criou a província do Paraná, desmembrando-a de São Paulo, eliminou, ainda, uma porção do território paulista, no oeste catarinense, que se prolongava até o Rio Grande. As duas províncias, distantes uma da outra, trariam mais paz ao Império.

Ao mesmo tempo, Getulio participava, ou fazia de conta, das articulações para a escolha do candidato da União Democrática, que seria ungido com seu apoio. A eleição tornava-se um pesadelo. Tudo democrático, civilizado, mas a vítima seria ele, alguém ocuparia o seu lugar. Mais um problema a lhe perturbar o sono.

Desconfiado e ressentido com o andar das articulações e com a proximidade do pleito, registrou: "Visivelmente, os satélites começam a girar em torno de um novo sol". A sensação de abandono, de fim de uma luta não concluída, o deixavam angustiado, deprimido. Se o processo não fosse interrompido em breve, para entrar no Catete teria que pedir licença.

Enquanto Góis queria liquidar Flores, Aranha continuava a expor a necessidade de os dois se reconciliarem.

A confusão era provocada pela difícil escolha do candidato à presidência. Nenhum agradava Getulio, todos queriam ser, ninguém cedia um palmo, cada dia uma nova ambição era exposta. Seu descontentamento aumentava.

Quando Aranha propôs sua própria candidatura à presidência, Getulio ouviu com agrado, mas o que pensariam os generais ciumentos com o prestígio e a influência do embaixador? Um problema resolvido acarretava outro, o processo parecia não ter fim.

Tinha que achar logo, o mais rápido possível, uma saída para essa questão. Pressentia que o clima estava propício a uma nova revolução. Nesta, o seu papel seria semelhante ao de Washington Luiz na outra.

A sugestão de Oswaldo Aranha esbarrou no interesse dos outros candidatos. Getulio achou melhor ele desistir e voltar para seu posto em Washington. Seria um a menos a participar de conspirações. Antes de partir, mais uma vez abordou a necessidade da reconciliação com o interventor gaúcho. Getulio repeliu o conselho: "A solução é simples. O Flores que ficasse quieto, não me importunasse que eu não o hostilizaria." Aranha ficou apreensivo com a resposta à sua proposta de pacificação.

O tom beligerante do governador gaúcho aumentava. Deu início a exercícios militares, atacava o presidente pelos jornais e conclamava por telegrama os demais interventores à resistência contra o governo federal. Seu pretexto era preservar o federalismo ou o que ainda restasse dele.

A obstinação de Aranha tornava-se inconveniente. Não obedeceu a ordem de retornar à sua embaixada e intensificou as conversas com o irrequieto governador. Getulio chegou a desconfiar do amigo e de suas seguidas viagens a Porto Alegre. Começou a achar que ele não desistira da candidatura presidencial e agora conspirava para atingir esse objetivo. No imaginário do presidente, beirando a paranoia, todos estão contra ele, até o velho amigo. É um momento que chega, com frequência, a governos latino-americanos, legítimos ou ilegítimos, que querem continuar além de seu mandato a qualquer custo.

Aranha dessa vez voltou do Sul trazendo consigo Flores da Cunha. Getulio recebeu os dois, discutiram a sucessão, concluíram que nem Flores, nem ele estavam comprometidos com qualquer candidatura. O interventor concordou em ficar duas semanas no Rio de Janeiro para conversar mais com o presidente e eliminar qualquer dúvida, qualquer suspeita que ainda pairasse sobre a lealdade ao antigo amigo, agora quase um desafeto. Ficou satisfeito com a cordialidade dos encontros e o desejo de reconciliação. A Revolução os unira, as ambições pessoais não poderiam separá-los.

Oswaldo Aranha achou acertada a decisão de não voltar tão cedo aos Estados Unidos, permanecendo à frente da batalha eleitoral.

O governador retornou ao Rio Grande deixando pendente um assunto de interesse do presidente, a eleição para a mesa da Assembleia gaúcha. Mera questão provinciana, mas, nas coisas de sua terra, Getulio era um provinciano.

As inquietudes voltaram. O pesadelo eram as dúvidas crescentes sobre a lealdade do comandante da Região Militar. Cada vez confiava menos no general, que pendia mais para o lado do interventor que para o seu.

A confusão era tanta que não pôde atender o convite de Benito Mussolini para ir a Roma para as solenidades da instalação do Império Italiano. Por ato do ditador, o Duce, a Etiópia, a Eritreia e a Somália, depois viriam Líbia e Albânia, passavam a fazer parte da Itália. Não há a menor dúvida, os césares sentiriam vergonha de tão pobre e pouco heroica anexação.

Gostaria de ir à solenidade, de estar com Mussolini. Aproveitaria a ocasião para visitar o papa Pio XI — dele o casal Vargas receberia uma confortadora bênção. Trariam terços, medalhas, toda sorte de lembranças para distribuir entre os amigos. Poderia convidar o cardeal Leme e o arcebispo Dom João Becker a fazerem parte da comitiva, gesto simpático à Igreja. Sem dúvida seria uma bela viagem. O casal Simões Lopes os acompanharia. O empecilho era a impaciência de todos em definir um candidato à sua sucessão que poderia não ser do seu agrado. Afastar-se agora seria arriscado. Lembrou-se da imprudente viagem de Júlio Prestes depois de eleito.

Agradeceu a Mussolini, desejou-lhe sorte na condução de seu vasto Império. Estava mais uma vez a história se repetindo como farsa.

Flores e Aranha regressaram juntos ao Sul. Por quê? Já não podia confiar em ninguém a não ser no Dutra e no Góis.

Chamou Góis para almoçar, as melhores maquinações em momentos difíceis sempre vinham dele. Aranha tinha excelentes ideias, mas era muito conciliador e o momento exigia ações enérgicas.

O almoço girou em torno de Flores e das desconfianças sobre o embaixador em Washington, que relutava em reassumir seu posto. Era abril, a primavera amena na capital americana era um atrativo a mais para voltar, mas preferia o Sul, onde o outono, já frio, antecipava um inverno rigoroso.

Na sobremesa, Góis mandou entrar o general Emílio Esteves, comandante da 3ª Região Militar; queria ouvir dele como andavam os preparativos para uma aventura militar contra o governo estadual. Mais do que isso, Getulio queria olhar nos seus olhos, ouvir a firmeza de sua fala, ver se ainda lhe era totalmente leal ou estava se bandeando para o inimigo, como já ouvira falar. Gostou do que viu, ouviu e sentiu, dava para confiar no seu chefe militar, seu representante na longínqua e rebelde província. Honrava sua espada, não precisaria bordar almofadas.

Acalmou-se com o almoço, o expediente da tarde foi rotineiro, depois do jantar jogou dominó com a família. Dormiu sem sobressaltos.

Flores não aquietava, despachara emissários para a Bahia e São Paulo em busca de aliados.

Com os pensamentos voltados ao imbróglio do Sul, recebeu José Américo, para importuná-lo com sua pretensão de candidatar-se à presidência. Informou que seria uma candidatura de conciliação e as articulações andavam bem em vários estados, inclusive no Rio Grande do Sul e em São Paulo.

Por alguns momentos, pensou que se tratava da fértil imaginação do escritor José Américo influenciando o político e este tentando influenciar o presidente da República.

Ouviu outros governadores. Concluídas as consultas, Getulio concordou em apoiar a candidatura de seu ex-ministro. Seria única, sem disputas, fricções e rachaduras.

José Américo tornou-se assíduo no Catete, queria demonstrar lealdade e desfazer eventuais intrigas antes que elas fugissem ao controle. Percorreu o país fazendo discursos e mais discursos.

Os aliados consideraram suas locuções extremadas, esquerdistas, não conciliatórias, como propunha no começo da campanha. Os excluídos da disputa tinham que enfraquecê-lo e ele lhes dava os argumentos para encherem os ouvidos e a cabeça de Getulio. Mostravam os inconvenientes em manter aquela candidatura.

Getulio se aborreceu, havia caído na armadilha de um cabotino: "Como já conheço seu cabotinismo e sei que nestas atitudes há muito de postiço, de pose de candidato, não tenho os mesmos receios." Receios que seus pares tinham das falas do candidato.

Por que escolheu para apoiar alguém que gozava de tão pouco conceito, um cabotino, um falso? Mistérios de uma mente difícil de desvendar. O mais lógico é entender esse apoio como uma maneira de complicar o jogo sucessório.

O governador de Minas, Benedito Valadares, transmite inquietações a respeito da candidatura oficial e diz que não são apenas suas. Getulio mostra-se irritado com "os bestialógicos" do escolhido para sucedê-lo na presidência. Que erro! Como fora fazer isso?

As pequenas questões provincianas voltam a incomodar. Flores conseguiu a renúncia de um deputado e agora tinha maioria da Assembleia Legislativa estadual. Ter a mesa diretora em suas mãos era um objetivo de Vargas; seria difícil governar com minoria na Assembleia. Queria cercar o adversário por todos os flancos.

Havia momentos em que parecia que nada mais daria certo. Se o seu querido estado lhe faltava, o que deveria esperar dos outros? Muito pouco, a não ser um golpe a qualquer momento. Teria que ir para o exílio, como seu antecessor. A ideia não lhe agradava.

A única coisa boa é que seu erro em apoiar o político-escritor começava a ser consertado. Seus apoiadores começavam a debandar. Os tais discursos os deixaram alarmados. Todos queriam combater o comunismo e agora aparece um esquerdista. Desvendava-se alguém que não conheciam.

Busca-se um novo candidato; Getulio considera analisar nomes, desde que não fosse o de Armando de Sales Oliveira — o queria confinado ao seu estado. Temia liberá-lo para voos mais altos. O governador de São Paulo, eleito, ocupando o seu lugar, poderia provocar comparações desagradáveis.

Fora nomeado interventor em atenção às lideranças paulistas, as tais oligarquias atrasadas. Elas queriam a designação de um paulista e civil. Os militares não gostaram da ideia, principalmente o comandante da Região Militar, general Daltro Filho, que ambicionava o cargo; nele teria o controle do Exército e da Força Pública estadual, quase tão bem equipada quanto a Brigada de Flores da Cunha. Unindo esforços, os dois estados, poderiam se aventurar a derrubar qualquer um que não fosse do seu agrado.

Getulio sabia disso, era amigo de Daltro, mas não o queria à frente do governo paulista, como, também, não queria o representante da elite estadual.

Armando de Sales Oliveira tinha um modo de ver as coisas diferente dos estancieiros do Sul. Não era militar, advogado ou funcionário público como todos os demais pretendentes à presidência, era um empresário.

Representava uma nova mentalidade que surgia em São Paulo, difícil de ser entendida pelos demais. Era genro de Júlio Mesquita, proprietário do importante diário *O Estado de S. Paulo*.

Getulio percebeu que ele representava perigo. O revolucionário modernizador conhecia as limitações impostas pela sua origem, sabia que seria difícil ultrapassá-las.

Júlio Prestes, também, tinha alguma coisa que ele gostaria de ter, mas não sabia o que era. Queria construir um novo Brasil sobre os escombros do antigo, mas não sabia bem como.

Sales Oliveira criara um partido político poderoso, Partido Constitucionalista, do qual Getulio fora obrigado a aceitar duas indicações para o ministério, Vicente Rao, para a Justiça, e José Carlos de Macedo Soares, para as Relações Exteriores.

Quando em 1936 comunicou ao presidente que se candidataria à presidência e que já contava com o apoio de Flores da Cunha, um calafrio percorreu a espinha de Getulio. Não era possível! A que ponto as coisas estavam avançando sem o seu conhecimento. Alguma coisa teria que ser feita antes que perdesse o total controle de sua sucessão. Nem Góis, nem Emílio Esteves, nem Daltro Filho, ninguém tinha lhe falado sobre essas *démarches*. Para que serviam os generais? Não viam, não ouviam, não sabiam o que se passava. Ou pior, sabiam e não lhe contavam.

Os incômodos e os trabalhos cotidianos não cessavam. Estava redigindo o manifesto com o qual anunciaria a nova Constituição.

Tomou uma decisão depois de longa conversa com Góis: substituir o ministro da Justiça por Francisco Campos, que estava preparando a nova Carta e colaborando na redação da proclamação que leria ao povo, justificando decisões que tomaria mais adiante. O golpe estava planejado nos seus mínimos detalhes.

"Não é mais possível recuar. Estamos em franca articulação para um golpe de Estado, outorgando uma nova Constituição e dissolvendo o legislativo". Getulio, da outra vez, buscou o eufemismo revolução para o golpe de estado de 1930, dessa feita não teve pudor em registrar seu ato com o nome apropriado.

Os militares leram e aprovaram tanto o projeto constitucional quanto a proclamação. E o novo ministro da Justiça? Este era um homem em quem podiam confiar.

A Constituição brasileira decretada pelo presidente da República em 10 de novembro de 1937 justificava-se por temores de ações subversivas.

"O presidente da Republica dos Estados Unidos do Brasil, attendendo às legítimas aspirações do povo brasileiro à paz política e social, profundamente perturbada por conhecidos factores de desordem, resultantes da crescente aggravação dos dissídios partidários, que uma notória propaganda demagogica procura desnaturar em lucta de classes, e da extremação, de conflictos ideológicos, tendentes, pelo seu desenvolvimento natural, resolver-se em termos de violência, collocando a Nação sob a funesta imminencia da guerra civil; attendendo ao estado de aprehensão creado no paiz pela infiltração communista, que se torna dia a dia mais extensa e mais profunda, exigindo remédios, de caracter radical e permanente; attendendo a que, sob as instituições anteriores, não dispunha o estado de meios normaes de preservação e de defesa da paz, da segurança e do bem estar do povo; com o apoio das forças armadas e cedendo às inspirações da opinião nacional, umas e outras justificadamente aprehensivas deante dos perigos que ameaçam a nossa unidade e da rapidez com que se vem processando a decomposição das nossas instituições civis e políticas; resolve assegurar à Nação a sua unidade, o respeito à sua independência, e ao povo brasileiro, sob um regime de paz política e social, as condições necessárias à sua segurança, ao bem estar e à sua prosperidade".

Um elemento não de todo antipático ao governo era o paulista, jornalista, católico e chefe do integralismo Plínio Salgado. O seu movimento era afinado com o pensamento dominante no governo, mas seu crescimento não podia ser visto com indiferença. Falava-se em um milhão de filiados. Num passe de mágica colocavam milhares de pessoas nas ruas. Era um perigo em potencial.

Getulio estimulou o chefe fascista a integrar-se ao seu governo; seria ministro da Educação; ficou de pensar. Sugeriu transformar o seu movimento em uma sociedade com fins culturais e esportivos. Não se sabe se foi ironia ou maldade. Ainda não decifrara o propósito da passeata dos 20 mil, na frente do Catete, em 1937. Homenagem ou demonstração de força?

Em 1932 Plínio Salgado lançara seu Manifesto à Nação, fundara, também, a Aliança Integralista Brasileira, conclamando todos a defenderem Deus e a Pátria e a Família. Um contraponto ao comunismo que renegava Deus, a Pátria, na medida que pretendia ser internacional. O Manifesto Comunista continha instruções precisas e razões para a dissolução da família. O medo da doutrina de Marx impulsionava multidões para os braços do integralismo.

Apresentado o Manifesto, foram mostrados os símbolos integralistas. Camisas verdes, inspiradas nas pretas de Mussolini e nas beges de Hitler; o sigma, a letra grega, em lugar do milenar símbolo religioso hinduísta de tantas outras religiões: a suástica; a bandeira do movimento, com fundo azul e o mapa do Brasil na cor preta, coberto por um enorme sigma branco. A saudação com o braço direto esticado era "Anauê", "meu irmão" em tupi-guarani, em vez de "Heil Plínio".

A última vez que se tem notícia do uso do tupi-guarani em lugar do português foi quando o amanuense Policarpo Quaresma, do Ministério da Guerra, redigiu um ofício a ser assinado pelo ministro na linguagem indígena. Queria voltar às raízes territoriais e abandonar as influências europeias. Foi dado como louco e internado em um hospício.

Cada vez que um brasileiro encontrasse outro não faria um cumprimento usual, diria Anauê. Plínio Salgado, quando foi derrotado, não teve o triste fim de Quaresma, não foi internado em um sanatório para loucos.

O movimento integralista cresceu e arregimentou pessoas de peso nos meios intelectuais e políticos, como Gustavo Barroso, Miguel Reale, Rômulo de Almeida, San Tiago Dantas, Câmara Cascudo, padre Hélder Câmara e muitos outros de igual importância. Derrotado o nazismo, todos trataram de limpar suas biografias e esquecer o passado. Hélder Câmara, já bispo, classificou sua adesão às ideias de Plínio Salgado como um "pecadilho da juventude".

Não restava a menor dúvida, o Estado Novo foi fruto das disputas em torno da sucessão presidencial e a imensa dificuldade de acomodar todas as ambições pessoais em uma candidatura única, a de Vargas.

Os outros acontecimentos facilitavam a realização de sua ambição. Forneciam as razões para ele partir para o enfrentamento e depois pacificar a nação.

Flores da Cunha foi a principal razão pessoal para Vargas agir como agiu, tornara-se uma verdadeira obsessão para o presidente; outros dois motivos não podiam ser menosprezados: o crescimento do integralismo e a movimentação dos comunistas com apoio da União Soviética.

O que estava se passando na Europa poderia exigir muito em breve um governo forte, capaz de enfrentar as adversidades que poderiam chegar quando menos se esperasse.

O somatório justificava a existência do Estado Novo e de todo o seu aparato de segurança.

Muito contribuiu para a instalação do estado de exceção um documento anunciado como de origem comunista e divulgado no final de 1937, o Plano Cohen. Uma reunião entre Dutra, Góis e Filinto Müller atestou a autenticidade da terrível relação de ações que seriam desenvolvidas pelos subversivos de esquerda.

A imprensa o divulgou amplamente, desencadeando uma vigorosa campanha anticomunista em todas as camadas da população. O plano falava em greves gerais, incêndios, saques, depredações e assassinatos de autoridades. Foi imediatamente decretado o estado de sítio.

Depois se soube que ele tinha sido elaborado pelo irrequieto capitão Olímpio Mourão Filho, integrante da cúpula da Ação Integralista Brasileira.

Anos mais tarde, o general Mourão Filho partiu por conta própria de Juiz de Fora para o Rio de Janeiro, dirigiu-se ao Palácio Guanabara, sede do governo estadual, e apoiou a ações do governador Carlos Lacerda no intuito de derrubar o presidente João Goulart. O que conseguiram sem muita resistência. No tempo do Plano Cohen, Lacerda era comunista; agora, era tão raivosamente antimarxista como seu novo aliado.

E quem era o Cohen? O personagem criado pelo autor do documento era um fictício judeu húngaro, Bela Cohen.

Quem poderia imaginar, pensa Getulio: Flores da Cunha no exílio e Luiz Carlos Prestes preso. Plínio Salgado arriscava-

-se, em algum momento criaria uma situação que o obrigaria a prendê-lo. Desde que extinguira a Aliança Integralista Brasileira, em 1937, esperava alguma manifestação de seus seguidores.

Personalidades tão diferentes, ideais completamente distintos, que tiveram tudo para se aliarem a Getulio em todas as suas aventuras mas cometeram a imprudência de confrontá-lo.

O primeiro queria a liberdade federativa pregada pelos que lhes antecederam no governo estadual; o segundo, uma revolução comunista na órbita da União Soviética; o terceiro, um regime fascista topicalizado. Getulio sentiu o perigo que representavam e os tratou da mesma maneira.

Getulio acabou por destruir os três, que, não querendo ser aliados, passaram a ser inimigos. Só perceberam que suas mortes políticas eram definitivas na velhice. Nem a juventude, nem a maturidade permitem essa perspectiva da existência, a capacidade de enxergar quando a estrada seguida não permite volta.

Eles viveram muito além de 1937. Flores, o mais velho, morreu 22 anos depois; Plínio Salgado, 38 anos após aquele ano; e o mais moço dos três, Prestes, se foi 55 anos após sua Intentona. Perambularam pela vida buscando cargos menores ou lutando por ideais que iam sendo superados pela sucessão natural das gerações e das ideias. Caíram no ostracismo. São lembrados apenas pelos curiosos da História, por um ou outro admirador; nomeiam algumas ruas, colégios e cidades, os passantes a eles se referem como meros endereços; se uma placa não indicar quem foi, não restará lembrança alguma.

A homenagem pode em algum momento ser extinta. Os vereadores podem precisar daquela rua para um vulto mais atual, mais lembrado.

Os que perseguem utopias raramente atingem seus objetivos; por vezes, um pragmático busca e alcança o mesmo que eles querem, dando-lhes uma momentânea sensação de vitória, mas são logo alijados pelos vencedores. Ninguém governa perseguindo sonhos.

Os utópicos, por outro lado, são essenciais, são o sal da terra. Assim tem sido desde Thomas Morus, o mártir utópico na entrada dos tempos modernos. Perdeu a sua cabeça, mas não sua coerência e seus ideais. Morreu com eles. Foi santificado não por seus milagres ou vida piedosa, mas pela lealdade à sua fé e à crença de ser possível um mundo menos injusto e dependente apenas da vontade do príncipe. São Sir Thomas Morus, canonizado pelo papa Pio XI em 1935, recebeu o título de padroeiro dos estadistas e políticos. Seria preferível ser patrono apenas dos primeiros, a homenagem seria mais adequada.

𝒪 Tribunal de Segurança Nacional, criado em 1936, só começou a funcionar no ano seguinte, no Estado Novo. O peculiar órgão passou a ser ligado ao Executivo, inicialmente subordinava-se ao Supremo Tribunal Federal.

Não era um poder independente como convém aos bons tribunais. Os juízes eram indicados pelo presidente da República: dois civis, três militares e um advogado de notável saber jurídico.

Se houvesse alguma dúvida, era imputada culpa presumida ao réu, ao contrário da prática corrente, em que as dúvidas são usadas a seu favor.

Seus poderes eram amplos, podiam aplicar até a pena de morte, instituída pela Constituição de 1937. Durante a II Guerra, o escritor Gerardo Mello Mourão foi condenado à morte por suposta espionagem. Não foi executado, acabou indultado e morreu aos 90 anos.

Seus principais réus foram os comunistas, esquerdistas, integralistas e liberais. Era notável sua produção e celeridade. Em 14 meses, de 1937 ao fim de 1938, julgou e condenou 1.420 pessoas.

Crimes contra a economia popular ficaram na alçada do novo tribunal, considerados tão graves quanto a subversão da ordem e os atentados contra a segurança nacional. A rejeição subconsciente à economia de mercado criou um terrível inimigo do povo, o atravessador: maior responsável pela falta de bens, notadamente alimentos. No imaginário popular ele os escondia em algum lugar em tempos de escassez para provocar alta nos preços.

A ausência de um ou outro produto nas prateleiras dos armazéns ou nas bancas dos mercados públicos não era resultado das más safras, da falta de transportes, da não importação no momento certo ou da inexistência de depósitos para estocar a produção; era culpa do atravessador. A ele cabia também parcela de responsabilidade pela carestia, como era chamada a inflação naqueles tempos mais simples. Invisível, ninguém o via, mas todos o odiavam.

A atividade do atravessador passou a ser tipificada como atentado à economia popular, ao bolso do povo. A odiosa função foi colocada no mesmo nível dos crimes políticos mais hediondos; cabia, portanto, julgá-la no Tribunal de Segurança Nacional. A partir da aplicação do novo diploma legal haveria fartura, os preços não aumentariam; o perigo é que agora o culpado pela escassez seria o governo, por não haver estocado alimentos para os períodos de "vacas magras".

Com o melhor conhecimento dos mecanismos da economia de mercado, começou a ser compreendido que na relação entre produtores e consumidores há intermediários, que querem apenas colocar produtos no mercado para ganhar com isso. O resto é regido pela lei de oferta e procura, cabendo ao Estado coibir abusos.

Nos corredores palacianos comenta-se que o presidente estava vivendo uma intensa e secreta paixão. O assunto é sussurrado com receio. Falava-se que era mulher de um amigo muito chegado. De fato, em abril anotou em seu diário: "Estou vivendo uma experiência sentimental transbordante de surpresa e alegria". A paixão o angustiava. "Dias amargos e de inquietação na vida particular".

A paz só lhe era trazida nos momentos em que se encontrava com a misteriosa amada. A paixão estava no auge. Não mais interrompia o expediente para as agradáveis saídas furtivas no meio da tarde ou à noite com seu amigo Iedo Fiúza. Além de conhecer rodovias, Fiúza sabia onde estavam os melhores endereços para trazer calma ao presidente, conhecia as mais discretas *garçonieres* da cidade.

Nessa fase de amor intenso dispensava os conhecimentos do amigo, que apenas o levava e buscava sempre no mesmo endereço.

Como nada é perfeito, dona Darcy reclamava das saídas com Fiúza. O pretexto era sempre ver trabalhos rodoviários.

A mulher do presidente sabia que o governo fazia pouco no campo das obras públicas. A frequência das inspeções presidenciais às obras não correspondia ao que estava sendo realizado. Fiúza teria que se esforçar para diminuir as desconfianças da primeira-dama.

Getulio amava como nunca havia amado antes, nem sabia que esse sentimento poderia ser tão intenso e perigoso.

O político frio e racional escondia um homem capaz de se apaixonar. De amar as mulheres.

Seu detalhado diário, além de revelar uma pessoa calculista e sistemática, expõe sua paixão pela mulher de seu oficial de gabinete e amigo, o Luizinho.

A apaixonada relação teve início em 1937 e terminou no decorrer de 1938. Um ano depois ela se mudou para a Europa, deixou o amante com o coração partido e o marido desolado.

O início do perigoso romance está registrado pela primeira vez em suas anotações do dia 17 de abril de 1937: "Ocorrência sentimental de transbordante alegria". Considera-se "um homem no declínio da vida... banhado por um raio de sol". Demonstra temor a Deus com o que está acontecendo: "Será que o destino, pela mão de Deus, não me reservará um castigo pela ventura deste dia?". Apesar do medo da punição divina, o romance prospera. "Fui ao encontro de uma criatura que está sendo todo o encanto de minha vida".

Há muito Getulio observava a beleza, o encanto, o viço daquela que seria a sua amada. Questionava-se: Por que o Sul produzia mulheres tão bonitas? Era próximo do marido, seu auxiliar, e de seu sogro. Ambos apoiaram a Revolução de 1930 desde as primeiras conspirações, a ponto de, em uma discussão política com um adversário de seu modo de pensar, o pai, Idelfonso Simões Lopes, matou seu desafeto. Ao seu lado, o filho Luiz tudo assistiu. Pai e filho foram julgados e absolvidos, o gesto foi considerado legítima defesa. O morto, Manoel Francisco de Souza Filho, deputado federal da bancada de Pernambuco, ameaçara matar o filho do colega em plena Câmara.

Naqueles tempos, mortes em disputas políticas, crimes passionais e assassinatos de ladrões de gado jamais acarretariam condenações. Eram parte da vida de quem se metesse nessas empreitadas.

Viver ardente paixão com uma mulher casada colocava a vida de qualquer um em risco, mesmo a do presidente da República.

No dia 9 de julho de 1937 pode-se ler no seu diário, "Um acontecimento infeliz perturbou toda a luminosa aventura que seria, talvez, uma consoladora despedida da existência". Em mais 10 dias completaria 55 anos e sentia a velhice aproximar-se. Tinha medo de reações violentas do marido e do sogro, mas estava disposto a arriscar-se.

Acalmou-se passando o fim de semana na Ilha de Paquetá, na baía de Guanabara. Nadou nas águas límpidas e quentes do mar e deu longas caminhadas a pé.

A belíssima mulher, elegante e culta, que falava seis línguas, não saía de sua cabeça, povoava todos os seus pensamentos, não havia espaço para mais nada. Habituado às estratégias políticas para atingir suas metas, agora estava desnorteado, não sabia o que fazer. Chegar à presidência foi um projeto simples ante as dificuldades para chegar a um coração feminino.

Finalmente, por obra do acaso ou resultado de uma investida mais arrojada, no dia 25 conquista o coração da amada, de Aimeé. O meticuloso amante registra o romance para a posteridade; queria que no futuro soubessem de sua conquista e o invejassem: "Renova-se a aventura, beirando um risco de vida, que vale a pena correr".

Recebeu a visita do senador Simões Lopes, pai de Luizinho e sogro da Aimeé; no primeiro momento ficou apreensivo. Será que estavam falando alguma coisa? Acalmou-se. O político veio informar que estava solidário com as decisões do presidente a respeito da eleição e convidá-lo para os festejos farroupilhas em sua casa.

Não havia porque se preocupar. Os três envolvidos nos encontros amorosos eram discretos. Fiúza jamais falaria para alguém o que se passava, muito menos os outros dois.

Na data comemorativa da proclamação da República Rio-Grandense, 20 de setembro de 1835, Getulio participou de solenidades religiosas e de um churrasco em celebração ao grande dia, na casa de Idelfonso Simões Lopes. O anfitrião matara um colega por motivo de menor importância que a empreitada que levava adiante. Mesmo no ambiente festivo, não pôde deixar de pensar no perigo que corria. Na verdade ele o incitava. Tomava o cuidado em olhar a amada sem ser notado, principalmente pelo anfitrião e seu filho. Como todas as mulheres na fase da conquista, ela lançava olhares provocativos, que eram vistos e sentidos com prazer, envoltos em pensamentos luxuriosos de paixão e medo.

Meses depois, apaixonadamente registra: "Fui à cidade ver a amada, que chegara... Ficamos a sós das 11 horas às 15 e meia". Quando não podia tê-la a sós, ficava feliz ao vê-la. A sua chegada com o marido lhe enchia de alegria. "A vinda do casal permitiu-me o encontro com a bem-amada, sofregamente desejado e bem aproveitado".

Após esse encontro ocorreu outro, quatro dias depois; estiveram juntos três horas e meia. O detalhista amante registra que o *rendez-vous* começou às cinco e terminou às oito e trinta da noite.

Pressentia a proximidade do fim do romance, todos já tinham alguma ideia de sua existência. Decidiu ir a Poços de Caldas recuperar as energias nas águas termais. Lá, tentaria de algum modo um encontro furtivo com a amada, que viajara acompanhada do marido.

Foi tomado de grande inquietação, houve cobranças de sua mulher, dona Darcy. Os seguranças protegiam todos os seus passos, a vigilância era total, sentia-se um prisioneiro. Nada lhe interessava, somente passar alguns instantes com aquela que povoava seus pensamentos, não deixando espaço para mais nada.

As paixões na maturidade são tão ardentes quanto as da adolescência, são um último sopro de vida antes que a velhice tome conta do físico, da mente e da alma.

Apela à bondade divina, precisa desesperadamente daquele encontro; nele, os dois se declarariam mutuamente apaixonados, trocariam carícias. Tinha um estranho pressentimento de que aquele poderia ser o último beijo, o último abraço, a última troca de confidências que haveria entre eles.

Conseguiu combiná-lo, seria bem cedo no bosque que cercava o suntuoso hotel dos banhos. Sabia os riscos que corria. Anotou: "Para que um homem da minha idade e da minha posição corresse este risco, seria preciso que um sentimento muito forte o impelisse. E assim aconteceu. Regressei feliz e satisfeito, sentindo que ela valia este risco e até maiores".

À noite deste dia houve um jantar no cassino da estação termal; presentes o prefeito, assessores, convidados, dona Darcy e o casal amigo. "Ela lá estava; sem contestação, a mais bela de todas".

Uma semana depois encontrou a amada e o marido na casa de um amigo; considerou o dia feliz. Mais alguns dias, se dá um reencontro entre os dois. O diário registra "um novo encontro com a bem-amada".

A longa temporada nas termas revigorava seu físico e sua alma. Passeavam a cavalo e caçavam juntos. Todos comentavam como o presidente estava bem, atribuíam o súbito rejuvenescimento às águas termais.

Dois dias depois de seu aniversário, 19 de abril, Aimeé retornou ao Rio de Janeiro. "O intenso prazer do encontro compensou o pesar da próxima ausência".

A anotação de 30 de maio de 1938 contém o que ele sabia que um dia aconteceria. Os pensamentos lhe traziam tristeza, já havia nostalgia daqueles que foram os dias mais felizes de sua vida. "Amanhã casa minha filha Jandira e parte a bem-amada. Dois acontecimentos com repercussões diferentes".

O derradeiro encontro entre os dois ocorreu no dia seguinte, 31 de maio; se despediram e não mais se viram.

No último dia de 1938, encerra suas anotações com uma frase que demonstra a sua tristeza: "E assim se passou o ano de 1938, tendo uma ponta de amargura por alguma coisa longínqua, que era a minha fina razão de viver".

Fiúza tentavam aplacar sua tristeza levando-o ao que ele chamava encontros "galantes"; eram agradáveis, mas não substituíam os momentos íntimos com a amada.

Aimeé deixou o marido, foi viver em Paris. A ocupação alemã obrigou-a a mudar-se para Nova York.

Deve-se imaginar a tristeza, a melancolia, a sensação de vazio que Getulio sentiu quando leu nos jornais que a ex-senhora Aimeé Lopes agora se chamava Aimeé de Heeren. Casara com um milionário americano.

Com mais de 100 anos, preservando a elegância, morreu em Paris. Sobreviveu aos dois maridos e àquele com quem vivera aventura tão intensa, e que a fez muito sofrer no dia de sua morte. Ao saber, por um telegrama, que Getulio morrera, chorou; não tinha ninguém para falar sobre o que sentia. Saiu, foi à rua, nem notou que era um quente e esplendoroso dia nova-iorquino de verão.

À noite jantou com o marido, procurando não transparecer a tristeza que guardou para si em sua longa existência. Ficou viúva, retornou a Paris, não casou mais, preencheu sua solidão pensando e repensando naquele poucos meses em que fora tão feliz.

Num primeiro momento, a nova Constituição, sobrecarregou Vargas; decretos e mais decretos foram assinados para adaptar a estrutura de governo à nova Carta.

No início do Estado Novo ocorreu uma trégua na epidemia de boatos e intrigas que grassou nos primeiros anos de seu governo. O medo do que poderia acontecer aos conspiradores e intrigantes fazia com que dessem uma parada em suas atividades. Um traço da personalidade dos políticos que estava apenas reprimido.

Getulio passou a ter uma vida mais calma. Alguns hábitos aprazíveis do passado tiveram que ser mudados. Não podia mais dar caminhadas à noite ou ir ao cinema na Cinelândia.

Retomou a rotina. Acompanhado do padre Olímpio, visitou o local onde haveria uma corrida de carros. Por onde passava era saudado pelo povo. A aprovação da nova ditadura foi ampla em todas as camadas da sociedade; uns queriam serem protegidos do comunismo, outros queriam simplesmente serem protegidos.

Nas saídas passou a ser cercado por um enorme aparato de segurança. Os capangas, como ele os chamava, eram essenciais para preservar a sua vida.

A partir daí, poucos passos atrás do ditador, havia sempre o anjo protetor, Gregório Fortunato. Além de protegê-lo, prestava pequenos serviços, como pentear seus cabelos em público quando os considerava desalinhados. Olhar atento, nada lhe escapava, sempre pronto a defender o chefe, de tudo e de todos.

A rotina envolvia, além dos despachos, mais burocráticos e menos emocionantes que nos tempos das "tricas e futricas", jogar golfe, ouvir partidas de futebol pelo rádio, frequentar festas de aniversário, dar passeios e sofrer pelo abrupto término dos dias de convívio com a única pessoa que amara em toda sua vida.

Às escondidas mantinha alguns poucos contatos telefônicos com a amada. Não a chamava de sua residência nem do local de trabalho; o amigo o levava ao apartamento dos antigos encontros, de onde podia, com discrição, dizer a ela o quanto a desejava, falava de seus sonhos de abandonar tudo e insistia em retomar a rotina passada.

Ela respondia com evasivas, não o queria mais. Uma efêmera aventura que passara. Talvez nunca o tenha amado. Amou o presidente da República, o homem mais poderoso do país. Os perigos que corriam a excitava. Bastaram alguns meses de convívio para que esses sentimentos se fossem. Não haveria retorno, buscaria outras paixões. Repudiava a monotonia do casamento e a regularidade dos amores duradouros. Nascera para amar e ser livre.

Fiúza lhe disse que uma paixão perdida só se cura com outra. Continuaram a buscá-la nos meses seguintes. O presidente percebeu com frustração que a sua era insubstituível. O amigo esforçava-se, mas nada o satisfazia, nada afastava Aimeé de seus pensamentos. Sentia fisicamente o vazio da ausência; ela, ao contrário, estava aliviada em encerrar a aventura que acabara com seu casamento. Luizinho lhe proporcionava uma vida agradável, gostava dele, era um gostar sem paixão, mas perdê-lo não foi bom. Teria que partir para o exílio; no meio em que vivia, não havia espaço para uma desquitada.

"Após as audiências, retiro-me e vou a uma visita galante. Saio um tanto decepcionado. Não tem o encanto das anteriores. Foi-se o meu amor, e nada se lhe pode aproximar".

Voltando ao Guanabara no dia do rompimento, procurou no meio de seus livros o poema de Edgar Allan Poe. Leu e releu o ritornelo: "Nunca mais, nunca mais", lia como se tivesse sido escrito para ele. O poeta não veria jamais Leonora, nem ele a sua amada.

Dias de amargura se sucediam. Passou a questionar se a ditadura, se todo aquele poder valia a pena. Trocara uma vida de liberdade pela saudação histérica das massas e a permanente companhia de uma segurança desagradável.

O amor do povo era fabricado na usina do departamento de propaganda, sabia ser falso. Não era pai dos pobres, gostaria de tê-los a distância. O aparato de propaganda adquirira vida própria, não havia como interromper seus esforços para que fosse cada vez mais amado, mais identificado como protetor e única esperança dos desvalidos.

Muitas coisas ao seu redor ganhavam forma e cresciam à sua revelia, algumas até sem o seu conhecimento, principalmente na polícia política e na estranha guarda pessoal. Sabia que os homens vindos de São Borja poderiam, em sua defesa, cometer desatinos, comprometê-lo. Fariam o que fizeram em Santo Tomé, em pleno Rio de Janeiro; a repercussão seria outra, teria enorme dimensão, poderia colocá-lo em algum caminho sem volta.

Os filhos de Manoel Vargas não fugiam de uma "peleia". Getulio e os dois irmãos mais velhos, em uma briga de estudantes em Ouro Preto, participaram da morte de um colega de faculdade, Carlos de Almeida Prado, o que acabou por provocar a expulsão dos três. Na ida ao cinema, na Argentina, mais mortes. Nos anos 1920, o mais moço dos irmãos Vargas havia sido considerado suspeito de participar de um homicídio.

Preocupava-se com o que poderia acontecer em nome de sua segurança. O resultado poderia ser contrário ao esperado pelo impetuoso irmão caçula, Benjamin: em vez de protegê-lo poderia levá-lo à morte.

Góis mantinha o costume de fazer intrigas em suas conversas com o presidente. Gostava de contá-las e ele de ouvi-las. Como conhecia o general, não as levava a sério.

Nesse período, apareceu um novo hábito. Tornou-se usual os ministros cancelarem despachos por motivo de saúde. Getulio não se aborrecia. Eles tinham pouco a dizer e ele não perdia tempo com dissimulações para mostrar trabalho. Sequer se preocupava com o fato de haver escolhido tanta gente com saúde frágil.

Em casa, as coisas não andavam bem. Sua presença se tornara mais constante. Não tinha mais a bancada gaúcha para lhe acompanhar à noite em um chimarrão. Estava só.

As expectativas provocadas à noiva pelo casamento religioso se mostraram frustrantes. O fogo da paixão estava definitivamente apagado. Reconhecer esta realidade foi duro para sua mulher; sentia-se rejeitada às portas da meia-idade.

O dominó foi substituído pelo golfe. O hábito de ouvir o rádio à noite acabara em definitivo com qualquer possibilidade de conversa.

Os dois estavam cada vez mais distantes. A mútua presença os irritava. Um casal como os demais. Cada vez compreendia melhor sua amada em permanente rebeldia contra a rotina matrimonial.

Demonstrou interesse na estatização das petrolíferas americanas que atuavam no México. Convidou o embaixador mexicano para lhe dar detalhes da criação da Pemex pelo presidente Lázaro Cárdenas.

Esqueceu o álcool, voltou a se interessar pelo petróleo.

A monotonia o acomodava, tirava o ânimo para enfrentar conflitos com a mesma galhardia do passado. Era um gato gordo perdendo a capacidade de caçar ratos. A contínua expectativa, mantida por amigos e subordinados, de que algo diferente podesse acontecer a qualquer instante o deixava atento, com os olhos abertos, pronto para entrar em ação sempre que pressentisse perigo.

Nesses dias sem grandes emoções, um episódio pegou Getulio de surpresa. O capitão Severo Fournier fugira da prisão em um quartel do Exército e se asilara na embaixada da Itália.

Em 11 maio de 1938, um grupo de integralistas partiu para sua intentona, seu chefe era o capitão Fournier.

Os revoltosos chegaram ao palácio residencial à noite. Getulio, já de pijama, preparava-se para deitar quando começou o tiroteio. Rapidamente acabou a munição dos fuzileiros navais encarregados de proteger o presidente. O atentado foi frustrado pela chegada do general Dutra com tropa e munição Os integralistas foram presos. O objetivo do ataque era assassinar o presidente e tomar o poder.

A reação deixou vários fascistas mortos e 1.500 presos. Plínio Salgado seria exilado em Portugal tão logo fosse preso.

No dia seguinte ao atentado, Getulio fez questão de ir a pé do Guanabara ao Catete, sendo aplaudido pelo povo durante a caminhada.

A invasão teve apoio do exilado Flores da Cunha. Vítima da precariedade das comunicações e da sua fértil imaginação, o caudilho enviou de Montevidéu à imprensa nacional um precipitado comunicado exaltando a vitória integralista.

Mediante a liberação de grande soma em dinheiro, pertencente a um milionário italiano e que fora confiscada pelo governo, o embaixador italiano entregou seu asilado ao chefe de polícia.

Fournier foi preso, pouco mais de um mês após o ataque, na fortaleza da Laje, local úmido, na Baía de Guanabara, não apropriado a abrigar um tuberculoso, como ele. Mais tarde foi transferido para a Casa de Detenção. Em 1945 foi anistiado. Morreu devido à tuberculose, aos 38 anos, em 1946.

Curiosamente, Prestes, também preso, conseguiu se comunicar com Fournier. O comunista escreveu cinco cartas ao integralista. Na primeira, em 30 de novembro de 1938, inicia tecendo considerações sobre o ódio que os fascistas nacionais devotam aos comunistas. Não compreende a razão desse malquerer. Argumenta que seu movimento é "nacional-libertador". Insiste para que Fournier se integre a sua liderança. Não usa a palavra comunismo em nenhum trecho da mensagem. Preocupa-se com a saúde do destinatário e lhe recomenda consultar um médico de sua confiança e começar um regime alimentar. Prestes parecia ignorar que ele estava preso em condições semelhantes a sua.

O assédio de Prestes foi repelido com veemência. A rejeição do seu colega de armas às suas ideias fez com que desistisse da catequese, concluiu que Fournier não trocaria as ideias de Mussolini pelas de Stalin.

Prestes e Fournier continuariam unidos apenas pelas suas atrapalhadas tentativas de tomar o poder.

A fuga fora facilitada pelo capitão Manoel Aranha, irmão de Oswaldo, e por mais dois oficiais responsáveis pelo prisioneiro.

Os ministros da Guerra e das Relações Exteriores pediram demissão. Indiretamente, os dois se sentiram envolvidos no episódio.

"O mais grave é que o ministro da Guerra, meu melhor auxiliar, quer demitir-se. Vou dormir sob esta má impressão de que pode ser o começo da decomposição do novo regime". Era um pessimista como são os de natureza depressiva. Sempre aguardava o pior.

Oswaldo Aranha demitiu-se, alegou razões de família. Getulio insistiu para que ficasse. O ministro consultaria sua mãe e veria que decisão poderia tomar. A demissão não foi por indignação com a negligência fraterna, mas pela punição dada a um Aranha.

A resposta da matriarca foi decepcionante, disse que ele não poderia continuar fazendo parte de um governo que punira seu irmão.

A situação era tão inusitada que Getulio não soube o que dizer. Admirou-se com a incapacidade de seu ministro em argumentar com a velha senhora sobre a falta cometida pelo irmão e a sua necessidade de continuar servindo ao Brasil na condução das relações com o exterior. A mãe entendia que seus filhos estavam acima das leis; assim os educara.

Fato de tal gravidade só poderia ser resolvido pelo general Góis. Determinou que ele procurasse o ministro e pedisse para ele voltar à sua mãe com novos argumentos. Na primeira investida disse não; obedeceria a determinação materna.

Getulio, então, enviou uma carta a Oswaldo Aranha, que mostrou-a a família. "Fui informado que os termos da carta produziram efeito sedativo na exaltação familiar". disse o presidente.

Egos massageados, a situação tendia à normalidade.

O ministro do Exterior queria mais carinho presidencial, negava-se a retornar a seu posto. O argumento é que se sentia sem autoridade. O irmão poderia ferir os regulamentos militares e não ser punido; se o fosse, a honra da família estaria atingida.

Um modo de pensar próprio da elite nacional. Sempre acima das leis e dos julgamentos. As gerações se sucedem e ela continua buscando artifícios para não ser punida. Ao longo dos anos foi montado um aparato legal para protegê-la. O emaranhado de leis e de barrocos ritos dos tribunais a coloca acima de todas as leis.

Novas conversas, novos apelos, falou com o irmão Lulu Aranha. Recebeu indicações de que a questão estava resolvida.

A mãe concordou. Aranha aceitou ficar. Enviou uma carta ao presidente, que a considerou inaceitável. Deve ter pedido anistia para o irmão. A situação se inverteu. Apesar do apreço ao ministro, não aceitaria imposições que colocassem em risco sua autoridade.

A crise continuou. Tão grave, no entender do presidente, que tratou do assunto com o chefe de polícia e com o ministro da Guerra, que por sua vez insistia em deixar o governo. Receava que Getulio revogasse a punição dada aos faltosos.

Passados dez dias, os demissionários concordaram em permanecer onde estavam. O prazo das renúncias continuava o mesmo dos períodos anteriores. Não passava de uns poucos dias. Aranha recuou quando percebeu que dessa vez o pedido poderia ser aceito.

Pedidos de demissões irrevogáveis, em nome da honra ou de incompatibilidades intransponíveis, nunca passaram de um jogo, um passatempo. Getulio dele participava já prevendo seu desfecho.

Essas falsas crises o mantinham atento, evitando cair no torpor conduzido pela monotonia da rotina. O gato de novo procurava ratos para se divertir.

O ministro da Guerra voltou atrás, queria ir embora. Procurou Benjamin Vargas e comunicou que pediria demissão. Alguma coisa a ver com a guarda pessoal sob comando estranho à hierarquia e às responsabilidades militares. O ministro aproveitou a crise para resolver a questão da segurança informal.

O ditador uruguaio, Manuel Terra, passou pelo Rio a caminho da Europa. Doente e abatido. Viajava, como sempre, acompanhado do dr. Mané, médico e ministro. Arrumou um tempo para visitar Vargas e dizer que não afastava os olhos do Flores, era vigiado até nos cassinos, onde passava a maior parte do seu tempo.

Há muito que o governo sentia necessidade de modernizar o serviço público. Criou uma autarquia para esse fim, o Departamento Administrativo do Serviço Público, Dasp; colocou à sua frente o amigo e ex-marido da Aimeé, Luiz Simões Lopes. O escolhido utilizaria a experiência adquirida nas inúmeras viagens ao exterior e não precisaria vê-lo todo dia no Catete. Discretamente pairava no ar algum constrangimento, nada que levasse a uma ruptura, apenas um pequeno incômodo para os dois; seria bom removê-lo. Um laço os unia: ambos perderam a mulher que amavam.

No final da década de 1930, Getulio começou a pensar na industrialização e na infraestrutura, adotando, nesse período, providências para estimular a siderurgia, a mineração e a geração de energia elétrica. Quase tudo ficou no papel, as boas intenções não encontravam respaldo financeiro e político para serem levadas adiante.

Em 1939, o ministro da Fazenda levou a Getulio a sugestão de elaborarem um plano quinquenal de desenvolvimento, objetivando a instalação de indústrias de base, a construção da hidrelétrica de Paulo Afonso, implantação de estradas de rodagem e ferrovias, e a compra de navios para o Lloyd Brasileiro. O presidente no primeiro momento não levou a sério o assunto, ficou de pensar.

A falta de recursos financeiros para investimentos, a pretensão de que o governo seria capaz de promover tudo que fora pensado e o forte nacionalismo estrangulavam o país.

Em janeiro do mesmo ano, o governo proibira a participação estrangeira na mineração e na metalurgia. Não havia recursos porque não havia investidores estrangeiros. As riquezas tinham que permanecer intocadas até que com o passar dos séculos perdessem a utilidade. Jazeriam em berço esplêndido, como consta o hino nacional.

Ainda em 1939, o major e engenheiro Edmundo Macedo Soares retornou de viagem aos Estados Unidos com a ideia de construir uma grande usina para produzir aço. Na América do Norte mantivera contato com a U.S. Steel, que demonstrou interesse em participar do projeto.

Getulio gostou da sugestão e criou uma comissão para preparar o Plano Siderúrgico Nacional. Com o início da guerra na Europa, os americanos desistiram do projeto, que exigia investimento de vinte milhões de dólares. A quantia era insuportável às combalidas finanças brasileiras.

O Plano Quinquenal de Desenvolvimento acabou por conquistar o presidente. Trocava impressões com outros, falava do plano para cinco anos dos soviéticos, promovia reuniões.

O Plano daria um rumo ao governo. Identificara a falta de metas e caminhos para atingi-las como os maiores responsáveis para a ausência de realizações nos quase oito anos que dirigia o país. Faria um governo insuperável, mais grandioso que qualquer um no passado e no futuro.

Reduziu as atividades sociais, passeava menos, trabalhava mais, produzia. Sentia-se um empreendedor, como no dia em que resolvera modernizar o centro do Rio de Janeiro, construir grandes avenidas.

Num interregno de suas ocupações recebeu a visita do general Cândido Rondon. Há muito que não tinha notícias suas. O velho militar falou do seu trabalho no sertão brasileiro, contou histórias dos tempos da extensão das linhas telegráficas e dos encontros com índios que jamais haviam visto um homem branco. Lembraram a perseguição à coluna Prestes. Manifestou ao presidente seu entusiasmo pelo Estado Novo. Getulio se sentiu gratificado. Antes de encerrar a visita, pediu ao general detalhes da aventura que havia empreendido com o coronel Theodore Roosevelt no território de Guaporé, a Expedição Científica Rondon-Roosevelt, levada a efeito em 1913.

Os dois aventureiros queriam descobrir as nascentes do rio da Dúvida. O nome era este porque ninguém as havia identificado, desconfiavam até da existência do rio.

Partiram em várias canoas, índios aculturados fariam os serviços auxiliares. Nos primeiros dias, tudo transcorreu dentro do programado; um pouco mais adiante, movidos por medos e superstições da floresta, os auxiliares foram embora, deixando a comitiva reduzida a poucas pessoas. O trabalho para prosseguir foi árduo. Transpor corredeiras, vencer a mata densa, combater peçonhas e mosquitos. Roosevelt foi ferido por uma lasca de árvore na perna; o ferimento nunca cicatrizou plenamente, contribuindo para sua morte aos 60 anos. Mapearam o rio em seus 640 quilômetros de extensão. A dúvida se foi e ele passou a se chamar rio Roosevelt, em homenagem ao ex-presidente.

A visita do velho militar agradou imensamente ao presidente. Admirava homens com uma vida rica e produtiva como aquela.

Nos intervalos, gostava de inspecionar as obras dos monumentais prédios dos Ministérios do Trabalho e da Fazenda. Orgulhava-se deles, nada deviam em grandiosidade aos prédios públicos projetados por Hitler e Mussolini.

O ministro da Guerra seguiu o do Exterior. Desistiu pela segunda vez de abandonar o ditador.

Uma coisa que Getulio apreciava era o entusiasmo com que o povo o recebia; sabia que era produzido, era teatral, mas gostava. Chegava a algum lugar e as manifestações de apoio se sucediam. A assustadora guarda dos homens do Benjamin chamava a atenção, mas não intimidava os que arriscariam a própria vida para ver de perto o seu protetor.

O interventor de São Paulo, Ademar de Barros, veio visitá-lo. Promoveu uma recepção com todo o ministério para prestigiá-lo. Era homem de uma nova geração, elevado espírito público e reputação ilibada. Como ele, era um pouco gordo e fumava charutos. Falava alto e exibia segurança, procurava ser o centro das atenções. Getulio não sentia nele o receio que tinha em relação a Armando de Sales Oliveira, que, se liberado para voos mais altos, poderia lhe fazer sombra e algum dia ocupar o seu lugar. Estava satisfeito com as duas providências que tomara: exilar o possível rival e nomear Ademar.

O ditador ocupava seu tempo em reuniões, com os ministros da Fazenda e do Exterior, em cima do Plano Quinquenal. Não sabia por que, mas sentia que só ele estava levando a sério o trabalho em andamento. Os outros passavam uma sensação de que o papel aceitava tudo, principalmente o da Fazenda, o idealizador do plano, que sabia da escassez de recursos. O do Exterior lembrava que os Estados Unidos chegaram onde estavam sem plano governamental algum, e notícias vindas da União Soviética davam conta de enormes problemas que estavam tendo em levar adiante seu plano para cinco anos, principalmente na agricultura.

O entusiasmo de Getulio era tão grande pelo quebra-cabeça que montava que dava pouca importância ao que pensavam. Ele mesmo comandava a equipe e não deixava nada cair no esquecimento, como tantas outras providências.

Além do plano, o governo atuava em várias frentes. A área de propaganda deu início a um programa radiofônico, a "Hora do Brasil", para divulgar os feitos do governo e de seu líder. Pessoas irônicas o chamavam de programa "Fala Sozinho"; ninguém o ouvia.

No Brasil, coisas ruins tendem a se perpetuar. O programa mudou de nome, continuou chato e com reduzida audiência para sempre. Às 19 horas, os brasileiros continuam a desligar seus rádios.

Foi instituído o dia da Raça, 4 de setembro, para exaltar a brasilidade. Desfiles com escolares, soldados e atletas marcaram a data.

Os sambas-enredo das escolas de samba só podiam ser baseados em temas nacionais, os demais estavam vetados.

Assistiu ao desfile do dia da Independência de 1938 e anotou: "No estranho ambiente em que vivo, recebi uma notícia alegre. Afinal." Será que ela lhe mandou um bilhete, telefonou?

O "estranho ambiente" em que vivia era o Brasil e o enorme atraso que agora estava disposto a enfrentar.

Não havia dúvida, estava mais ativo, levava expediente para casa à noite, dedicava-se ao Plano Quinquenal e à criação do Conselho Nacional do Petróleo. Começou a produzir algo para as próximas gerações. Sentia-se mais animado na ditadura que na democracia.

Na primeira fase, de 1930 a 1933, sentia-se envergonhado, não estava à vontade no papel de ditador, não sabia bem estabelecer os limites, nem o que fazer. No segundo período não soube conviver com a democracia, passou de 1933 a 1937 toureando com ela. Administrou a feroz oposição surgida dentre os que o apoiaram nos passos anteriores e incomodou-se com um Congresso preocupado apenas consigo mesmo e que retardava providências rotineiras. Nessa etapa, avançou rumo ao poder absoluto até atingi-lo. Agora se sentia à vontade, tinha mais experiência, sabia que deveria plantar alguma coisa para o futuro. Queria passar para a história como estadista.

Perdera o amor, os sucedâneos mercenários não tinham a graça de antes, sentia-se desobrigado de perder tempo com sua mulher e os amigos gaúchos haviam partido; o melhor a fazer era trabalhar, ocupar as noites até as altas horas debruçado sobre planos e projetos para que um dia o Brasil fosse parecido com a América.

Mais um integralista se evadiu da prisão, o médico Belmiro Valverde. Essas fugas, com clara conivência de seus carcereiros, oficiais do Exército, fizeram recrudescer rumores de um golpe militar. A ditadura civil com apoio dos militares seria substituída por uma ditadura militar com apoio dos civis.

Acostumado às chuvas e trovoadas, sentindo-se seguro, não se impressionava com as ameaças; afinal, todos juravam lealdade ao chefe e o povo o amava. Até o irrequieto companheiro de Prestes em sua marcha pelo sertão, Miguel Costa, o procurou para afirmar lealdade.

O temor de prisões e deportações tornou as pessoas mais dóceis, leais e amigas. Encarava-as com realismo, conhecia as fraquezas e covardias da natureza humana.

Esvaziava a cabeça jogando golfe. A nova prática esportiva e suas longas caminhadas o fatigavam, mas sentia-se bem depois das partidas.

Roosevelt iniciou consultas a Vargas e a alguns chefes de governo europeus pedindo sugestões para tentar evitar o avanço nazista e chegar à paz. Oswaldo Aranha lhe transmitiu as inquietações do presidente americano. A resposta de Vargas foi lacônica: "Não desejo imiscuir-me em assuntos europeus".

Não sabia, ou não queria saber, que se o andar do nazismo não fosse interrompido, os assuntos europeus virariam mundiais. As suas simpatias pessoais e de seus principais auxiliares lhes obscureciam a visão. Não queria enxergar o que a Roosevelt parecia óbvio.

O chefe de polícia, o interventor do Rio Grande do Sul, coronel Cordeiro de Farias, e Benjamin correram ao Catete. Fora descoberto um complô no Uruguai para matar Getulio. Flores perdia o que lhe restava na roleta, estava mais irrequieto e queria assassiná-lo. Acreditava que seria bem-sucedido, não ocorreria dessa vez o que se passou com o frustado ataque de Fournier.

Não levou muito a sério, conhecia o inconsequente adversário, preferiu esquecer e ir ao dentista. Sentia incômodas dores de ouvido e indícios de surdez.

Chegaram notícias da paz assinada em Munique. "Desanuviou os horizontes, carregados e apreensivos com as ameaças de guerra".

Em 1938, o primeiro-ministro britânico, conservador, Lord Neville Chamberlain, e o colega francês, socialista, Edouard Daladier, assinaram o Acordo de Munique com o Führer e Mussolini em troca de uma paz que seria rompida em pouco tempo e possibilitaria o início da guerra. O tratado mais parecia uma rendição.

Britânicos e franceses haviam dado carta branca para os alemães invadirem o que bem entendessem, desde que não fossem eles. Anteciparam-se ao gesto semelhante de Stalin em 1939.

Winston Churchill, na ocasião, disse ao primeiro-ministro britânico: "Entre a desonra e a guerra escolhestes a desonra e terás a guerra".

Getulio chegou a imaginar algum traço de paranoia em Franklin Roosevelt. Talvez a imobilidade física e as preocupações em reerguer o seu país o tenham tornando um homem preocupado com fantasmas. Enquanto ele olhava o futuro imediato com pessimismo, estadistas franceses e ingleses tratavam de obter uma paz prolongada para a Europa fazendo algumas concessões a Hitler e seu companheiro Mussolini.

Considerava que os temores do amigo e simpático presidente dos Estados Unidos iam além da realidade.

Os riscos externos estavam afastados; os internos, "de tão frequentes, já não me impressionam, embora não deixe de aconselhar providências".

Sentia-se senhor da situação, mas não dormia bem à noite, voltou a ter insônia. "Devo estar doente". Como de outras vezes, sabia que o tempo era o melhor remédio. As doenças eram fruto de preocupações e aborrecimentos.

Um pequeno atrito apareceu com a Alemanha. O arrogante embaixador germânico Karl Ritter enviou uma nota a Vargas protestando contra o que ele entendia por campanha antialemã promovida pelo governo brasileiro. Foi considerado *persona non grata*, retornou ao seu país. Em represália, Hitler determinou a saída do embaixador brasileiro, Muniz de Aragão.

O protesto do embaixador alemão ocorreu porque o governo proibira a prática de atividades políticas por qualquer estrangeiro, determinando o fechamento de suas agremiações.

Getulio cobrava dos ministros a conclusão do que lhes cabia no Plano Quinquenal. Todos estavam em dia, começaram a compreender a importância do que estava sendo tratado. Viram que o assunto era relevante para o chefe.

O tempo de folga ocupava nos belos gramados do Itanhangá Golf Club; o esporte o conquistou. Não podia mais andar pelas ruas, caminhava dando tacadas na bolinha sobre a relva.

Não tinha mais a companhia dos ajudantes de ordem, mas dos granfinos do Rio. Nutria certo desprezo por aquela gente, conviveu com eles, mas nunca os considerou amigos.

O desagradável embaixador francês o procurou para falar sobre vários assuntos de interesse de seu país. "Massacrou-me os ouvidos durante 50 minutos. O homem insistia em matracar as mesmas coisas, ler papéis e notas confusas". O considerava sem educação para o cargo. "Terminada a audiência eu estava fatigado e irritado".

Os Estados Unidos deram início a um serviço regular de navegação entre os dois países. Foi com a família e amigos almoçar a bordo do "Brazil", que fez a viagem inaugural.

Pensava sempre nos gestos cordiais que recebia dos americanos, diferentes dos embaixadores e emissários europeus, não tão corteses.

Cinegrafistas americanos foram ao Catete com enorme aparelhagem fazer um filme com o presidente. Atendeu-os com cordialidade.

Agora, os incômodos vinham de sua família; para seu desgosto, descobriu que seu irmão, Viriato, estava fazendo "advocacia administrativa", *lobby*, com um fiscal de consumo, coletor de impostos. Pressionava e falava em nome do irmão presidente.

Benjamin frequentava o cassino da Urca, bebia e arrumava confusões. Os irmãos lhe traziam problemas, mas a estrutura patriarcal na qual fora criado o impedia de punir os desvios fraternos.

Um irmão o protegia de hipotéticos atentados e outro tirava proveito de seu cargo para obter vantagens. Não sabia ainda qual lhe traria mais problemas no futuro. Mas os pressentia.

Aproximava-se o fim do ano de 1938 quando recebeu Oswaldo Aranha, comunicando que acabara de ter um filho natural com a cantora lírica Iolanda Norris. Não fugiu de suas obrigações, batizou-o e deu-lhe o seu nome. A paixão pela "diva" ocorrera em Washington. Recebeu os parabéns do presidente.

Passou pelo Rio, vindo da Europa, o general Justo. Almoçou com Getulio, transmitiu impressões da viagem, notadamente da arrogância dos alemães. Os dois simpatizavam com o Reich e com as ideias do Führer, mas não gostavam de ser tratados com desprezo. Getulio lhe contou as peripécias do embaixador Ritter.

Os argentinos tinham oficiais de seu exército servindo ao congênere alemão. Justo lhe falou de um grupo de militares do seu país que se reunia secretamente para organizar planos para a adesão ao nazismo; disse-lhe que dentre eles havia um coronel ambicioso e francamente pró-Hitler — chamava-se Juan Domingos Perón.

No dia do Aviador, Getulio inaugurou o novo aeródromo próximo ao Calabouço, no centro da cidade, homenageou Santos Dumont. Lembrou que a sugestão tinha sido dada pelo Eduardo Gomes. Afastado por discordar do Estado Novo, ele não esteve no evento. Lamentou, gostava dele.

Documentos apreendidos em vários lugares demonstravam que os alemães estavam mais interessados no Brasil do que se poderia supor. Havia informações sobre espionagem, organizações nazistas e um plano político para o Brasil.

Em 1928 fora fundado o Partido Nazista Brasileiro. Somente alemães poderiam se filiar. A doutrina de Hitler empolgou parte representativa dos 1.100.000 alemães e descendentes que viviam, principalmente, em localidades isoladas no sul do país e em São Paulo. Muitos se filiaram ao Partido Nazista alemão; a seção brasileira era a maior das 83 que havia no mundo, e aceitava a adesão de brasileiros e alemães.

Entre os documentos encontrados, estava uma declaração de Hitler de 1933: "Criaremos no Brasil uma nova Alemanha. Encontraremos lá tudo de que necessitamos". O ponto de partida seriam as colônias do Sul. Eliminaria índios, negros, mestiços e, naturalmente, judeus.

Passarão séculos, quiçá milênios, para que alguém explique o apego que multidões têm por doutrinas e governos que lhes tiram a liberdade, conduzem seus passos e limitam seus sonhos. Será que as necessidades de simplesmente sobreviver e preservar a espécie são superiores às demais?

Dentre os documentos que comprovavam a espionagem alemã no Brasil, estava uma correspondência do general Heinz Von Hontz, responsável pelo Brasil no serviço secreto de Hitler, dirigida ao ministro do Exterior, Joachin Von Ribbentrop. A carta detalhava a preparação de um golpe para depor Vargas.

Como convinha a um relatório germânico, esse era minucioso, descrevia uma rede de informações, localização dos depósitos de armamentos, o nome dos contatos na embaixada e em empresas alemãs no Brasil, dava conta dos trabalhos em andamento para recrutar integralistas e militares para sua causa.

Plínio Salgado ainda estava solto, refugiado em São Paulo. Tornou-se urgente efetuar sua prisão. Falava-se que Ademar de Barros o protegia. Chamado ao Rio, trouxe duas cópias de um manifesto do chefe do integralismo: uma para o presidente e outra para o ministro das Relações Exteriores, a esse deu a entender que Getulio solicitara que Plínio Salgado o redigisse. O presidente o devolveu por meio do chefe do Gabinete Militar, general José Pinto. Não gostou da insinuação do interventor paulista.

Ademar se precipitara, fora afoito, não conhecia o presidente. Continuou sendo trapalhão ao longo de toda sua vida pública, povoada de suspeitas sobre suas relações com os cofres públicos.

A imprensa publicou uma carta do capitão Fournier, que só agora fora encontrada, detalhando o plano para assassinar o presidente no atentado fascista ao Palácio Guanabara. Chocou a nação. Causou impacto semelhante ao Plano Cohen, com a diferença que dessa vez não era ficção.

Radicais de todas as correntes fortaleciam cada vez mais a ditadura. O povo temia o pior sem ela.

Dentre as comemorações do dia da proclamação da República, estava a estreia de um filme de exaltação à pátria, *Alma e corpo de uma nação*". Os artistas eram remadores e atletas do Flamengo, que exibiram a beleza física dos brasileiros, todos brancos; a película era de fazer inveja aos filmes sobre a superioridade da raça ariana que os alemães estavam produzindo. Caso Hitler o visse, pensaria que quando ocupasse o Brasil seriam necessários menos campos de concentração que na Europa, havia menos indesejáveis a eliminar do que pensava.

O filme foi feito pela Cinédia, empresa criada pelo jornalista Ademar Gonzaga, em 1930, seguindo o modelo dos estúdios de Hollywood. Introduziu o cinema sonoro na produção nacional e a criação de um sistema de distribuição que alcançava todo o país. Seu maior sucesso foi *O Ébrio*, que ficou 35 anos em cartaz.

A preocupação no momento era prender Plínio Salgado e remetê-lo para o exílio.

Os comunistas eram tratados pela censura. Um jornalista do *Correio da Manhã* fora preso e censurado por causa de um artigo sobre Duque de Caxias, interpretado pelos censores como de cunho comunista. Nada que colocasse em risco o governo.

Oswaldo Aranha, desde a crise com o irmão, se sentia desprestigiado ante o ministro da Guerra. Prudentemente colocou o cargo à disposição do presidente. Não pediu demissão, ficou com receio de que fosse aceita. Getulio ficou de conversar com Dutra e eliminar o ciúme. Não sabia bem a sua razão, também não procurou saber.

O editor José Olympio trabalhava na publicação de todos os discursos de Vargas. Onze volumes, que chamou *A nova política do Brasil*. Foi ao Catete entregar o primeiro deles. A coleção foi útil; por meio dela Getulio entrou para a Academia Brasileira de Letras.

Determinou ao ministro da Fazenda que redigisse uma carta ao secretário do Tesouro de Roosevelt sobre a colaboração financeira que necessitava daquele seu país para investimentos essenciais ao desenvolvimento.

Recebeu no Catete o ator Tyrone Power, que veio ao Rio para o lançamento de um filme; conversaram. Getulio havia visto seus filmes. Era o tipo de visita que lhe fazia bem.

Ideias e providências não paravam; determinou estudos para criar um organismo que promovesse o resseguro, a partir deles criou o Instituto de Resseguros do Brasil.

Ao mesmo tempo o Dasp produziu seu primeiro documento, o Estatuto dos Funcionários Públicos da União.

O ataque em todas as frentes o transformara em outro homem. O estancieiro e o político provinciano iam ficando para trás, surgia alguém que sabia o que queria. Estava com um sentimento semelhante ao dos paulistas, dos quais admirava a capacidade de realização.

O jornal *A Nota* começara a escrever artigos exaltando o ministro da Guerra. Queria saber por que não foram censurados. O chefe de Polícia disse que o general Dutra impediu. Mandou demitir o jornalista que os escrevera.

Sentia-se tão fortalecido que chamou Dutra, sempre cordial com todos; dessa vez o admoestou e preveniu ao general para se acautelar. Dutra saiu calado, deixando no ar a impressão de algum perigo iminente. A máquina de propaganda estava a serviço do ditador e de mais ninguém.

Contou a Góis, chefe do Estado-Maior do Exército, a sua conversa com seu superior e o sentimento de que alguma coisa não ia bem. Góis promoveu algumas mudanças nos comandos e acalmou a situação. Sempre podia contar com sua lealdade, arrependia-se dos dias que duvidou dela, durante a eleição de 1933.

Dutra voltou, era contra a revogação da prisão do jornalista que deu um viés comunista à vida do patrono do Exército. Discutiram. Getulio considerou o artigo uma tolice, nada além disso. Dutra discordou. Se escreveu aquilo, era comunista, e lugar de comunista era a cadeia. Pediu calma ao ministro, lembrou que já enfrentara situações mais graves que esta.

O general retornou ao Palácio pedindo a substituição de um oficial do Exército, favorável à soltura do jornalista comunista no Tribunal de Segurança Nacional, por outro de sua confiança. Getulio concordou e sentiu que a situação estava pacificada. O Tribunal, não ele, condenaria o jornalista.

Uma das coisas que o presidente apreciava era visitar navios de guerra de outros países que chegavam à cidade. Numa rápida sequência, esteve no cruzador Eugênio di Savoia, no navio-escola Uruguay e no navio francês Jeanne D'Arc; entre uma e outra visita almoçou no cruzador São Paulo, da Armada brasileira.

Preocupado com suas gafes, o interventor Ademar de Barros tornara-se visitante frequente. Com seu jeito de ser, em vez de amenizar o tropeço anterior, provocava novas situações bizarras.

Apareceu com seu irmão e foram convidados para jantar com o presidente; vieram com as senhoras.

Os convivas contaram que frequentavam secretamente sessões espíritas, onde amigos e guias já falecidos se manifestavam através de um médium para preveni-los de certas ocorrências. Insistiram para que o anfitrião fosse com eles às tais sessões. Para reforçar sua crença, mostraram pedras preciosas que recebiam de mensageiros do outro mundo. Será que declaravam ao fisco o que vinha do além?

Getulio não tinha mais dúvida: errara na nomeação. São Paulo merecia alguém de melhor porte intelectual e com comportamento mais convencional. Estava certo que havia cometido um erro.

Sem saber, Getulio, com essa nomeação, estava inaugurando uma nova era na política brasileira. Os homens públicos se orgulhavam de saírem de seus cargos com menos posses do que quando entraram. As funções públicas tinham um caráter de missão. Predominava a austeridade; a improbidade era repudiada. A corrupção era exceção.

Ademar introduziu novos hábitos, como se o trabalho dos governantes tivesse que ter uma remuneração adicional, além dos seus proventos. Os adversários diziam que ele roubava, os correligionários diziam "rouba, mas faz". A nova postura passou a ser a predominante, tornou-se folclórica e não foi obstáculo a inúmeras carreiras bem-sucedidas.

O populismo corrupto foi bem recebido pelos eleitores. Ficou enraizado, impregnado na vida pública, e mesmo quando o importante amigo do alheio é pego pela polícia ou por agentes do fisco, ele pode ficar tranquilo, dificilmente será julgado. Se julgado e condenado, aguardará os inúmeros recursos legais que são colocados à sua disposição em liberdade; se por enorme falta de sorte for condenado, receberá uma amena pena alternativa ou a cumprirá no aconchego do lar. Vale a pena correr os possíveis, porém diminutos, riscos.

Em 1937 Ademar pretendia se candidatar à presidência da República; não houve a eleição. Ganhou como prêmio de consolação a interventoria paulista.

A presença da guarda presidencial informal continuava a causar incômodos à equipe do Exército, que deveria ser a única responsável pela segurança do presidente. A turma do Benjamin circulando com naturalidade pelos palácios, questionando, perguntando, olhando com ironia os militares, deixou o chefe do Gabinete Militar aborrecido e preocupado. A truculência dos vinte de São Borja permitia antever problemas. O general solicitou ao presidente que seu ajudante de ordens fosse o único responsável pela segurança dos palácios presidências. Como em todo assunto incômodo, pediu tempo para pensar e disse que voltaria a ele mais tarde.

Em respeito ao irmão — os interesses familiares superavam os demais — não comentou com o general que compartilhava de sua preocupação. Mesmo errado, era difícil agir sobre seu clã. Por fim, aquiesceu; um major assumiria o serviço de segurança. Sabia que isso era uma mera formalidade, o tenente Gregório Fortunato continuaria do mesmo modo desenvolto, seguindo apenas as ordens de seu irmão, fossem quais fossem.

Getulio chamou os ministros da Fazenda e do Exterior para tratarem do orçamento das obras que constariam do Plano Quinquenal. O da Fazenda por ser o responsável maior pela tarefa, e o do Exterior por ser um amigo que muito considerava.

Oswaldo Aranha aproveitou a reunião e informou que recebera um telefonema do sr. Summer Welles, dizendo que Roosevelt pretendia enviar uma mensagem convidando-o para ir a Washington tratar do assunto da carta que recebera: o pedido de ajuda do Tesouro para investimentos no Brasil. A notícia causou satisfação. O plano estava em fase final de elaboração, as prioridades estavam estabelecidas, só faltava dinheiro, e para isso contariam com a boa vontade dos americanos.

Roosevelt insistiu na ida de Aranha. Enviou um telegrama a Getulio reiterando a necessidade da presença do ministro na capital americana.

A conclusão do plano ocupava todo o seu tempo. Reunia-se com o pessoal da Fazenda e ajudava nas contas do orçamento. Nem como ministro fora tão ativo e preocupado com números. O que fazia poderia mudar o país e a sua biografia. Tinha certeza disto.

Convocou os principais ministros, mostrou o telegrama do presidente americano e pediu urgência na revisão dos orçamentos. Os ministros militares pediram para incluir o reaparelhamento do Exército e da Marinha. Concordou.

Em 19 de janeiro de 1939 assinou dois decretos instituindo o Plano Quinquenal, o Plano Especial de Obras Públicas e o Aparelhamento da Defesa Nacional, com as seguintes metas: instalações de indústrias de base, execução de obras públicas de infraestrutura e modernização das forças armadas. Cada projeto estava acompanhado de seu orçamento e a respectiva fonte de financiamento.

O ministro da Fazenda, Souza Costa, o divulgou. Eram arroladas obras de infraestrutura e industriais, dentre elas a hidrelétrica de Paulo Afonso, uma usina siderúrgica de grande porte, a implantação da indústria aeronáutica e a modernização das ferrovias.

O documento estava pronto para ser levado a Washington por Oswaldo Aranha.

Foi informado do recrudescimento de ações comunistas e do desejo de pacificação do foragido Plínio Salgado. Os políticos falavam de um governo de união nacional. Rejeitou a sugestão... "Um movimento de união democrática como rótulo, mas de tendência esquerdista, a exemplo do Chile... decisões imbuídas de liberalismo um tanto contrárias a certos atos governamentais".

A grande notícia: descoberto petróleo na Bahia. O achado teve a comprovação dos técnicos do Departamento Nacional de Produção Mineral.

O presidente decretou que o petróleo descoberto era propriedade da União, bem como o que mais aparecesse num raio de 60 quilômetros em torno do poço pioneiro.

Aranha estava de partida para Washington. O presidente do Dasp pediu para acompanhá-lo. Luizinho não perdia nenhuma viagem ao exterior. Por dever de gratidão, autorizou. Não negava nada ao ex-marido de Aimeé.

O chefe de polícia o alertou sobre certas conversas de golpe oriundas do Exército. Disse que o ministro da Guerra era leal até certo ponto, muito suscetível às intrigas, aos apelos da tropa e à sua mulher, diga-se, ao clero católico.

O ministro da Marinha, almirante Henrique Guilhem, queixou-se que seus oficiais eram divididos em dois grupos, vadios e intrigantes, diz que o chefe do Gabinete Militar está ao lado dos vadios. Menos mal. Para que novos navios e armamentos se serão manejados por pessoas tão desqualificadas?

Getulio estava envolvido por coisas mais importantes, o plano, o petróleo, as negociações com o Tesouro americano; deu pouca importância à conversa, que seria tão agradável há um ano.

Recebeu a notícia da morte do papa Pio XI, pensou no cardeal Pacelli. Será a sua vez?

A missão de Aranha nos Estados Unidos começou bem. Os americanos falaram em créditos de 100 milhões de dólares, além da criação do Banco Central e de um empréstimo adicional para a liberação do câmbio. Imediatamente, junto com o ministro da Fazenda, redigiu a resposta pedindo alguns esclarecimentos.

Plínio Salgado foi finalmente, preso. O interventor Ademar de Barros trouxe a boa nova, mas argumentou a favor de uma conciliação com os integralistas. Para reforçar sua peroração, veio com um inquérito que abrira sobre as atividades comunistas em curso. Ponderou que o governo não poderia se opor ao mesmo tempo aos dois movimentos radicais; seria prudente se aliar ao de direita. Getulio queria se afastar dos dois. Ademar não percebeu, faltava-lhe sutileza.

O presidente reuniu os ministros e interventores para comunicar como estavam as tratativas com o governo norte-americano. Elogiou a capacidade de Oswaldo Aranha em negociar.

O governo americano queria mandar o chefe do Estado-Maior do Exército, general George Marshall, para começar a tratar da questão dos armamentos. Getulio pediu para ele esperar a conclusão do acordo. Após essa visita, Góis Monteiro iria conhecer o Exército americano. A viagem ocorreu em 1940.

Franco assumiu o governo espanhol e o Brasil imediatamente o reconheceu. Gostava dos fascistas europeus, mas preferia ficar bem longe deles. Deplorava os nacionais.

Terminadas as exéquias papais, seu amigo Eugenio Pacelli tornou-se Pio XII.

Recomendou prudência ao ministro do Exterior na questão da negociação da dívida externa com os americanos, que queriam incluí-la no acordo; ele discordava. Aranha ficou melindrado, não queria mais fazer um comunicado conjunto com o ministro da Fazenda. "Oswaldo estava zangado", não gostou da interferência presidencial, seguramente influenciada pelo colega da Fazenda.

A Missão Aranha emperrara, os americanos exigiam que o Brasil retomasse os pagamentos das dívidas. Getulio insistia em não incluir essa obrigação no acordo. O Brasil parara de pagá-las em 1937.

Por fim, o Tesouro americano concordou em abrir um crédito de 19,2 milhões de dólares para refinanciar a dívida brasileira, adotar condições favoráveis às importações nacionais e criar facilidades para a formação de empresas binacionais voltadas à industrialização de matérias-primas e à exportação de minérios. Foi aberta uma linha de crédito de 50 milhões de dólares para criação do Banco Central. As negociações tomaram três meses.

A declaração conjunta foi publicada, a receptividade foi excelente.

Eufórico com o êxito da Missão Aranha, Getulio aborreceu-se com as conversas do general Dutra sobre a subversão da ordem. "Ele é um espírito impressionável e muito suscetível a acreditar em boatos".

Há pouco tempo, Aranha esteve com ciúmes de Dutra, não estaria agora ocorrendo o contrário?

Os militares são os únicos a fazer intrigas, todos os demais estão trabalhando. Não perceberam que esse período de governo era completamente diferente dos anteriores.

O amor distante encontrava-se em dificuldades financeiras, apelou ao seu bom coração. "Escrevi e enviei auxílio ao meu amor ausente".

Aranha estava prestes a retornar. "Vitorioso, desperta inveja de políticos saudosistas que são contra o acordo; de outro lado, a reação militar e a exploração nazista fazem o jogo contrário". A proximidade da guerra na Europa tornara Aranha um conselheiro mais importante que os militares.

O material bélico adquirido na Alemanha, peças de artilharia, começou a desembarcar, chegaram os primeiros 16 canhões. Getulio foi recebê-los. Aproveitaram sua presença e usaram os novos armamentos para saudá-lo com uma salva de tiros.

Luizinho veio visitá-lo. Deu suas impressões sobre as reuniões e o que havia observado no serviço público americano. Na publicidade, o paradigma fora alemão; para a censura, buscaram conhecimentos na Itália; nos trabalhos para fazer a máquina pública trabalhar, inspiravam-se na América. Procuravam pelo mundo o que havia de melhor em cada especialidade.

As boas ideias tinham que ser aproveitadas sem perda de tempo, todos tinham que estudá-las, assimilá-las e aplicá-las.

O ministro da Justiça, Francisco Campos, recebeu a incumbência de criar a Organização da Juventude, para estimular o nacionalismo, o orgulho à raça e a admiração ao ditador.

Pensando na congênere alemã, o projeto do ministro dera uma tônica paramilitar à instituição. Getulio preferiu uma entidade civil; foram feitas as mudanças e criada a Organização Nacional da Juventude.

O projeto determinava que as instituições voltadas à educação física, moral e civismo fossem incorporadas à nova organização.

Surpreendentemente, Dutra se opôs ao projeto, considerou estranho às tradições brasileiras. Seu veto foi ao caráter paramilitar, seria em tudo semelhante à juventude nazista. A intenção do ministro da Justiça era criar uma milícia sob sua tutela.

Vários setores do governo não receberam bem o acordo firmado com os Estados Unidos e passaram a boicotá-lo. O governo liberou o câmbio e retomou o pagamento da dívida. Os demais projetos não tiveram prosseguimento, aguardariam melhor oportunidade.

Foi um importante passo nas relações entre os dois países, ele seria útil em mais alguns anos, quando da entrada dos Estados Unidos no conflito europeu. Oswaldo Aranha tinha plantado algo para o futuro.

O ministro da Guerra acusou o interventor de São Paulo de ter pouco cuidado com as contas públicas. Mostrou cópias de despesas feitas por ele com verbas das polícias e outros pecados. Sugeriu sua demissão e a colocação de um militar em seu lugar.

Getulio aguentou Ademar de Barros à frente de São Paulo até 1941, apesar de se avolumarem as denúncias de corrupção.

O novo interventor, o ex-ministro da Agricultura Fernando de Souza Costa, determinou a abertura de uma série de inquéritos sobre a administração do seu antecessor. Getulio soube e determinou a sua suspensão. Pesavam sobre Ademar várias denúncias, como receber propinas dos empreiteiros de obras públicas, vinculação ao jogo clandestino e ligações tanto aos comunistas quanto aos integralistas.

Duas décadas à frente, inquéritos instaurados pelo seu sucessor no governo de São Paulo foram encaminhados à Justiça e Ademar condenado a dois anos de prisão. Evadiu-se do país. Alguns anos adiante, afastado em definitivo da vida pública, foi morar na Europa. Morreu em Paris aos 68 anos.

Era um homem de origem rica, vindo de uma família de cafeicultores. A escola por ele criada sobrevive e aperfeiçoa-se a cada dia, sua criatividade e ganância não têm limites. Seus melhores seguidores estão espalhados por todos os partidos políticos e são eleitos com votações consagradoras. Uma vez eleitos, a lei lhes garante "imunidade parlamentar", uma espécie de autorização para praticarem qualquer delito sem serem incomodados.

O povo escolhe para governá-lo quem pensa que pode ajudá-lo ou quem compartilha com seu modo de ver as coisas. Vota cheio de esperança, confiante que seu candidato não se deixará levar pelos colegas mais experientes, não será contaminado, permanecerá puro, não perderá a inocência. Com frequência vota em alguém que promete tudo, sem preocupação alguma em cumprir o dito durante a campanha eleitoral depois de eleito. O eleitor cai nas garras de um estelionatário eleitoral.

O major chefe da segurança presidencial se desentendeu com Gregório, agora com o título de comandante da Guarda Pessoal. "Esta guarda pessoal, embora composta de homens dedicados e fieis que tenho pena de mandar embora, é para mim motivo de constrangimento. Não gosto de andar cercado de capangas".

O ditador não conseguia devolver a São Borja aquela gente estranha, disposta a remover qualquer obstáculo que fosse determinado pelo seu chefe, Benjamin Vargas.

Continuou o resto da vida cercado por seus "capangas," se afeiçoou a eles e optou por arcar com todos os riscos impostos pela sua companhia.

Fazendo de conta que a turma de Benjamin não representava perigo, dava continuidade aos trabalhos de Oswaldo Aranha. O governo americano enviou, no começo de 1941, a Missão Pierson. Warren Lee Pierson presidia o Eximbank, banco do governo responsável pelos empréstimos que o Brasil receberia para as obras do Plano Quinquenal e que seriam pagos em minério de ferro. Pierson manifestou desagrado com a recente lei de nacionalização dos bancos, que dentro de dez anos não poderiam mais pertencer a estrangeiros.

Foi assinado um acordo dando aos Estados Unidos exclusividade no direito de importar do Brasil borracha e minerais estratégicos, notadamente diamante, quartzo e manganês. O pedido dos militares foi atendido com a abertura de uma linha de crédito ao Banco do Brasil no valor de 12 milhões de dólares para a compra de armamentos. Getulio determinou a proibição de exportar matérias-primas estratégicas para Itália e Alemanha.

Enquanto cumprimentava Hitler por seus feitos e lamentava não haver visitado Mussolini, proibia entidades nazifascistas de funcionarem e estreitava cada vez mais os laços com os Estados Unidos.

O ministro Francisco Campos não escondia mais sua hostilidade a Oswaldo Aranha; o considerava responsável pela aproximação do Brasil com os Estados Unidos. Os militares, Dutra e Góis, iam pouco a pouco se adaptando à nova realidade.

Quando Aranha ainda era embaixador em Washington, o presidente enviara guaraná, doces e charutos para distribuir às autoridades americanas, com uma recomendação especial sobre os charutos que deveriam chegar a Roosevelt.

Ao mesmo tempo, os americanos pediam ao Brasil que assumisse a guarda de navios alemães e italianos que aportassem no país. Os preparativos para a guerra estavam em andamento.

A demissão de Ademar lhe trouxe um alívio. Será que continuaria a receber pedras preciosas do outro mundo?

Outra saída que deu satisfação foi a de Francisco Campos, que se demitiu alegando problemas de saúde. Ele já havia sido de enorme utilidade lhe dando uma Constituição que não previa o fim de seu mandato, lhe permitia promover emendas constitucionais e lhe dava o poder absoluto. A paixão do ministro pelos regimes totalitários europeus começava a tornar-se inconveniente; em breve teria que fazer uma aliança com os americanos e não queria incômodos por perto.

Quem primeiro recebeu a indicação do rumo que adotaria durante a guerra que se aproximava foi o embaixador japonês.

O estranho interlocutor perguntou que posição o Brasil adotaria em caso de guerra. Getulio disse: "Respondi-lhe que o Brasil fazia parte de um bloco continental ligado, pelas declarações de Havana e Panamá, a compromissos de solidariedade na defesa dos países da América. Qualquer país americano que fosse atacado, nós seriamos solidários, a menos que este país fosse agressor ou provocador do conflito".

O embaixador alemão procurou imediatamente o presidente; chegou preocupado, saiu mais apreensivo ainda.

Possivelmente no dia seguinte Hitler viu que não poderia mais contar com o sonhado aliado sul-americano. Adiaria o projeto do Brasil germânico para após a vitória do Reich, a partir de quando teria mil anos para ocupar o Brasil e tornar seu povo tão ariano e disciplinado quanto os vencedores.

Quando Hitler entrou em Paris, em 14 de junho de 1940, Getulio saudou o feito como o início de uma nova era. Foi sua última manifestação pública a favor do nazismo.

Recebeu o primeiro carregamento de armamentos americanos, que seriam pagos por 35% de seu valor, de acordo com o previsto por recente lei, o *Lend and Lease Act*, voltada a países vítimas de agressão.

A Alemanha, em 22 de junho de 1941, ignorou o tratado de não agressão assinado com Stalin e declarou guerra à Rússia. Só faltava a Inglaterra ser invadida, dentre os que assinaram tratados de paz com Hitler.

Vargas festejou as primeiras vitórias alemãs sobre a Rússia, as considerou positivas para a situação interna: "Liberais e comunistas que andavam arrogantes e espalhando boatos se retraem".

No exílio, Plínio Salgado recomendava aos seus seguidores incondicional solidariedade ao Estado Novo; destacava que compartilhavam o mesmo ideário.

Novos problemas internos chateavam Getulio. O aliado instável e perigoso, Assis Chateaubriand, durante cerimônia no Ministério da Aeronáutica, se desentendeu com um oficial e descarregou seu revólver no tenente Boekel. Deixou-o ferido; a pontaria não correspondia à fúria do atirador. Permaneceu em liberdade, recusou depor em inquérito aberto pela Aeronáutica e o atentado ficou por isso mesmo. Era a primeira crise que surgia no âmbito da nova força criada pelo presidente em 1941. Outras viriam.

Roosevelt mandou o primeiro aceno direto e objetivo convidando o Brasil para entrar na guerra ao seu lado. Solicitava a cooperação na defesa de Portugal; havia ameaça alemã de tomar os Açores e Cabo Verde.

Foram convocados os ministros das três pastas militares para analisar a carta do presidente americano. A opinião geral foi que seria possível o Brasil colaborar da maneira solicitada, desde que fossem mais bem definidos os objetivos e que eles constassem do programa de cooperação da recém-instalada Comissão Mista Brasil-Estados Unidos de Oficiais de Estado-Maior.

Getulio dava mais um passo para ficar ao lado dos americanos durante o conflito europeu.

Viajou para Mato Grosso e Bolívia para inspecionar as obras da estrada de ferro Corumbá-Santa Cruz de La Sierra. Para sua surpresa, encontrou um companheiro da empreitada militar da qual participara como sargento da Coluna Expedicionária do Sul, em 1903, quando tropas foram concentradas em Corumbá para uma eventual guerra contra a Bolívia na disputa pelo Acre. A questão foi resolvida pela via diplomática. Getulio encerrou sua curta carreira militar e foi estudar direito em Porto Alegre.

Instalada a ditadura em 1937, os auxiliares estavam ávidos por conhecer e aplicar técnicas modernas, contemporâneas, para fortalecer o Estado Novo e seu chefe. Algumas já pairavam no ar há algum tempo, aguardando apenas o momento certo para serem utilizadas. Ideias, ações e leis à frente de sua época.

Luiz Simões Lopes, havia visitado a Alemanha em 1934. Em entusiástica carta enviada de Londres a Getulio, exaltou a atuação do Ministério de Propaganda alemão conduzido por Joseph Goebbels. Destacou a excelência do trabalho. Utilizavam intensivamente a fotografia, o rádio, o cinema e a imprensa para interagir de forma permanente com o povo. Concluiu por sugerir a criação de algo semelhante no Brasil, assinalando que o nosso deveria ser uma "miniatura" do germânico; deve ter pensado nas limitações técnicas, financeiras e de talentos que teria uma república tropical não ariana.

Com entusiasmo, contou que Hitler havia dito que a comunicação direta com o povo alemão o levara ao poder. Falar horas e mais horas pelo rádio fora vital para chegar à liderança dos alemães. Sugeriu que Vargas utilizasse o mesmo meio de comunicação. Sugestão aceita, os brasileiros passaram a ser submetidos às falas presidenciais.

Getulio passou a usar intensamente o rádio; durante todo o dia havia falas presidenciais. Programas e rádio-novelas eram interrompidos para que o povo ouvisse as serenas e estimulantes palavras de seu líder.

No mesmo ano,1937, o ministro da Educação, Gustavo Capanema, redigiu um decreto-lei para criar um departamento que tratasse das atividades culturais e da propaganda. As justificativas de sua estrutura e funções constavam de uma exposição de motivos que dava informações sobre o ministério de Hitler. A proposta foi acatada e criado o Departamento de Propaganda e Difusão Cultural (DPDC).

No final de 1939, o DPDC deu lugar ao DIP, Departamento de Imprensa e Propaganda, criado logo depois do feriado de Natal. Não queriam começar os anos 40 sem um forte aparato de censura e propaganda. A autarquia tinha status de ministério. Se não houvesse algum pudor, não usariam o eufemismo "imprensa", o departamento seria denominado DCP, "C" de censura. Em alguns estados foram criadas extensões do órgão federal, os DEIPs, para coibir com agilidade desvios da linha oficial.

O primeiro dirigente do departamento foi o jornalista e intelectual Lourival Fontes; seu cargo equivalia ao de ministro da propaganda, como o de Joseph Goebbels na Alemanha e o de Galeazzo Ciano na Itália.

Deve-se observar que no Brasil o termo "intelectual" tem uma conotação diferente da de outros países, nos quais é valorizada a profundidade dos conhecimentos e das produções do intelecto. Aqui não é difícil ser agraciado com este rótulo; seu uso é abrangente e generoso.

Fontes nunca escondeu sua admiração pelo fascismo, notadamente por Benito Mussolini. Na década de 1920, editara uma revista para divulgar as ideias de seu inspirador.

À medida que as ditaduras se prolongam, as dificuldades vão surgindo. Os adversários contumazes são tratados pela polícia, o que pode não ser suficiente para evitar que suas ideias contaminem as massas. A censura complementa o esforço policial, mas o circulo só se fecha com a propaganda dos grandes êxitos da ditadura, ajudando-a a se consolidar, dando-lhes mais anos de vida.

O trabalho conjunto das três áreas blinda o ditador, tornando-o mais forte, temido e amado.

A partir da criação do DIP tudo passou a ser censurado, não apenas emissoras de rádio e material impresso, qualquer manifestação cultural ou informativa era submetida ao seu crivo.

O departamento era eficiente. Os jornais recebiam uma extensa lista de assuntos proibidos, facilitando o trabalho dos censores e economizando papel e tinta às empresas jornalísticas. Em caso de extrema desobediência, seus proprietários eram presos, enviados ao exílio e os jornais fechados. O papel da imprensa era controlado, sua importação precisava de autorização governamental.

O Estado de S. Paulo se rebelou contra a censura, passou a não publicar fotos do ditador nem o material produzido pelo DIP. A rebelião custou caro, o jornal foi tomado pela polícia em 1940 e entregue ao departamento estadual para administrá-lo, sendo devolvido a seus proprietários apenas em 1945.

Em 1938, o jornalista Júlio Mesquita Filho, um dos donos do *Estadão*, foi preso 17 vezes e por fim exilado por se opor à ditadura; voltou ao Brasil em 1943, sendo imediatamente preso.

O noticiário exaltava a capacidade de trabalho, o discernimento, a bondade e a coragem de Getulio Vargas.

O zelo era tanto que até os reclames, como eram chamados os anúncios, passavam pela triagem da censura. Uma propaganda de sabonete, refrigerante ou pasta de dente, aparentemente inocente, poderia conter uma mensagem subliminar capaz de abalar o regime; era melhor se precaver evitando-a.

À essa época, a revista *Time* contratou o professor Jerome Davis, expoente da esquerda acadêmica norte-americana, para vir ao Brasil entrevistar Vargas. Em 1926, pago pelos jornais de Randolph Hearst, havia entrevistado Joseph Stalin.

Escreveu sobre as dificuldades impostas pela censura, considerou o governo austero e confuso, atribuiu o seu poder à manipulação que exercia sobre o Exército. Ressaltou a extraordinária habilidade política de Getulio. Por fim profetizou seu término, disse que não passaria de 1938, seria derrubado por Flores da Cunha. Concluiu seu profético texto dizendo: "Todas as evidências me asseguram que a revolta contra Vargas ocorrerá dentro de um ano, ou, provavelmente, mais cedo. A revolta será liderada pelo general Flores da Cunha." Pobres leitores!

É bom lembrar que todo regime forte não é, ou pelo menos não se sente, tão forte quanto se imagina. A censura é uma precaução para evitar a interrupção de seus meritórios esforços pela pátria. Os inimigos estão sempre de tocaia, prontos para difamá-lo e destruir sua obra, e devem ser identificados antes que entrem em ação.

Os regimes totalitários vivem imersos no medo; para não serem pegos de surpresa têm que impor um medo maior a seus súditos.

O novo departamento obrigou a exibição do retrato do presidente em todos os lugares, uma maneira de lembrar que ele estava atento, zelando pelo bem-estar de seus compatriotas. Repartições públicas, escolas, armazéns, farmácias, armarinhos, bares, botequins eram obrigados a colocar em lugar de destaque e à vista de todos as fotografias coloridas, rapidamente desbotadas, de Getulio. Uma boa providência retirada dos ensinamentos de Goebbels, o distante ideólogo de tudo que se passava nas artes da propaganda do governo.

Alguns comerciantes colocavam o precioso retrato em molduras, eram comuns as ovais, laqueadas, brilhantes. As compras eram feitas sob o olhar atento do chefe da Nação. As fotos ficavam sempre em locais visíveis, era impossível não vê-las.

O culto à personalidade é parte do aparato de divulgação de regimes como o Estado Novo. Não era possível abrir mão dele, uma mera providência comum às ditaduras.

Além de ver as onipresentes fotografias, as crianças recebiam cartilhas laudatórias ao "pai dos pobres" e aprendiam canções patrióticas. A mais elogiada foi a cartilha "Getulio Vargas amigo das crianças"; a bela iniciativa mostrava aos pequenos leitores que havia na Pátria um exemplo a ser seguido.

Intelectuais recebiam quantias exorbitantes para escrever livros como *Getulio e o cinema*, o teatro e a literatura. Em que pese o aspecto ridículo das publicações, Getulio nada fazia para impedi-las. A vaidade ultrapassava o senso crítico.

Foi composto o samba "Glória ao Brasil", com letra que repudiava o comunismo; outro samba conclamava os malandros cariocas a se tornarem operários fabris.

O noticiário escrito era distribuído gratuitamente à imprensa, poupando-lhe trabalho, economizando dinheiro e, o principal, evitando que os fatos fossem distorcidos por jornalistas mais afoitos e mentes maldosas. Os jornais recebiam subvenções através da publicação de matérias pagas pelo erário. Não havia erro, as notícias eram todas iguais de Norte a Sul, poupando o trabalho da censura e dos repórteres. Os jornalistas foram isentos do imposto de renda. Havia emprego público e passagens aéreas gratuitas para todo intelectual ou jornalista leal ao regime.

Sem dúvida alguma, Goebbels ficaria orgulhoso com o que foi feito sob sua inspiração.

O permitido, não censurado, era laudatório, entusiástico, apoiando sempre os atos da ditadura. O mais importante meio de comunicação era o jornal cinematográfico, visto com o mesmo entusiasmo que o filme passado logo após sua exibição.

A música vibrante, o presidente em destaque, recebendo homenagens. Milhares de estudantes em estádios e passeatas, alegres pela oportunidade de vê-lo em seu terno formal com paletó transpassado, de chapéu e sorriso artificial. A voz forte e entusiástica do narrador convocava a plateia a sentir a mesma felicidade daqueles que haviam visto Getulio ao vivo. Deve ser daí que o povo passou a amá-lo. Afinal, por que não? Ele só fazia o bem, só pensava nos pobres.

Os noticiários cinematográficos em preto e branco eram o que mais se aproximava da televisão, eram vistos com algum atraso, mas para o público eram atuais, não existiam outros meios de ver as cenas que já haviam ocorrido e que os jornais já haviam comentado sobre sua grandiosidade.

A censura e a propaganda ajudam a permanência do pensamento e do mando únicos, mas precisam ser auxiliadas por uma eficiente polícia política para coibir desvios da linha oficial, de preferência antecipando-se a eles, evitando que ocorram. Quantas vezes um grande incêndio começa com uma minúscula fagulha. Muitas revoluções iniciaram com acontecimentos aparentemente sem importância.

Eventos desse tipo devem ser evitados, tornando necessária uma polícia secreta, que vigiasse a todos, até a si mesmos. Frequentemente é criada outra atividade de espionagem para fiscalizar a anterior. Nesse momento, a paranoia toma conta dos que decidem. Todos são potencialmente suspeitos, como no caso da comissão criada para identificar comunistas.

Discursos feitos em uma estação de trem em São Petersburgo e uma tentativa de golpe em uma cervejaria em Munique alteraram a história do século XX.

Getulio criou o Departamento de Ordem Política e Social durante o Estado Novo para impedir a ocorrência de atividades políticas contrárias ao regime. Foi útil a ele e a outros governos que se seguiram.

O novo departamento substituiu a Delegacia Especial de Segurança Pública e Social criada em 1933, chefiada desde sua criação até 1942 por Filinto Müller.

No aparato de segurança do governo cabia um destaque à polícia do Distrito Federal, que prestara bons serviços nos anos anteriores. Ganhara mais status no Estado Novo.

O próprio Getulio escolhia o nome para dirigi-la. Era uma posição de destaque. Continuou sendo em sucessivos governos até a transferência da capital para Brasília, em 1960.

O seu trabalho científico foi fortemente influenciado pelo criminalista italiano Cesare Lombroso, que afirmava haver no biótipo de uma pessoa fortes indicações se ela era ou não um malfeitor. A busca de criminosos entre pessoas com feições brutalizadas passou a ser a principal linha de investigação dos crimes na capital da República. Era feio tornava-se suspeito, cabia investigá-lo.

No Estado Novo essa prática foi abandonada, a polícia passou a ser treinada para combater o crime de forma mais convencional e, principalmente, identificar os inimigos do regime e trancafiá-los. Os discípulos de Lombroso agora eram inspirados em Sherlock Holmes.

Outro aperfeiçoamento foi introduzido por uma missão de policiais que foi à Alemanha estagiar na Gestapo: a tortura científica; é claro, se o método não funcionasse, usariam o anterior. Uns se aperfeiçoaram com Goebbels, outros com Himmler.

Nada foi negligenciado. Filinto Müller esteve na polícia nazista em viagem de estudos e muito aprendeu sobre o reconhecimento de indesejáveis, métodos de investigação e organização de campos de concentração. Sua confiança no ideário de Hitler e seus seguidores, além do sobrenome, o identificaram como pessoa confiável.

Os alemães sabiam reconhecer seus amigos, gostavam de agraciá-los. Góis Monteiro recebeu importante condecoração do Führer, entregue pelo seu representante no Rio de Janeiro. Lutero Vargas foi convidado a aperfeiçoar seus conhecimentos de medicina em Berlim.

O filho de Getulio não falava uma palavra sequer em alemão, mas isso não tinha importância, só sentiu falta de saber a língua local quando conheceu Ingeborg Ten Haelf.

Ariana de beleza indescritível, alta, magra, uma valquíria com cabelos negros, ao vê-la Lutero apaixonou-se de pronto: para sua felicidade, o sentimento foi recíproco. Ele era atarracado como o pai, mais baixo do que a bela alemã, conheceram-se num restaurante na capital da Alemanha.

Nenhum falava a língua do outro, comunicavam-se usando a linguagem universal dos enamorados.

A decisão de se casarem foi rápida, ansiavam fazer coisas que naquele tempo precisavam ser antecedidas de bênçãos e contratos. Quando a bela Ingeborg procurou a repartição apropriada para pedir licença para casar com um estrangeiro, foi desestimulada. Não podiam dispensar uma ariana de tal pureza, seu destino era casar com um jovem germânico de raça tão pura quanto a dela e produzir muitos pequenos arianos. Eles seriam criados pelo estado, de acordo com outro projeto de Himmler: povoar a Alemanha, após a vitória final, apenas com elementos da raça pura.

A interferência da área política superou a exigência da responsável pela eugenia, o noivo era filho de um ditador que tinha que ser conquistado pelo Reich. Se queriam levar a alemã para o calor dos trópicos, estavam liberados para fazê-lo. A única imposição era que ela tinha que ficar confinada na embaixada alemã, no Rio, até o dia do casamento. Preservar a virgindade ou outras tentações? Só o governo alemão saberia dizer.

O ansioso noivo foi pegá-la no navio do Lloyd, ao largo, levou-a para o Palácio Guanabara onde ela ficaria protegida das tentações pela futura sogra, aguardando o grande dia, e não pelo embaixador de seu país conforme o acordado.

As bodas foram um acontecimento, todos os homens invejaram Lutero.

O casamento durou menos de dois anos; tiveram uma filha, Cândida; pouco se falavam, um não entendia o que o outro dizia, a tal da linguagem universal dos amantes perdera a graça, não estavam mais apaixonados. A solução era a separação, mas para isso tinha que haver uma boa razão, a família do marido era católica e não havia divórcio no país.

O DIP lançou boato de que ela era lésbica; não foi levado a sério. Então espalhou que ela era espiã nazista. Acabou deportada para os Estados Unidos, em 1944, mesmo tendo nacionalidade brasileira.

Foi morar em Nova York, em Greenwich Village. Tornou-se artista plástica. Morreu com idade avançada desmentindo amar mulheres. Dizia que seus três maridos e os incontáveis amantes tinham sido homens. Sua filha, o único fruto da união, foi criada pelos Vargas, e sempre manteve contato com a mãe.

A censura e a propaganda ajudaram Getulio a governar e ser querido pelo povo por muitos anos.

Em uns poucos e desagradáveis momentos elas não lhe serviram, como os que antecederam a entrada do Brasil na Segunda Guerra Mundial. O DIP não tinha como impedir as pressões que recebia — e, o pior, não tinha como ajudá-lo a decidir.

Após o golpe de 1937, o governo brasileiro passou a ser rotulado de fascista pela imprensa internacional. Nos Estados Unidos, Oswaldo Aranha esforçava-se para informar que no Brasil vivia-se em uma democracia. A chegada de Júlio Mesquita Filho atrapalhou a pregação do embaixador; o exilado falava e escrevia que o país estava mergulhado numa ditadura sem freios.

A verdade é que havia no governo ampla simpatia pelos fascistas e nazistas europeus. Em uma ocasião, os militares sugeriram suspender o jornal *Correio da Manhã*, não por críticas ao governo — ele obedecia à cartilha da censura —, mas por publicar artigos e notícias favoráveis aos britânicos.

O ministro da Guerra, general Eurico Gaspar Dutra, chegou a alertar ao presidente que o periódico era o líder da propaganda inglesa no Brasil. A sugestão, por não ser atendida, provocou o pedido demissão do chefe do Estado-Maior da Guerra, general Góis Monteiro. Getulio passou o assunto ao chefe da censura, Lourival Fontes. Sempre que podia, deixava decisões desagradáveis a cargo de auxiliares próximos. Se desse certo, o mérito era seu, se desse errado, ele dizia desconhecê-las.

Tudo o que ele não queria eram divergências com os militares e com a Igreja, com a qual a ditadura mantinha relações estreitas. O cardeal Sebastião Leme convivia bem com Getulio. Embora separada do Estado quando da proclamação da República, ganhou status de religião oficial. Prestigiava o governo e por ele era prestigiada.

O episódio do *Correio da Manhã* foi rapidamente esquecido.

O general Góis continuou no posto e seu irmão mais moço foi premiado com o cargo de interventor de seu estado, Alagoas.

Poucos meses depois foi iniciada a negociação de um acordo militar defensivo com os Estados Unidos. O negociador americano era o general George Marshall. O encontro entre o presidente e Marshall foi agradável, terminou com um almoço entre eles. Foram feitos os acertos finais para a troca de minério de ferro por armamento para o Exército brasileiro.

Em 12 de julho de 1941, o embaixador norte-americano, Jeferson Caffery, entregou a Getulio Vargas uma mensagem do presidente Roosevelt convidando-o, mais uma vez, a colaborar na guerra contra a Alemanha. Getulio considerou curiosa a ideia, afinal, poucas semanas antes o ministro da Guerra havia determinando a retenção de aviões militares americanos que sobrevoavam o nosso território em direção à África. Getulio omitiu-se no episódio. Considerou um mero assunto militar, não levou em conta que se desenrolava uma guerra na Europa. Era assunto de Estado, não tão simples como ele gostaria que fosse.

Desde 1934 a Deutsche Lufthansa realizava voos regulares entre Berlim, Natal e Rio de Janeiro, ostentando em seus hidroaviões uma enorme cruz suástica pintada na cauda. Nunca foram importunados. A empresa alemã tinha até uma subsidiária no Brasil. Era forte a ligação entre os dois países.

O general Góis Monteiro levou ao Palácio suas inquietações com a intenção americana de instalar bases militares no Nordeste; elas serviriam de apoio à guerra que se desenrolava no norte da África. Comunicou que ele e o ministro da Guerra pediriam demissão se as negociações continuassem nesse rumo.

No afã de afastar o Brasil de nazistas e fascistas o Serviço Secreto britânico forjou documento, atribuído à direção da empresa aérea italiana que fazia voos ao Brasil, Lati, dando conta de entendimentos com os integralistas para derrubarem o governo. Descoberta a farsa, os generais argumentaram que ingleses e americanos estavam fazendo qualquer esforço para os levarem para o lado errado. A correspondência diplomática havia sido interceptada pelo chefe de Polícia.

Getulio acalmou os militares: não tomaria nenhuma decisão sem ouvi-los.

Em outra ocasião, Góis resignou-se em não ter sido censurado o perigoso *Correio da Manhã*; fora recompensado com a passagem das Alagoas à sua família. Ficou satisfeito, mas isso já era passado. Agora os fatos exigiam ação enérgica. Não se tratava mais de sua província, mas de uma possível e desagradável, à boa parte do governo, derrota dos italianos e alemães com a vitória dos britânicos e americanos tendo a colaboração do Brasil.

Getulio sentia-se perdido sem saber o que fazer com assuntos tão desagradáveis. Apesar disso a presidência não lhe pesava, fora talhado para exercê-la, se possível para toda a vida. Sabia que esses dissabores uma hora passavam.

A decisão de apoiar os que lutavam contra Hitler e Mussolini não só era difícil, mas também incoerente com seu estilo de governar. Queria estar entre os vencedores do conflito. Seus assessores militares não lhe deixavam dúvidas: os alemães e italianos sairiam vitoriosos, participaríamos do Reich dos mil anos. A tão cara Argentina, por poucos quilômetros não nascera lá, apoiava os alemães abertamente, até expondo bandeiras germânicas em solenidades públicas.

Não havia preocupação com a história, com a ideia de liberdade, afinal, ninguém o elegera para a posição que ocupava, só precisava prestar contas ao seu pequeno grupo. O apoio a outros ditadores era coerente e simpático ao seu modo de pensar.

Sentimentos ambíguos o dominavam. O general Lehman Miller, chefe da Missão Militar Norte-Americana no Brasil, passou a ser presença constante no Catete. Getulio o tranquilizava em relação às atitudes hostis dos seus chefes militares, ao mesmo tempo em que transmitia inquietações a estes.

Os americanos embargaram a vinda do armamento trocado pelo minério de ferro. Afinal, qual a razão para fornecer armas a um Exército tão claramente germanófilo? Os generais brasileiros sugeriram encerrar a missão militar americana e despachar para o seu país o desagradável Miller; ele tornava-se simpático ao ditador e desequilibrava as suas influências.

A insistência do militar americano em instalar as bases no Nordeste estava tirando a paciência do ministro da Guerra e de seu chefe do Estado-Maior. Sabiam que elas seriam vitais para a vitória dos Aliados nos desertos africanos e na conquista do Mediterrâneo. Seu querido Hitler receberia um duro golpe se isto acontecesse.

Dutra e Góis se reúnem com Miller; o militar americano ameaçou ir embora se as bases não fossem aprovadas e daria por encerrada sua missão. Preocupados, os generais brasileiros foram ao Catete à noite do mesmo dia ver qual posição deveriam adotar.

Getulio atribui apenas ao general americano o interesse nas bases, uma vez que não tinha recebido nenhum pedido de Roosevelt. Estranho modo de pensar, assunto de tal importância ser desejo de uma só pessoa.

Poucos anos atrás, com a firmeza germânica, o embaixador alemão no Brasil, Kurt Ritter, manifestou ao presidente o seu descontentamento pelo fechamento do Partido Nazista Brasileiro. Getulio quase pediu desculpas e disse que a medida era de cunho geral. Como agiria ante a pressão norte-americana?

Em 13 de novembro Getulio recebeu sutil ultimato da embaixada americana. A cooperação, as bases nordestinas tornaram-se vitais. Getulio ouviu, não falou, entendeu e começou a pensar em como dobrar os militares que exigiam decisão no sentido contrário.

Os ingleses pressionavam de outro modo, sem a sutileza dos americanos. A Grã-Bretanha começou em 1940 a apreender navios brasileiros que iam ou vinham da Alemanha.

Desde 1808, quando o Brasil deixou de ser colônia, os ingleses foram importantes aliados do país; agora eram inimigos em potencial. Dutra chegou a propor o rompimento de relações entre as duas nações; prevaleceu o bom senso de Oswaldo Aranha. Dutra pediu demissão, que não foi aceita.

Para não contrariar o amor à ditadura e ao fascismo, o ministro da Guerra buscava contradizer a história do país.

No dia 7 de dezembro de 1941, Getulio foi informado do ataque japonês às bases americanas no Pacífico. Foi impelido a pensar na posição que deveria adotar. Antes foi ao cinema. Fugiu da decisão, mas sabia de sua urgência.

Finalmente resolveu passar um telegrama a Roosevelt hipotecando solidariedade ao ataque que seu país sofrera. Tornou-o público divulgando uma nota pelos jornais.

A opinião pública, a voz das ruas, recebeu bem a notícia. Getulio achou que o telegrama bastava. Poderia continuar em sua neutralidade como os governantes da Argentina, Portugal e Espanha. Não precisaria ir à guerra.

Quatro dias depois do Japão, Alemanha e Itália declararam guerra aos Estados Unidos. Os três países formaram o Eixo, referência ao eixo Berlim, Roma e Tóquio.

Vargas passou a noite em claro, sabia que teria que tomar uma decisão contrária aos desejos dos seus tão úteis e inoportunos chefes militares. Felizmente, no dia seguinte era o aniversário de sua mulher. A festa transcorreu com alegria, música e danças; usufruiu algumas horas de paz.

Dutra e Góis comunicaram que, se o Brasil declarasse guerra ao Eixo, pediriam demissão, dessa vez em caráter irrevogável. Não seria apenas uma malcriação por não terem sidos atendidos em algo que desejavam, mas um protesto pela adoção de uma decisão errada para a pátria e perante à história. Quando o vitorioso Fuhrer aportasse em suas terras tropicais, após a vitória final, queriam recebê-lo e lhe prestar homenagens.

Pretendiam uma neutralidade semelhante à espanhola e à portuguesa. Getulio considerou impertinente a atitude dos dois e manifestou seu descontentamento ao chefe do Estado-Maior, que concordou em não se demitir e pedir ao colega que fizesse o mesmo.

Os dias continuaram a passar como se nada estivesse acontecendo, como se o mundo não ardesse em chamas. Jogava golfe, mantinha os despachos rotineiros, os almoços na casa dos amigos, as idas ao dentista, tudo o ajudava a fugir do incômodo assunto e da difícil decisão. O melhor a fazer era fingir que tudo ia bem. Talvez os americanos achassem uma alternativa para lançar ataques aéreos do outro lado do Atlântico e o esquecessem.

No início de 1941 Getulio criara o Ministério da Aeronáutica, unificando sob um só comando a aviação naval e a militar. Promoveu ao generalato, a brigadeiro, Eduardo Gomes, e o designou para comandar a nova força no Norte e no Nordeste do país, onde os americanos queriam construir as bases aéreas. O brigadeiro concordava, repudiava o fascismo.

O general Amaro Bittencourt, retornando de viagem à América do Norte, trazia notícias inquietantes, informou que os americanos desconfiavam de pessoas do governo e estranhavam o não afastamento delas.

Getulio se aborreceu, encerrou a conversa dizendo que queria ser deixado em paz.

Começou 1942 recebendo um convite de Roosevelt para que fosse visitá-lo em Washington. Informava que ele seria recebido como jamais um chefe de Estado o fora.

O presidente americano havia estado no Rio de Janeiro em 1936. Depois da visita, Getulio lhe enviou uma carta amigável, mencionando a importância do tratado comercial que assinaram em 1935, para fortalecer os laços entre os dois países, e informando que pretendia retribuir a visita em 1937. Não cumpriu o prometido. Não gostava de viagens muito longas. Recebeu com apreensão o convite para ir a Washington e murmurou para si mesmo: "Os americanos querem me arrastar à guerra".

Sabia que as pressões aumentariam e sua omissão teria fim, não poderia durar muito.

O ministro da Guerra e o chefe do Estado-Maior o pressionavam enviando recados por terceiros, avisando que iriam pedir demissão. Quem o apoiaria na presidência se eles saíssem? O povo daria conta? A Igreja? Não, ele sabia que só o Exército e mais ninguém poderia sustentá-lo.

Se ocorresse alguma coisa desagradável aos militares poderia ser desencadeada uma crise, ele poderia ser apeado de sua cadeira. Ao mesmo tempo, se continuasse indeciso comprometeria a si próprio perante à história. Teria que pesar o que era mais importante: o presente, com os incômodos generais, ou o futuro ao lado dos americanos.

Agora, como que para mudar de assunto, Getulio discutia com a Argentina uma decisão conjunta; contou isso ao representante americano, que estava no Brasil para participar da Conferência Interamericana de Ministros de Relações Exteriores, Summer Welles.

Disse que a amizade argentino-brasileira era para ele parte integrante de seu programa de governo. Contou que nascera na fronteira e que os dois povos se estimavam. Eventuais desavenças eram culpa dos governos e não do povo.

Welles insistia que o Brasil declarasse guerra ao Eixo. Vargas respondeu que precisava do material bélico adquirido em seu país e cuja entrega estava sendo protelada. O interlocutor disse que, por ordem de seu presidente, a entrega seria imediata. Getulio deu a entender que aceitaria ir à guerra e pediu que ele conversasse com Aranha ainda naquela noite.

Para encerrar a conversa, disse a Summer Welles: "Poderia contar com o Brasil, mas que nessa decisão eu jogava a minha vida, porque não sobreviveria a um desastre de minha pátria".

A permanente ideia de suicídio é que lhe permitia tomar decisões corajosas como aquela. Se tudo falhasse, tiraria a própria vida.

Informado do que se passava no Brasil, o presidente argentino, Ramon Castillo, foi peremptório: seu país permaneceria neutro.

A ideia de Oswaldo Aranha era aproveitar a III Reunião de Consulta de Ministros de Relações Exteriores das Repúblicas

Americanas de 1942, que estava sendo realizada no Rio de Janeiro, e propor que todos os países da América adotassem uma posição conjunta em relação à guerra, o que seria impossível: Argentina e Chile eram abertamente a favor do nazifascismo.

A Argentina, mais rica e com um exército mais bem equipado, impunha respeito. A soberba de seu povo contrastava com a humildade e o complexo de inferioridade dos brasileiros. Com uma das principais economias do mundo, baseada na agricultura e na pecuária, sobrepunha-se ao vizinho com sua economia dependente de um só produto, o café. Exibiam opulência enquanto o Brasil mostrava pobreza. Recentemente, em enorme gesto de arrogância, protestaram aos Estados Unidos pelo arrendamento de navios contratorpedeiros à armada brasileira.

Os dois países eram aproximados pela incipiente industrialização e a incapacidade de se adaptarem à democracia. Os ibéricos desprezavam o trabalho realizado com as mãos, a menos que fosse o manuseio de carimbos nas repartições públicas. O que os tornava, como de resto a América Latina, caricatos aos olhos dos americanos do Norte. Suas ditaduras eram indicadores do atraso em que viviam, ainda que fossem aliados úteis. Não passavam de repúblicas de bananas, como as da América Central; apenas tinham territórios mais extensos.

Na época da tomada de decisão de ir ou não à guerra, o Brasil vivia em paz devido à ditadura, que eliminara as oposições. Na Argentina, os golpes e as fraudes eleitorais se sucediam.

Em 1930, os militares argentinos depuseram o governo constitucional, tomaram o poder e deram início a uma longa sucessão de golpes, que se estendeu ao longo dos 53 anos seguintes.

A Igreja era uma poderosa aliada com a qual contavam os governantes platinos. No país vizinho nunca ocorreu a implantação de um estado plenamente laico. Os laços entre a Igreja católica e o governo eram estreitos. Ainda hoje há um ministério para tratar desse assunto, o das Relações Exteriores, Comércio Internacional e Culto; entende-se esta última atribuição como as relações com o culto católico.

Enquanto isso, Getulio aguardava uma espécie de palavra de ordem dos vizinhos para saber o que fazer. O tempo passava e a diretriz não vinha. Era desesperador. Os argentinos teriam que voltar atrás numa decisão tomada em 1938: a de permanecerem neutros em relação a futuros conflitos europeus. Mesma atitude adotada na primeira guerra mundial, e que impediu que o país vizinho fosse fundador da Liga das Nações quando de sua criação, em 1919.

Benjamin Summer Welles, subsecretário de Estado e principal assessor de Roosevelt para a América Latina, disse-lhe que, se Argentina não apoiasse os Aliados, toda ajuda americana seria cortada e que seu governo não se manteria. A velada ameaça deixou Vargas inquieto, mais intranquilo. Os americanos lhe pediam para tomar uma decisão desse tamanho. Era demais. Nunca imaginou que seria instado a isso.

Oswaldo Aranha tinha pronto um texto anunciando o rompimento das relações com a Alemanha e seus aliados. Getulio não leu, mas achou a ideia aceitável. Welles concordou com o que fora escrito.

O presidente argentino não aceitou essa solução. Frustrou a adoção de uma decisão conjunta, como queria Getulio. Se errasse estaria só. O rompimento foi adiado, ficou aguardando uma mudança de posição da Argentina. Não havia muito o que fazer, submetia-se aos Estados Unidos ou à Argentina, ou, ainda, aos dois generais simpáticos ao Eixo. Alguém teria que sair aborrecido com a decisão que tomasse. Isso lhe desagradava.

A censura e a polícia política lhe garantiam a unanimidade, mas agora não lhe eram úteis. Por que esse maçante dilema? Acontecimentos que se passavam longe de seu distante e atrasado país vinham incomodá-lo em sua casa. Era difícil acreditar no que acontecia à sua volta. Não adotara o Estado Novo para trabalhar sob pressão. Por que a Argentina não ficava ao lado dos americanos? Nesse caso só desagradaria os generais, subordinados que o tratavam com arrogância.

Na última e definitiva pressão, o Ministério da Guerra lhe entregou um documento informando que o Exército não estava preparado para a guerra; só faltou dizer que seu adestramento limitava-se a usar a força dentro do país para mantê-lo na presidência, nada mais além disso. Getulio achou desagradável, inoportuno, mas não disse nada. Era intolerável ser tratado dessa maneira por subordinados.

O ditador não admitia questionamentos; seu trato formal com as pessoas impunha algum distanciamento entre ele e os outros. Não era um homem dado a intimidades.

Por que admitir tanta franqueza e liberdade no tratamento com os dois generais e com o ministro das Relações Exteriores? Com eles permitia a quebra das barreiras que impunha aos demais.

Os generais Dutra e Góis Monteiro tinham sido seus contemporâneos na Escola Militar de Porto Alegre, eram amizades antigas, vindas da adolescência. Oswaldo Aranha, um homem do Pampa, como ele, era outro amigo de longa data; com o tempo transformara-se no seu mais acatado conselheiro.

Getulio, Góis e Aranha comandaram os que rumaram do Rio Grande do Sul para a capital do país para efetivar o golpe de Estado. Dutra não participou da revolução de 1930, mas em 1932 teve atuação relevante contra os "constitucionalistas" paulistas que declararam guerra ao governo federal. Essa postura fez com que adquirisse a confiança de Vargas.

Poucos compreendiam, mas o governo, nessa fase, era compartilhado pelos quatro. Getulio entre eles era apenas um.

O governo a oito mãos vinha dando certo. As divergências eram resolvidas entre os quatro velhos amigos, cada um cedia um pouco. Tinham personalidades bem diferentes. Getulio, perspicaz, matreiro, desconfiado, ambíguo até na intimidade, avesso a decisões difíceis; Góis, gaúcho por adoção nos modos, na fala impositiva, no sotaque, era impetuoso, tomava decisões e pensava depois; Dutra, caladão, introspectivo, jamais decidia sem muito matutar, e, Oswaldo Aranha, o mais preparado e vivido dos quatro, podia ser tanto impetuoso quanto cauteloso — nos grandes momentos sua palavra era decisiva, principalmente nas questões externas.

Getulio apreciava a companhia dos amigos e sentia-se à vontade com eles, a ponto de compartilhar o mando da nação. Era individualista, personalista e vaidoso; para satisfazer os aspectos de seu caráter, existia um país todo à sua disposição. Podia ser diferente com os três.

Para ver para que lado iria na questão da guerra, tomou uma estranha decisão: colocar em votação se o Brasil deveria se unir ou não aos aliados; como se houvesse possibilidade de recuo depois do rompimento das relações com o Eixo. Seria a primeira votação no Brasil em alguns anos.

Convocou para uma reunião na casa de sua filha Alzira, em Niterói, Góis Monteiro e todos os ministros. Expôs o que se passava, falou sobre as pressões que sofria, da falta de solidariedade da Argentina em compartilhar uma decisão que aliviaria seus ombros. Pediu que votassem a favor ou contra à guerra ao Eixo e justificassem seu voto.

O pequeno colegiado sugeriu combater Alemanha, Itália e Japão e apoiar os Estados Unidos e seus aliados. O Brasil iria à guerra, seja lá o que Deus quiser. Seria o único país com uma ditadura fascista a combater o fascismo.

"Confesso que me invade uma certa tristeza. Grande parte desses elementos que aplaudem essa atitude, alguns até me caluniam, são adversários do regime que fundei, e chego a duvidar que possa consolidá-lo para passar tranquilamente ao meu substituto." Referia-se não à Revolução de 1930, mas à atual ditadura, sem data para eleições que permitissem passar o poder a outro. Está novamente embutido o pensamento de morte pelas próprias mãos, já que não aceitaria nenhum ruptura humilhante, que não permitisse agir de acordo com o seu ritmo, tranquilamente, sem pressa, como na questão da Constituinte.

Os mesmos que homologaram a constituição fascista, ou que com ela conviviam sem reclamações, mudavam de lado, forçando-o a seguir um caminho que não era o indicado por suas convicções.

A mesma dúvida de 1930: quem levara quem à Revolução? Aranha, Góis e Flores o colocaram à frente ou ele os colocou na sua retaguarda? De um modo ou de outro quem aparecia na liderança era Getulio.

A decisão foi logo comunicada ao sr. Welles e ao embaixador Caffery.

Os argentinos que estavam no Rio, participando da reunião de ministros de Relações Exteriores, retornaram a Buenos Aires, não tão rápido quanto gostariam. O seu avião, ao decolar, caiu na baía de Guanabara. Ninguém morreu.

A Argentina respondeu à falta de solidariedade brasileira concentrando tropas na fronteira. Agora poderíamos entrar em dois conflitos armados, um além-mar e outro ao lado, no Rio Grande do Sul, em São Borja. Era demais. O ditador teria de algum modo acalmar os argentinos; eram amigos, fora criado com eles. Mandara censurar recentemente um jornal que os tratara com grosserias ao comentar uma partida de futebol entre os dois países. Não podia afastar-se deles.

Até quando isso duraria? Quando ele voltaria a usufruir os dias agradáveis proporcionados pelo Rio de Janeiro, por Petrópolis e Paquetá, administrando apenas as mesquinharias, as pequenas disputas e intrigas entre os que lhe eram próximos, talvez até viver uma nova e revigorante paixão?

A situação se complicava. Hitler não gostou da decisão adotada. Respondeu com o ataque de um submarino alemão a um navio mercante brasileiro em águas americanas, ataques que continuaram em águas brasileiras. Cinco navios foram afundados em menos de um mês.

Góis Monteiro agora pedia demissão a cada semana, recebia um carinho e continuava à frente do Estado-Maior.

Por fim, com certa relutância, Dutra e Góis aceitaram lutar ao lado dos aliados. Teriam apoio técnico e logístico do Exército americano.

Dutra, Góis e Filinto Müller passaram a promover intrigas contra Oswaldo Aranha, o responsável pelo estado de coisas que tiveram que aceitar, mas do qual continuavam discordando. Situação que fugia ao controle e amargurava Getulio.

Anunciada a ida aos campos de batalha na Europa, uma onda de patriotismo passou a percorrer o país; todos queriam expressar seu apoio à decisão de combater o nazifacismo.

Foi divulgado um manifesto conclamando os democratas brasileiros a ficarem atentos ao exemplo da França, passiva e simpática aos invasores alemães. Os brasileiros não deveriam aceitá-los, mas combatê-los.

Da prisão, Luiz Carlos Prestes enviou um telegrama cumprimentando Getulio pela decisão tomada

Dona Darcy Vargas, com senhoras da sociedade, criou um movimento de apoio aos soldados: "Madrinhas para nossos combatentes", para recolher balas, doces, sabonetes, cigarros; segundo elas, eles teriam dificuldade de encontrar estes artigos na frente de combate. Não falaram em pasta de dentes, muitos combatentes não tinham dentes, e um bom número não era alfabetizado.

Na Legião Brasileira de Assistência foram criados programas para proteger a população de dificuldades que poderiam ser impostas pelo conflito. O mais importante deles foi a Defesa Passiva Antiaérea, no qual voluntárias uniformizadas eram treinadas para conduzir o povo a locais seguros em caso de bombardeio. Outras atividades criadas pela LBA foram a coleta de borracha usada e as Hortas da Vitória, para ensinar os moradores das cidades a produzir alimentos. Tudo compatível com a pobreza industrial, logísticas e a escassez de ideias daqueles tempos.

Desde a década de 1930, eram populares no Brasil as figuras que acompanhavam os sabonetes Eucalol. Tinham as dimensões de uma carta de baralho e traziam, principalmente, fotografias de artistas de cinema. A partir da decisão de ir à guerra, elas passaram a estampar desenhos exaltando feitos brasileiros nos campos de batalha. Os americanos glorificavam seus soldados com filmes épicos, os brasileiros, com as modestas figurinhas.

Em 22 de agosto de 1942, o Brasil declarou guerra ao Eixo; se Getulio ainda anotasse fatos e sentimentos, neste dia o diário expressaria um lamentável estado de espírito. A questão era como deixaria o poder: com dignidade ou morto. Não havia outra alternativa. Uma saída pela porta da frente só com sua participação. Passaria a dedicar sua meticulosidade a esse projeto, se é que poderia chamar isso de projeto. As tropas se preparavam para uma guerra e ele para outra — uma guerra solitária; até os melhores amigos lhe faltariam.

Soldados convocados e voluntários iniciaram sua preparação para combater no teatro de operações na Itália. Oficiais foram aos Estados Unidos aprimorar seus conhecimentos.

Quase dois anos depois, em 2 de julho de 1944, começaram a partir para Nápoles 25 mil militares brasileiros. Iam em navios da Marinha de Guerra e no Almirante Jaceguay, onde se incorporaram ao Quinto Exército dos Estados Unidos, constituído por vinte divisões de países aliados, judeus, norte-americanos pretos e de origem japonesa.

Os brasileiros tiveram seu batismo de fogo a partir de setembro de 1944. Obtiveram importantes vitórias no norte italiano. Dentre seus feitos se destaca o aprisionamento de toda uma divisão alemã, com 16 mil homens.

Morreram em combate 943 soldados brasileiros.

O interventor gaúcho, general Cordeiro de Farias, renunciou para juntar-se às tropas na Itália. Para seu lugar Getulio trouxe de Minas Gerais o seu primo Ernesto Dornelles.

O ministro da Guerra, Eurico Dutra, em 1944, visitou os "pracinhas".

Resolvida a questão da Grande Guerra, volta-se a uma menor, entre os seus dois aparatos de segurança: decidiu contra o Exército e a favor dos homens de São Borja. A cada embate Gregório sentia-se mais forte.

Declarada guerra aos inimigos dos aliados, o DIP passou imediatamente a promover intercâmbio cultural com os Estados Unidos, procurando eliminar qualquer influência italiana ou alemã. O entusiasmo com o novo aliado era contagiante.

A adesão aos aliados foi difícil e demorada, a mudança de postura da censura e da propaganda foi instantânea. Antes estava proibida qualquer notícia que enaltecesse ou depreciasse os litigantes, sequer vitórias e derrotas podiam ser divulgadas. O noticiário era tão neutro quanto o Brasil.

A mudança de posição exaltava o poderio americano, o valor de seus combatentes e o estilo de vida do povo estadunidense. Quem continuasse admirador dos alemães e italianos era considerado traidor e chamado de "quinta coluna", denominação originada na Guerra Civil espanhola para designar os traidores de sua causa.

Em 1933 o governo já havia proibido a entrada de elementos das raças negra e amarela de qualquer procedência.

A medida saneadora foi complementada pela deportação de 1.200 estrangeiros que viviam ilegalmente no Brasil, entre eles, 900 judeus. Getulio declarou-se inocente, não tinha conhecimento das deportações. Para remediar o que havia sido praticado, permitiu que ilegais de boa reputação permanecessem no país e regularizassem sua situação.

Em 1939 foram impostas severas restrições à concessão de vistos para estrangeiros. O nacionalismo se transformou em xenofobia. As ações tinham caráter preventivo. Com a guerra na Europa, hordas de refugiados poderiam querer vir ao Brasil — no meio deles judeus e comunistas. Os vistos temporários passaram a ser concedidos aos nacionais dos países da América e os permanentes só seriam dados aos portugueses. Consulados brasileiros na Europa foram proibidos de dar visto a judeus.

A partir de 1942 foi proibido o ensino de língua estrangeira nas escolas primárias das zonas rurais. Em muitas localidades as crianças só podiam ser alfabetizadas na língua de seus países de origem, alemão, italiano ou japonês; não havia professores brasileiros. Algumas escolas optaram por manter o ensino na clandestinidade. Pouco mais tarde foram fechados todos os cursos que ensinassem estas línguas.

Propriedades foram confiscadas, clubes tiveram que aportuguesar suas denominações, crianças não podiam ser registradas com nomes italianos e germânicos.

Cidadãos dos países inimigos, residentes no Brasil, foram proibidos de dirigir automóveis, e, para ir ou vir a algum lugar dentro do país, precisavam ter um salvo-conduto; mais tarde a providência tornou-se supérflua, não tinham como sair dos campos de concentração espalhados por oito estados brasileiros. Suspeitos de serem simpatizantes do nazifacismo foram confinados nesses lugares, que chegaram a abrigar três mil alemães, italianos e japoneses.

O governo construiu treze campos, a maioria em São Paulo, Santa Catarina e Rio Grande do Sul. O maior estava situado em Pindamonhangaba, para onde os prisioneiros eram transportados em trens blindados sob a guarda da temível Polícia Especial, criada pelo capitão Filinto Müller.

A entrada de imigrantes ficou restrita a uma cota de 2% do existente, exceto para os portugueses.

Alguns consulados brasileiros na Europa estavam dando vistos irregulares a refugiados, notadamente judeus. Ao saber que suas determinações não estavam sendo cumpridas, Getulio irritou-se; considerava essas imigrações contrárias ao interesse do país. "Grande parte de gente sem profissão definida, ou que tendo-a no seu país de origem não está habilitada a exercê-la no Brasil, vem contribuir para o aumento do pauperismo das cidades".

As forças armadas eram exaltadas, não mais serviam para manter a ditadura, mas para defender a democracia.

Pessoas ligadas ao cinema, como Errol Flynn, Douglas Fairbanks Jr., Orson Welles e Walt Disney, vieram se apresentar, produzir filmes e desenhos animados inspirados no novo aliado. Não faltou o patrocínio de milionários, como Nelson Rockfeller, sócio da RKO Pictures e presidente da agência governamental criada para tratar dos assuntos interamericanos. O maior evento seria a realização de um filme dirigido pelo jovem e aplaudido Welles.

Os trópicos não fizeram bem a Orson Welles, *enfant gâté* do cinema americano no início dos anos 1940. O jovem gênio, 26 anos, de *Cidadão Kane*, aqui se perdeu. Produziu um longo filme jamais concluído e quando retornou à sua pátria não mais interpretou ou dirigiu algo importante. Sua estadia no Rio deixou a lembrança de uma pessoa chegada às farras e às mulheres, nada parecido com o gênio que produzira o filme inspirado em Randolph Hearst, o Assis Chateaubriand americano.

Se tivessem lhe dito que aqui havia um simulacro de Hearst, ele poderia ter produzido Cidadão Kane II, que teria tanto sucesso quanto o primeiro, em vez de se aventurar a fazer filmes sobre o carnaval e a epopeia de jangadeiros do Ceará.

A resposta americana foi fazer comédias e musicais com Carmem Miranda e colocar o papagaio Zé Carioca em aventuras com os outros personagens de Disney.

Lutero Vargas recebeu uma bolsa de estudos na América para se aperfeiçoar em medicina; partiu sem falar inglês, como na outra viagem de estudos, isso não era importante.

O Brasil obteve boas recompensas econômicas dos americanos. O embaixador da Alemanha no Rio prometia grandes aportes técnicos e financeiros assim que terminasse a guerra. Algo mais vago que as ações americanas.

Roosevelt enviou o escultor Jo Davidson para fazer um busto de Getulio, prova de seu carinho pelo novo aliado, a quem chamava "my friend Vargas".

As bases no Nordeste foram implantas e visitadas por Getulio e Roosevelt, ambos felizes com a solução adotada. Dutra e Góis Monteiro acompanharam a visita com alegria. Foi pintado um quadro para marcar o encontro entre os aliados brasileiros e americanos.

O encontro se deu em 28 de janeiro de 1943, em Natal, a bordo do contratorpedeiro norte-americano Humboldt.

Roosevelt chegava do Marrocos, onde anunciara que os Estados Unidos lutariam na guerra até a rendição incondicional da Alemanha; e Getulio do Rio, de onde saiu apressado do velório de seu filho mais moço, Getulinho, morto de poliomielite no dia 27, para ir ao encontro do presidente americano.

De imediato foram assinados os Acordos de Washington, pelos quais o governo americano abria linhas de crédito no valor de 100 milhões de dólares para implantar um parque siderúrgico no Brasil. A contrapartida seria o Brasil exportar minérios para os Estados Unidos. Estariam também disponíveis 200 milhões para a aquisição de armamentos em condições favoráveis. Foram transferidas para o governo brasileiro a Itabira Iron Ore e a ferrovia Vitória-Minas, estabelecida a aquisição dos excedentes da produção de borracha e uma quota fixa de café, que seria comprada todos os anos a preços estáveis.

As duas empresas eram concessões dadas em 1920 ao empresário norte-americano Percival Faquhar pelo presidente Epitácio Pessoa. A intenção era exportar minério e construir uma grande siderúrgica. Seu sucessor, Arthur Bernardes, criou uma série de obstáculos a esses projetos, que acabaram nunca saindo do papel. Em 1910 as reservas de minério de ferro concedidas foram estimadas em dois bilhões de toneladas.

O Eximbank disponibilizou empréstimo para as obras da siderúrgica, que foram iniciadas em 1941 e concluídas em 1946. A usina foi inaugurada pelo presidente da República. Getulio, então senador, não compareceu à solenidade.

Em 1942, foi fundada a Companhia Vale do Rio Doce, a partir das reservas minerais da Itabira Iron, para prover minério de ferro à nova siderúrgica, e criada a Fábrica Nacional de Motores, para produzir motores aeronáuticos. Em 1949, passou a fabricar caminhões sob licença italiana.

Até então havia orgulho em saber que tínhamos minério de ferro à vontade, ouro, cassiterita, prata, carvão, quase tudo enterrado, não produzindo qualquer coisa útil.

Mais um acidente de automóvel, dessa vez próximo ao Catete, na Praia do Flamengo. Vargas sofreu fraturas nas pernas, no maxilar e em uma mão. Ficou três meses em convalescença. O Departamento de Propaganda levou colegiais para visitá-lo: poderiam ver seu presidente trabalhando, mesmo acamado. Quando encontrava as crianças, distribuía balas, uma para cada, que lhes eram entregues por um auxiliar.

Acamado e deprimido decidiu, abruptamente, encerrar o seu diário.

Dia primeiro de maio de 1942. "Aqui chegando tracei rapidamente estas linhas, dando encerradas as anotações. Para que continuá-las após tão longa interrupção? A revolta, o sofrimento, também mudou muita coisa dentro de mim". Revolta contra a decisão de combater o nazismo, sofrimento por começar a enxergar o fim de seu governo.

Com a provável derrota do Eixo, sabia que não haveria mais espaço para ditaduras como a sua, isso o deixava amargurado. O Brasil fora para o lado certo, sairia vitorioso do conflito, e, ele, derrotado. Pagaria um duro tributo por suas contradições. Ser dissimulado lhe fora tão útil ao longo da vida, mas isso começava a se voltar contra ele. O retorno das tropas vitoriosas marcaria o início de seu fim. Disso ele tinha certeza.

O acidente, a ida à guerra contra as suas convicções, as intermináveis disputas entre os auxiliares mais íntimos, as atitudes incoerentes, a lembrança do pouco realizado nos sete primeiros anos de governo, a falta de liberdade para fazer o que apreciava, a ausência de uma paixão ou apenas sua natureza depressiva? Provavelmente um pouco de tudo o levou ao estado de espírito em que se encontrava.

A verdade é que se sentia só. "Não tenho, às vezes, para juiz senão a Deus e a minha consciência. Penso menos em mim que no Brasil".

As ditaduras que pretendem se eternizar não devem ser incoerentes aos seus princípios, não importa que eles se tornem obsoletos, que demonstrem ser incapazes de trazer comida e felicidade ao povo, que o modo de o mundo ver as coisas se modifique. Getulio sabia disso, tudo fez para não combater seus semelhantes e continuar coerente com seus princípios, mas a localização geográfica do Brasil o tornou importante para o desfecho dos acontecimentos. As pressões o obrigaram a optar por um caminho que conduzia a um paradoxo: a vitória do Brasil seria a sua derrota. Era natural que a partir desse momento viveria como viveu o prefeito Pedro Ernesto, passando por uma sucessão de pesadelos até que batessem à sua porta mandando-o embora.

A ditadura portuguesa e a espanhola continuaram coerentes aos seus princípios e sobreviveram mais três décadas após o fim do conflito.

Aproximavam-se tempos difíceis ao ditador.

De fato, as manifestações contra a ditadura começaram a aparecer. O primeiro a se fazer presente foi Antônio Carlos Ribeiro de Andrade, que, em entrevista, em 1942, ao jornalista Samuel Wainer, sócio da revista *Diretrizes*, disse: "As democracias vencerão a opressão, sou virtualmente contra as ditaduras". É bem verdade que em 1930 pensava diferente, mas agora previa o desmoronar das ditaduras com o fim da guerra e expressava outra opinião, mais de acordo com os tempos que se avizinhavam.

Em outubro de 1943, noventa e dois mineiros ilustres lançaram um documento expressando seu descontentamento com o antidemocrático governo Vargas, o "Manifesto dos mineiros", impresso clandestinamente e defendendo o fim da ditadura. Os signatários, servidores públicos, foram aposentados ou demitidos de seus cargos, os que exerciam atividades privadas passaram a ser perseguidos pelo governo.

O político e empresário Pedro Aleixo, signatário do "Manifesto", foi dispensado da diretoria do Banco Hipotecário e Agrícola de Minas Gerais e teve suas ações desapropriadas pelo governo.

Aleixo tinha sido um dos maiores entusiastas da candidatura de Vargas em 1930, mas discordar da longa ditadura era inadimissível; qualquer desacordo com o pensamento oficial colocava o discordante no rol dos inimigos de Getulio e sobre ele caía a mão pesada do ditador; naquele momento, ao seu lado, só havia espaço para os aduladores.

No final do mesmo ano, Armando de Sales Oliveira, divulgou a "Carta aos brasileiros" na mesma linha dos mineiros. As fissuras se abriam. O aparato de segurança não mais podia contê-las.

A Constituição, a "Polaca", estabelecera um mandato de seis anos para o presidente, esse prazo estava se esgotando, mas o governo o esquecera e censurava quem falasse em eleição. Quando o desagradável tema era abordado, simplesmente lembrava que o Brasil estava em guerra, o que impedia de se pensar em coisas de menor importância.

A verdade é que a Constituição fixou o mandato de seis anos, mas não estabeleceu uma data para a realização do pleito, muito menos Getulio adotou providências para regulamentá-lo.

A decisão que Getulio tomara, combater governos ditatoriais, dificultava o uso da censura e da repressão com o rigor anterior. Os novos aliados não gostariam de ver ocorrer tão próximo o que combatiam na Europa.

Tinha que mostrar que, apesar do conflito na Europa, o governo continuava trabalhando com entusiasmo. Em maio de 1943 visitou as obras da siderúrgica que estava sendo construída em Volta Redonda, na ocasião lembrou que assumira um país semicolonial e agrário e legaria um outro, industrializado. Esqueceu que o café continuava o principal produtor de divisas.

Nem tudo estava perdido, se seus antigos aliados começavam a abandoná-lo, os estudantes continuavam ao seu lado. A União Nacional dos Estudantes (UNE) pregava o apoio a Vargas. Qual a motivação para ficar ao lado de uma ditadura moribunda em detrimento dos ideais de liberdade próprios dos jovens?

Logo no começo de 1944, Getulio anunciou o Segundo Plano Quinquenal de Obras e Equipamentos, como se o primeiro estivesse concluído. Havia uma enorme ansiedade de dar boas notícias à nação para neutralizar, pelo menos em parte, o noticiário sobre a guerra, que deixara Vargas em um segundo plano, e mostrar que o governo trabalhava, produzia, ao contrário das falas maldosas da oposição.

Quando as ditaduras começam a sentir a proximidade de seu fim, deveriam preparar alguma maneira honrosa de deixar o poder, dirigindo suas ações à transição para a democracia. Na maioria das vezes não é isso o que ocorre, mas sim o apego, mais por medo que por qualquer outro sentimento, a qualquer migalha de poder que ainda reste pelo chão dos palácios, de onde decidem sobre a vida de todos, sem consultá-los.

Dominadas pela paranoia enxergam perigos mesmo onde não há a mínima possibilidade deles existirem.

Em agosto de 1944, o DIP proibiu qualquer notícia sobre a posse da nova diretoria da Sociedade dos Amigos da América, e a polícia civil, agora chamada de Departamento Federal de Segurança Pública, mandou cancelar a cerimônia de posse no Automóvel Club. O vice-presidente da entidade, Oswaldo Aranha, disse: "Eu fui vítima de um Pearl Harbor policial". Pediu demissão do Ministério de Relações Exteriores, dessa vez para valer, não voltou atrás como das outras, afinal o governo estava acabando, só Getulio e Lourival Fontes ainda não entendiam plenamente o momento.

A Sociedade havia sido criada em 1º de janeiro de 1943, seus estatutos falavam em "preservação dos ideais democráticos" e outros temas perigosos, como luta pelas liberdades públicas e individuais, anistia, e pregavam contra o fascismo. Despertou temor a Getulio e aos que pensavam ser possível eternizar a ditadura.

Para evitar o ingresso de comunistas em seus quadros, foi solicitado pela diretoria que os pretendentes a participar de suas atividades passassem pelo crivo da Polícia Civil. Apesar de seu presidente ser ministro do Superior Tribunal Militar, general Manuel Rabelo, e ter o general Cândido Rondon entre seus associados, a entidade foi fechada pelo chefe de polícia, Coriolano de Góis, em 10 de agosto de 1944.

Em detalhado relatório, a Divisão de Polícia Política do Ministério da Justiça informou que foram presos 17 subversivos, um mimeógrafo e um documento chamado "R", de resistência à ditadura, que denunciava a corrupção existente e chamava Dutra de "a toupeira do Mato Grosso".

O Tribunal de Segurança Nacional manteve na prisão quinze dos presos na operação policial.

Em abril de 1945, a Sociedade foi reaberta sob a presidência de Oswaldo Aranha. Na eleição que se seguiu ao fim da ditadura, ela apoiou o candidato de oposição a Vargas.

Outra preocupação a tirar o sono de Getulio era o crescimento da inflação e a consequente perda de poder aquisitivo dos trabalhadores. O empobrecimento de seus "filhos" traria ondas de descontentamento que não poderiam ser toleradas; bastavam os queixumes da elite. A censura e a prisão de umas poucas pessoas não seriam de grande valia se hordas, milhares de pessoas, fossem às ruas.

Ao longo da década de 1930 a "carestia" se manteve em patamares aceitáveis, em torno de 3 a 8% ao ano; em 1941 atingiu 14%, continuou subindo; e em 1945 chegou a 30%.

O que fazer para baixar a inflação em um período populista e de autoridade declinante? Só com medidas artificiais e de curta validade, compatível com o que no íntimo pensava o próprio governante, algo que lhe desse fôlego para ganhar mais algumas semanas, meses, sabia que além disso era impossível pretender.

Getulio designou, em 1943, João Alberto Lins de Barros para presidir a Coordenação da Mobilização Econômica e determinou que ele se reunisse com empresários, apelando para que produzissem artigos populares mais baratos, mesmo que de qualidade inferior aos mais caros. Determinou, ainda, o congelamento de preços e aluguéis. Uma enganação, mas dentro do espírito de sobreviver no curto prazo. Os resultados não foram os esperados e a inflação continuou ascendente; naturalmente ocorreu desabastecimento e foi reduzida a oferta de imóveis para alugar. Medidas sem apoio na teoria econômica nem no bom senso que continuaram sendo aplicadas com frequência no futuro.

A Comissão fora criada em 1942 para proteger os consumidores brasileiros, como na década anterior, quando os crimes contra a economia popular foram colocados no mesmo patamar daqueles contra a segurança nacional.

Getulio encarava de maneira equivocada a questão da produção e do abastecimento; é surpreendente que compreendesse a importância do nunca implantado Banco Central. O populista encobria o ser racional que existia no seu íntimo.

Não havia mais dúvida, a ida à guerra fora uma má ideia. Getulio passou a viver dias infernais; a maior prova que esperava por isso foi quando deu por finda a redação de seu diário. Não teria mais vitórias, alegrias e amores a narrar, apenas incompreensões sobre seu incansável trabalho pelo bem-estar de seus compatriotas.

Apenas o apego ao poder e o temor das vinganças que seriam promovidas por aqueles que sofreram em suas mãos justificava a luta para continuar no Catete.

As indicações eram de que no ano seguinte a situação só pioraria. Acuado, começou 1945 anunciando, em discurso no Automóvel Club, que não seria candidato às eleições presidenciais quando elas ocorressem.

Não foi levado a sério. Em 1930 declarara-se contra o golpe do qual acabou sendo líder; em 1937 disse que ao fim de seu período deixaria a presidência; em 1943 terminariam os seis anos de seu mandato. Considerou impossível realizar eleições com o país em guerra. Acharia sempre uma boa justificativa para permanecer no lugar do qual não tinha a menor intenção de se afastar.

Poucos dias após a declaração de Vargas, Virgílio de Melo Franco deu uma entrevista considerando ser urgente a sua renúncia. Não queria dar tempo à maquinação de artimanhas protelatórias.

Um mês após o término do conflito na Europa, maio de 1945, começou o retorno das tropas nacionais. A chegada foi apoteótica, os combatentes foram recebidos como heróis. Lutaram contra o fascismo e venceram.

Finda a guerra, Getulio não usufruiu a vitória. O Brasil, apesar de sua indecisão, seguira o rumo certo e não fizera um papelão como a Argentina, que fugiu do conflito. Firmou-se neutra, abrigou nazistas e só declarou guerra ao Eixo em março de 1945, dois meses antes da rendição alemã, e assim mesmo em função da presença nipônica no grupo. Na tardia declaração de guerra não mencionou a Alemanha nem a Itália; suas hostilidades se dirigiam exclusivamente aos japoneses. Teria sido melhor não ter feito nada; a história já estava escrita, não havia espaço nem para notas de rodapé.

Chile e Uruguai declararam guerra ao Eixo poucos dias antes do término do conflito.

Três importantes referenciais para a ditadura Vargas, Hitler, Goebbels e Himmler cometeram suicídio. Getulio deve ter filosofado consigo mesmo: Qual teria sido o rumo da história se Hitler tivesse sido aceito na Escola de Belas Artes de Viena, se Goebbels não fosse manco e Himmler tivesse realizado seu sonho de ingressar no Exército alemão? Foi recusado por ser franzino devido à tuberculose adquirida na infância.

Buscaram consolo para suas frustrações matando milhões de seres humanos.

"A melhor arma política é a do terror. A crueldade gera respeito. Podem odiar-nos, se quiserem. Não queremos que nos amem. Queremos que nos temam", escreveu o chefe da SS. Parecido com o modo de pensar de seu compatriota Karl Marx: "A violência é a parteira da história e o ódio o móvel das classes em luta pelo poder". Ambos devem ter lido Maquiavel: "Um príncipe não deve temer a má fama de cruel, desde que ele mantenha seus súditos unidos e leais. Surge daí a questão: É melhor ser amado ou o contrário? É muito mais seguro ser temido que amado".

Nos primeiros momentos do governo de um desvairado ele é mais amado que odiado. Afinal, em muitos casos foi o povo que o colocou onde está. Com o passar do tempo, o ódio começa a substituir o bem querer, aí só resta o medo para mantê-lo no poder. Alguns, a maioria, um dia são derrubados; outros têm a sorte de manter seus súditos ao seu lado até a morte.

O destino dos povos e das religiões, do passado mais remonto à atualidade, tem sido inúmeras vezes conduzido por insanos. Como os loucos continuarão a nascer, sempre haverá algum disponível para buscar liderança e levar a história aos seus mais obscuros labirintos.

Prevendo o final da guerra para breve, os 44 países aliados se reuniram na pequena cidade de Bretton Woods, nos Estados Unidos, entre 1º e 22 de julho de 1944, para estabelecer regras para a economia mundial com a Europa destroçada física e economicamente. Uma espécie de barreira contra novas guerras, o contrário do Tratado de Versailles, que trouxe consigo a gestação do conflito em desenvolvimento.

A preocupação primordial era a estabilidade da moeda no pós-guerra, evitando o surgimento de um novo surto inflacionário, como ocorreu após 1918.

Foi criado o Fundo Monetário Internacional para estabelecer regras que permitissem a estabilidade monetária e prouver liquidez a países em crise, e ainda o Banco Mundial e o Acordo Geral de Comércio e Tarifas. O padrão ouro foi substituído pela moeda americana.

O delegado brasileiro foi Eugênio Gudin, assessorado por uma equipe de economistas que teriam funções relevantes no futuro, entre eles Rômulo de Almeida, Roberto Campos, Otávio Gouveia de Bulhões, Glycon de Paiva e Alexandre Kafka.

Antes da rendição alemã, em maio de 1945, os anseios por liberdade começaram a ser expostos.

Em janeiro desse ano, o Primeiro Congresso de Escritores Brasileiros divulgou uma proclamação pedindo o fim da ditadura, que, se sentindo enfraquecida, não respondeu da forma habitual.

Em fevereiro, o *Correio da Manhã* publicou entrevista de Flores da Cunha clamando por democracia e anistia. Como nada aconteceu ao jornal, ele abriu espaço para outra entrevista no mesmo mês com o escritor José Américo de Almeida, feita pelo jornalista Carlos Lacerda, a essa época convicto comunista.

O ex-candidato à presidência em 1937 carregava mágoas que precisavam ser expostas. Na entrevista, atacou a ditadura com palavras impensáveis para, época. John W. F. Dulles escreveu a respeito em sua biografia sobre Lacerda.

"Retratando um quadro desalentador de desorganização geral, acompanhado de inflação, especulação, meios de transporte antiquados, escassez de gêneros alimentícios e baixas na produção", José Américo acusou o Estado Novo, que, segundo disse a Carlos, não possuía a confiança do povo e havia se tornado impotente. Quanto à legislação trabalhista, "atrofiada pela burocracia e deformada pela propaganda", o político argumentou que a mesma desvirtuou-se pelo desvio na aplicação dos recursos acumulados pela contribuição compulsória de empregados e patrões. A deficiência da legislação, acrescentou, podia ser comprovada ao verificar-se "a situação de pobreza e miséria a que chegaram a classe média e a classe trabalhadora".

As pressões deram resultado, Getulio marcou as eleições para esse mesmo ano, 1945.

Luiz Carlos Prestes manifestou apoio a Vargas, chamando-o de patriota. Lacerda abandonou o comunismo, publicou artigo a respeito de quem, há mais de dez anos, ele havia indicado para presidência de honra da Aliança Libertadora Nacional. "A mão estendida e a liquidação moral". Considerou o ato do líder comunista desprezível.

Lacerda continuou a escrever contra o ditador, chamando-o de usurpador, falando do terror e da imoralidade do seu governo. A ditadura não reagia.

O jornalista José Eduardo de Macedo Soares havia sido brutalmente agredido. Lacerda, em um trabalho de detetive, identificou o agressor: um elemento da guarda pessoal, um comandado de Gregório Fortunato. Conseguiu uma fotografia dele e a publicou. Nada aconteceu nem ao defensor de Getulio nem ao jornalista.

As frestas no imenso aparato de censura e repreensão se transformavam em rachaduras.

Getulio sentia que seu governo estava acabado. Não chegaria ao fim do ano. Começara a agonia do Estado Novo.

Prestava pouca atenção aos fatos mais marcantes. Não lhe despertou maior atenção a vinda do secretário de Estado dos Estados Unidos, Edward Stettinius, ao Brasil em fevereiro de 1945, para negociar a extensão do acordo comercial e o fornecimento de minérios úteis à produção de armas nucleares. O secretário adoçava suas conversas com vagas promessas de um assento permanente no Conselho de Segurança da ONU, que seria instalado ainda naquele ano. Ideia de Roosevelt, que enfrentou oposição britânica e soviética.

Pressionado pelos fatos, Getulio decretou a anistia dos presos políticos.

No dia do trabalho, primeiro de maio de 1945, Getulio fez um discurso lembrando seus feitos no período em que governou o pais: "... em curto espaço de 15 anos. Éramos, antes de 1930, um país fraco, ameaçado em sua unidade, retardado cultural e economicamente, e somos hoje uma nação forte e tratada de igual para igual no concerto das potências mundial".

Poucas pessoas tiveram tão bom conceito de si próprio e tão pouca visão crítica do que produziram.

Foram extintos o Tribunal de Segurança Nacional, o DIP, a Organização da Juventude e a Coordenação da Mobilização Econômica. Preparavam a retirada. Não queriam deixar lembranças comprometedoras.

Tudo que ligava o país aos tempos negros vividos pela Itália e Alemanha deveria ser apagado da memória. A partir do fim da guerra, qualquer antiga simpatia ao nazismo tinha que ser esquecida. Com o mesmo entusiasmo com que os franceses que aderiram aos nazistas passaram a modificar suas biografias quando o Exército americano entrou em Paris, novos currículos foram escritos no Brasil, passagens desagradáveis foram eliminadas.

Aproveitando a fragilidade do governo, o *Correio da Manhã* lançou a candidatura do brigadeiro Eduardo Gomes à presidência da República. Getulio leu e ficou abalado, seus antigos aliados se voltavam contra ele, só Prestes o compreendia.

Pressentindo o fim, os interessados em sua permanência lançaram um movimento chamado "Queremos Getulio", o "queremismo".

Nem Getulio o levou a sério. A pressão se tornara insuportável. O episódio de violência praticada pelos homens de São Borja abalara seu interesse em continuar; nem sequer lutaria por isso, queria ir embora para sua terra. Só pensava em sair e não ser tangido como ocorrera com Mussolini. A ideia o assustava.

Os "queremistas" queriam repetir 1934, primeiro, uma Assembleia Nacional Constituinte, depois, as eleições. Desespero dos que em breve perderiam suas posições e privilégios; tentavam tudo para não sair do poder.

Os partidos políticos foram legalizados. O Partido Comunista apoiou a ideia da Constituinte e a candidatura de Vargas à presidência, como os "queremistas".

A chegada dos primeiros soldados vitoriosos ao Rio, 15 de julho de 1945, incluiu um desfile do cais do porto, na Praça Mauá, até o final da avenida Rio Branco, junto ao obelisco onde os soldados de Vargas amarraram seus cavalos em 1930. Encerrando o desfile, em carro aberto, Getulio era saudado, ovacionado, aplaudido. Sentiu que o povo o amava e o considerava um vitorioso.

Pensou: Os "queremistas" não estariam com a razão"? O povo queria sua permanência, os comunistas também, apenas alguns políticos, jornalistas e militares achavam que chegara a sua hora de partir.

Sentiu que tinha todas as condições para continuar dirigindo o país, não agora, mais tarde. O povo pediria a volta de seu amado protetor. O pensamento lhe trouxe conforto.

Depois do desfile, viu que sairia pela porta da frente do palácio, teria apenas que conduzir o processo sucessório. Tarefa sua, indelegável.

Os meses que se seguiram foram de intensas manifestações a seu favor. Multidões aglomeravam-se em frente ao Catete. Da sacada, agradecia e abanava feliz para a multidão. Seu ego estava recomposto.

O apego ao poder ostensivo é cultural no contexto latino-americano. Oswaldo Aranha certa vez disse : "Os homens deste país têm os traços de suas geografias"; referia-se às geografias regionais brasileiras, capazes de produzir tipos tão distintos de um canto a outro.

A frase é válida num contexto mais amplo. Tentar ficar no mando de uma nação além do permitido pelas leis é um traço comum aos homens públicos no heterogêneo espaço geográfico da América Latina.

Antes de se afastar da presidência, ainda houve tempo para cometer um erro: colocou Benjamin, em 28 de outubro, na chefia da Polícia do Distrito Federal. Não percebeu que, depois da agressão ao jornalista, as desconfianças se voltaram para seu irmão. Foi seu último ato na presidência.

Góis Monteiro, retornando da viagem a Montevidéu, disse à imprensa: "Voltei para acabar com o Estado Novo".

No dia 29 de outubro de 1945, o Alto Comando do Exército, tendo à frente o general Góis Monteiro, depôs Getulio Vargas e colocou no seu lugar o presidente do Supremo Tribunal Federal, José Linhares, que exerceu a presidência durante três meses e cinco dias.

A mensagem comunicando a destituição foi entregue por Cordeiro de Farias e pelo ministro da Justiça, Agamenon Magalhães.

Cordeiro disse que foi recebido com educação pelo ditador, que pediu para escrever uma carta simulando renúncia; foi autorizado. Na mensagem, dirigida aos *povos gaúcho e brasileiro* (!), manifestava preocupação com os trabalhadores, que teriam que viver sem a sua proteção: "Não guardo ressentimento nem outro desejo que não seja o bem-estar do povo".

Considerou seu afastamento um golpe de Estado: "Tiraram um ditador e colocaram outro". Reconhecia-se ditador, o que sempre evitou, e referia-se à curta interinidade que seria exercida pelo presidente do Supremo Tribunal Federal, que ficaria no cargo até a assunção de um presidente eleito; dessa vez, tudo, eleição e posse, com data marcada para acontecer.

Demorou demais, se apegou a mais uns dias, e não saiu espontaneamente, como sabia que deveria ser. Acabou deposto por seu amigo de toda a vida, o chefe militar da Revolução que lhe dera 15 anos de mando do país.

Seguiu para São Borja, de onde anunciou não pretender mais sair. O povo se sentiu órfão. Os políticos, no primeiro momento, não perceberam o sentimento popular.

As atenções se voltaram à organização dos partidos políticos, às candidaturas e à Assembleia Nacional Constituinte.

Os principais partidos se organizaram; de um lado, leais seguidores de Vargas, que pouco a pouco se transformaram em adversários, inimigos ou simplesmente discordantes de sua ditadura; de outro, os poucos admiradores que ficaram com ele até o final.

O principal partido de oposição era a União Democrática Nacional, UDN, que elegeu Borges de Medeiros presidente de honra. Dentre seus filiados estavam ex-ministros, ex-companheiros de 1930 e ex-amigos. Os ex-interventores formaram o Partido Social Democrático, PSD, leal a Vargas.

Por inspiração do próprio Getulio foi criado o Partido Trabalhista Brasileiro, PTB, para não deixar dispersar os sindicalistas que o apoiavam, o povo que o considerava o "pai dos pobres", os "queremistas" e os gaúchos que o tinham como o maior de todos os conterrâneos em todos os tempos.

O próprio Getulio orientava as filiações, a decisão era função do perfil do candidato e da necessidade de fortalecer o partido em um ou outro estado. Ele mesmo se filiou aos dois.

Getulio colocou os aliados mais conservadores no PSD e os mais populistas no PTB.

Desde 13 de março já pairava no ar a candidatura de Eurico Dutra à presidência. Em reunião no Palácio Rio Negro, em Petrópolis, Getulio, com arrogância e mau humor, disse ao seu ministro da Guerra: "O senhor irá à presidência da República porque eu quero". Dutra ficou calado, não chegou a pensar se isso seria bom ou mau.

Eurico Gaspar Dutra foi escolhido candidato pelos dois partidos de Getulio, PSD e PTB.

No dia 30 de agosto, antes de sua saída, ocorreu o último ato dúbio do ditador: apoiava Dutra para sucedê-lo e desesperadamente queria continuar.

Da sacada do Catete falou à multidão em frente e para todo o país pelo rádio: "Estou vingado. Ao homem que se aproxima do fim de suas atividades públicas e que outro desejo não tem senão o de recolher-se à tranquilidade de seu lar, é profundamente comovedor e eloquente este movimento que acabo de assistir".

Não desestimulou os queremistas. Prosseguiu: "Está traçado o caminho das urnas. Ninguém poderá detê-las. Eu quero apenas presidir estas eleições, em que o povo brasileiro escolha livremente seus representantes". Na realidade queria concorrer, esperava que acontecesse alguma coisa parecida com 1937.

A grande diferença era que lá pairavam no ar duas ameaças: a expectativa de uma guerra mundial e o perigo comunista, ambas situações exigiam um governo forte. No pós-guerra vivia-se uma lua de mel com a liberdade, o que tornava descartáveis ditadores como Getulio.

O seu último desejo não poderia ser atendido; aliados e opositores tinham decidido que ele não tinha condições de presidir o pleito.

Foi deposto, mas não cassaram seus direitos políticos nem o exilaram. Só não podia se candidatar à presidência. Deixaram aberto o caminho para o retorno.

As eleições foram marcadas para o dia dois de dezembro; seriam eleitos o presidente da República e os membros do Congresso Nacional, que seriam os constituintes.

A campanha eleitoral foi curta, apenas o mês de novembro. Os principais candidatos foram o brigadeiro Eduardo Gomes, pela UDN, e Eurico Gaspar Dutra, pelo PSD e PTB, com o apoio de Getulio. O candidato dos comunistas foi o não comunista Iedo Fiúza.

Milhares de panfletos foram distribuídos alertando os eleitores sobre o candidato de Vargas: "Ele disse: vote em Dutra".

A resposta de Eduardo Gomes foi: "Não necessito dos votos desta malta de desocupados que apóia o ditador para eleger-se presidente do Brasil".

Seis milhões de eleitores compareceram às urnas, 80% dos inscritos. Dutra teve 54% dos votos, Eduardo Gomes, 34%,

Fiúza obteve surpreendentes 10%. A população era de 45 milhões de habitantes, votaram 13% do total.

O fato de o brigadeiro haver repudiado o fascismo e a ditadura em 1937 não o ajudou. Os eleitores não se interessavam por essas questões ideológicas, não tinham nível intelectual para entender o que se passara no mundo ou simplesmente votaram em quem Getulio determinou.

A profecia de Getulio ressoava na cabeça do eleito: "Será presidente porque eu quero".

Getulio foi eleito senador pelo PSD no Rio Grande do Sul e pelo PTB por São Paulo, e ainda deputado por sete estados por este último partido. Optou por ser senador pelo seu Estado. Tomou posse quatro meses depois de iniciados os trabalhos, em junho; dois meses depois voltou a São Borja e não mais retornou. Pouco participou dos debates e foi o único entre seus pares que não assinou a Constituição de 1946. Expressava seu desprezo pelo Poder Legislativo.

Em seu único pronunciamento no Senado, lembrou aos presentes que tinha recebido 1 milhão e 800 mil votos: "Fui julgado em vida e não pela justiça de Deus na voz da história".

A seguir fez uma prestação de contas de seu período. Pobre, não correspondia ao que poderia ter realizado em quinze anos, nem ao que o DIP dizia que era feito. Um dado chamou a atenção: ao relatar os dispêndios públicos de 1930 a 1945, informou que gastou no período 14 bilhões de cruzeiros no serviço da dívida, 26 em despesas civis e 28 em despesas militares.

O apoio que teve das Forças Armadas custou caro ao Tesouro, e impediu seu governo se destacar por feitos na educação e infraestrutura. Pela maneira com que fez essa prestação de contas a seus pares, ficou claro que ele não havia se dado conta das opções erradas que fizera.

Avisou que pouca importância dava ao partido pelo qual fora eleito: "Escolhido pelo povo, não me considero sujeito à disciplina de nenhum partido".

Há anos, em seu diário, já demonstrara sua aversão aos partidos políticos e seus conchavos.

Góis Monteiro foi eleito senador da República e Oswaldo Aranha foi designado chefe da Missão Brasileira na recém-criada Organização das Nações Unidas, presidiu sua II Assembleia Geral em 1948, a primeira em sua sede em Nova York; a anterior ocorreu em Londres, em 1947.

Filinto Müller foi eleito para o Senado Federal, de onde só saiu em 1973, quando morreu, vítima em um acidente aéreo em Paris. Foi líder do governo Juscelino no Senado, nomeia ruas, prédios públicos e escolas. Após a guerra, o jornalista David Nasser escreveu um artigo a seu respeito: "Falta alguém em Nuremberg."

Dá o que pensar: o democrata Eduardo Gomes é lembrado por suas derrotas eleitorais; o chefe de Polícia do Estado Novo passou para a posteridade como um vitorioso.

Na Assembleia Constituinte, Getulio foi bastante hostilizado pela oposição e pelos que de algum modo sofreram durante a ditadura, a ponto de ir à tribuna afirmar: "Não pensem, pois, que tenho medo. E, como prova disso, declaro que, se algum dos presentes tem contas a ajustar comigo, estou à disposição lá fora deste plenário".

O general Euclides Figueiredo, deputado pela UDN, aceitou o desafio, foi contido; perdeu a hora de vingar as prisões pelo apoio dado à revolução constitucionalista e ao golpe integralista de 1938, a cassação da patente de coronel e o exílio que a ditadura lhe impusera. Getulio abandonou calmamente o plenário e, a pé, voltou para casa.

O Partido Comunista Brasileiro elegeu quinze constituintes, dentre eles o senador Luiz Carlos Prestes.

O partido havia sido fundado em 1922; no mesmo ano foi posto na ilegalidade, retornado em 1927. Foi cassado novamente em 1930, só voltando a ter existência legal em outubro de 1945, pouco antes da eleição. Em abril de 1947 seu registro foi anulado pelo Tribunal Superior Eleitoral por sua vinculação com a União Soviética. Seus parlamentares tiveram os mandatos cassados.

Prestes dirigia sua bancada com mão de ferro e não permitia apartes aos adversários.

Sua propalada inteligência não o impediu de cair em uma armadilha. O deputado Juraci Magalhães, ex-interventor da Bahia, lhe perguntou se ficaria ao lado do Brasil ou da União Soviética em caso de uma guerra. Prestes respondeu de forma pouco convincente, dando a entender que preferia os soviéticos.

Foi, ainda, descoberto o estatuto secreto do PCB, diferente do registrado na Justiça Eleitoral, o que motivou a cassação do registro partidário e dos mandatos. Os comunistas voltaram à clandestinidade, de onde só sairiam quarenta anos depois, em um mundo diferente; só lhes restou um caminho, a auto-extinção de seu partido e a adesão de seus membros ao socialismo democrático.

Mesma pergunta de Juraci foi feita por Charles de Gaulle ao secretário-geral do Partido Comunista francês, Maurice Thorez, na mesma época, tendo a mesma resposta.

Os comunistas franceses simpatizavam com o general devido ao seu antiamericanismo; de Gaulle recusou seu apoio devido à resposta. Em 1945, Thorez havia sido ministro no gabinete gaullista.

Depois de quinze anos, Getulio deixou o país quase tão pobre e atrasado como quando entrou. Nenhum propósito da Revolução de 1930 fora alcançado. Continuava a dependência do café, o analfabetismo era do mesmo tamanho, apenas os que tinham um emprego formal ganharam alguma coisa, dispunham de uma legislação trabalhista que lhes protegia e garantia os empregos, mas dificultava a criação de outros postos de trabalho. Poucos eram os beneficiados pelas medidas protetoras.

Em meados de 1940, reunindo-se com militares, Getulio pronunciou discurso atacando o pensamento liberal. Disse: "O Estado deve assumir a obrigação de organizar as forças produtoras". Sem citar nomes, deixou implícita sua admiração pela Alemanha e Itália: "As nações fortes que se impõem pela organização baseada no sentimento da Pátria e sustentando-se pela convicção da própria superioridade".

Pregava a autossuficiência, ideia que retornou e norteou decisões nacionais mais de vinte anos depois. O nacionalismo estava impregnado na alma brasileira. Protegia com vigor o atraso.

O mesmo nacionalismo de Hitler e Mussolini. Este último, ao saber do discurso aos militares, enviou cumprimentos a Getulio. Pensavam da mesma maneira.

A formação política de Getulio foi fortemente influenciada pelo Positivismo e pela Constituição estadual gaúcha, redigida por Júlio de Castilhos; de cunho autoritário, ela hipertrofiava o Executivo e colocava o Legislativo em modesto segundo plano, sua única atribuição era aprovar o orçamento e acompanhar sua execução, uma mera corte de contas.

A Carta castilhista dizia que "a suprema direção do governo caberá ao presidente, que a exercerá livremente...".

A legislação complementar à Constituição foi, também, redigida por Castilhos. O federalismo era entendido como a união de estados fortes em torno de um poder central com pouca ingerência em suas decisões.

Getulio ingressou na política pelo Partido Republicano Rio-Grandense, guardião e defensor ferrenho das ideias positivistas.

Essa base intelectual moldou o caráter autoritário de Vargas, daí o diálogo fácil com governos ditatoriais e a difícil convivência com a democracia e os demais poderes da República.

A doutrina de Auguste Comte, o Positivismo, ganhou no final do século XIX adeptos entre escritores, políticos e militares brasileiros, notadamente no Rio de Janeiro e no Rio Grande do Sul.

A queda do Império foi fortemente influenciada por eles. A Religião da Humanidade, como queria Comte, pretendia encontrar a espiritualidade nas pessoas, sem a presença do sobrenatural, uma religião sem Deus.

O culto e a adoração eram dedicados a vultos importantes do passado, à Terra e ao Universo, à Trindade Positiva.

Seu lema: "O Amor por princípio e a Ordem por base, o Progresso por fim", é familiar aos brasileiros.

A maior influência da doutrina ocorreu no Rio Grande do Sul. O governador Júlio de Castilhos, era um ardoroso seguidor de Comte, ao ponto de redigir, em 1891, a Constituição gaúcha apoiado nas ideias do seu mestre. Foi a única constituição positivista do mundo.

Ela induziu a adoção de algumas providências que marcaram profundamente o estado, dentre as quais a retomada de terras públicas ocupadas por grandes proprietários rurais, posteriormente distribuídas a posseiros, pequenos proprietários e companhias de colonização.

Instituiu o imposto territorial, gravando mais os grandes proprietários; o livre exercício profissional — qualquer um podia exercer uma profissão sem ter formação acadêmica, inclusive medicina; e a completa liberdade religiosa e empresarial. Na mesma época, a Constituição do Espírito Santo também não impunha restrições ao trabalho de profissionais liberais. Foram estatizados portos e ferrovias privados.

Ao contrário da implantação da infraestrutura e industrialização dos Estados Unidos, cento e cinquenta anos antes, a participação privada aqui era mínima, até malvista. A presença do Estado era total. Getulio reverteu um processo, iniciado nos anos 1920, com a siderurgia e a indústria de cimento, que era promovido por particulares.

Getulio, além de criar pouco, estatizava empreendimentos privados, como o Lloyd Brasileiro, a Rádio Nacional e os jornais cariocas *A Manhã* e *A Noite*.

A presença do Estado nas decisões econômicas era tal que, em 1939, foi baixado um decreto alterando a norma para produção de refrigerantes de modo a atender a Coca-Cola. Era uma pequena fissura na política nacionalista do Estado Novo. Finalmente, com o aval do dirigente máximo do país, em 1942 os brasileiros puderam beber o refrigerante. O feito foi marcado por uma reunião de Getulio e Oswaldo Aranha com os dirigentes da produtora americana, símbolo maior do imperialismo.

As ferrovias, durante o Império, foram implantadas por empresas privadas europeias. Naquele tempo, as indústrias eram construídas por empreendedores privados e com capitais nacionais e estrangeiros. No começo da República chegaram as concessionárias de água, esgoto, transportes públicos e energia para prestar serviços até então ignorados pelo Estado.

Após a independência dos Estados Unidos, em 1776, foi iniciado um vigoroso processo de desenvolvimento com a construção de ferrovias, usinas geradoras de energia, colonização do território, nascimento de instituições financeiras, busca por minerais e petróleo, siderurgia e implantação de instituições de ensino, ações que lançaram os alicerces para o erguimento da potência que em menos de um século independente ultrapassaria a Inglaterra.

A participação do Estado era mínima. Os imigrantes e nativos empreendedores levavam o processo adiante. Aventureiros de todo tipo participaram da empreitada, aproveitando as oportunidades que o novo país disponibilizava.

Terminada a Guerra Civil, em 1865, foi iniciada a reforma agrária, estimulando o surgimento de milhares de proprietários rurais e o crescimento da produção de grãos.

A ética foi colocada de lado e a honestidade esquecida. As relações entre empreendedores e políticos eram promíscuas. Os lobistas atuavam à luz do dia no Congresso, na Casa Branca, nos salões, em qualquer lugar onde houvesse necessidade de suas presenças para que os negócios fossem facilitados.

Nomes que hoje ornamentam prédios, ruas, museus, teatros nas grandes cidades americanas são dignos da homenagem pelo que fizeram, jamais pelo modo como fizeram.

Cem anos depois da separação dos ingleses, o presidente Ulysses Grant, ao lado de Dom Pedro II, inaugurou a gigantesca exposição do centenário da independência, na Filadélfia. O imperador foi saudado pela multidão, retribuiu com sorrisos e acenos de mão, para incômodo do presidente, que andava com o prestígio em baixa.

O que foi visto entusiasmou Dom Pedro II, a ponto de convidar Alexandre Graham Bell para trabalhar no Brasil, o professor de surdos que expunha um aparelho novo, o telefone; poucos lhe deram atenção. Havia muitas coisas a ver. O desenvolvimento do emprego do vapor como propulsor de máquinas era notável. Por que perder tempo com a engenhoca do professor?

Outro que não chamou a atenção do público, nem mesmo do imperador, foi um inventor chamado Remington; seu modesto invento era uma máquina de escrever.

O que o imperador do Brasil não se interessou foi em saber como tudo aquilo ocorrera; interessou menos ainda aos seus sucessores republicanos.

A liberdade que as pessoas inventivas dispunham era completa, não havia regras, normas ou agências estatais; o caminho estava aberto à explosão de criatividade que ocorreu e acentuou-se depois da Guerra Civil. As instituições públicas cumpriam o seu papel, garantindo a estabilidade do país e o total respeito à propriedade privada.

O imperador, curioso das coisas que se passavam no mundo, logo após a Guerra da Secessão inaugurou um escritório em Nova York para estimular a vinda dos derrotados, os sulistas, para o Brasil. Alguns gostaram da ideia e para cá vieram. Não tantos quanto ele queria, mas o suficiente para modernizar a agricultura e implantar indústrias no interior de São Paulo.

Os empreendedores não eram bem-vistos no Brasil. O caso mais notável foi a antipatia que o Império dedicou a Irineu

Evangelista de Souza, barão de Mauá, talvez o maior empreendedor que o Brasil já teve. Quando pôde, em momento de dificuldade, o governo o deixou falir.

Getulio dedicou pouco tempo ao progresso, demorou sete anos no seu posto para dar início a alguma coisa concreta. Ao sair, foi exaltado por haver criado uma mineradora, uma siderúrgica e uma usina hidrelétrica, tudo estatal, da formulação aos preciosos cargos que fariam parte das barganhas políticas.

A falta de dimensão, o desinteresse pelo trabalho, o apego às benesses do Estado eram tão grandes que os feitos industriais de Getulio não foram observados como símbolos do atraso, mas como um arrojado avanço em direção ao futuro.

Enquanto isso, os Estados Unidos eram reverenciados e odiados ao mesmo tempo. Não se fazia nada porque eles não deixavam. A ideia pegou, virou bandeira política e verdade acadêmica. Quanta falta de reflexão, quanta pobreza intelectual. Tudo isso explica o sucesso de Juscelino Kubitschek em meados na década de 1950, o presidente empreendedor.

Dutra foi empossado em 31 de janeiro de 1946. O livro de posses da presidência não traz qualquer registro, como no caso da Junta Militar de 1930 e dos primeiros três anos de Getulio Vargas.

Em 26 de fevereiro foi instalada a Assembleia Nacional Constituinte, com 320 membros, sendo 192 dos dois partidos de Getulio, 87 da oposição, a UDN, 15 do PCB e 17 de diversos partidos menores.

Ficou determinado que até a promulgação da Constituição valeria a de 1934 e não a "polaca". Dutra discordou, queria a da ditadura, seria mais fácil para ele governar. Queria ser ditador como seu antecessor, pelo menos por alguns meses.

O único privilégio que recebeu é que poderia exercer o papel de legislador até que a Constituição fosse homologada. Governou durante oito meses fazendo uso de decretos-lei, uma pequena ditadura.

Em 18 de setembro entrou em vigor a nova Constituição; seu preâmbulo era mais curto e menos assustador que o da de 1937.

"Nós, representantes do povo brasileiro, sob a proteção de Deus, em Assembleia Constituinte para organizar um regime democrático, decretamos e promulgamos a seguinte Constituição dos Estados Unidos do Brasil".

Constituições feitas após regimes ditatoriais que esmagaram o Poder Legislativo podem conter pequenas vinganças contra o Executivo. São feitas refletindo ressentimentos e sob clima passional, servem para produzir choques entre poderes, dificultar o equilíbrio e a harmonia, a fomentar crises que fatalmente ocorrerão mais adiante.

Assim foi em 1946; o documento produzido tornou difícil o trabalho do presidente da República. Em seus dezoito anos de validade, ela foi, no mínimo, cúmplice de um suicídio, uma renúncia, uma deposição presidencial e um golpe de Estado. Nada mal para quem queria uma revanche contra a ditadura.

Como as anteriores, a visão conjuntural prevaleceu sobre as instituições no longo prazo, como ocorre nas verdadeiras e duradouras leis fundamentais de alguns países. As constituições brasileiras se assemelham a um conjunto de leis ordinárias; todo momento precisam ser reformadas para se adaptarem às mudanças que vão se passando na sociedade.

Dutra se adaptou à situação e fez o que pôde e o que desejava, não era muito. O seu período foi marcado pelo respeito às leis, repúdio visceral ao comunismo e por menos interferência do Estado na economia.

Para melhorar seu trânsito no Legislativo, trouxe a oposição, a UDN, para o seu governo e isolou o PTB por ser excessivamente ligado a Vargas e estar trabalhando pelo seu retorno.

Uma de suas mais marcantes decisões foi acabar com os jogos de azar; proibição jamais revogada. Foi a palavra de ordem para o seu vigoroso desenvolvimento na clandestinidade: todos os jogos estão à disposição de quem quiser, alguns explorados pelo próprio governo.

A proibição do jogo se deu quatro meses após sua posse. A decisão foi tomada sob forte influência da Igreja. No momento do fechamento, havia 1.200 casas de jogos funcionando no Rio.

Assis Chateaubriand, através de seus jornais, aplaudiu a medida. O jogo foi acusado de ser responsável pela dissolução dos costumes da sociedade brasileira. O governo foi saudado como possuidor de grande envergadura moral.

A medida constituiu forte estímulo à criação de quadrilhas, que ampliaram suas atividades a outros campos da criminalidade e a corrupção a quem deveria combatê-las. Poucas leis no Brasil tiveram um efeito colateral tão sólido e duradouro. Nada ficou a dever à Lei Seca americana e seus resultados. A única diferença é que a americana foi revogada por Roosevelt em 1933, depois de vigorar por quase 14 anos.

Outra decisão que Dutra tomou com imensa satisfação pessoal foi romper relações diplomáticas com a União Soviética.

Em 1947, o general Dwight Eisenhower veio agradecer o apoio dado pelo Brasil ao restabelecimento da paz na Europa.

Entre agosto e setembro do mesmo ano, foi realizada no hotel Quitandinha, em Petrópolis, a Conferência Interamericana de Manutenção da Paz e Segurança no Continente, com a presença do presidente americano, Harry Truman, e de seu secretário de Estado, general George Marshall. O Brasil foi representado pelo general Góis Monteiro, ministro da Guerra. A Argentina o foi por Eva Perón, que retornava de uma longa viagem à Europa demonstrando os primeiros sinais da doença que a matou poucos anos mais tarde.

A Conferência aprovou o Tratado Interamericano de Assistência Recíproca, pelo qual um ataque armado a qualquer país da América seria considerado um ataque a todos. A resposta seria conjunta.

Terminada a reunião, Truman permaneceu alguns dias no Rio, a tempo de assistir ao lado de Dutra o desfile militar comemorativo da data da independência, 7 de setembro.

Antes de retornar ao seu país, o presidente americano pronunciou um discurso no Congresso Nacional, ressaltando os laços que uniam os dois países e almejando uma longa amizade entre eles.

Mencionou o pensamento de Ruy Barbosa de que não poderia haver nenhuma neutralidade entre o certo e o errado como parte da tradição moral do Brasil.

Em 1948 foi preparado um acordo de cunho econômico com os Estados Unidos; por ele foi criada a Comissão Técnica Mista Brasil-Estados Unidos, a "Missão Abrink". Seus trabalhos identificariam as principais deficiências brasileiras em infraestrutura.

No intuito de combater a inflação, foi liberado o câmbio e estimuladas as importações; rapidamente as reservas acumuladas durante a guerra foram consumidas.

Como a humanidade não pode viver sem guerras, encerrado o conflito na Europa e no Japão, inicia-se imediatamente a Guerra Fria.

O mundo se realinha novamente; não mais a liberdade contra o fascismo, mas o ocidente contra o comunismo.

Em 1947 foi nomeada uma comissão para criar o Estatuto do Petróleo, desencadeando uma campanha nacionalista que adotou o lema: "O petróleo é nosso".

Iniciaram a construção de duas refinarias, uma na Bahia e outra no litoral paulista.

Dos trabalhos com os técnicos norte-americanos resultou o Plano Salte: Saúde, alimentação, transportes e energia. As gritantes deficiências nas redes de transportes fizeram que 51% do planejado fosse voltado a elas. As metas foram parcialmente cumpridas. Durante a sua vigência, outro plano foi elaborado pela mesma Comissão, para vigorar de 1951 a 1953, com investimentos externos de 500 milhões de dólares. Foi também parcialmente executado; surgiram dúvidas sobre a capacidade nacional de pagar os empréstimos.

Foi concluida a usina hidrelétrica de Paulo Afonso, ampliando a pobre capacidade brasileira de gerar energia de 1.340 para 1.800 *megawatts*.

De certo modo Dutra deu continuidade ao Plano Quinquenal de Vargas, coisa muita rara no Brasil; esse foi um dos méritos do seu governo.

O liberalismo econômico adotado deu certo: durante o seu período, o Produto Interno Bruto cresceu 35%. Graças à usina siderúrgica de Volta Redonda a produção de aço mais que triplicou.

Por outro lado, o salário mínimo ficou congelado durante todo seu período, enquanto a inflação chegou a 60%.

Um tema que mobilizou a esquerda e os estudantes foi um acordo secreto com os Estados Unidos para fornecer areias monazíticas, das quais poderiam ser extraídos minerais atômicos.

Foi um governo de transição, sem tumultos, para a democracia e a preparação para o retorno de Getulio Vargas. Foi o quarto ato da peça teatral clássica representada por Vargas e seus coadjuvantes, no terceiro, o ápice, ocorreu a deposição do presidente pelos seus generais. Faltava o epílogo.

Dutra deixou a presidência e recolheu-se por própria opção à vida privada. Não mais opinou sobre política ou tentou exercer qualquer influência junto ao velho amigo que retornara ao Palácio do Catete.

Foi um dos raros ex-presidentes que aceitou bem esta condição. O usual é que os que algum dia a ocuparam tentem influenciar decisões que não mais lhe dizem respeito. Procuram retornar ou se eleger para cargos de menor importância. Não se contentam em ser uma reserva de experiência a ser utilizada quando necessário, como ocorre em outros países.

Vivendo em Itu, sua fazenda em São Borja, no início um pouco esquecido, o que lhe deu liberdade para fazer o que realmente sentia prazer: ser um estancieiro no Pampa e pensar no retorno ao Catete.

Pela segunda vez buscava o exílio em sua terra, onde se entregava às reflexões e a pensar no futuro.

Em 1913, Borges de Medeiros o lançou candidato a deputado estadual na chapa do Partido Republicano. Foi eleito.

O caudilho, dono do destino de todos os gaúchos, desconfiou de fraudes praticadas por dois dos eleitos, um deles João Neves da Fontoura. Determinou a renúncia dos suspeitos. Getulio, em solidariedade aos dois, também abdicou de seu mandato e recolheu-se a São Borja, onde passou quatro anos advogando. Em 1917 candidatou-se à Assembleia estadual e mais uma vez foi eleito, retornando a Porto Alegre e dando por encerrado o autoexílio.

Aprovada a Constituição de 1946, afastou-se em definitivo do Senado, passando seu lugar ao suplente. De 1946 a 1949 poucos o procuraram; seus antigos aliados tinham que se dedicar ao presidente em exercício.

Só passou a ser mais visitado pelos que se encorajavam em empreender a penosa viagem a São Borja, em 1949, quando se aproximava a eleição presidencial.

Um dos primeiros a chegar foi o jornalista Samuel Wainer; a mando de seu patrão, Assis Chateaubriand, deveria entrevistar Getulio. Esperou três horas para ser recebido. Getulio não queria contato com a imprensa. A conversa terminou com o entrevistado dizendo ao jornalista que ele não fugiria de um chamamento do povo. Estava dado o sinal para o retorno.

Terminado o diálogo, Wainer redigiu a matéria e mostrou a Vargas, que leu e disse: "A entrevista está boa. Tu botastes tudo o que eu disse e tudo o que eu não disse".

Wainer havia tido a sua revista fechada por Vargas em 1944 devido a críticas feitas ao governo; para não ser preso partiu para o exílio nos Estados Unidos. Foi o único jornalista brasileiro a cobrir o julgamento dos criminosos nazistas em Nuremberg.

Ademar de Barros, que se tornara presença importante na vida pública paulista, foi visitar Getulio, chegou no seu DC-3. O afastamento da interventoria há quase dez anos, sob suspeita de corrupção, não atrapalhavam seus passos. Ao contrário, sua escola crescia e se consolidava com vigor por todo o país.

Getulio o recebeu bem, como se nada tivesse acontecido entre eles, e aceitou o seu apoio para a eleição, que estava próxima. O Partido Social Progressista, fundado por Ademar, era o maior do estado de São Paulo.

Vargas recordou para si a intimidade do visitante com médiuns e videntes, imaginou que ele havia recebido uma mensagem do além e por isso o procurava. Sentiu alento nos bons fluidos deixados pelo atual governador paulista, mais fortes que o aroma dos charutos cubanos que apreciaram. Não perguntou se os mortos ainda lhe enviavam pedras preciosas.

Ademar pousou seu avião na estância de Getulio. Trazia consigo o político gaúcho Danton Coelho, o general Estilac Leal, comandante da Região Militar em São Paulo e o espírita paulista Erlindo Salzano, que exercia forte influência sobre o político paulista.

Conversou com Vargas sobre as eleições que se avizinhavam, concordou em apoiá-lo desde que ele pudesse indicar o candidato a vice-presidente e que Getulio o apoiasse para sucedê-lo na eleição de 1955. Vargas ouviu, estranhou a objetividade da conversa; na política as coisas importantes não são ditas, são no máximo sussurradas, o paulista falava alto e na presença de todos, inclusive na do jornalista Samuel Wainer. Não contente com a proposta que se faz entre comerciantes, mas jamais entre políticos experientes, Ademar trouxe um documento que selaria o pacto; deveria ter a assinatura de ambos e de testemunhas.

Getulio pensara que já tinha visto tudo em política, até a sutil insinuação de corrompê-lo com as incríveis pedras preciosas sobrenaturais enviadas pelos mortos, mas jamais vira um contrato comercial selando um acordo político.

Ademar lhe estendeu o papel, Getulio riu e pediu a Danton Coelho que assinasse por ele. Ademar franziu o sobrolho, pegou a folha assinada pelo outro, voltou para o avião, onde soltou um palavrão. O esperto fora enganado por alguém que passara a vida praticando espertezas. Ademar não tinha alternativa, Getulio seria eleito com ou sem seu apoio, como havia sido eleito senador por São Paulo.

A entrevista que deu a Samuel Wainer e a visita de Ademar de Barros desencadearam a campanha pelo retorno de Vargas: "Ele voltará", com cartazes espalhados por todo o país.

Getulio tinha certeza que seria eleito, mas lembrou uma frase de Júlio Prestes: "No Brasil não basta vencer a eleição, é preciso ganhar a posse".

Uma romaria de políticos teve início, queriam expressar sentimentos de saudades, solidariedade e estimular sua candidatura em 1950. Era a aposta mais certa que poderiam fazer. O instinto de sobrevivência lhes indicava que naquele remoto rincão começava o caminho mais curto para o Rio de Janeiro.

A oposição se uniu em torno do brigadeiro Eduardo Gomes. O PSD, um dos partidos de Vargas, lançou o mineiro Cristiano Machado, que não despertou entusiasmo. Não teve apoio nem de Dutra, que comentou: "Ele tem um irmão comunista"; referia-se ao escritor Aníbal Machado. Getulio candidatou-se pelo PTB e recebeu quase a metade dos votos, Eduardo Gomes ficou com pouco menos de trinta por cento.

Getulio queria ter Góis ao seu lado, tentou fazê-lo seu vice-presidente, mas os acertos com Ademar de Barros acabaram por impor como companheiro de jornada o político, jornalista e advogado João Café Filho, a quem Getulio tratou com distanciamento e desprezo durante toda a campanha eleitoral, sequer lhe dirigia a palavra em atos públicos.

Café Filho foi revolucionário de 1930, mas sua natureza liberal lhe trouxe problemas. Vitoriosa a revolução, ele foi nomeado chefe de polícia do Rio Grande do Norte, divergiu do interventor e foi preso, sendo rapidamente libertado por interferência do secretário estadual do Interior, tenente Ernesto Geisel, que mais tarde foi secretário da Fazenda e Obras Públicas na Paraíba.

Por discordar do Estado Novo, Café Filho, teve que se exilar na Argentina. Eleito deputado federal em 1946, votou contra a cassação dos comunistas, o que o colocou sob suspeita.

Por que queria Góis, o homem que o derrubou, ao seu lado na presidência? No longo e solitário tempo que passou olhando à sua frente as coxilhas pampeiras e enxergando o passado, refletiu e compreendeu que o general o salvou de ser tangido do Catete, sem honras e possibilidade de volta.

Antes da eleição, Getulio disse aos eleitores: "Se eu for eleito, no ato da posse, o povo subirá comigo as escadas do Catete e ficará comigo no governo".

Nas outras ocasiões subiu, com a mesma satisfação, ladeado pelos militares.

O povo fora esquecido nas três posses anteriores; agora assumiria ao lado de seu líder, de seu "pai". Estava instalado e explicitado o populismo. Não retornava o reformador de 1930, mas o "pai dos pobres", o personagem criado por Lourival Fontes.

Dutra não retribuiu o apoio que dele teve cinco anos antes; optou pela isenção.

Getulio aguardou o resultado das eleições na estância São Pedro, de seu amigo Batista Luzardo, em Uruguaiana, na fronteira com a Argentina.

Foi acompanhado do fiel Gregório Fortunato, que dormia no chão, à porta de seu quarto, espreitando a chegada de algum inimigo noturno na casa do amigo que o recebia. A paranoia havia dominado protegido e protetor. Espreitavam perigos até na casa do gentil anfitrião. Nesse estado de espírito voltariam ao Catete.

Nos anos que passou esquecido em Itu aproximou-se de um vizinho de fazenda, o jovem advogado João Goulart, Jango, com 26 anos, amigo de seu filho Manuel, o Maneco. Não lembrava que o seu filho, nos anos1930, o levava para passar férias no Catete.

Sua família era sócia dos Vargas em uma empresa comercializadora de charque.

O jovem era agradável, simpático, bem-falante e não demonstrava o mínimo interesse pela política.

Revelara-se um excelente administrador dos bens da família. Quando seu pai morreu, deixou mulher e oito filhos com dívidas e um patrimônio valioso em ruínas.

João Goulart vivera até os nove anos na fazenda, quando foi estudar no internato dos maristas em Uruguaiana, cidade não muito distante.

Continuou os estudos com os jesuítas no colégio Anchieta, em Porto Alegre, seguindo para a faculdade de Direito em 1935.

No período de estudante não participou dos debates políticos daqueles anos turbulentos, preferiu jogar futebol. Foi campeão gaúcho juvenil pelo Sport Club Internacional. Em uma partida fraturou o tornozelo, abandonou o esporte e ficou manco para o resto da vida.

Formado, retornou a São Borja para administrar a herança, 14 mil hectares de terra e 30 mil cabeças de gado da melhor linhagem.

Getulio começou a interessá-lo pela política, a mostrar que o mundo ia além de sua cidade.

Elegeu-se deputado federal em 1950, licenciou-se para assumir a secretaria de Interior e Justiça do Rio Grande do Sul; em 1952 retornou ao Rio e reassumiu seu lugar na Câmara dos Deputados. Em 1953 Getulio o nomeou ministro do Trabalho. Queria começar a transferir o apoio que tinha dos sindicatos, dos trabalhadores e dos desempregados, que não perdiam a esperança de obter alguma colocação pelas mãos de seu protetor, ao seu designado herdeiro político.

Na organização do ministério Getulio deu quatro pastas ao PSD. O partido de Ademar de Barros, o PSP, o PTB e a UDN receberam uma pasta cada. A escolha de um membro da UDN visava a abrir uma brecha na oposição. Apenas um revolucionário de 1930 recebeu indicação, João Neves da Fontoura, que sempre teve relações tumultuadas com Vargas; foi para a pasta do Exterior.

Os três ministérios militares foram entregues a oficiais generais sem expressão política no Estado Novo. Para a Aeronáutica nomeou o brigadeiro Nero Moura, seu ex-piloto e comandante da Força Aérea na campanha da Itália.

Não havia mais o DIP, mas não podia descuidar da propaganda, sentira o seu efeito nas eleições. Chamou Lourival Fontes para o Gabinete Civil.

Gostara do planejamento. O que havia colocado no Plano Quinquenal estava implantado e funcionando. Criou uma assessoria econômica ligada a ele mesmo e chefiada pelo economista Rômulo de Almeida; a equipe foi montada com funcionários do Dasp, ideologicamente nacionalistas.

Oswaldo Aranha passou a se dedicar a sua criação de cavalos de raça no Rio Grande do Sul. Góis Monteiro foi nomeado chefe do Estado-Maior das Forças Armadas; em 1952 se tornou ministro do Superior Tribunal Militar, onde ficou até morrer.

Não era difícil imaginar que estava se iniciando um período no qual enfrentaria enormes dificuldades.

O quarteto do Estado Novo se desfez, acabaria a gestão compartilhada da nação nos momentos mais complicados. Getulio agora estaria só, não mais teria com quem dividir decisões difíceis.

Getulio tinha total desprezo pelas atividades partidárias e legislativas; não era um conciliador, era um manipulador. A oposição exploraria esse lado de sua personalidade, sabia que mais cedo ou mais tarde ele se rebelaria contra críticas e provocações.

Até então os presidentes tinham sido tutelados pelo Exército; nesse momento Getulio supôs que a popularidade, a massa de fanáticos, mas sem armas, seria suficiente para lhe dar suporte. A força militar que havia criado, a Aeronáutica, comportava-se mais como um partido político apoiando incondicionalmente o brigadeiro Eduardo Gomes, principal nome da oposição.

A imprensa livre, sem censura, lhe dava calafrios. Os erros seriam ampliados e ganhariam as manchetes.

A horda de perseguidos e ressentidos nos quinze anos em que foi ditador, explícito ou disfarçado, queria revanche. Tivera uma pequena mostra dessa sede de vingança na sua curta passagem pelo Congresso durante a Constituinte.

A guarda pessoal, comandada por Benjamin Vargas, estava atenta aos passos dos inimigos, tornava-se a cada dia mais independente no afã de proteger o chefe a qualquer preço.

Os comunistas apoiavam o presidente, mas ao mesmo tempo promoviam greves, se infiltravam nos sindicatos e tentavam impor aos trabalhadores lideranças diferentes daquelas que Vargas tinha trazido para o seu lado com farta distribuição de favores, os chamados "pelegos".

Prestes e seus camaradas queriam dar caráter ideológico às lutas sindicais e, a partir delas, promover a revolução do proletariado. Getulio preferia o pragmático caminho do paternalismo e do fisiologismo, mais fácil de ser compreendido pelos proletários, se é que eles existiam no desindustrializado Brasil.

Faltavam a Prestes no mínimo duas reflexões: avaliar como seus adversários reagiriam às suas ações e de que modo poderia ir além dos poucos militantes de sua causa, incorporando novos aliados, além dos militares, intelectuais e jornalistas que o seguiam, dispostos a dar a vida por uma revolução bolchevista.

Deve ter sido afligido pela mesma dúvida de Marx quando recebeu, em 1881, a carta de Vera Zassulitch, russa entusiasta de suas ideias, perguntando se a Rússia rural, analfabeta, feudal, poderia queimar etapas e fazer a revolução do proletariado sem proletários. Marx respondeu que suas ideias eram para a Europa ocidental, repleta de oprimidos pela revolução industrial, e não para estágios inferiores do capitalismo; não querendo desperdiçar a oportunidade, divagou sobre uma revolução na Rússia, a via como estímulo a outra no ocidente; não foi preciso e dogmático como de hábito.

As reflexões em torno da questão permitem concluir que sem proletários não poderia haver uma bem-sucedida revolução do proletariado. Prestes talvez tenha pensado sobre isso, mas, como Lenin, levaria adiante seu plano, mesmo faltando um requisito essencial.

Ele não conseguia fazer com que o povo o entendesse e aderisse à suas ideias; assim foi em sua desorientada Coluna, na atrapalhada intentona, na rápida passagem pelo Senado e apoiando ou hostilizando Vargas.

Prestes nunca conseguiu se fazer entender pela classe trabalhadora. O seu mundo era simples, povoado apenas por burgueses e proletários, os primeiros, opressores e os segundos, oprimidos. O Partido Comunista promoveria a luta de classes e romperia os grilhões que mantinham os operários escravizados. Os comunistas diziam ter os mesmos interesses dos proletários; no Brasil, pelo menos, os trabalhadores não sabiam que tinham esses aliados.

Prestes foi vítima de sua ortodoxia, não enxergou o que seus pares mais novos já tinham visto: aquele não era o caminho para acabar com a miséria. O seu modo de pensar tinha sido substituído pelo eurocomunismo. A velha geração estava saindo de cena, os mais jovens preparavam o caminho para o socialismo democrático. Mais uma vez o sólido desmanchou no ar, ou, como previu Bakunin, "tudo há de passar, e o mundo terminará, porém a nona sinfonia de Beethoven há de permanecer".

O eurocomunismo visava a compatibilizar o marxismo real com a democracia. Os velhos stalinistas tinham saído de cena. As ditaduras não eram mais aceitas pelo mundo civilizado, nem mesmo a do proletariado. Na França e na Itália os partidos comunistas já tinham ajudado a classe operária a conquistar o seu espaço na sociedade.

Para a frustração dos velhos revolucionários, os trabalhadores não queriam mudar o mundo, queriam apenas bons salários, propriedades e segurança. À medida que atingiam esses objetivos, os PCs, com suas disciplinas, censuras, autocríticas, tribunais, tornavam-se incômodos aos revolucionários, os assalariados não queriam mudar o mundo, queriam apenas bons salários, propriedades e segurança. Os pequenos burgueses queriam apenas levar uma vida tranquila, sem revoluções.

De certa forma os partidos comunistas contribuíram para aperfeiçoar o capitalismo. Com medo da violência, "a parteira da história", os patrões faziam concessões impensáveis aos seus empregados.

Lutas de classes só as que lhes ampliassem suas conquistas e nada mais. Cada vez era mais difícil compreender a democracia que pregavam, sem liberdade e sem a prometida igualdade entre todos. O eurocomunismo transformou-se numa transição para o fim dos ortodoxos partidos marxistas, um álibi para uma morte digna das ideias que professaram por décadas.

Luiz Carlos Prestes, como outros comunistas de sua geração, não entendeu o que estava se passando, daí sua expulsão do PCB em 1983. Foi afastado de um grupo pelo qual dera sua existência. Se a expulsão não tivesse ocorrido, um pouco mais à frente teria que conviver com a dura nova realidade, o fim de seu partido. Viveu uma ilusão, como a maioria dos idealistas. A morte o poupou de saber que os soviéticos não lhe davam qualquer importância e que o desfocado Partido Comunista dos Estados Unidos recebia mais apoio que o brasileiro. Os burocratas de Moscou não leram Marx, que escreveu não ver possibilidade de suas ideias vingarem na América do Norte.

Em sua longa vida, Prestes passou dois anos percorrendo o interior do Brasil numa frustrada busca de adeptos para suas ideias; 16 anos no exílio; 18 na clandestinidade e 9 preso.

Perseguiu o caminho da salvação indicado por Lenin e Stalin, até o último de seus dias, o aceitou como dogma de fé, do mesmo modo como se rendera às verdades absolutas do Positivismo de Auguste Comte na adolescência e às do papa, em seu tempo de católico praticante. Foi um homem em busca de uma religião que lhe ensinasse a encontrar a justiça para todos e apaziguasse seus fantasmas. Obstinado, não procurou um outro caminho para realizar seus sonhos, alternou sua vida entre prisões, traições, exílios e empreitadas malsucedidas. Morreu sem conhecer a vitória.

A morte prematura do seu pai, o capitão Antônio Prestes, quando ele tinha 10 anos, e a infância na pobreza podem ter deixado marcas que exigiam que alguém o orientasse na busca de uma paz interior que lhe fora negada por Deus, quando, tão cedo, lhe deixou na orfandade.

O ministério não era constituído por pessoas da intimidade presidencial; Getulio sabia que não poderia contar com ele em momentos mais graves. O gabinete não refletia a sua vontade, mas a necessidade de acomodar as correntes políticas que o apoiaram. Era um grupo heterogêneo e com poucos laços com o presidente.

Os bons resultados viriam da equipe técnica que montou. A experiência adquirida nos quinze anos anteriores indicava que deveria esperar pouco dos políticos.

Pretendia planejar a economia, definir estratégias e implantar projetos de grande envergadura, notadamente nos setores de transportes, energia elétrica e petróleo. Daria cunho fortemente nacionalista a esse período. Uma vingança contra os que o empurraram a uma guerra que não era a sua, que fez a sua ditadura perder o rumo que traçara, se tornar incoerente aos seus princípios e precipitar a sua queda. Afastaria o capital externo, ou ao menos criaria dificuldades ao seu ingresso.

Esquecera que suas maiores realizações se materializaram com os grandes aportes do governo americano. A guerra fria criaria novas condições para que as barganhas continuassem, poderiam vir mais investimentos e mais empréstimos. Truman indicara esse rumo.

A poupança interna era incapaz de promover o desenvolvimento almejado por ele e seus planejadores. Continuava a dependência do café, que representava quase 80% do que o Brasil exportava, o mesmo que em 1930.

Entre 1934 e 1937 tivera uma pequena e desagradável amostra de como era difícil conviver com a democracia, ainda que frágil, como era aquela entre as duas ditaduras.

A Constituição lhe tolheria os passos, criaria empecilhos. O Legislativo estava acima do Executivo. Podia prever um ambiente intolerável para a existência de harmonia entre os dois poderes.

Quem viria a ser o seu maior adversário, Carlos Lacerda, fundara em 1949 um jornal para exercer oposição sistemática a Vargas: a *Tribuna da Imprensa*.

Durante a campanha eleitoral, Lacerda fizera duras críticas a Iedo Fiúza, não por ser candidato pelo Partido Comunista, mas por ser o mais íntimo amigo de Getulio, o guardião de seus segredos. Publicou documentos acusando-o de receber vantagens de empreiteiros quando era responsável pela construção das rodovias federais; em sua linguagem sem limites na agressividade, chamava-o de Fiúza, o rato.

Após a posse dirigiu as baterias contra Samuel Wainer, que depois de entrevistar Vargas no "exílio" se tornara seu amigo. Wainer fundara um jornal popular para apoiar o governo, a *Última Hora*.

Lacerda acusava-o de haver recebido um empréstimo em condições não regulares do Banco do Brasil, por ordem do próprio presidente da República. Acusava-o ainda de não ser brasileiro, de haver adulterado sua certidão de nascimento, o que foi comprovado mais tarde. Estrangeiros não podiam ser proprietários de meios de comunicação no Brasil.

Os ataques não cessavam, qualquer deslize real ou forjado ganhava as manchetes. A *Tribuna da Imprensa* era lida pela classe média e pelos militares.

Benjamin e seus homens liam as acusações, e alimentavam ódio crescente a Lacerda. Conversavam entre si, não com Getulio, que em algum momento teriam que fazer alguma coisa. Não continuariam passivos para sempre vendo seu amado chefe ser atacado daquela maneira. Por menos enfrentaram os argentinos em Santo Tomé e agrediram sem piedade um jornalista de oposição.

Gregório pensava que se na casa do amigo em Uruguaiana bastara deitar à porta de seu quarto para protegê-lo, no Rio de Janeiro teria que ir às ruas, armar campanas e tocaias, executar o que a sua consciência e a de Benjamin determinassem.

Getulio procurava ignorar o perigo que representava aquela guarda onipresente no Palácio ou onde ele estivesse. Fingia que os controlava, mas era o contrário, seus passos e pensamentos eram vigiados pelos seus protetores. Atrás de Vargas, em eventos públicos, havia uma enorme quantidade de homens com óculos escuros protegendo-o; descoloriam a paisagem e sinalizavam o medo que ele sentia.

Lacerda, como Prestes, tornara-se católico praticante. Um, antes de ser comunista, na passagem do Positivismo para o Marxismo; o outro, depois de ser comunista. A conversão indicava que eles sentiam ter cometido pecado mortal, o ateísmo imposto pelas doutrinas de Comte e Marx, pregadores da vida sem Deus.

Seu pai colocara o nome de Carlos Frederico em homenagem a Karl Marx e Friedrich Engels; felizmente eram nomes de santos, que poderiam na nova fé serem vistos como onomásticos.

Eram homens que precisavam acreditar desesperadamente em algo superior, natural ou sobrenatural, que lhes orientasse.

Além de seu jornal, Lacerda tinha uma tribuna na Câmara Federal, onde exercia o mandato de deputado pela UDN do

Distrito Federal. Tornou-se o principal parlamentar do partido, o mais combativo.

Getulio acompanhava o que estavam planejando para o futuro do país, dando prosseguimento às ideias pós-1937, maquinando contra os inimigos e vivendo a derradeira paixão de sua vida, a atriz Virgínia Lane. Foi fiel a ela, dispensou as alternativas do Fiúza. Nada, no entanto, comparado com os dias vividos com Aimeé, mas gostava de sua companhia.

A ideia mais importante de sua vida, a criação do Banco Central, estava morta e sepultada. Pensara nela desde a década de 1920, quando ministro da Fazenda; de repente se rendeu por completo aos interesses em volta do Banco do Brasil, que ninguém queria ver controlado por outra instituição financeira, mais austera.

O mundo presenciava o primeiro embate da Guerra Fria. O conflito entre as duas Coreias. A do Sul lutou com apoio dos americanos e a do Norte, dos soviéticos. O governo dos Estados Unidos pediu a colaboração do Brasil; seria um gesto simbólico, bem diferente da essencialidade das bases no Nordeste durante a Segunda Guerra, ponto continental mais próximo do teatro de operações nas areias do deserto africano.

Getulio, explicitando sua política de isolamento e nacionalismo — seu modelo era o do ditador lusitano —, se negou a cooperar. Os Estados Unidos não insistiram no assunto.

Um grave problema era o aumento da carestia, herança de seu antecessor, que tentou contê-la congelando salários, coisa que um governo populista não podia fazer. Quando assumiu, em 1951, triplicou o salário mínimo, dobrando a inflação.

Os americanos, que buscavam outros aliados impostos pela nova relação oeste versus leste, começaram a dificultar a liberação de créditos ao Brasil. Como a poupança interna era diminuta, as reservas estavam esgotadas e eram impostas dificuldades ao ingresso de capital privado estrangeiro, não havia recursos para financiar os projetos em gestação; a ideia que surgiu foi a da criação de um banco de fomento, financiador de projetos nacionais, capaz de alavancar o progresso.

Acabaram sendo criados dois com esta natureza: o Banco Nacional de Desenvolvimento Econômico (BNDE) e o Banco do Nordeste, em função da extrema pobreza da região.

O do Nordeste, fundado em 1952, funcionaria como uma sociedade de economia mista — 90% do seu capital pertencia à União.

No mesmo ano foi criado o BNDE, com a mesma finalidade, banco de fomento, só que com atuação mais ampla que a do nordestino. A sugestão partira da Comissão Mista Brasil-Estados Unidos. A maior dificuldade que surgiu foi definir de que modo capitalizar o banco. As discussões foram centradas em três possibilidades: empréstimos externos, recursos do Tesouro, provenientes do aumento de tributos, e empréstimos compulsórios impostos aos brasileiros.

À época não existia o mercado de títulos do governo; se existisse, seria de pouca valia, com a inflação crescente e a instabilidade política. O papel disponível eram as Obrigações do Tesouro Nacional, pagando juros fixos inferiores às taxas de inflação. Optou-se pela mesma estrutura do Banco do Nordeste, uma autarquia pública podendo virar sociedade de economia mista.

O governo exigiu que 20% dos cargos do BNDE fossem ocupados por indicados de políticos, o restante teria que se submeter a um concurso público.

Para reduzir a influência política, foi estabelecido um mandato de cinco anos para o diretor-superintendente e de quatro anos para os demais diretores. Prática que nunca funcionou.

O primeiro suporte financeiro do banco veio de um adicional sobre o imposto de renda e a parcela das reservas técnicas das seguradoras.

Getulio havia chamado para a sua assessoria econômica o diplomata e economista Roberto Campos, que havia participado da representação brasileira à conferência de Bretton Woods, em 1944. A presença de Campos contrabalançaria a xenofobia predominante na assessoria.

Campos teve importante papel na criação do BNDE e assumiu a diretoria responsável pelos assuntos econômicos. O presidente, Ari Frederico Torres, ficou apenas onze meses no cargo; foi substituído pelo cunhado de Getulio, Válder Lima Sarmanho, pouco familiarizado com questões técnicas e econômicas.

Em meados de 1953 Campos se demitiu por discordar da orientação que passou a ser dada pelo irmão de dona Darcy. Os investimentos em infraestrutura, principal razão da criação do banco, deixaram de ser prioritários. Ele temia a pulverização dos recursos.

Em junho de 1958 Roberto Campos retornou ao banco como presidente. Em 1960 deixou a direção por discordar dos rumos da política econômica, pouco austera em relação ao controle dos gastos públicos, provocando a disparada inflacionária.

Foi ele quem, cinco anos depois, criou o Banco Central do Brasil, a grande ideia de Vargas jamais executada por ele.

As sugestões da comissão mista davam um suporte sofisticado ao governo. Além de indicar o caminho a ser seguido, criavam condições para a formação de equipes técnicas que eram e continuariam, mais adiante, a ser de grande utilidade para o Brasil.

Seria o caso de tentar ler a mente do presidente para ver se esse estado de coisas, o planejamento, as discussões técnicas, o convívio com a imprensa sem censura, era de seu agrado, se ele estava feliz.

Tomava uma xícara de café requentado; sua satisfação era mínima, estava constantemente preocupado com os ataques da oposição. Via-se cercado de inimigos e aproveitadores por todos os lados. Sentia-se velho e pouco disposto a enfrentar adversários em campo aberto. Seu filho Maneco disse: "Neste período meu pai tinha mais conhecimento do mundo e menos velocidade". Uma velhice como outra qualquer.

A história jamais retrocede, avança inexoravelmente, e ele não estava preparado para esta dinâmica. Os homens e ideias da segunda metade do século XX não eram do seu agrado; convivia melhor com os que, como ele, haviam nascido nos estertores do Império. Os que vinham dos latifúndios rurais sempre lhe foram mais agradáveis que aqueles paulistas, formados em um ambiente que se modernizava mais rapidamente que o resto do país. Sentia-se deslocado, fora de seu meio.

Getulio fora plenamente feliz, satisfeito com a vida que levava, apenas de 1930 a 1933. Tudo se adaptava ao seu eu. A satisfação da vitória, um governo sem oposição e Constituição, o Exército leal sempre ao seu lado, nada de conversas técnicas ou discussões de como capitalizar bancos de fomento; não enfrentou sequer oposição à sua obsessiva ideia de implantar um banco central, não o instalou para não se incomodar.

O Getulio daquela época usufruía uma liberdade habitualmente negada aos ditadores. Passeava a pé pela cidade, ia ao cinema, praticava os amores mercenários, detinha um poder como ninguém ainda tinha possuído na história do Brasil. Deslumbrava-se com a cidade.

Sentia imensa satisfação em arbitrar pequenas querelas entre aliados e subordinados, administrava bem o disse me disse diário de sua corte. Estimulava esse comportamento à medida que não o reprimia. A Revolução de 1932 combinava com o que gostava de fazer: combater adversários pelas armas.

O plano de industrializar o país era vago, não impunha grandes esforços. Na realidade era algo quase impossível. Não havia nem transportes nem energia para apoiar a multiplicação de indústrias; como não tinha pensado nisso, entrou num círculo vicioso que não sabia romper. Não acontecia uma coisa porque não havia a outra.

Políticos brasileiros em todas as épocas têm imensa dificuldade em estabelecer relação entre causas e efeitos. Getulio não era diferente.

Tempos felizes que passam jamais retornam, assim é na vida de qualquer um. Todos os buscam de volta, mas a felicidade é algo que quem tem a graça de tê-la em algum momento deve usufruí-la, pois não há retorno. O que sucedê-la e com ela se parecer, é uma acomodação aos fatos, dando uma impressão de felicidade.

No segundo período, de 1934 a 1937, o poder tinha sido reduzido, teve que criar artimanhas para ampliá-lo. Contou com o apoio de auxiliares criativos e de uma oposição clandestina que justificava as pequenas fatias de democracia que ia retirando do todo; ninguém se aborrecia com isso, era para proteger a sociedade de males maiores.

Continuou conivente com maledicências. Foi um administrador de mágoas e invejas, um psiquiatra pioneiro tratando distúrbios bipolares de seus auxiliares mais chegados.

Gostou do período, não tanto quanto do primeiro, porém foi satisfatório. Tinha liberdade para os seus passeios e amores, tomava chimarrão com os conterrâneos e continuava admirando a paisagem generosa da cidade que o encantara.

Na ditadura plena, sem subterfúgios, de 1937 até o final, a felicidade era escassa, muito pouca. O medo substituiu a alegria das caminhadas olhando os belos prédios da cidade e a exuberância da paisagem. Era livre no confinamento do campo de golfe, caminhando e conversando com gente que não era a sua.

As pressões para avançar contra suas convicções fascistas e entrar na guerra, a inferioridade que sentia frente aos interlocutores americanos — talvez por isto nunca aceitou os insistentes convites para ir a Washington, dizia que não ia porque era longe —, a noção de que nada fizera que justificasse sua chegada ao Catete pela armas, a guarda pretoriana transformando-o num prisioneiro, tudo lhe trazia aborrecimento, enfado. Até as divertidas "tricas e futricas" de outros tempos agora não passavam de meras incomodações de pessoas que já tinham passado da idade de se divertir falando mal dos outros.

A ida à guerra contra a sua vontade e a de seus generais anteciparia o seu fim. Não podia ser tão incoerente, combater ditaduras semelhantes à sua e não imaginar os reflexos negativos que a vitória dos aliados teria para o seu governo absolutista.

A deposição por amigos foi amena, deixou as portas abertas para a volta. Mesmo assim foi humilhante, principalmente quando pediu ao general Góis mais algumas horas para simular uma renúncia.

Candidatar-se ao Legislativo, tão desprezado e contrário à sua personalidade individualista, fora um erro. Enfrentou um ambiente hostil, viu o ódio nos olhos dos inimigos de outras feitas, demorou em ocupar sua cadeira e bateu rápido em retirada.

Para qualquer outro seria o término da carreira política; para o "pai dos pobres" não. Havia uma massa que acreditava que só ele seria capaz de tirá-los da miséria em que viviam. Tão pobres, humildes, iletrados, famélicos que nem sequer se davam conta de que ele teve quinze anos para fazer alguma coisa por eles e se omitiu.

O trabalho do DIP fora tão profundo que não abria espaços para questionamentos, era Deus no céu, Cícero Romão no sertão e ele para todos os desvalidos do Brasil, que subiriam ao Catete e governariam com ele no seu retorno: "...os trabalhadores sempre foram fiéis, leais, desinteressados e valorosos. E foi para servi-los que voltei ao poder. Já disse uma vez e agora repito: os trabalhadores nunca me decepcionaram". Como tinha que dar prioridade às demandas dos interessados, foi deixando os desinteressados para lá.

No Brasil, governar é produzir bons slogans, cada governo tem o seu. Como um mantra é repetido e vira verdade, só será destruído por seu sucessor. Este é um fado do país: ser governado por mantras publicitários.

O exílio em São Borja fora um ótimo período, serviu para aliviar os nervos, conviver com o que lhe dava prazer, conversar sobre o gado, a política local, exercer o paternalismo sobre os que lhe serviam — uma característica da região — e pensar na sua volta e nas vinganças que promoveria.

Dutra iria embora de qualquer jeito; Góis, no posto máximo de sua força, teria um comando sem armas, distante das decisões do Exército. Oswaldo, que o levara à guerra e antecipara seu fim, era um quadro difícil de ser encontrado, ficaria afastado no início, teria tempo para pensar no que fizera ao amigo; mais tarde o traria para o seu lado, daria o perdão.

Voltava a pensar no ditador português, Oliveira Salazar. Não teve um Aranha a seu lado, cedeu uma base nos Açores aos americanos, se manteve neutro e continuava ditando as regras em Portugal.

A guerra terminara e lá continuava a ditadura homônima à sua em todo seu esplendor, ignorando tudo que se passava no mundo, do fim do padrão ouro ao início do fim do colonialismo.

Poderia ter feito o mesmo, cederia algumas bases no Nordeste, como queria Roosevelt, e permaneceria neutro. Ninguém lhe deu essa sugestão nem ele mesmo pensou nisso, ficavam buscando argumentos contra os planos de Oswaldo Aranha, esqueciam de enxergar uma solução tão simples, satisfatória e que não o teria empurrado para a incoerência: defender a liberdade em plena ditadura.

O que mais lhe trazia satisfação nas caminhadas ou cavalgadas solitárias era pensar na vingança que viria no bojo de sua líquida e certa vitória nas próximas eleições presidenciais. A eleição para o Legislativo só servira para isso, dar certeza do retorno.

Para chegar à vitória faria aliança até com o diabo, de Ademar de Barros, com suas esotéricas e insinuantes pedras preciosas, aos comunistas. Não se apoiava na coerência com o seu passado, muito menos nos ideais dos longínquos tempos da juventude.

O novo governo produziria e plantaria para o futuro. Os planos seriam levados adiante, criaria ainda um organismo para levar eletricidade por todo país e deixaria algo irreversível para que fosse extraído e refinado petróleo, de modo que em algum dia o Brasil não precisaria mais importá-lo.

O problema era a oposição, ativa, agressiva e vingativa, e a imprensa sem censura. Um pesadelo; não sabia o que fazer. Doses elevadas de medidas populares produziam aplausos e demonstrações de apreço, mas não fundações sólidas que dessem certeza de que tudo não desabaria um dia.

Os jornais de oposição ou isentos se multiplicavam, apenas a *Última Hora* lhe dava apoio incondicional. Sabia que de uma hora para outra teria a oposição de Assis Chateaubriand, que agora conhecia seus segredos de alcova: por curto período compartilhara o leito e confidências com Aimeé.

A bela mulher gostava de homens poderosos; os dois amantes não podiam ser considerados atraentes às mulheres: baixinhos, gordos, autoritários, vingativos, possuidores de senso de humor cáustico e velhos, mas tinham poder. O prestígio e a influência deles a fascinava, compensava a falta de elegância e de charme.

O primeiro marido era alto, elegante, bem-humorado, rico, tinham a mesma idade; poderoso até onde o horizonte de uma jovem vinda da província alcançava. O casamento lhe mostrou que havia algo além dele; existia um olimpo habitado por homens com a capacidade de decidir sobre o destino de milhões de outros homens, com muito mais poder que o jovem filho de um senador e oficial de gabinete da presidência. Percebeu logo que esses deuses seriam seus alvos; sua beleza facilitaria conquistá-los, seria uma simples troca, uma complementação, os dois lados ganhariam Na ocasião do rompimento deixaria homens passados da meia-idade com o coração partido, duro de suportar, mas sabiam que a vida era assim mesmo.

Outra preocupação, os vinte de São Borja, sob o comando de Benjamin Vargas e Gregório Fortunato, haviam se multiplicado, já passavam dos cem. Vargas sabia que seriam capazes de qualquer insanidade para preservá-lo, eram tantos que podiam ser vistos em todos os cantos do palácio lendo a *Tribuna da Imprensa*, se sentindo ofendidos e omissos ante as agressões ao chefe.

A Tribuna divulgou um escândalo que havia sido abafado. Gregório praticara contrabando entre a Argentina e o Brasil: o fato se tornou público e foi negligenciado pelo secretário do Interior e Justiça do Rio Grande do Sul, João Goulart. Escândalos podiam ser praticados, mas não divulgados. Os anos não mudaram esse modo de ver as coisas.

Nada escapava ao jornal. A fala de Lacerda expressava seu ódio a Getulio. Tão vigoroso como o que ele tinha pelos seus antigos companheiros, os comunistas.

O jornal farejava corrupção onde houvesse. Divulgou compras mal explicadas da Aeronáutica, sendo atacado por um coronel que se considerou ofendido. O fato despertou enorme solidariedade a Lacerda, que se destacava cada vez mais na UDN. O brigadeiro Eduardo Gomes ficara com fama de perdedor, fora derrotado em duas eleições.

Lacerda discordou de seu partido na hora em que um de seus membros aceitou ser ministro de Getulio. Oposição era oposição, não admitia situações intermediárias.

Atacou violentamente a nomeação de Fiúza para o Departamento de Águas. Considerava um acinte depois de sua passagem cheia de acusações pelo Departamento Nacional de Estradas de Ferro no governo Dutra.

Tudo o que Getulio fazia era hostilizado. A crítica tornou-se sistemática. *A Última Hora* o incomodava, fazia um indesejável contraponto à sua linha editorial. Insistia que Wainer tinha nascido fora do Brasil e colaborara com os nazistas durante a guerra.

Acusava-o de receber dinheiro estrangeiro para a *Última Hora*, para que ela servisse de baluarte a interesses escusos de países e empresas interessadas em explorar o Brasil. As respostas eram impregnadas de manifestações nacionalistas.

Mesmo católico praticante, temente a Deus, Carlos Lacerda rompeu com um grupo de intelectuais ligados à Igreja, insinuando que se aproximavam doutrinariamente do marxismo.

Abriu outra frente de combate, dessa vez contra a polícia do Distrito Federal. Acusou policiais de receberem propinas para fechar os olhos a contravenções. Não conseguiu comprovar as acusações.

Prosseguiu na linha "metralhadora giratória", sempre acusando muito e comprovando pouco.

Em 1952, Lacerda foi preso pela denúncia não provada de corrupção policial. A prisão foi relaxada e ele tirou o máximo proveito do evento, como no caso do soco que levou do coronel da Aeronáutica. Recebeu solidariedade de políticos e jornalistas, fez discursos dizendo que tinha sido preso por combater a corrupção, o que o governo não desejava. Ninguém o intimidaria, continuaria a expor a roubalheira.

Os escândalos que promovia alimentavam o seu sonho de um dia ser presidente da República; por enquanto um projeto mantido em segredo, para não atrapalhar a imagem que queria passar de paladino da moral e dos bons costumes, sem outro interesse que não fosse o de evitar o saque aos cofres públicos.

Em 1964, o astrólogo italiano Francesco Waldner, consultado pela revista *O Cruzeiro*, previu que Carlos Lacerda chegaria à presidência da República em 1965. Errou tanto quanto o vidente de Getulio em 1932. Profeta bom só o de Ademar de Barros, que não via apenas o futuro, como materializava riquezas durante as sessões espirituais.

Em 1946, *O Cruzeiro* havia publicado uma reportagem a respeito do contrabando em Uruguaiana, sobre a saída irregular de pneus do Brasil para a Argentina, revelando que pessoas próximas a Vargas estavam envolvidas. Acusava a fiscalização alfandegária de fechar os olhos durante todos os quinze anos que antecederam a queda do ditador.

Os repórteres da revista de Chateaubriand se identificaram como engenheiros que vinham examinar a obra da ponte que ligaria os dois países. Viram o que se passava: os pneus iam até em caixões de defunto. Uma empresa enterrava argentinos que haviam morrido no Brasil, os enterros eram em grande quantidade e, pelo tamanho dos caixões, os defuntos tinham compleição avantajada.

O contrabando de Gregório progredira, ia além dos pneus, incluía todo o caminhão.

O governo se dividia entre nacionalistas e entreguistas, principalmente na sua assessoria econômica. A divisão era simples e correspondia ao pensamento primitivo da época. Os favoráveis ao uso da poupança externa para promover o desenvolvimento queriam entregar as riquezas do país aos americanos; os outros, protegê-las da sanha dos inimigos do Brasil.

Apesar da divisão ideológica dos técnicos, a equipe continuava trabalhando para modernizar o país. Mais tarde, foi a ela incorporado o economista Celso Furtado, que, como tenente do Exército, lutara na Itália.

A falta de energia elétrica era constante. Não chegava ao campo nem às localidades menores. Nas grandes cidades eram rotineiros os racionamentos. A produção era pequena, a rede distribuidora insuficiente e a industrialização travada.

A eletricidade chegou ao país através de empresas estrangeiras, como a água, o esgoto, a telefonia, os bondes e as ferrovias. O Brasil ingressou no século XX produzindo míseros 12 mil kilowatts.

A primeira concessionária estrangeira de energia chegou em 1899, a São Paulo Railway, Light and Power Company, com capitais canadenses. A Light começou a gerar energia, prover iluminação pública e serviços de bondes elétricos. Em 1903 a empresa entrou no Rio. Em 1912 gerava 52 mil Kw, em 1930 atingiu 214 mil Kw, o crescimento parou na década de 1950 devido às limitações tarifárias e às hostilidades ao capital estrangeiro.

Em 1912 os Estados Unidos geravam 5 milhões de kilowatts, em 1932 eram 34 milhões.

O nacionalismo se exacerbava. As concessionárias estrangeiras eram vistas como empresas espoliadoras, objetivando apenas lucros para remetê-los às suas matrizes, prepotentes ante o poder concedente e os consumidores. Eram inimigas do país e do povo brasileiro.

As tarifas eram fixadas pelo poder público, sendo contidas quando a inflação subia mais que os salários.

O quadro político era instável e suas atividades não eram vistas com simpatia.

A exploração dos serviços públicos por empresas privadas se tornou atividade pouco lucrativa e de alto risco. A todo momento ocorriam ameaças de expropriações ou encampações.

Nesse clima, sem saber como seria o dia seguinte, as empresas reduziram os investimentos. Nos últimos anos, antes de serem estatizadas, até a manutenção cotidiana era negligenciada.

Atualização dos sistemas nem falar, introduzir equipamentos mais modernos para serem encampados no dia seguinte, nem pensar.

A decadência dos serviços públicos as tornava antipáticas aos consumidores. Os políticos tiravam proveito da situação; o que se passava reforçava o discurso nacionalista. A essa altura, tanto os exacerbadamente nacionalistas quanto os seus opositores queriam algo melhor.

Diariamente na imprensa eram destacados os racionamentos de energia, a paralisação dos bondes e os péssimos serviços telefônicos.

No caso da telefonia, a situação era mais grave: contribuía para o Brasil manter o isolamento regional já promovido com extraordinária competência pelas ferrovias, rodovias, portos e navegação.

A legislação portuária e para a navegação em vigor na década de 1930 era obra do ministro da Viação e Obras Públicas, José Américo de Almeida. Ela impunha toda sorte de empecilhos à modernização destes serviços; apesar disso vigorou por mais de seis décadas.

Possuir um aparelho telefônico era símbolo de riqueza e prestígio. As ligações interurbanas eram feitas das centrais telefônicas; podiam levar dias, não menos que muitas horas.

Era difícil até ao presidente da República ser generoso com esse tipo de agrado. Era mais fácil dar um cartório como presente de casamento do que um telefone.

Os correios dependiam dos sistemas de transportes. As cartas chegavam por acaso, muito tempo após serem postadas. De modo geral havia nos maiores municípios apenas uma agência postal, normalmente em prédio imponente, grandioso, no centro da cidade. O símbolo de grandeza arquitetônica não correspondia à qualidade dos serviços prestados.

As mensagens mais urgentes eram enviadas pela empresa inglesa Western Telegraph; caras, mas chegavam ao destino com presteza. A sua concessão fora dada por Dom Pedro II. Os serviços britânicos foram encerrados em 1973, quando expirou o prazo de cem anos acordado com o imperador.

Receber um Western era indicação de más notícias. A chegada de seus mensageiros, com uniforme caqui, tendo uma listra vermelha na lateral das calças e nas jaquetas, era sinal de mal agouro, provocava sobressaltos. Ninguém enviava um telegrama tão dispendioso para desejar feliz aniversário, o mais provável era trazer notícia da morte de um ente querido.

O povo, os eleitores, não conheciam a razão dos maus serviços públicos; a imprensa lhes trazia mensagens indicando as maldades que os colonizadores faziam aos colonizados. Eles tinham que ser expulsos como estava ocorrendo na Ásia. Se o país, o governo, tinha condições financeiras e técnicas de promover bons serviços seria visto depois, o importante era mandá-los de volta a casa.

No mesmo período em que Getulio presidia o país, Minas Gerais era governada por Juscelino Kubitschek; o seu lema era "Transporte e Energia". Nem antes nem depois governantes brasileiros foram tão objetivos em nomear o seu governo. Em geral usam palavras vagas, as de Juscelino indicavam uma linha de ação.

Juscelino governou Minas durante quatro anos, deixou o cargo no começo do último ano para se candidatar a presidente da República. Seu legado estadual foi extraordinário, algo impensável para o Brasil como um todo: construiu 3 mil quilômetros de rodovias e cinco usinas hidrelétricas.

O governador que o antecedeu, Milton Campos, realizou estudos para eletrificar o estado; quando seu sucessor assumiu, tratou de implantá-los.

Criou uma companhia de energia elétrica, a Cemig, em 1952, para gerar, transmitir e distribuir eletricidade.

O exemplo mineiro estimulou o governo federal a fazer algo semelhante.

Os técnicos do BNDE debitavam a degradação dos serviços públicos à defasagem entre tarifas e custos, lembravam que no passado, antes de 1950, os serviços eram bons e os investimentos acompanhavam o crescimento da demanda.

Constitui tarefa árdua modernizar o país, uns empurram para frente e outros puxam para trás; os últimos venceram na maioria das vezes.

Na comissão mista Brasil-Estados Unidos foi criado um grupo para propor soluções à questão energética, chamado

"Grupo Cemig", inspirado na estatal mineira e chefiado por Lucas Lopes, técnico respeitado e primeiro presidente da empresa de Minas Gerais.

A esta altura havia outro embate: a turma do BNDE contra a do Catete, que não tinha gente qualificada em seus quadros para discutir questões técnicas e econômicas; diziam expressar a vontade de Getulio.

Os primeiros queriam que a energia fosse estadualizada; em Minas estava dando certo. Os segundos queriam criar uma empresa estatal federal para cuidar do assunto. Prevaleceu a ideia dos "federalistas" e foi dado início aos estudos para criar a Eletrobras. A tramitação no Congresso foi lenta, a empresa só foi criada em 1961 e instalada em 1962.

Em 1951 Getulio havia encaminhado ao Legislativo um projeto de lei propondo a criação de uma estatal para cuidar do petróleo.

O petróleo era tratado como um bem nacional intocável: ou o povo brasileiro o tirava do fundo da terra ou ele permaneceria intangível até o fim dos anos.

A campanha o "Petróleo é nosso" cresceu, adquiriu mais e mais adeptos, principalmente no meio estudantil, militar e entre as esquerdas. Em cada cidade plantaram uma simbólica torre de extração de óleo; faziam proselitismo, seguido de vigílias cívicas, para buscar novos adeptos ao movimento. As passeatas se tornaram constantes.

Com mais celeridade que no projeto da estatal elétrica, a Petrobras foi aprovada em 3 de outubro de 1953, simbolicamente o 23º aniversário da revolução que trouxera Getulio para a cena principal da vida brasileira. Seu primeiro presidente foi o coronel Juraci Magalhães, filiado à UDN.

A oposição ficou ao lado dos nacionalistas e votou a favor da criação da estatal, incluindo na lei o monopólio na extração e no refino do petróleo.

Juraci contratou o geólogo americano Walter Link para descobrir petróleo, criar e dirigir o departamento de Exploração da empresa. Considerado uma das maiores autoridades mundiais no tema, produziu um relatório que não foi o que os nacionalistas esperavam. Ele demonstrava haver escassez de petróleo no Brasil, que era explorado apenas em terra. A busca no mar surgiu 20 anos após a origem da Petrobras.

Juraci foi rotulado entreguista e o americano praticamente expulso do país. Um inimigo a serviço das grandes petrolíferas americanas. O tempo provou que Mr. Link estava certo.

As concessionárias estrangeiras continuavam indo de mal a pior. Para complicar mais um pouco e piorar os serviços que prestavam, Getulio, em 1952, decretou um limite para a remessa de lucros à matriz, 10% dos ganhos. O governo americano protestou. O decreto não foi revogado nem cumprido.

A inflação aumentava e corroía os salários. Começaram manifestações de descontentamento, as reivindicações tornavam-se agressivas. Getulio se sentia acuado; pediu e obteve do Congresso, em 1953, uma nova Lei de Segurança Nacional, que lhe ampliava os poderes. Nostalgia da ditadura.

As greves continuaram, a instabilidade política era visível, os comunistas que o apoiavam começaram a abandoná-lo e estimular movimentos reivindicatórios.

Os jornais de Assis Chateaubriand passaram a adotar uma linha editorial semelhante à da *Tribuna da Imprensa*, tornaram-se progressivamente hostis ao governo.

A Câmara dos deputados criou uma Comissão Parlamentar de Inquérito para apurar denúncias de financiamentos ilícitos à Última Hora.

A situação ia fugindo ao controle, como no crescendo de insatisfação iniciado em 1943, que culminou com a deposição. Ele sabia que essas coisas não podiam começar; iniciadas, não havia como controlá-las, o resultado nunca era bom para o governo.

A intenção da CPI era chegar a Vargas e propor o seu impeachment. Concluiu-se que havia ilicitude nos empréstimos a Samuel Wainer, mas isentava-se o presidente de qualquer responsabilidade no favorecimento. Para mostrar isenção, Vargas determinou ao Banco do Brasil a execução das dívidas do único jornal que lhe dava apoio sem questionamentos. Wainer, surpreendentemente, obteve um empréstimo pessoal com o homem mais rico do país, Francisco Matarazzo. Conseguiu salvar o jornal.

O quadro instável impunha novo arranjo ministerial. Em junho de 1953 nomeou João Goulart para o Ministério do Trabalho, um esforço para colocar o herdeiro próximo às massas populares. Goulart presidia o PTB, tinha 35 anos e pouquíssima experiência política.

Getulio introduziu na cena nacional o político mineiro Tancredo Neves, advogado e deputado federal por Minas Gerais, cunhado de Mozart Dornelles, irmão de Ernesto Dornelles, colocando-o no Ministério da Justiça.

Trouxe de volta três velhos conhecidos dos governos passados: José Américo de Almeida, que em 1943 dera entrevista a Carlos Lacerda demolindo seu governo; o paulista Vicente Rao, que em 1937 havia se afastado de Vargas por discordar da ditadura, sendo inclusive demitido da Universidade de São Paulo; e Oswaldo Aranha para o Mistério da Fazenda. Excluiu de sua proximidade, Ademar de Barros e seu partido; medida saneadora, mas que jogou na oposição um dos principais articuladores de sua eleição e a mais forte liderança paulista.

Goulart adotou postura populista, a ponto de se colocar ao lado de grevistas contra o governo. Sua ansiedade de agradar os futuros eleitores era tão grande que, no ano seguinte à posse, propôs dobrar o valor do salário mínimo, sem maiores considerações sobre os possíveis reflexos para a economia, principalmente para a inflação.

Oswaldo Aranha se opôs ao gesto demagógico do colega e vetou o aumento.

Ficou claro que sua inspiração maior era o sucesso de Perón na Argentina. A imprensa percebeu e começou a denunciar a preparação de uma ditadura de cunho nacionalista e populista com apoio dos comunistas.

Os militares queriam o afastamento do ministro do Trabalho. Vários generais assinaram um manifesto denunciando irregularidades em sua pasta.

João Goulart pavimentava o caminho para o que viria a ocorrer dez anos à frente; como lhe faltava visão política, não se dava conta do que estava colocando em movimento.

Apesar da oposição crescente, Getulio o apoiava, era o seu herdeiro e ponto final, senão teria ele mesmo assinado o contrato com Ademar de Barros em São Borja.

Getulio adotava uma nova linguagem, totalmente diferente daquela dos tempos de apoio ao fascismo; falava contra o imperialismo, a favor do proletariado. Ao mesmo tempo mantinha simpatias por Franco, Perón e Salazar. Como sempre, trilhava o pantanoso caminho da ambiguidade e da pouca sinceridade.

Parecia pressentir o fim. Não buscava conciliações e acomodações, como era de sua natureza; partia para o confronto com as forças conservadoras que nunca lhe faltaram com seu apoio e das quais ele e seu presumido herdeiro faziam parte. Parecia desejar alguma tragédia, um epílogo dramático para encerrar a vida pública.

Getulio, diziam amigos e inimigos, não perdoava jamais; fingia esquecer, mas ruminava a vingança, não interessava o prazo para executá-la.

Em janeiro de 1954 Ademar rompeu publicamente com o governo; pressentiu que o papel que Getulio não assinara era letra morta. Intuição ou orientação mediúnica?

No mesmo ano, 81 oficiais superiores do Exército redigiram um documento contra o governo, o Manifesto dos Coronéis. Foram punidos, mas deixaram uma marca que lhes seria valiosa de 1964 em diante. A maioria ocupou posição de destaque a partir do movimento que derrubou João Goulart da presidência.

A questão do aumento do salário mínimo, os manifestos dos militares e a oposição de Aranha, que viera para o ministério promover a estabilização da economia, precipitaram a saída do ministro do Trabalho: pediu demissão em 22 de fevereiro de 1954.

O ano parecia cada vez mais com 1945. Os erros e confusões eram tantos que só se podia admitir que Getulio conduzia os fatos de modo que somente ele soubesse aonde queria chegar.

Mudara muito, estava irreconhecível, era um homem cheio de rancor que dificultava qualquer tentativa de apaziguar crises; ao contrário, parecia estimulá-las. Dizia apenas que continuaria ao lado dos trabalhadores, "defendendo os desfavorecidos e espoliados". Mesmo discurso de Juan Domingos Perón defendendo os descamisados argentinos.

Getulio fazia o que Prestes não conseguia: vendia esperança em troca de apoio. O estancieiro conservador acabaria promovendo a revolução do proletariado; se não tivesse tempo, seu herdeiro, outro estancieiro conservador, o faria. Os pecuaristas levariam a cabo movimentos urbanos, que culminariam com a realização do sonho bolchevista, eliminar a burguesia e expropriar seus bens. Completaria a vingança contra todos os que haviam descontinuado seu "curto período de quinze anos".

Lacerda tornou público um pacto firmado entre Getulio, Perón e o presidente do Chile, uma nova tríplice aliança a favor dos mais humildes e contra os imperialistas americanos. A história foi desmentida pelos argentinos, mas não por brasileiros e chilenos. Por fim ficou provado que havia o tal pacto, não era invencionice de Lacerda. João Neves da Fontoura, quando se afastou do Itamaraty, falou sobre o acordo entre o ditador argentino e o governo democrático brasileiro.

Começaram a circular rumores de um golpe de Estado para derrubar o governo.

Em gesto imprudente e profundamente demagógico, no dia do Trabalho Getulio aprovou dobrar o salário-mínimo, desagradando o ministro da Fazenda e expoente do ministério.

O feito de Vargas simbolizava algo como "não estou dando importância para mais nada, seja o que Deus quiser".

A partir daí a oposição robusteceu, Lacerda estimulou a Aeronáutica a se comportar como se fosse uma mera extensão da UDN. Getulio chegou a convidar Eduardo Gomes para chefiar a pasta da Aeronáutica; recebeu não como resposta.

Oficiais da Força Aérea se reuniam à noite no apartamento de Lacerda na rua Toneleros, em Copacabana; saíam de lá inflamados, prontos para o golpe. Queriam precipitar os acontecimentos; Lacerda achava melhor esperar o momento oportuno, ele estava próximo. Precipitações poderiam pôr a perder o que estava sendo tramado.

Getulio continuava a pensar se havia sido uma boa ideia criar o Ministério da Aeronáutica e ter promovido Eduardo Gomes a brigadeiro.

A promoção ainda considerava justa, admirava os homens de princípios morais sólidos. Desde que o conhecera como capitão o respeitou, não esquecia que ele nunca pedira um cargo, um emprego para um parente ou um favor de qualquer outra natureza. Só o procurava para trazer ideias para o país. Manifestou desaprovação ao Estado Novo, pediu demissão e não voltou atrás. Correu riscos em toda sua carreira na defesa de seus ideais. Aquele homem que tanto admirava era seu adversário, recusara ser ministro para se manter coerente aos seus princípios. Seus liderados o seguiriam para o caminho que lhes indicasse.

O exemplo moral de Eduardo Gomes e as acusações feitas por Lacerda inflamavam a oficialidade jovem da Força Aérea. Mais que pilotar aviões, eles queriam afastar Getulio, como ele afastara Washington Luiz há 24 anos, para promover a moralidade nos entes públicos.

Nos 12 anos de anotações nos seus diários, Eduardo Gomes foi o único citado por Vargas que passou sem mácula. Somente ele lhe disse "não" e não foi vítima de suas vinganças.

Getulio não conseguiu consertar o país, não quis ou considerou a tarefa excessivamente árdua e cansou antes de começar. Será que seus adversários conseguiriam? Será que era isso que Carlos Lacerda queria? Não seria apenas incendiar o país para lhe abrir o caminho para a presidência? Os jovens que o seguiam não possuíam a malícia dos mais velhos para perceber objetivos subterrâneos, escondidos na mente, só vistos pelos maquiavélicos, capazes de enxergar o invisível.

Não poderia contar com o Exército, outra força política, dividido entre os esquerdistas e os seus ferrenhos opositores.

Getulio assistia a tudo sem ação, começava a não se interessar pelo que os técnicos estavam fazendo e pelo que Benjamin e seus homens tramavam, quase sussurrando aos seus ouvidos.

Na ditadura conseguira proteger o irmão caçula e se proteger dele. Na longa lista dos que não poderiam jamais ser citados pelos jornais estava o nome de Benjamin.

Não era mais o Getulio Vargas, homem de lutas, de espreitar o inimigo e destruí-lo, de não perder nada de vista. Era apenas um velho no ocaso da vida, envenenado pelo sentimento de vingança.

O personagem criado pelo DIP, por Lourival Fontes, pela cartilha de Goebbels, se desfazia. Getulio chegara perto do sol e não sabia o que fazer para retornar à Terra.

O Getulio populista, preocupado em ser amado e louvado, até esquerdista, se apagava lentamente. Os auxiliares mais próximos, aturdidos, não estavam preparados para o que acontecia, não produziam ideias, aliás, nunca as produziram, copiaram do imenso acervo de Hitler e Mussolini, agora queriam imitar o peronismo, mas lhes faltava uma Evita. Como não tinham sido substituídos, eram as mesmas pessoas da ditadura, as formulações para exaltação e personificação do poder estavam esgotadas. Tempos modernos enfrentados com armas obsoletas.

Getulio pensava no *gran finale*, só nele. Heróis não morrem dormindo, devem ser martirizados. O fim trágico cria mitos, reforça lendas, revigora personagens decadentes ou cria religiões que resistem aos milênios.

Como a ideia de suicídio lhe dominara por toda a vida, alternando-a com a euforia dos bons momentos, era nela que estava centrado. O ideal seria um atentado, não como o de João Pessoa no meio de saborosas sobremesas, nem como o de Pinheiro Machado, perpetrado um pouco mais adiante do Catete, na praça José de Alencar, por um demente. O dele deveria ser como o de Lincoln. O atirador escondido, sorrateiro, sairia das sombras, atiraria, acabaria seu drama e o tornaria um mártir, com o detalhe de ter sido em um teatro, teria uma grande plateia. Senhores revoltados, senhoras desmaiando, a morte perfeita, com a vantagem de ser rápida e indolor. A morte de Júlio Cesar também lhe vinha à mente, gloriosa, no Senado, mas lenta e dolorosa. Mas os atuais senadores não carregavam punhais, apenas línguas ferinas, que matavam lentamente, com amargura e ódio, sem grandiosidade.

A menos que ocorresse alguma casualidade, sabia que o término do que começara há 24 anos seria de sua responsabilidade.

Os verdadeiros suicidas planejam sua morte a cada dia da vida, podem precisar dela de repente. Alguns começam a pensar o que farão no grande momento ainda na infância. A permanente ideia desta saída é o que os permite viver, aguardar mais um dia, mais uma semana, até por fim morrerem velhos, de uma chamada morte natural. O planejamento do suicídio permite, com frequência, suportar a vida e dela partir em idade provecta.

Se Getulio ficasse quieto em São Borja, era isso, que ocorreria. Morreria entre filhos, irmãos, sobrinhos, tendo ao seu lado João Goulart e dona Darcy, com o terço na mão rezando milhares de Pais-nossos e Aves-marias, perdoando o moribundo, em seu leito de morte, das paixões pagas e não pagas. A extrema-unção seria dada pelo padre Patrício Petit-Jean, o mesmo que trouxera o seu casamento para o seio da igreja, para as bênçãos do Senhor. Ganharia os céus.

A volta ao teatro político fora ato de vaidade e vingança. Vingança que queria prolongar, alijando todos e colocando Goulart no seu lugar, onde ficaria por anos e anos, mantendo viva e santificada sua imagem. Criaria uma nova religião centrada no culto a Getulio.

O retorno foi programado pelo demônio encarnado em aproveitadores que queriam suas posições de volta. Sabiam que a maneira de trazê-lo ao Catete nos braços do povo era aquela, reavivando seu ego adormecido e despertando uma vaidade como jamais sentira.

A soberba foi substituída pela espalhafatosa e mortal vaidade; por ela os homens vão para o inferno. É o pecado preferido de Lúcifer.

Tornara-se católico, se identificara com o clero e seu pragmatismo; o suicídio era incompatível com a nova fé. Mas pouco se importava, alguma coisa no seu cérebro o impulsionava àquele ato, não sabia o que; fosse o que fosse, fazia que não pensasse nas consequências após sua efetivação, na vida eterna ou na condenação igualmente perpétua.

Restaria de sua existência terrena um cadáver incendiário; para isso precisaria pensar em cada detalhe, redigir um documento, um libelo, conclamando os miseráveis que teriam suas esperanças sepultadas a reagirem. Em desespero, condenariam, executariam, destruiriam tudo e todos que o haviam levado àquele trágico desfecho. Como Cristo, sua morte seria um martírio para salvar uma multidão de desamparados para todo o sempre.

Esse longo e detalhado planejamento é o que distingue o suicida de ocasião do de vocação. Os últimos jamais tomarão guaraná com raticida no escuro de uma igreja ou se jogarão à luz do dia da sacada de seu apartamento, como os dois suicídios que tomei conhecimento na minha infância.

A atividade entre os técnicos americanos e brasileiros prosseguia, planejavam o Brasil moderno. A menos das suas lutas entre nacionalistas e entreguistas, todos queriam um Brasil diferente daquele que dependia de um grão, o café. Os méritos de seus feitos seriam atribuídos a Getulio, como os benefícios trabalhistas impostos pela Constituição de 1934.

O ar no Catete estava irrespirável, abafado, como se o Siroco se deslocasse do norte da África para trazer pestes e miasmas ao Brasil. A cidade perdera seu encanto, Vargas a sentia tão pestilenta quanto qualquer burgo medieval assolado pelo cólera ou por doenças transmitidas pelos ratos.

Tornava-se impossível governar, cada dia lhe impunham uma nova tortura. Se não tivesse a censura e a polícia política nos 15 anos anteriores, talvez não ficasse mais de um ou dois anos no poder. Não sabia governar deste modo, com todos opinando, dizendo o que lhes vinha à cabeça.

Os ataques de Lacerda não cessavam. Chateaubriand o abandonara. Nunca foram amigos; se apoiavam porque um necessitava do outro. Jamais esqueceria o irmão, Ganot Chateaubriand, tomando o trem da Viação Férrea do Rio Grande do Sul, indo ao vagão do governador, abraçá-lo e trazer o apoio da revista *O Cruzeiro* e de uma enormidade de jornais. Ganot deu a boa notícia, o próximo número da revista mais lida do Brasil o teria na capa, fardado, como estava no percurso que o levaria ao Catete, plena de elogios a ele e à Revolução, além de toda sorte de insultos aos seus inimigos.

Tudo passara, passara rápido, os velhos amigos o olhavam com suspeita, os novos não preenchiam seus momentos de solidão, o poder se esvaziava. Chegara à velhice com os incômodos naturais impostos aos idosos e mais estes impingidos por quem desconhecia suas boas intenções. Não havia mais nenhuma razão para viver.

Lacerda passou a acusar a Legião Brasileira de Assistência, presidida pela primeira-dama, de má gestão e desvio de recursos.

Samuel Wainer se negava a revelar detalhes da origem de seu dinheiro à CPI, foi condenado a quinze dias de prisão, que cumpriu em quartel da Polícia Militar.

A Tribuna da Imprensa divulgou que Wainer nascera na Bessarábia, era um judeu romeno, não era brasileiro. Precavido, já havia transferido para outro, um "testa de ferro", as ações da *Última Hora*. O documento que lhe dava a nacionalidade brasileira era uma fraude.

Lacerda acusou o ministro do Trabalho, João Goulart, de ser cúmplice na falsificação dos documentos de Samuel e de seus irmãos.

A *Última Hora* começou a perder prestígio e dinheiro. Getulio não tinha mais ninguém de peso na imprensa para defendê-lo.

O velho caudilho estava só. Nunca havia sentido a pesada sensação de solidão absoluta.

Lacerda deu início a ataques ao inatacável Oswaldo Aranha; apanhou em público de seu filho Euclides Aranha. Mais manchetes, mais jornais vendidos, o paladino da moralidade fora agredido por defender a lisura e denunciar a roubalheira do governo.

Apanhava e crescia. Sabia como ninguém dar a versão que queria dos fatos.

Começou abrir fogo até contra o seu partido, a UDN, tinha medo que em um momento qualquer, com o avançar da crise, ele desse uma trégua a Getulio. Atirava em todas direções.

Dutra abandonou seu silêncio e ficou ao lado de Vargas. Lacerda sabia que deveria agir rápido.

Getulio pressentia que o desenlace estava próximo, mentalmente burilava o documento que deixaria ao povo, imaginava o cenário austero que queria para o último momento, o quarto, a roupa, se falaria ou não ao leal major-aviador Ernani Fittipaldi, gaúcho da fronteira e ajudante de ordens. Não havia lugar para improvisos.

O inverno pouco frio no Rio de Janeiro estava terminando. Os poucos dias agradavelmente frescos ocorriam nesta estação, lembravam vagamente o clima de sua terra na primavera. Sabia que aquele seria o último inverno de sua vida, não podia voltar atrás nem se render. Os filhos de São Borja não conheciam a rendição.

A violência começava a substituir as conversas. O jornalista Nestor Moreira escrevera sobre a cumplicidade da polícia com acontecimentos que seriam de sua alçada combater e para os quais ela fechava os olhos; foi agredido por policiais que faziam a segurança de Carlos Lacerda. A Associação Brasileira de Imprensa exigiu a punição dos agressores.

Lacerda se excedia, mas não tinha o controle sobre si. Para seu azar, Nestor Moreira morreu dez dias depois do ataque em virtude dos ferimentos que sofrera.

Carlos Lacerda tentou distorcer os fatos com ajuda da ingenuidade da viúva.

Foi ao enterro do assassinado por seu segurança. Destemido, entre inimigos, queria mostrar o impossível: nada tinha a ver com aquilo. A *Útima Hora* o comparou com uma ave agourenta, passou a ser chamado o Corvo.

O presidente do PTB do Rio, Lutero Vargas, iniciou um processo por calúnia e difamação contra o dono da *Tribuna da Imprensa*. Os inimigos queriam vê-lo encarcerado.

Os ataques ao Corvo continuavam, estimulando contra-ataques cada vez mais virulentos.

Lacerda ampliava seus apoios na Aeronáutica, nesse momento uma mera extensão armada do seu jornal e da UDN. Eduardo Gomes não estava satisfeito com esse relacionamento. Majores da Força Aérea, armados, passaram a fazer a segurança de Lacerda, serviço voluntário impensável e totalmente contrário à disciplina militar.

No dia 5 de agosto de 1954 Lacerda iria fazer uma palestra para estudantes. Estava designado para protegê-lo naquela noite o major Rubens Vaz.

Discutiu a missão com os colegas, colocou trajes civis, armou-se com uma pistola Colt 45 na cintura, se despediu da esposa e dos seus quatro filhos pequenos. Avisou que viria dormir em casa, beijou a mulher e saiu para proteger o paladino das causas nobres.

Pegou Lacerda em seu próprio automóvel. Era a primeira vez que o major fazia o trabalho policial; até então só pilotara os aviões da FAB, era o que gostava de fazer, mas não se furtaria de exercer papel tão perigoso e importante para o bem da pátria.

À meia-noite o motorista-segurança deixaria Lacerda em casa. No trajeto da Tijuca a Copacabana comentou com entusiasmo o que Lacerda dissera aos alunos maristas do Colégio São José. Estava eufórico, o major se sentia um participante da história. Pensava exatamente como os revolucionários de 1930.

Lacerda desceu do carro, o major saiu para se despedir e cumprimentá-lo mais uma vez. Avistaram na rua arborizada e mal iluminada alguns vultos, em seguida tiros mortais atingiram Rubens Vaz e feriram a perna do alvo, o Corvo.

O militar tentou reagir, pegou sua pistola e foi assassinado por vários tiros. Saiu ferido ainda o porteiro de um prédio nas proximidades; mais tarde ele identificou o homicida.

A missa de sétimo dia foi rezada pelo cardeal Dom Jaime de Barros Câmara, na Catedral do Rio. Mais que um ato religioso foi um acontecimento político. Os que oravam não pensavam em dar a outra face, clamavam por vingança.

𝒪 plano para matar Lacerda era antigo, só faltava executá-lo.

Benjamin falava ao leal e pouco inteligente Gregório Fortunato que o chefe estava sendo humilhado, estraçalhado. Insinuava que alguém teria que tomar alguma providência. Gregório lentamente processou a mensagem: "alguém" era ele mesmo, o alvo era Lacerda, cumpriria a missão, Getulio estaria salvo, continuaria a se dedicar ao país com serenidade.

Homens simples, raciocínios simples, resultados históricos.

Gregório trocou impressões com outro pioneiro de São Borja, homem de 1937, Climério de Almeida, que antes de vir para o Rio campeava o gado em Itu. O peão ouviu com atenção o superior.

Procurou ajudar no planejamento da ação. Num gesto oportuno disse que conhecia o homem ideal para a missão, um pistoleiro de aluguel chamado Alcino João do Nascimento; o currículo o recomendava para a missão, não falharia. O serviço seria pago por cem contos de réis, bom dinheiro, quarenta salários mínimos, ganharia ainda um emprego na polícia do Distrito Federal e uma casa. Aceitou na hora, trabalho fácil e bem remunerado.

Climério e Gregório salvariam o governo, seriam glorificados. Benjamin lhes arrumaria uma promoção e Getulio daria alguns "cubanos" para festejarem o feito heroico lá mesmo, no Catete.

Para dar mais garantias ao matador, Gregório disse que estava realizando o trabalho pedido por Lutero Vargas, o que não era verdade.

Alcino não conhecia Lacerda; os dois seguranças presidenciais o levaram a um comício para que ele visse o alvo. A cara era inconfundível, os óculos de aros grossos, o cabelo negro penteado para trás com brilhantina. O profissional disse ser capaz de reconhecê-lo até no escuro. Não tinha erro.

Climério chamou para motorista um barbeiro que trabalhava na rua do Catete, perto do Palácio; a recompensa seriam 20 contos e um emprego na polícia.

O mais importante atentado político executado no Brasil teve a marca da improvisação, uma forte característica do caráter nacional, foi perpetrado por dois peões de fazenda, um barbeiro e um assassino de má pontaria. Os assassinatos que mudaram o rumo da história dos povos, se planejados e executados por essa gente, não teriam atingido seu fim, fracassariam.

A repercussão do crime foi imensa, o enterro um ato político, toda imprensa passou a pedir a apuração imparcial. Consideravam que Getulio não era isento. A lama chegava a seus pés.

Lacerda, com a perna engessada, em cadeira de rodas exibia sua dor e dividia o martírio com o major Vaz.

Getulio acostumara-se aos aplausos. Os cariocas assim o receberam em 1930 e continuaram a bater palmas à sua passagem pelas ruas, no estádio do Vasco da Gama, nos grandes eventos do dia do Trabalho e no encerramento do desfile dos combatentes que retornavam da guerra.

Jamais fora vaiado, nunca imaginara que isso poderia acontecer. Se ocorresse algum ato agressivo, contrário a ele, não saberia reagir. Estava preparado para o reconhecimento e não para apupos.

Poucos dias depois do atentado da rua Toneleros foi, como de hábito, ao Jockey Club assistir ao Grande Prêmio Brasil. Desde 1933 não perdia o maior acontecimento do turfe brasileiro.

Era um domingo com céu claro e temperatura agradável. Os cavalos, os cumprimentos na tribuna de honra, lhe trariam um alívio ao sofrimento daqueles dias difíceis. Assistiria os páreos acompanhado da melhor sociedade carioca, observaria as mulheres elegantes com seus enormes chapéus e os homens impecavelmente vestidos, alguns com casacas de lã pouco apropriadas ao clima, outros cobertos por chapéus e cartolas importadas, confeccionadas com pelo de castor.

Cenário semelhante ao que Eça de Queiroz impregnou de ridículo narrando corridas hípicas em Lisboa, tentando imitar as de Ascott, na Inglaterra.

Partiu do Catete no Rolls Royce presidencial com a capota arriada, queria ver a paisagem. As ruas estavam vazias. Passaram pela Lagoa Rodrigo de Freitas, onde um dia pensara em morar quando se aposentasse da vida pública. Estava acompanhado por alguns homens da segurança. Por sua ordem, Gregório ficara confinado no Catete.

Entrou por um portão lateral, perto das cavalariças, seguiu pela pista de grama para onde os diretores do clube o receberiam. Sairia do carro, cumprimentaria a assistência acomodada nas arquibancadas, seria aplaudido com entusiasmo como nas ocasiões anteriores. As dores impostas por aqueles dias difíceis seriam, um pouco, aliviadas.

À medida que o carro presidencial se aproximava do local de parada, crescia um som diferente, um murmúrio; por fim, deu para ouvir e ver; Getulio estava sendo vaiado.

Atônito, percebeu que tinha chegado ao fim. O término se aproximara devagar, silenciosamente; no início se manifestava através de murmúrios, agora se anunciava de forma ruidosa, não era mais possível ignorá-lo.

Assistiu à corrida impassível, retribuía com o mesmo sorriso de sempre as mesuras com que a diretoria pensava compensar as vaias. Não perceberam a ansiedade que o dominava, a atenção dispersa durante o grande páreo, não colocou o binóculo. Queria apenas que tudo aquilo terminasse, que o liberassem daquela tortura para poder voltar ao seu refúgio, pensar em como encerraria o pior momento de sua vida. Tinha muito que fazer.

Os aplausos eram para os vencedores, jóquei e cavalo, não eram seus. Queria que aquela tarde desagradável terminasse logo.

Na volta mandou subir a capota; não falou, seria perda de tempo, tinha que ultimar preparativos, não queria desviar sua atenção. O dia se aproximava.

Do hospital, Lacerda vociferava sua ira contra Getulio. "Acuso um só homem como responsável por este crime. É o protetor dos ladrões, cuja impunidade lhe dá audácia para atos como o daquela noite. Esse homem chama-se Getulio Vargas".

No Congresso discutia-se o que deveria ser feito. Renúncia, licença ou impeachment, nenhuma hipótese colocada admitia sua permanência.

Os distribuidores da *Última Hora* passaram a ser agredidos, seus carros apedrejados.

Para os oficiais da Aeronáutica o inquérito da polícia do Distrito Federal seria conduzido sem isenção; seu resultado não teria credibilidade.

Não havia nenhuma dúvida sobre a participação de Benjamin Vargas e de Gregório — ambos estavam em dívida com a sociedade, tinham que pagá-la.

Uma semana depois do atentado foi instaurado um Inquérito Policial Militar — IPM — pela Aeronáutica na Base Aérea do Galeão. Pela sua independência, ou indiferença, em relação ao governo, foi chamada de "República do Galeão".

O crime já estava esclarecido, o trabalho do IPM era lhe dar mais repercussão e tentar incriminar Getulio e seu irmão.

O primeiro preso, o barbeiro-motorista, contou tudo que se passara até onde ele sabia. Sua história terminava em Climério e no executor do tiro fatal. Além disso não sabia nada. Era pouco; queriam mais.

Gregório, acuado, confessou a trama e disse que Benjamin sabia de tudo.

Getulio mostrou-se dissimulado, ingênuo ou defensivamente cego; não acreditava na participação dos dois. Nem os longínquos homicídios de Santo Tomé por motivos fúteis o traziam à razão.

Instado por familiares e amigos, no dia 9 de agosto, Getulio dissolveu a guarda pessoal. Lamentou para si o que fez, se apegara aos homens de São Borja e sentia que os traía.

Num ato desesperado, último sinal de apego à vida e ao cargo, Getulio entregou aos inquisidores os suspeitos arquivos de Gregório e permitiu que ele fosse levado preso para a Base Aérea do Galeão.

Acreditava que sua colaboração o redimiria de culpa, receberia o perdão e voltaria a ser aplaudido pelo povo. Praticava a delação premiada. Acovardou-se.

No meio da papelada estava o recibo da compra de uma fazenda em São Borja por Gregório Fortunato; pagou três milhões de cruzeiros pela estância, muito para quem recebia quinze mil cruzeiros por mês. O vendedor era o presidente da República.

Getulio passara uma procuração a Maneco, seu filho, para negociar a propriedade. O descuidado procurador a vendeu a um íntimo do presidente sem condições financeiras para adquiri-la, a menos que o contrabando de pneus fosse a fonte do dinheiro. O escândalo ganhou as manchetes, deu mais munição aos inimigos e deixou o vendedor sem reação; a sociedade patriarcal que moldara o seu caráter não permitia punições a um filho por maior que fosse seu erro.

Para piorar o que já não estava bem, a imprensa queria a inclusão de Lutero Vargas nos inquéritos. O matador Alcino o envolvera nos acontecimentos.

O Clube Militar clamava pela renúncia do presidente.

No dia 18 de agosto, o coronel-aviador Délio Jardim de Matos prendeu Climério, numa mata nas proximidades do Rio. O motorista e peão da fazenda de Getulio se considerava traído por quem havia lhe dito que a empreitada era desejo do presidente.

O número de suspeitos aumentava, desviava as atenções e perturbava as apurações. A essa altura já eram quatro. Entre eles, Benjamin. Seu depoimento no IPM foi marcado para 23 de agosto.

O presidente não suportava mais a pressão, imaginava seu irmão preso, humilhado. Decidiu não chegar àquele dia fatídico.

Getulio acobertou o irmão e o proibiu de comparecer. Benjamin era mais uma vez ator de seu derradeiro erro; há nove anos seu último ato foi nomear o irmão chefe de polícia e agora afrontava seus inimigos impedindo o depoimento do principal suspeito do atentado a Carlos Lacerda.

Em 1937 havia circulado um panfleto apócrifo, "A Tribo Maldita", responsabilizando Benjamin por vários crimes. Getulio não mandou identificar o autor nem apurar as acusações, para inocentá-lo e prender os que atacavam a honra de seu irmão. Em 1943 o nomeou chefe da segurança dos palácios presidenciais.

Os dois últimos dias de Vargas foram intoleráveis. Não dormia. Queria morrer. Não conseguia escolher o melhor caminho, chegava a imaginar o povo, os militares, Chateaubriand, todos ao seu lado apelando para ele continuar; no delírio pensava em entregar o irmão à polícia, dizer que o filho era um trapalhão e que Lacerda estava certo, Gregório era contrabandista e assassino.

Os pesadelos, o suicídio, as absurdas e covardes soluções iam e viam. Com os olhos abertos, fixos no teto do quarto escuro, ouvindo o passar dos bondes na rua do Catete e o ranger irritante das rodas atritadas com os trilhos quando faziam a curva na rua Bento Lisboa, pensava em todas as possibilidades, mas sabia lhe restar somente uma, a opção elucubrada em cada dia de sua vida, familiar, mas horripilante no momento fatal.

Entre uma e outra alternativa que o permitisse continuar vivo, repassava as palavras e frases que discutiria com o datilógrafo do seu testamento, o autor de seus discursos, José Soares Maciel Filho.

No dia 13, o ajudante de ordens, major Ernani Fittipaldi, leu o rascunho de um bilhete que o assustou; falou com a filha Alzira. Trocaram olhares e foram ao quarto do presidente, que os recebeu em aparente calma, e disse: "Olha aqui, minha filha, se você estiver pensando em suicídio, risque isso de sua cabeça. Suicídio é uma covardia e minha morte terá que representar uma coisa muito superior a uma covardia. Agora, fora daqui, que eu preciso descansar".

Fittipaldi registrou o que viu e ouviu para que a posteridade pudesse melhor entender o que se passara naqueles dias fatídicos.

Getulio não entendia sua morte programada como um suicídio, mas como uma imolação, como o Cordeiro de Deus seu sacrifício salvaria os humildes das aves de rapina que lhes corroíam a alma e lhes roubavam a vida.

Passava o dia de óculos escuros para esconder os efeitos das noites insones, estava mais magro e abatido.

As soluções que lhe traziam eram inaceitáveis, todas sugeriam alguma rendição.

O vice-presidente, João Café Filho, depois de reunião com Carlos Lacerda no hotel Serrador em 21 de agosto, veio lhe dizer que o melhor caminho era a renúncia dos dois. A sugestão só aumentou o desprezo que tinha pelo seu substituto. Lembrou 1930, quando nomeou para o seu lugar no governo gaúcho, na partida para a grande empreitada, Oswaldo Aranha, impedindo que o vice-governador eleito tomasse posse, dando um pequeno golpe dentro do grande golpe.

Nesse dia, a *Tribuna da Imprensa* trazia um artigo de Carlos Drummond de Andrade. Em "O Atentado" o poeta pedia a punição dos assassinos do major Vaz: "As horas que se seguem ao atentado são de procura do responsável. No clamor e emoção gerais o ceticismo, que é a súmula da crítica histórica, se omite por instantes e clamamos: Desta vez o crime não ficará impune..."

Aranha veio ao Catete, ficou triste com o estado de espírito do amigo, um homem destruído, incapaz de aceitar outra solução que não o suicídio. Não falava, mas não era difícil a quem com ele convivera por tantos anos imaginar o que se passava em sua cabeça. Morreria presidente, esta era a única alternativa que lhe restava; fora disso, só um golpe militar para mantê-lo onde estava.

Recusava-se a enxergar que os militares consideravam sua permanência intolerável. No dia 22, um documento assinado por grande número de brigadeiros pedia sua renúncia; foram apoiados pelos almirantes. No dia seguinte os generais clamaram por sua saída.

Sabia não contar mais com seus ministros, nem mesmo os militares. Tinha convicção que se não deixasse de algum modo a presidência, dela seria afastado nas próximas horas, e não de forma tão amiga quanto a deposição planejada por Góis e executada por Cordeiro de Farias em 1945, que fechava as portas a inquéritos e punições e as abria para o caminho de volta.

Dessa vez não, seria humilhado vendo seu irmão preso e o filho tendo que explicar a venda da propriedade de seu pai a pessoa desprovida de recursos e provida de suspeitas.

Começou o dia 23 de agosto sendo informado que Lacerda falara na rádio Globo que "era preciso destruir os destroços da oligarquia Vargas ... eles podem contaminar e esterilizar a nação". Pressentiu que seria um dia agourento.

Um dia como o último vivido por Júlio César no idos de março de 44 a.C. O imperador romano, ao menos, teve Calpúrnia para alertá-lo do que viria, contando-lhe o terrível presságio que tivera durante a noite: ele seria assassinado por seus pares no Senado. César ignorou o aviso e foi ao encontro da morte.

Getulio tinha medo do que decidira fazer. Ao contrário de César, temia o que estava para acontecer, não seria morto por sessenta senadores, mas por ele mesmo.

Na tarde desse mesmo dia, Café Filho fez um discurso no Senado rompendo com Vargas, dava sua resposta ao desapreço que lhe dedicava o presidente. O rompimento se deu quando o moribundo governo não poderia reagir a mais nada.

Tomada a trágica decisão, manteve o ramerrão, como se fosse um dia como qualquer outro. Assinou vários atos de rotina. Concluiu o expediente do dia 23 de agosto sancionando uma lei que obrigava "o comércio, hotéis, restaurantes, boates e casas de pasto a venderem vinho produzido com uvas nacionais". Nem ele nem o Congresso, que aprovou a lei, consideraram se a quantidade e a qualidade da bebida produzida no país estavam aptas a cumprir a nova legislação. Encerrou sua vida burocrática com a mesma superficialidade com que a percorreu em boa parte de sua vida pública.

E o povo? Sempre fácil de ser influenciado, promovia passeatas pedindo a renúncia de Vargas. As manifestações se multiplicavam por todos os cantos, até na frente do Catete. Para ele preparava uma surpresa: a carta que vinha rascunhando há dez dias. Seria uma conclamação para trazê-lo de volta para o seu lado, para vingá-lo de seus inimigos. A carta transferiria seu ódio para milhões de seres anônimos que promoveriam a sua vindicta.

Antes de encerrar o expediente, ao cair da noite, recebeu no palácio vazio de gente o poeta, jornalista e empresário Augusto Frederico Schmidt. Getulio o convocara ao Catete para discutir os problemas relativos à produção de alimentos no Brasil. O visitante dissertou sobre as perdas durante o transporte, na armazenagem e na conservação, concluiu informando que produzíamos o suficiente para alimentar a população, o que faltava era suporte logístico. Getulio parecia prestar atenção ao que ouvia. Em dado momento interrompeu o narrador e lhe pediu detalhes sobre a industrialização do pirarucu, o peixe amazônico. O presidente pediu, ainda, para ele ler algumas páginas do relatório que trazia.

O poeta olhou o interlocutor e pensou: "A hora era trágica, o governo parecia prestes a naufragar; pobre barco com os mastros quebrados, a água a entrar pelos porões".

Sensível, sentiu que o homem a sua frente não estaria vivo nas próximas horas, a presença da morte era tangível, quase dava para tocá-la. Comovido disse:

— Não posso ler isso. Como vai a situação? Que está acontecendo?

Getulio Vargas esboçou um sorriso e afirmou-me que estava tranquilo.

— Como tranquilo! — exclamei.

— Não me faço ilusões sobre o momento. Conheço a gravidade de tudo, mas estou mesmo assim tranquilo. Não são os acontecimentos de fora que nos perturbam, mas o que está em nos mesmos. O difícil, o que provoca a indecisão, é a necessidade de tomarmos um rumo, uma resolução. Mas quando, enfim, decidimos e sabemos para onde vamos e o que devemos fazer, isso nos tranquiliza Eu sei o que devo fazer e para onde vou e é por isso que lhe digo que estou tranquilo. Vou numa só direção e para a frente.

Frederico Schmidt não entendeu a razão da reunião; não era um homem da corte de Vargas, fizera campanha para Eduardo Gomes, se o presidente quisesse falar sobre problemas de abastecimento, o teria chamado em ocasião mais apropriada, que o país era carente de transportes ele sabia há décadas. Saiu sem entender a razão para Getulio estar com um quase desconhecido em seu últimos momentos.

A morte planejada exigia a presença de uma testemunha isenta, não de um áulico, mas de um poeta que contasse às gerações que viriam como foram seus últimos instantes na presidência da República. Depois desse encontro se dedicaria às providências para que nada falhasse no trágico momento.

Ao sair, voltou-se para vê-lo pela última vez, recebeu um aceno, um sorriso, o poeta saiu pensando: "Parecia um capitão de navio a desaparecer nas águas revoltas".

Schmidt sintetizou o que viu e sentiu:

"Então o homem que vivera a mais estranha, a mais extraordinária aventura política de todos os tempos no Brasil, que parecia identificado com a própria sorte deste país, que fora em tantas ocasiões sagaz e iluminado, e, noutras, cego, destituído de qualquer malícia, mal informado e ingênuo, esse homem, que era toda uma época de nossa história republicana, falou-me com uma intimidade triste".

Getulio estava certo, não poderia partir sem ter ao seu lado um homem de talento para registrar seus últimos pensamentos. A decisão estava tomada, o testamento redigido, o revólver com cabo de madrepérola no local apropriado, a reunião ministerial seria apenas para anunciar o que faria e para deixar registrada para a história a pouca lealdade de seus ministros.

Deixou o gabinete de trabalho e dirigiu-se à parte residencial, quando encontrou João Goulart; chegando de viagem passava pelo palácio. Getulio o aconselhou a partir para São Borja, onde ficaria protegido de eventuais hostilidades. Entregou-lhe um envelope, recomendado-o ler o conteúdo quando chegasse ao seu destino.

Antes de se encontrar com seus ministros para a última reunião, conversou com alguns amigos e com a filha, Alzira, depois combinou a pauta do encontro com Tancredo Neves, o ministro da Justiça.

Na reunião ouviu todos, sentiu o medo e a hipocrisia em seus semblantes, nada disse. O último a falar foi Aranha, apoiava qualquer decisão que ele tomasse, inclusive o sacrifício da própria vida.

Getulio deu por terminado o encontro falando em tirar uma licença, mas insinuando a própria morte: "Encontrão aqui o meu cadáver".

O primo do presidente, coronel Mozart Dornelles, ordenou a Fittipaldi: "Não largue o presidente, pois ele vai se suicidar".

Acompanhado do ajudante de ordens, Getulio foi direto para seu quarto. O mesmo aposento mobiliado para receber o rei Alberto I da Bélgica em 1922. Ia de um lado para outro, tenso e triste, pediu um uísque; Fittipaldi colocou duas doses no copo. Eram quase sete horas da manhã do dia 24 de agosto.

Uma hora depois, ouviu um disparo, entrou apressado no quarto, encontrou Getulio morto, acabara de executar o que havia pensado durante toda sua vida como a única saída para momentos duros e humilhantes como os que estava passando.

Ao saber do ocorrido Goulart voltou ao Catete. Lembrou do documento e o passou a Oswaldo Aranha, que o leu em voz alta; era a carta cuidadosamente escrita, lida e relida ao longo dos últimos dez dias, o seu testamento à nação.

Encontrava-se no palácio Maneco Vargas, retornava de lua de mel na Europa; alheio ao que se passava, não percebeu a tragédia que se avizinhava.

Foram ao Tribunal do Júri todos os implicados de menor escalão, receberam longas penas. Gregório Fortunato pegou pena de 25 anos; Juscelino a reduziu para vinte. João Goulart, 15. Fortunato não conheceu novamente a liberdade, levando com ele o que ainda não se sabia. Em 23 de outubro de 1962, dia do Aviador, foi assassinado na penitenciária da rua Frei Caneca, no Rio de Janeiro.

Aproximava-se o dia da soltura de Gregório Fortunato, havia temor que as mágoas e os sofrimentos passados o fizessem abrir a boca, sempre calada, sem palavras ou sorrisos. Tinha que ser eliminado, até aqui tudo correra bem, a apuração do crime ficara restrita ao escalão inferior.

Após o suicídio, temendo por sua vida, Lacerda se escondeu por quatro dias, enquanto o povo destruía seu jornal.

Seis meses depois da morte de Getulio, Lacerda publicou artigo na *Tribuna da Imprensa* conclamando os militares a ocuparem o poder. Temia a eleição de opositor do PTB ou PSD, que capitalizaria a morte de Getulio nas eleições presidenciais que se aproximavam.

Em 1955 pregou um golpe militar para impedir a posse do candidato eleito, Juscelino Kubitschek, e de seu vice, João Goulart. Amigos recomendaram que fosse para o exterior para proteger a si e sua família. Foi para Cuba, de lá para os Estados Unidos e por fim para Portugal.

Com Juscelino na presidência, em novembro de 1956, Lacerda retornou ao Brasil, assumindo o mandato de deputado federal.

Aliou-se ao governador de São Paulo, Jânio Quadros, não percebeu que ele seria um fator de desestabilização, ou percebeu e achou que isso facilitaria seus planos de chegar de qualquer maneira à presidência.

Em dezembro de 1960 tomou posse como o primeiro governador do estado da Guanabara, criado quando a capital foi transferida para Brasília.

Lacerda destacou-se como eficiente administrador. Seu desempenho o credenciara para o grande salto, bastava ter calma.

Seu gênio irrequieto e a incontrolável ansiedade não permitiram esperar as águas cörrerem normalmente. Apoiou à derrubada de Goulart em abril de 1964. Pretendia substituí-lo, mas os militares passaram à sua frente e ficaram na presidência pelos vinte anos seguintes.

Lacerda passou à oposição, se aliou aos inimigos de antigamente, Juscelino e João Goulart. A aliança não teve sucesso, era por demais incoerente para ter credibilidade.

Os novos aliados não o levavam a sério. Quando Lacerda procurou Kubitschek em Lisboa, sua esposa, Sara, escondeu uma protetora imagem de Nossa Senhora de Fátima no sofá onde o ex-presidente se sentaria, para afastar o mal que Lacerda trazia consigo.

Tempos depois, seus ataques passaram a ser direcionados ao presidente da República imposto pelos vitoriosos que derrubaram João Goulart, o marechal Castelo Branco.

Foi preso em um quartel da Polícia Militar, no Rio, fez greve de fome, foi libertado, mas teve seus direitos políticos cassados por dez anos.

Morreu em 1977, cultivando rosas em seu sítio em Petrópolis. O homem de lutas morreu em paz aos 63 anos.

Nada aconteceu a Benjamin; a morte do irmão o livrou de um julgamento como mandante do atentado e o colocou no ostracismo. Aposentou-se como fiscal de diversões da prefeitura do Rio de Janeiro. Será que em algum dia foi visto inspecionando cinemas, circos ou qualquer tipo de entretenimento? Morreu no Rio, em 1973.

Dona Darcy faleceu 14 anos depois do marido, aos 73 anos.

Lutero tentou se manter na política depois da morte do pai, não deu certo. Foi derrotado quando se candidatou ao Senado em 1958. Em 1962, João Goulart o nomeou embaixador em Honduras. Morreu em 1989. Sua filha, Cândida, foi o último Vargas a viver na estância de Getulio em São Borja. Morreu em 2001. A neta de Lutero, Alexandra Vargas, mora nos Estados Unidos.

Alzira, mais próxima do pai que seus irmãos, publicou, em 1960, *Getulio Vargas, meu pai*, importante relato de quem sempre esteve ao seu lado e se responsabilizou por arquivar seus documentos e anotações. Faleceu em 1992.

O último dos filhos de Getulio a morrer foi Maneco Vargas, que passou os últimos quarenta anos de sua vida recluso na estância de Cerrito, próximo a São Borja. Aos 80 anos, em 1997, suicidou-se da mesma forma que o pai, com um certeiro tiro no coração, e quase na mesma hora, às 7 horas de manhã. Considerava difícil ser filho de Vargas: "Não consigo me livrar do peso de ser filho do Getulio".

Dutra sobreviveu aos seus antigos sócios no poder, faleceu em 1974, aos 91 anos. Góis se foi dois anos depois de Getulio e Aranha seis anos após a trágica manhã de 24 de agosto de 1954.

Luiz Simões Lopes, homem elegante e simpático, permaneceu ligado ao governo até 1990, quando foi extinta a Comissão para o Desenvolvimento da Bacia da Lagoa Mirim, localizada entre o Rio Grande do Sul e o Uruguai. Foi nomeado para sua presidência por Jango nos anos 1960 e lá ficou durante quase três décadas sem interrupções; serviu a seis presidentes. Permaneceu na presidência da Fundação Getulio Vargas, criada em 1944, tempo suficiente para consolidá-la e torná-la a instituição respeitada que é. Deixou sua presidência em 1992, morreu em 1994 aos 91 anos.

A vaga deixada por Getulio na Academia Brasileira de Letras foi ocupada por Assis Chateaubriand. No discurso de posse ele destacou o charme e a capacidade de sedução do antecessor, comparou-o ao dissimulado Ulisses, rei de Ítaca, que concebeu a estratégia de tomar Troia com soldados escondidos em um cavalo de madeira, mas que fugiu da guerra. Será que ele quis dizer que Getulio era tão dissimulado quanto o mitológico herói grego, ou que foi um ardiloso "Cavalo de Troia" introduzido na vida brasileira? O convívio entre Vargas e Chateubriand, ambos obcecados pelo poder, sedutores e vingativos, foi imposto pelas circunstâncias e interesses mútuos; jamais foram amigos.

Como Vargas, Chateaubriand esperava a vingança com paciência, não tinha pressa. A desforra pelo exílio que o ditador lhe impôs em 1932, por apoiar à Revolução Constitucionalista, iniciou-se no que o acadêmico empossado chamou de segundo consulado, de 1951 a 1954, e foi concluída no discurso de posse com maldades a serem lidas nas entrelinhas.

Vargas não deixou herdeiros políticos à sua altura, restaram apenas viúvas e afilhados interessados no seu espólio eleitoral, e em contar, por menor que fosse sua participação, que um dia estiverem ao seu lado.

A influência de Getulio foi pouco a pouco acabando nos anos que se seguiram ao suicídio.

Muitos tentaram imitá-lo, usá-lo para fins eleitorais, exaltar seus feitos, importantes numa época, mas que se tornaram menores ante a marcha da história, acelerada após a Segunda Grande Guerra. Não compreenderam que ele era um homem de seu tempo.

Muito do que realizou se tornou obsoleto. A memória do que fez ou deixou de fazer foi se apagando à medida que novas gerações substituíam aquelas cuja existência foi marcada pela sua forte presença. Durante mais de duas décadas nada foi feito no Brasil sem a sua aprovação explícita ou implícita.

Ele era único, suas cópias não passaram de caricaturas. O que deixou de bom para o futuro e se tornou perene era mérito seu, intransferível.

Esse foi o trágico epílogo da história iniciada em 1930 com muito entusiasmo e pouca reflexão. Começou com risos e acabou em lágrimas. Assim terminou a Era Vargas.

Acalmada a turba que protestara pela morte de Getulio, a vida voltou logo ao normal. A pasmaceira, o silêncio que sucedeu a fúria coletiva devia ser semelhante à calma que reinava nas cidades que haviam sido assoladas pela peste em tempos passados. Nada era parecido com a tranquilidade dos domingos com cinema, futebol e reuniões familiares.

Os prédios continuavam no mesmo lugar, exceto os incendiados após a divulgação do trágico evento; as ruas ficaram vazias, os bondes, que haviam parado de circular nos primeiros momentos, voltaram, iam e viam quase sem passageiros; os poucos ônibus existentes ficaram nas garagens por falta de quem levar.

Reinava uma paz parecida com a dos cemitérios, não a paz do fim das guerras que exige imediato recomeço, retomada das atividades. Não, esta era diferente, como se os participantes das batalhas ocorridas estivessem assustados, com receio do que eram capazes de fazer, com medo do conhecimento que agora tinham de si mesmos.

As pessoas voltaram às suas casas cansadas dos incidentes que as tornaram partícipes da história. Era difícil dizer se voltariam às ruas ou permaneceriam em seus lares.

O comércio continuava fechado, também as repartições públicas. Os jornais lançavam edições extras com radiofotos enviadas do Rio de Janeiro pelas agências de notícias. As imagens não eram boas, preto e branco, cheias de chuviscos, mas nos colocavam a par do que estava acontecendo no Palácio do Catete, onde ocorrera o suicídio e transcorria o velório. Se morresse cinco anos mais tarde as imagens seriam mais nítidas e coloridas.

Filas imensas, quilômetros de gente humilde vertendo lágrimas sinceras. Perderam seu protetor, mais imaginário que real; a ideia que havia alguém pensando neles lhes dava conforto e segurança. A ausência de um político que associou sua figura à de um pai que jamais faltaria aos desassistidos provocava um sentimento de dor, de insegurança, de desamparo.

As fotografias mostravam as longas filas, o caixão, o morto bem-vestido, embalsamado, apto a enfrentar quantos dias de velório e de viagem fossem necessários. Os noticiários davam conta que a máscara mortuária em gesso, o molde para outras, ficara pronto.

Getulio Vargas despertava paixão ao povo. Havia algo inexplicável nesse sucesso. Baixinho, gordo, olhar frio, distante, pouco sorria e quando soltava uma gargalhada parecia ensaiada.

Não se assemelhava com os ditadores contemporâneos. Não era caricato como Mussolini, não inspirava os temores de Hitler e Stalin, não usava fardas repletas de faixas e medalhas como Franco e Perón, não era monástico como Salazar. Possuía esta coisa misteriosa que é o carisma.

O diário que deixou expõe a pobreza da vida da elite dirigente brasileira. O dia a dia do presidente era preenchido com despachos rotineiros, fuxicos entre seus aliados, não havia oposição, constantes inquietações no meio militar e mesmo "fofocas", como fulano anda com beltrana. Até o cardeal o importunava com assuntos menores, como pedir ao presidente que falasse com o prefeito para baixar o preço de uns terrenos que a Cúria queria adquirir. Não há registro de nenhuma reunião para tratar de erradicar o analfabetismo, melhorar a saúde pública ou tornar eficientes os portos e as ferrovias, quase nada disso era tratado. Governava alheio ao futuro.

Lendo o que escreveu, não há como não pensar em Tocqueville, que, em 1835, nos ensinou:

"Os povos guardam sempre as marcas de sua origem. As circunstâncias que acompanharam o nascimento e serviram a seu desenvolvimento influem sobre o resto de sua existência".

Observação que encerra um trágico fatalismo, parcialmente rompido décadas mais tarde, quando os brasileiros passaram a perceber que alguma coisa poderia aqui ser produzida e que a satisfação com o país vinha do trabalho, e não das belezas naturais e das riquezas não exploradas. O país do futuro que nunca chegava.

Afastado do poder pelo fim do período ditatorial, recluso em sua terra, aparentemente iniciava uma morte política. O espontâneo exílio durou pouco, menos de cinco anos. Quando se recolheu ao isolamento, disse que só voltaria nos braços do povo, não havia outra hipótese. Próximo às eleições presidenciais, foi visitado por alguns políticos que o instaram a aceitar o desafio e candidatar-se. Getulio interpretou o apelo como o clamor do povo, com seus braços estendidos, prontos para carregá-lo. Candidatou-se. Foi eleito. Retornou ao poder.

Como presidente teria que conviver com uma novidade: a democracia e todos os incômodos que isso traz aos governantes, principalmente barganhar cargos, cuidando para desagradar o menos possível os seus correligionários, que não tendo a atenção esperada aos seus pleitos, passarão imediatamente a fazer velada oposição. As mais incríveis negociações são realizadas com justificativas que remetem ao interesse pela pátria, à vontade de colaborar, indicando parentes altamente qualificados. Poucos explicitam seus verdadeiros interesses: estar o mais próximo possível dos generosos e pouco fiscalizados cofres públicos. Getulio não estava talhado para isso.

O dia que mais lhe deu satisfação não foi o do resultado da eleição nem o dia da posse; mas o que passou em Porto Alegre antes de seguir para o Rio para consumar as maldades arquitetadas na solidão do Pampa. Ocasião memorável, seu ego foi massageado, a soberba deu lugar à vaidade, tudo que fez de mal foi esquecido, e de bem, exaltado.

Chegou perto do meio-dia. Políticos e o governador Walter Jobim, revolucionário de 1930 e correligionário no PSD, aguardavam-no com ansiedade. No saguão do modesto aeroporto confraternizavam, sorriam, um abraçava o outro. Estavam de volta ao poder, seriam seus sócios. Pensavam: quem sabe não serão outros quinze anos? Nada poderia ser melhor. Alguns comentavam que o presidente beirava os setenta, outros falavam de sua boa saúde. Nada, nem a idade, nem seus opositores, seriam obstáculos a uma longa permanência. Teria o apoio do povo e, naturalmente, conquistaria o do Exército. Era um momento de alegria, de vislumbrar um futuro glorioso para cada um de seus leais aliados.

É claro que algo seria feito pelo país, mas como fazê-lo se não estivessem no poder com desprendimento pessoal e um apego ao progresso que só eles possuíam? Os opositores só queriam cargos para parentes e amigos, não pensavam à frente. Para promover o bem e a prosperidade seriam necessários não apenas os cinco anos estabelecidos na Constituição. Eram poucos para tantos sonhos grandiosos.

O avião taxiou, estacionou, a porta foi aberta, os que estavam no saguão, autoridades e correligionários, se precipitaram para recebê-lo, demonstrar seu bem-querer, dar seus votos de boas-vindas e desejar longa permanência na presidência.

Do lado de fora o povo se apinhava com faixas e rojões, ansiosos para ver aquele que havia elegido. Aguardava o seu aceno, o sorriso escasso e talvez a gargalhada, cuja expressão haviam visto em algumas fotografias.

Não havia dúvida, era o maior dia da vida de todos. Algo como a volta de um general a Roma depois de haver destroçado os inimigos do Império e ampliado suas fronteiras.

Acomodado ao lado do governador do estado, um pouco afundado no banco de trás do carro aberto, foi dada a partida para o percurso até o palácio do governo estadual, no centro da cidade, onde dormiria e no dia seguinte partiria para o outro palácio, o do Catete, que lhe era tão agradável e onde passara tanto tempo que parecia lhe pertencer.

Conhecia cada detalhe da construção. Caminhara inúmeras vezes pelos seus corredores, por suas salas e pelo jardim, pensando no que deveria fazer para viver ali para sempre, só sair no dia de sua morte, que seria tão triunfal quanto sua chegada. Nesses momentos sua única companhia era o charuto. Olhava o céu, as estrelas, como que buscando algum bom presságio. Essas caminhadas lhe davam calma e permitiam refletir sobre a mesquinhez da política, tão útil e tão desprezível — por isso afastava-se dela. Para Getulio, o exercício da política com bons propósitos era privativo dele; os demais precisavam ser observados, para que suas ambições não superassem a lealdade devida.

O carro aberto seguia lentamente pelas ruas. A lentidão era necessária para que o povo o visse, o saudasse, corresse atrás do automóvel. Foi necessário quase toda a tarde para que ele atingisse o seu destino, sentou-se numa poltrona, fumou um charuto, recebeu mais elogios e comentários agradáveis.

Continuou maquinando o que deveria fazer para ter uma longa temporada, de preferência sem eleições, no palácio presidencial que tanto lhe agradava e que o havia acolhido tão bem na outra temporada. Talvez seus devaneios o levassem a tempos tão à frente, que chegasse a imaginar sua saída dali, bastante velho, em um esquife ornado com a bandeira nacional e muitas flores; a multidão, milhões de carpideiras, pranteando a sua ausência. Pena que os mortos não possam ver o que se passa quando abandonam a vida. Seria bom assistir o glorioso coroamento de toda uma existência dedicada à Pátria. Teria que imaginar em vida como tudo se passaria e oportunamente trocar ideias com o cerimonial para que nada falhasse.

À medida que o cortejo avançava, um cordão de isolamento, entre o meio-fio da calçada e as casas, era amarrado aos postes de iluminação. Os passeios eram estreitos, ali deveríamos aguardar o desfile, permanecendo horas em pé. Se saíssemos, poderíamos perder o aguardado momento e ser alijados da história. Estávamos em frente à nossa casa, o lugar permitia excelente visão do carro e de seus ocupantes.

Todos vieram à rua, os que moravam na pensão ao lado de nossa casa, os pequenos comerciantes, até mesmo os dois moradores do palacete da esquina da rua Santo Antônio, sempre fechado, nesse dia romperam sua clausura. Um casal de idade que lá vivia assistiu a passagem do futuro presidente pela fresta de uma janela entreaberta.

A residência havia sido construída no final dos anos 1920 por um empresário italiano, para receber o genro de Mussolini que passaria pela cidade e, mais tarde, o próprio ditador italiano, se algum dia ele viesse a Porto Alegre.

O conde Galeazzo Ciano, o genro, era diplomata e servia no Brasil. Nos estertores do regime fascista, participou de um movimento para derrubar seu sogro. Acabou condenado à morte pelo Duce; foi executado pouco antes do fim da guerra.

A construção, em estilo variado, com predominância do neoclássico, utilizando materiais e móveis vindos da Itália, seria digna de Benito Mussolini; ele se sentiria em casa se lá passasse uma noite que fosse. Ficaria feliz em saber quantas crianças nascidas naquela época se chamavam Benito. A viagem nunca foi realizada; veio a guerra, depois, com a derrota, os italianos pararam de amá-lo e o eliminaram com o mesmo passionalismo com que enchiam a Praça Veneza, em Roma, para aplaudi-lo, ouvir seus longos discursos e rir de alegria com a sua mímica histriônica.

O percurso, que em condições normais poderia ser feito em poucos minutos, nesse dia glorioso levou algumas horas.

Em cada grupo escolar a comitiva parava. Os alunos a saudavam. No colégio próximo à nossa casa, um aluno vestindo o avental branco costumeiro, agora limpo e engomado, leu um poema feito para ocasião, recebeu um abraço do presidente.

A caravana seguia devagar para prolongar as saudações e permitir que a segurança presidencial a acompanhasse.

Permanecíamos postados em nossos lugares, próximo ao cordão de isolamento; a visão era perfeita. O carro aproximava-se, já dava para ver o presidente e o governador. O presidente sorria e abanava a mão.

Ao lado do automóvel, uma figura sinistra caminhando a passos largos. De terno escuro, chapéu, revólver na cintura, negro, alto e forte, Gregório Fortunato protegia o presidente. Estava sempre perto dele, eram inseparáveis.

Eu vi Getulio e ele me viu, por segundos os dois olhares se cruzaram. Fiquei petrificado, comuniquei o ocorrido a meus pais, irmãos e vizinhos. Meu pai mandou todos entrarem. A caravana já ia longe. Tínhamos muito a conversar, fora um dia inesquecível. Getulio havia me visto. Ninguém me ouviu. Ele havia visto todos na multidão, por que aquela individualização? Não fui levado a sério. Para mim o olhar tinha sido único. Acontecesse o que acontecesse no futuro, nada superaria a grandeza daquele momento, a súbita troca de olhares entre o presidente e o menino na calçada.

Chegando ao palácio do governo, imponente, em estilo neoclássico, entraram todos pela porta principal, em frente à Praça da Matriz. No meio da escadaria, com degraus de mármore cobertos por uma longa passadeira vermelha, que levava ao segundo piso, pararam e acenaram para o povo. A seguir, foram para o local onde eram realizados os grandes eventos e reuniram os secretários em torno de uma comprida mesa. Todos a conheciam. Elogiaram, como de outras vezes, a beleza dos afrescos sobre temas gaúchos que ornavam a longa sala.

O presidente lembrou as decisões históricas que tomara naquele lugar ao longo dos quase três anos que governara o Estado no final dos anos 1920. Falava um pouco mais alto que o habitual. Todos concordavam que seu período havia sido marcante.

Um dos presentes lembrou que o jornalista Assis Chateaubriand, magnata da imprensa nacional, o havia chamado de estadista. Seu jornal local, o *Diário de Notícias*, e a Rádio Farroupilha haviam divulgado o elogio à província. A revista *O Cruzeiro* e suas dezenas de jornais o espalharam por todo o país. A lembrança foi bem recebida, mas o nome de seu autor nem tanto. O poder paralelo que ele detinha, com sua enorme cadeia de rádios e de jornais por todo o país, o incomodava. Algum dia existiria a novidade que dominava os lares americanos: a televisão. Sua influência seria cada vez maior, poderia fazer e derrubar presidentes.

O pior é que se apaixonara por sua ex-amada. Rumores diziam que tinha sido bem-sucedido na empreitada amorosa; isso fazia o velho político não lhe dedicar simpatia além da absolutamente necessária.

Deixaram a sala de reuniões e passaram à enorme sala de espera; Getulio queria ver o gabinete que ocupara. Pequeno, com vista para a Cidade Baixa, para a praia de Belas e o rio Guaíba, passou a mão sobre a mesa onde começara a escrever o seu diário, olhou o pequeno elevador que dava acesso à residência.

Calou-se, todos fizeram silêncio, era visível a emoção com que Getulio observava os móveis, os quadros, a vista. Ali recebera de Borges a palavra de apoio à sua candidatura para sucedê-lo, dali partira para a grande empreitada revolucionária, de sua janela observava Darcy no jardim, ela o via e abanava com carinho, ficava feliz em almoçar com os filhos Lutero, Jandira, Alzirinha, Maneco e Getulinho. O mergulho no tempo era profundo, chegou a ouvir os sons do alegre convívio com a família.

Quando a memória lhe trouxe a lembrança do pequeno Getulio, discretamente enxugou uma lágrima com a mão, os acompanhantes fingiram não ver o gesto sentimental do caudilho. Desde que passou a crer em Deus, sempre O questionava: por que lhe tirar aquele filho amado tão cedo?

O governador os convidou a passar à residência oficial, nos fundos do prédio principal. Bonita, aconchegante, decorada com móveis em estilo Luiz XV vindos da França, seguramente sugestão dos arquitetos franceses que haviam projetado o belo palácio. Os ajudantes de ordem ficaram afobados, seriam necessárias mais cadeiras, não caberiam todos na parte interna. Era uma quente noite de janeiro, ninguém se incomodou em ficar no jardim do pátio. Era possível ouvir todas as conversas, o entusiasmo elevava o tom das vozes, tornando-as audíveis mesmo aos que estavam um pouco mais distantes. Todos falavam ao mesmo tempo, só se calavam quando o chefe fazia algum comentário. Era um momento de júbilo, de revanche, de pensar na longa permanência que teriam no poder. Uns comentavam que fora pouco, passara rápido, poderiam fazer muito mais pelo país; bastava lhes dar tempo.

Getulio soltava baforadas do charuto, estava feliz consigo mesmo e com as mesuras de sua corte. Esquecia por um momento de olhá-la com o ceticismo habitual, parecia dar importância a ela. Poucos o visitaram no autoexílio, não por desamor ao chefe ou pela perspectiva de que sua carreira estava acabada. Nada disso; apenas a localização remota de sua casa os impediu de, ao longo de três anos, aparecer lá pelo menos uma vez. Seriam visitas rápidas, ninguém conseguia arrancar nenhum pensamento de sua cabeça. Mas materializariam em poucas horas o apreço e a saudade que dele sentiam. Por que fora se exilar num lugar tão distante, tão frio?

No meio do grupo um jovem político, engenheiro, esforçava-se para se destacar. Deputado estadual no segundo mandato, chamava a atenção do presidente, falava mais alto que os demais. Via-se que era alguém sem polimento, sem berço. Tinha o olhar firme de um líder, sua fala subia e descia como obedecendo a uma partitura, o *pianíssimo* preparava o *allegro vivace* e vice-versa; desse modo chamava atenção para o que dizia. Queria ser notado. Falava sem parar. Era uma característica sua, falar horas, não importando se os interlocutores estavam ou não prestando atenção ao que dizia. Sua voz agradava Getulio. Havia ansiedade em suas atitudes, não poderia perder tempo, seus 28 anos de idade lhe pesavam, fizera pouco. Tinha que se apressar, subir o mais rápido possível. O velho político o observava atento, imaginando quão perigoso poderia ser alguém que despudoradamente exibia toda sua ambição.

Ernesto Dornelles há pouco tempo o levara a São Borja. Almoçaram juntos com Vargas. O convidado, contrariando seu hábito, mais ouviu do que falou, não chamou a atenção do anfitrião, que mal se lembrava dele, sabia que se casara em 1950 com a irmã de Jango, seu colega na Assembleia gaúcha na legislatura iniciada em 1947.

Era filho de um humilde agricultor que migrara do interior de São Paulo, de Sorocaba, para Carazinho, no Rio Grande, em busca de dias melhores; não os encontrou, foi assassinado deixando cinco filhos na orfandade; o mais moço, Itagiba, tinha um ano de idade.

De qualquer modo era um tipo interessante. Quis saber mais sobre ele. A infância na orfandade, os trabalhos humildes exercidos na idade em que as crianças brincam, o difícil caminho até a Escola de Engenharia. Uma luta árdua e solitária sem outro apoio que a sua vontade de mostrar a todos que era capaz de ser alguém, que algum dia seria um deles.

Até o nome mudou, buscou outro, adotou o do herói maragato na revolução de 1923, e passou a se chamar Leonel.

As barreiras a vencer eram muitas, a começar pelo déficit de origem. Não agradava aos senhores do poder, detentores de nomes tradicionais, de grandes extensões de terra ou de vistosos cargos públicos; um intruso sem tradição querendo tão ostensivamente participar de seu círculo. Não era de família tradicional, ou melhor, nem tinha família. Obstáculo difícil de transpor naqueles tempos. Para outros poderia ser impossível; para ele não, sua obstinação o faria ultrapassar tudo.

Os empecilhos foram sendo removidos um a um. O casamento com ninguém menos que a irmã do herdeiro apontado por Getulio para algum dia substituí-lo, como ele, homem do Pampa, criador de gado e ostentando um nome apropriado aos gaúchos, Goulart, e não um desconhecido sobrenome italiano, Brizola, lhe abriu todas as portas. A ascensão social foi instantânea, a grande sociedade o recebeu, a subida na vida pública foi meteórica.

Licores e saudações encerraram a noite. Deveriam ir dormir em uma cama francesa ou em suas casas, partiriam cedo no dia seguinte para o Rio de Janeiro, onde voltariam à cena principal.

O anfitrião dormiu a melhor noite de sua vida. Seu mandato terminaria no final do ano, estava preocupado. O hóspede ilustre o tranquilizou, seria embaixador no Uruguai, ali perto, não precisaria enfrentar longas viagens, línguas incompreensíveis e gente estranha. Sussurrou no seu ouvido que o Batista Luzardo iria para Buenos Aires, era só atravessar o rio da Prata e poderiam conversar e tomar chimarrão juntos. Não haveria espaço para saudades e nostalgias.

Poucas noites trouxeram tanta felicidade ao dr. Getulio — assim era tratado pelos pretensos íntimos; na outra vez, sua caminhada, a partir daquele mesmo lugar, deu início a uma revolução. A chegada ao poder daquela maneira envolvia riscos, ninguém poderia ter certeza que outra revolução não o apearia do governo, tomando-o pela força. Dessa vez tudo seria mais tranquilo, fora eleito, ficaria pelo menos cinco anos, mas sempre haveria a possibilidade de mudar a Constituição e ser reeleito duas ou três vezes, pensamento que lhe trazia imenso conforto. Voltara nos braços do povo, e o povo saberia mantê-lo à frente do governo tantas vezes quantas fossem as eleições necessárias.

Retornaria a prazerosa rotina dos outros tempos. Jogar golfe, passar temporadas em Petrópolis, almoçar na casa de amigos, passear pela cidade. A Porto Alegre provinciana não tinha a bela natureza nem o cosmopolitismo da capital com seus inacreditáveis 1,7 milhão de habitantes. Havia efervescência permanente no Rio de Janeiro, lá estava a caixa de ressonância de tudo. O país tinha avidez de saber quem vivia por lá, o que vestiam, comiam e diziam. Viajar da província à capital dava enorme prestígio.

O fato de ser o número um da única metrópole brasileira lhe trazia imensa felicidade. Apesar da vida intensa, do burburinho permanente, a cidade era tranquila. A paz era perturbada por um ou outro crime passional, imediatamente lido com emoção nas páginas de *O Cruzeiro*. As favelas se multiplicavam; apesar da miséria que abrigavam eram consideradas românticas. Seus moradores viam as estrelas no céu pela falhas dos telhados, felizes. As pessoas eram alegres e cordiais.

Em 1937 decidiu erradicá-las. A cidade não teria mais os aglomerados antiestéticos, era só aguardar um pouco que eles desapareceriam. O governo pensava em tudo, sua decisão uma hora varreria as favelas do Rio de Janeiro.

Quem sabe dessa vez teria uma paixão intensa como a outra, mais duradoura. Certamente comporiam um novo hino em sua homenagem, como o que foi executado em seu louvor em 1940. Tudo voltaria ser como nos velhos e bons tempos.

Nas proximidades da urna funerária, os políticos mantinham expressões e gestos condizentes com a ocasião. Roupas escuras, gravatas discretas, frases inteligentes e sentidas eram divulgadas nas edições extras, com poucas páginas e o mesmo preço das normais, com a vantagem adicional da ausência do concorrente, que teve sua redação incendiada.

Uma edição extra dos jornais era substituída por outra. Eram lidas com avidez. Na falta de material para preencher quatro, seis páginas, era repetida a Carta Testamento. Bem escrita, conclamando à vingança contra aqueles que presumidamente haviam provocado o trágico desfecho.

Esperávamos que em algum momento o velório prosseguisse em nossa cidade a caminho do seu destino, São Borja. O percurso inverso daquele inesquecível dia em que retornava ao seu lugar na vida pública. Ele não poderia fugir da homenagem de seu povo. Isso aumentava a ansiedade e enriquecia as conversas.

O suicídio em si não era mais assunto, seria tratado pela história e repetido pelos cronistas, que teriam sempre novas versões para os fatos. O assunto agora era sua chegada a Porto Alegre. A expectativa era enorme. Fomos frustrados.

O avião que saiu do Rio de Janeiro com o esquife, do aeroporto que ele construíra no Calabouço, o Santos Dumont, foi direto ao local onde seria o enterro. A família recusou um avião da Força Aérea para transportá-lo, utilizando um DC-3 da companhia Cruzeiro do Sul pilotado pelo major Fittipaldi.

O desejado velório no meio do caminho fora eliminado. Sua última estada no palácio do governo gaúcho foi àquela noite memorável em janeiro de 1951.

Seria enterrado perto do pai, no mausoléu dos Vargas, na sua fria e distante terra natal. Combinava com a imagem de austeridade e despojamento que sempre procurou passar.

A tristeza e a perplexidade com sua morte começavam a ser substituídas pelo orgulho de ser conterrâneo do mais ilustre dos brasileiros. Mesmo meu pai não escondia este sentimento.

Na hora do almoço ele repassava aos filhos os feitos do falecido. O que até antes de ontem era narrado com comentários maldosos, agora vinha revestido de nobreza e glória. Cada ato teve sua razão de ser. A revolução, a ocupação do lugar de quem havia sido eleito, a ditadura, a dura Constituição que lhe cobria de poderes, a censura, a prisão ou o exílio dos adversários, a manipulação das pessoas, tudo fazia parte da narrativa, só que agora amenizado, justificado. O morto começava a receber o perdão de seus pecados. Era santificado, como em geral ocorre com todos que se vão. As críticas só voltarão quando o tempo dedicado às fortes emoções acabar, ou quando ele não mais for lembrado.

Os anos de obscurantismo começavam a cair no esquecimento, chegava a renascença e o iluminismo. Tudo que fizera tinha um objetivo nobre, que só seria compreendido pela posteridade.

Getulio vivera descompromissado com tudo e com todos, ora apoiando um, ora outro; ora prendendo, ora libertando; ora simpatizando com os ditadores fascistas europeus, ora lhes declarando guerra. Fora apoiado por uma variada gama de partidos e de ideologias. Não se conhece sua militância em nenhum deles nem sua simpatia por qualquer uma delas. Dedicava-lhes completa indiferença. Ele era ele. O apoio a um ou a outro dependia do momento, da plateia ou dos interlocutores. O sorriso era um pouco forçado, o que podia ser interpretado como austeridade, um modo sério de encarar fatos e situações. Os políticos mais bem-sucedidos só pensam em si, todo esforço é válido para isso não transparecer.

O velório teve as mais variadas presenças políticas. Os homens públicos olhavam o velado com a tristeza conveniente às fotos, pensando com esperança e apreensão no seu futuro. Ocupavam seus devaneios com estratégias para herdar seus votos, a melhor parte do butim deixado pela sua ausência e a mais difícil de obter sem a sua presença. Daí a necessidade de ser visível, fotografado e registrado durante as exéquias, por mais longas e cansativas que fossem. Não dava para arredar o pé das proximidades do ataúde. Era para lá que todos os olhares, câmeras fotográficas e filmadoras se dirigiam.

Na sala palaciana onde ocorria a cerimônia fúnebre, o povo passava para homenagear o seu protetor. Ao mesmo tempo, silenciosamente, começava mais um capítulo de nossa conturbada história. Uma acirrada disputa pelo poder entre aqueles que lhe haviam devotado a lealdade possível estava sendo desencadeada de maneira discreta. Não havia conversas, só pensamentos, formulações estratégicas para que o futuro não lhes escapasse das mãos. A política brasileira é desenvolvida em conspirações. Concluídas, o povo é chamado para apoiar os candidatos escolhidos pelos pequenos grupos que detêm o efetivo poder. Traições a pessoas e ideais são comuns após a vitória eleitoral.

Com a morte de Vargas, o vice-presidente João Café Filho assumiu e foi logo defenestrado. Seu sucessor, o presidente da Câmara dos deputados, Carlos Luz, também. A sequência de rápidos golpes de Estado terminou com a posse do senador Nereu Ramos, ex-vice de Dutra. Eleito pelo Congresso, tomou posse em 11 de novembro, governou o país durante oitenta dias sob estado de sítio. Em 31 de janeiro de 1956 passou o lugar ao sucessor eleito pelo povo e aceito pelo ministro da Guerra, quem sabe, este exerceria todo o seu mandato.

O eleito, Juscelino Kubitschek, cumpriu todo o seu período. Seu vice foi João Goulart.

As várias tentativas de derrubar o presidente foram contidas pelo ministro da Guerra, o general Henrique Lott.

Juscelino tirou o país do marasmo centenário. Seus feitos estavam ligados às coisas concretas, estradas, usinas, fábricas e não apenas às futricas habituais da política nacional. O maior presente que os brasileiros receberam dele foi a autoestima, o orgulho no país. Foi amado por realizações e não por artimanhas de um departamento de propaganda. Apesar de tudo, não elegeu seu sucessor, o general Lott. Os políticos não são leais aos seus eleitores, a recíproca é verdadeira.

Até aquele momento os brasileiros se orgulhavam apenas do que a natureza lhes dera: praias, montanhas, climas agradáveis; as florestas eram exaltadas por ser as maiores do mundo. Com o dinâmico e simpático presidente, o orgulho passou a vir dos automóveis aqui produzidos, das grandes hidrelétricas e de uma rede rodoviária inimaginável. Começamos a deixar o complexo de inferioridade que fazia parte do íntimo dos brasileiros. Em alguns estados a mentalidade mudava, não era mais pré-industrial; em outros, nem tanto.

As tentativas de golpes para derrubá-lo enfrentavam, além de Lott, sua habilidade e capacidade de conciliação. Anistiava os revoltosos, ajudando a esvaziar as crises.

Nada disso era estranho à época; as tentativas para derrubar presidentes eram parte da vida política. O contexto histórico e político do qual o Brasil era parte não diferia em nada do que se passava aqui ao lado e além-mar. O que hoje soa escandaloso, era aceito naquela época caudilhesca. Os ditadores confraternizavam entre si, apoiavam-se mutuamente e sobre eles havia o véu protetor da ameaça comunista e depois o da Guerra Fria, só cairiam se criassem riscos ao equilíbrio instável predominante naquela fase da história.

À medida que o tempo passava, os ditadores iam tornando-se anacrônicos, perdiam a utilidade, não eram mais merecedores de apoio. Finalmente sua companhia tornou-se incômoda e foram substituídos por presidentes eleitos, nem sempre os melhores ou os mais bem-intencionados, mas ninguém pensava em afastá-los pelas armas, alguns saíram, mas dentro "das prerrogativas constitucionais", citadas no alerta da morte que ia aos poucos sendo executada no palácio do Catete.

O libelo, a Carta Testamento, alijaria seus inimigos do poder por alguns anos. A sua pretensão primeira era apartá-los do povo, dos eleitores, dos votos, deixando o caminho livre aos que lhe agradavam. Não por amizade a eles, mas por vingança. A disputa pelo espólio seria privativa de seus aliados. Os do outro lado tramariam a sua revanche, a sua volta ao poder, mas agora não havia por que se preocupar com eles, passariam alguns anos antes que qualquer ação de seus inimigos surtisse efeito.

O momento exigia decisões essenciais para o futuro de cada um: pegar no momento apropriado alguma alça do caixão, discretamente enxugar lágrimas na hora do enterro, buscar sempre a melhor posição nas fotografias que seriam espalhadas por todos os cantos pelas apagadas radiofotos, e, principalmente, tentar fazer alguma oração fúnebre quando houvesse oportunidade para tal. Esse seria o melhor momento para elogiar o defunto, atacar seus inimigos e, quem sabe, algum dia ocupar o seu lugar.

Getulio, jovem estudante de Direito, tinha 20 anos, teve a oportunidade de fazer uma oração fúnebre quando do falecimento de Júlio de Castilhos, aos 43 anos, em 1903.

Talvez naquele momento Getulio tenha traçado o seu destino.

Dois discursos fúnebres à beira do túmulo de São Borja se destacaram: o de Oswaldo Aranha e e do ministro da Justiça, Tancredo Neves. O fato de Tancredo ter uma irmã casada com um primo de Getulio o aproximava do morto e dos filhos de São Borja.

Esses pensamentos ocupavam as cabeças preocupadas com o destino da pátria e, principalmente, com o seu próprio. Eram homens vocacionados a servir ao povo, como os religiosos serviam a Deus.

O enterro, o último ato da tragédia, ocorreu no Pampa, extensa planície tangida por ventos frios que a assolam nos dias cinzentos de inverno. A natureza enlutada pela estação comporia o cenário apropriado ao rito final do longo funeral, que começara no Rio de Janeiro e terminaria na terra em que nascera, quase fora dos limites nacionais. Nessa época do ano, o minuano a varre de forma intermitente, tornando-a mais fria que o habitual.

O mausoléu dos Vargas era modesto para as posses e o poder da família. Construído em mármore branco, um tanto encardido, tendo uma lápide com o retrato do patriarca e a estátua de uma jovem, não de um anjo ou de um santo. O Positivismo explicava a ausência de imagens religiosas.

No percurso final pelas estreitas alamedas entre as sepulturas, o caixão foi levado nos ombros, não pelas mãos, de seis homens. À frente vinham dois ministros, abrigados do frio por grossos sobretudos e cachecóis de lã, um mais velho, o da Justiça, e o outro mais moço, o ex-ministro do Trabalho. Este viria a ser o herdeiro político do morto.

Getulio havia escolhido seu conterrâneo, estancieiro como ele, para algum dia substituí-lo na cadeira presidencial e no coração do povo. Em nenhum momento lhe ocorreu pensar se era isso que o outro queria, se seria o mais capaz, se a sede de poder faria parte do seu eu. Não pensou em nada. Seria ele e pronto, mais um ato ditatorial. Traçou o destino de outro sem se interessar em saber se era este o que ele queria. A unção do mais jovem de seus apóstolos poderia ser uma maldade contra os que o acompanharam por toda a vida, dos quais ele conhecia todos os defeitos e pecados.

Os dois chegariam à presidência da República, ou melhor, o mais velho, Tancredo Neves, eleito, morreria antes da posse. O desejo de toda uma vida foi desfeito poucas horas antes de assumir. A saúde e o destino foram cruéis com ele. Esperou demais. A idade avançada nunca recebe ou dá boas notícias, ainda é capaz de destruir sonhos que se concretizam ao entardecer da vida. A velhice é uma peça que Deus pregou aos homens, talvez a pior de todas.

O mais moço, João Goulart, assumiu a presidência sete anos após o enterro. A renúncia do ambicioso e pitoresco Jânio Quadros, eleito presidente aos quarenta e três anos, abriu caminho para o vice, Goulart.

A renúncia de Jânio foi uma desastrada tentativa de se perpetuar no poder com um imaginado clamor popular e o apoio do Exército, que, no seu entender, ocorreriam ao saberem de seu pedido demissão. Nada aconteceu. A burocracia o liquidou. A comunicação da renúncia foi lida no Congresso, ao qual não cabia discuti-la ou recusá-la; era um ato unilateral do presidente. Ele não sabia disto.

Atribuiu a necessidade de ir embora a certas "forças ocultas". Morreu sem explicar quais seriam essas forças que o assombravam. O povo não lhe deu importância e o Exército não estava disposto a pegar em armas para manter uma figura bufônica e emocionalmente instável no poder. Seu sonho ditatorial caiu no vazio. Foi uma comédia e não uma tragédia, como ele queria. Os fatos que se sucederam, sim, foram dramáticos.

O desejo de retornar nos braços do povo esbarrava numa realidade local. A capital, Brasília, com um ano de vida, mais parecia um canteiro de obras que uma cidade. Não havia povo.

Anos mais tarde o seu secretário particular, José Aparecido de Oliveira, foi governador do Distrito Federal. A cidade já estava consolidada, com mais de 1,5 milhão de habitantes, espalhados, distantes quilômetros da sede do poder. O projeto da cidade forçou o povo a viver longe da chamada área monumental. Mesmo com o passar do tempo, os braços do povo teriam dificuldade de ir até onde exigissem a sua presença.

Aparecido, olhando pela janela de sua sala no Palácio do Buriti, enxergou uma pequena multidão, gritando, abanando, agitando bandeiras, soltando rojões. Chamou seu ajudante de ordens e perguntou:

— São a favor ou contra mim?

— Contra, governador.

— Quem pagou os ônibus? Nesta cidade ninguém chega a canto algum pelos próprios pés.

Jânio não sabia disso. Não contratou os ônibus. Saiu sozinho. Foi para Santos aguardar o chamamento para retornar a Brasília ou tomar o navio "Uruguay Star". Atenderia o apelo que chegasse primeiro: o clamor popular ou o apito do navio. A embarcação o levou para longa temporada na Europa.

Jânio Quadros teve uma carreira atípica, diferente de tudo que havia sido visto na vida política brasileira. Professor de português e de direito, começou sua caminhada com 30 anos como suplente de vereador da cidade de São Paulo. Essa fase foi encerrada aos 44 anos, renunciando à presidência da República.

Entre o início e o fim foi deputado estadual por quatro anos, prefeito de São Paulo por dois, governador do estado por quatro, presidente da República por sete meses. Mais tarde, com 69 anos, voltou a ser prefeito.

Em 1936 Jânio consultou Sana Khan, o vidente dos políticos. O mago leu sua mão e preconizou um futuro glorioso. Começaria em mais alguns anos uma carreira política vitoriosa, chegaria rapidamente à presidência da República. Voltaria depois a este cargo, renunciaria e cometeria suicídio.

Deu quase tudo certo, menos tirá-lo na velhice de seu sossego, do vinho do Porto, dos achaques e da permanente hipocondria para colocá-lo de novo na vida pública. A profecia lhe deu ânimo para se candidatar, mas ela estava errada. Ele não retornou ao Palácio do Planalto, não renunciou pela segunda vez, nem se suicidou.

Sana Khan errou a data de sua própria morte por uns dez anos, como antes errara o dia do fim da revolução constitucionalista.

Jânio notabilizou-se mais pelas frases de efeito e atos bizarros que pelas ações administrativas, embora tenha deixado boa marca em sua passagem pelo governo paulista O *nonsense* era a um só tempo seu bem e seu mal maior. Não sabia controlá-lo.

Bastante alquebrado, muito envelhecido, saúde frágil, pretendeu retornar à presidência em 1990, com 72 anos. Os responsáveis pela sua campanha tratavam de esconder da imprensa seus problemas de saúde. Era difícil, um de seus prazeres era justamente divulgá-los. Gostava de falar de derrames reais ou imaginários.

Ele e seus aliados esqueceram que havia necessidade de se filiar a algum partido político, qualquer um dos trinta e cinco disponíveis. O tempo passou e a candidatura gorou. O último fato tragicômico de sua tumultuada vida foi a publicação, na primeira página dos jornais, do número de sua conta secreta na Suíça.

Sua vida pública foi marcada pela instabilidade emocional, falta de lealdade aos correligionários, desprezo pelos partidos — que para ele eram apenas legendas necessárias ao cumprimento de um requisito legal. Buscava filiar-se a siglas de pouca expressão. Considerava-as uma camisa de força. O individualismo, característica maior de todos os políticos, nunca foi praticado de forma tão explícita. Só foi leal ao personagem histriônico que criou.

Sucedeu Juscelino numa pitoresca campanha contra a corrupção. Seu símbolo era uma vassoura, com a qual varreria a roubalheira que imperava na administração pública. Nunca disse como faria isso. Como os brasileiros sempre desconfiaram da honestidade de seus políticos, o mote era bom.

A bandeira de Jânio foi e continua sendo oportuna, dá votos. Nunca surtiu efeito, mas os eleitores não perdem a esperança de em algum dia distante ver o fim da corrupção; enquanto isso vai elegendo candidatos com o compromisso de exterminá-la. Durante as campanhas eleitorais todos fazem profissão de fé contra os assaltos aos cofres públicos. Não há exceção, mesmo tendo contas secretas em algum lugar.

Tudo em Jânio lembrava os comediantes de antigamente, algo entre Grouxo Marx e os Três Patetas, mais para estes últimos. Como no cinema mudo, abusava da gesticulação, de caretas e atitudes inusitadas. Compunha o ator com óculos de aros grossos, caminhar cambaleante e pés cruzados ao contrário do usual. Teria sido um excelente mímico.

Nada nele era original. Tinha mania de enviar bilhetes dando ordens. Durante a curta passagem pela presidência emitiu mais de quinhentos. Vários antes dele usaram o método, que era propagado como original para derrotar a burocracia, mas a ideia foi copiada de Churchill, que gostava de mandar bilhetinhos a seus auxiliares.

Desprezava a imprensa e os jornalistas — estes retribuíam lhe dando grandes espaços.

O surpreendente, além de suas palavras, eram os atos exóticos, como proibir desfiles de misses de biquíni e rinhas de galo, as construções gongóricas; o inusitado poderia ocorrer a qualquer momento, os repórteres não o abandonavam.

Compunha um personagem que julgava aproximá-lo do povo. Jogava farinha nos cabelos para parecer caspa e comia sanduíche de mortadela em porta de fábrica. Um populista por excelência, insuperável. Ele vivia à beira do ridículo, um perigoso caminho do qual não há retorno, os políticos devem evitá-lo.

Sua herança maior foi deixar o país à deriva quando renunciou, à disposição de quem quisesse tomar o que havia por ele sido abandonado. A posteridade mostrou quão perversa foi a sua passagem pela vida pública.

Morreu no ostracismo. As últimas notícias falavam de suas doenças e das tentativas de ir à Europa tratar de obscuras contas bancárias. Sua última imagem pública foi, curvado, apoiado nos braços de uma cadeira de rodas num aeroporto, tentado viajar e sendo impedido por uma ordem judicial. A televisão focou algumas lágrimas caindo sobre as rugas de seu rosto. Triste fim daquele que até então havia sido o mais arrogante dos políticos brasileiros e o menos conciliador.

A lição mais importante que deixou é que os políticos fazem qualquer coisa, apoiam qualquer um, abandonam ideais de toda a vida para serem eleitos. Seja quem for, se lhe garantir votos terá o seu apoio.

João Goulart, o vice-presidente, enfrentaria forte oposição para tomar posse. Havia dúvidas sobre suas convicções democráticas; suas simpatias pela esquerda despertavam desconfianças. Sua passagem pelo Ministério do Trabalho dera indicações de sua pouca austeridade com os gastos públicos. Tinha poucos aliados, só podia contar com o engenheiro que impressionara Getulio, tornara-se seu cunhado e agora governava o seu estado.

Quando Jânio Quadros renunciou, Goulart estava na China. O presidente o havia remetido ao outro lado do mundo para dificultar a sucessão após a sua renúncia. Pensara em tudo, só poderia dar certo. Implorariam para ele continuar. O vice, além de ser tido como esquerdista, estava longe. Haveria tempo de sobra para Jânio retornar à Capital, dar o golpe e instalar a sua ditadura. Perfeito, mas não deu certo.

Os desafetos de João Goulart não desejavam a volta do alucinado que saíra, tampouco o queriam no cargo que era seu por direito. Teriam que buscar alguma solução que impedisse a sua posse.

Não contavam com a reação do impetuoso cunhado de Goulart. Leonel Brizola, o governador gaúcho, pressentindo as dificuldades no horizonte, adotou providências dignas dos caudilhos do passado.

A reação do governador gaúcho foi dramática, teatral, como a de Napoleão frente ao papa antes de sua coroação, mas surtiu efeito, permitiu a posse do seu cunhado, não do modo como ele queria, mas permitiu.

O Exército dividira-se, uns queriam cumprir a Constituição e ver o vice-presidente empossado, outros queriam descumpri-la e vê-lo longe, o mais longe possível. A verdade é que as constituições só eram levadas a sério quando coincidiam com os desejos dos grupos mais fortes. Fora isso, eram alteradas ao sabor dos interesses.

Brizola montou uma cadeia de rádio no porão do palácio Piratini transmitindo para o país, durante todo o dia, que estava em marcha um golpe para impedir a volta ao Brasil de João Goulart. A cadeia radiofônica foi denominada "Cadeia da Legalidade", contraponto à ilegalidade contra a posse do eleito, substituto legal de quem renunciara.

Os discursos de Brizola eram entusiásticos, com sua fala alternando o tom, inflamavam os pensamentos de quem os ouvia, notadamente de seus conterrâneos. Voltavam os gaúchos a liderar um movimento nacional, como o de 1930. O local era o mesmo de onde partiram os revolucionários liderados por Getulio Vargas.

Os militares, num primeiro momento, reagiram mal aos atos do governador Brizola, que transformou a sede do governo, o Palácio Piratini, num forte. Armou quem para lá se dirigisse, as portas estavam abertas a todos que quisessem participar da resistência. A Brigada Militar foi colocada de prontidão.

Havia ameaças de tropas federais bombardearem o palácio, baluarte armado e radiofônico da revolução que se impunha.

De repente ocorreu o inesperado: o comandante do Exército no Sul do país, o III Exército, general Machado Lopes, não obedeceu às ordens de seu ministro e colocou-se à disposição dos revoltosos para garantir a volta e a posse do vice-presidente.

O seu exército continuava representando mais da metade das tropas terrestres brasileiras. O estado faz fronteira com a Argentina. De um momento para outro podia se instalar alguma beligerância entre os dois países. Essa guerra fria local foi útil a ambos os exércitos, dava-lhes um caráter militar. Fora isso, estavam sempre tramando ações políticas. Manter, tutelar, substituir o chefe de Estado ou simplesmente ocupar o poder.

O ataque aéreo que partiria da Base Aérea, próxima à capital, foi abortado, o palácio salvo e o comandante da Força Aérea baseada no Estado destituído pelo general Lopes.

A crise parecia não ter fim. Era grande o número de políticos e militares que não queriam a posse. A solução encontrada foi mudar a Constituição para atender os que eram a favor e os que eram contra. Foi instituído o parlamentarismo, uma artimanha dos opositores para dar posse a quem não queriam, e, ao mesmo tempo, vê-lo transformado numa figura decorativa. Seus aliados relutaram, mas aceitaram o arranjo.

Como sempre ocorre no Brasil, há solução para tudo. A ideia não agradava nenhum dos dois lados, era um paliativo.

Parlamentarismo num país multipartidário, onde as maiorias são obtidas nem sempre da maneira mais elegante, não poderia dar certo. Todos sabiam disso; os parlamentaristas gaúchos, os únicos convictos de que esta era a melhor solução para o país, não gostaram dela. Seria um risco colocá-la em prática em hora imprópria para acomodar uma situação desagradável. Teria vida curta, seria tumultuado e desmoralizaria a bandeira tão grata ao pequeno Partido Libertador, que tinha nesse sistema de governo seu único pensamento para o país. Por fim, Raul Pilla, líder do PL, concordou com a solução; imaginou que pelo menos veria seu ideário ser útil antes de partir para outra vida. O velho parlamentar lutara ao longo de toda sua existência por isso.

Uma vez implantado o novo sistema, as coisas caminhariam para um bom rumo, achavam os otimistas e os maus profetas. O Brasil ganharia ares civilizados. Fora o Canadá, seria o único país americano a praticar o sofisticado sistema de governo. Pelo rádio ouviríamos os debates inteligentes dos parlamentares, agora efetivos detentores do poder. Seria como se estivéssemos vivendo na Inglaterra. O presidente se contentaria com o seu papel moderador e não interferiria no dia a dia, não pleitearia cargos para parentes e amigos; pairaria acima do cotidiano mesquinho das disputas políticas e das enfadonhas rotinas da administração pública.

Todos compreenderiam a essência do que se passaria. As hordas de analfabetos logo saberiam que aquela era a maneira eficaz de governar da Europa. Produzira Hitler, Mussolini e Salazar, mas isso já passara ou estava para em algum momento ser eliminado da vida europeia. O sistema aprimorava-se e o nosso seria o coroamento de um processo darwiniano de evolução política.

Colocado o esparadrapo na ferida aberta com o gesto impensado de Jânio Quadros, feita a meia-sola, João Goulart, Jango, retornou ao Brasil; encontrava-se em Montevidéu. Tomou posse 13 dias após a inusitada renúncia. Dizem que o número 13 traz azar, mas isso não foi levado em conta.

O parlamentarismo mostrou-se instável, os gabinetes se sucediam, as frágeis maiorias se esfacelavam, o presidente conspirava e não se sentia confortável em ter sido obrigado a aceitar a castração de seus poderes.

Em um ano e poucos meses foram três primeiros-ministros. O novo regime começou em 8 de setembro de 1961 com a nomeação de Tancredo Neves para primeiro-ministro. Em 6 de julho de 1962 o primeiro gabinete renunciou; outros dois viriam antes do fim do parlamentarismo. Ficou clara a inviabilidade da solução adotada.

Se não deu certo, parte-se para outra solução. Mudou-se mais uma vez a Constituição e instituiu-se um plebiscito para que o povo escolhesse entre o presidencialismo e o parlamentarismo.

Ninguém gostou do regime instável, não era o que se pensava ser, não se mostrou eficiente, nem todos sabiam o porquê, mas isso não tinha importância. Com a sua revogação João Goulart iniciou o ano de 1962 como presidente da República de fato. Ficou pouco mais de dois anos no posto.

Seu governo foi marcado por forte oposição no Congresso e nas Forças Armadas, gozando, ainda, de ampla desconfiança dos governadores dos principais estados, empresários, Igreja, classe média, ruralistas, imprensa e do governo americano.

Os movimentos de seus oponentes não eram levados em conta. Seus apoios vinham das esquerdas, que suspeitavam da sinceridade do rico pecuarista e estavam menos organizadas do que ele supunha. Estava literalmente só; percebeu seu isolamento quando foi apeado da presidência.

Pretendia implantar o que chamavam de reformas de base, consideradas no mínimo socialistas pela oposição. No imaginário do governo bastaria um ato voluntarioso, levado a cabo por João Goulart e seus aliados, sem qualquer outra consideração, para que o Congresso aprovasse o que ele quisesse. Não havia uma estratégia, sequer táticas de batalha. Se o "sólido desmancha no ar" imagine o que acontece com os sonhos, devaneios e bravatas.

Certa cegueira dos líderes da revolução que não aconteceu e a apatia do presidente passavam à nação a impressão de que eles não se davam conta que o mundo tremia aos seus pés. Simplesmente ignoravam o que se passava à sua volta.

A inapetência de João Goulart para a política e a sua dificuldade em tomar decisões provocaram um enorme vazio de poder; como isso não dura muito, toda sorte de aventureiros tratou de ocupá-lo. Seus auxiliares constituíam um grupo heterogêneo, não havia unidade de pensamento e muito menos de liderança.

Os planos para mudar o país, torná-lo mais justo, eram vagos. Contrariavam sua formação e sua vida de latifundiário rural. Não demonstrava qualquer convicção no que propunha. Os atos para a mudança da sociedade eram materializados em leis superficiais, facilmente questionadas. Acabou atropelado pelos fatos e pelas trapalhadas de seus auxiliares. Foi uma vítima de si mesmo e dos que queriam usá-lo para atingirem seus objetivos.

Bastaria ter ao seu lado uns poucos amigos com o perfil de Oswaldo Aranha e Góis Monteiro e a história poderia ter tomado outro caminho. Apoiou-se num esquema militar ineficiente e num político inexistente. Deixou-se dominar por incendiários que foram de pouca valia para sustentá-lo.

Foi afastado em 31 de março de 1964 sem esboçar reação, sem a lealdade ou a competência dos que haviam prometido mantê-lo no posto a qualquer preço. A falta de liderança, de carisma, de apetite político lhe fizeram falta naquele momento. Apenas o major aviador Ernani Fittipaldi, seu amigo e ajudante de ordens, lhe foi leal até o fim. Para evitar que o prendessem, sem pedir autorização a seus superiores, tomou um avião da FAB, deixou o amigo em São Borja e retornou a Brasília.

O nobre gesto de Fittipaldi foi encarado como traição, punido com oito meses de prisão em uma fortaleza do Exército e com a expulsão de sua querida Força Aérea, teve ainda caçada sua licença para pilotar.

No entender do amigo Maneco Vargas, Jango era um tático que se perdeu quando seu estrategista suicidou-se. O mais provável é que não fosse nenhum nem outro, era apenas um homem deslocado no meio em que, por imposição de Getulio, passara a viver.

O jovem presidente, João Goulart, foi acusado de ser fraco, indeciso, omisso, medroso; na verdade, o destino o conduzira a caminhos que não eram os desejados pelo seu íntimo. Não fugiu deles enquanto havia tempo. Emaranhou-se nas intrigas da política, para as quais não demonstrava gosto; por fim, não sabia como sair delas. Caiu, foi vítima do desejo de outro de tê-lo como sucessor e de sua própria vaidade, que o impediu de dizer não na hora certa. Quem o escolhera para sucedê-lo sabia disso. Ele analisava as pessoas, desvendava suas almas e seus sonhos. Era evidente que conhecia da pouca apetência de seu jovem conterrâneo para as tramas de bastidores e a condução dos assuntos de Estado. Por que o escolheu? Mais um mistério em seu legado. Talvez tivesse algo a ver com as escassas demonstrações de lealdade, com as poucas visitas que recebeu durante o autoexílio.

João Goulart retornaria ao Brasil em dezembro de 1976 para ser enterrado em São Borja. Morreu de ataque cardíaco em sua fazenda na Argentina, não muito distante de sua terra natal.

Não pensou em saída trágica como a de seu mentor, queria apenas paz, o que lhe foi negado desde o dia que saiu de São Borja para aventuras maiores. No exílio afastou-se do instável cunhado. Não estimulou qualquer ação pelo seu retorno. Morreu sem despertar paixões. Não deixou seguidores.

O agitado Leonel Brizola, artífice da posse e da queda de Jango, deixou o governo gaúcho e tornou-se deputado federal pelo Rio de Janeiro, o estado da Guanabara. Sua ambição desmedida, a ansiedade, a falta de reflexão, fortaleceram a oposição. O cunhado no maior cargo da República criou a ilusão de que o poder absoluto estava ao alcance de suas mãos, talvez nostalgia dos tempos do velho ídolo, dr. Getulio, como ele o chamava, demonstrando uma proximidade inexistente. Em 1953 era secretário de Obras Públicas do governador Ernesto Dornelles, que o mandou ao Rio para um encontro com Vargas, para avivar a memória do presidente, escreveu uma carta de apresentação: "São portadores dessa meus jovens auxiliares, Leonel Brizola e Daniel Ribeiro".

Pouco antes, Brizola comunicara por telegrama a Vargas a sua investidura na secretaria, informando ao destinatário que estava pronto para "receber ordens e determinações do grande chefe". Será que o governador soube desse telegrama, que colocava seu subordinado sob outra chefia? Era um caudilho típico do Pampa, mas sem a frieza, paciência e capacidade de adotar posições e tomar decisões como os bem-sucedidos Castilhos, Borges e Vargas.

O mandato de deputado lhe foi caçado, foi para o exílio no Uruguai, virou fazendeiro. Anos depois foi expulso do país, fugiu para a Argentina, de onde foi de novo expulso, indo para os Estados Unidos. Retornou ao Brasil anistiado em 1979.

Os inúmeros políticos que pretenderam herdar o espólio eleitoral que Getulio deixou não souberam preservar a sua memória, se apoiaram no populismo e nas conquistas trabalhistas, sem maiores considerações de que elas produziam segurança para uns e desemprego para outros; queriam apenas votos, e não dizer às novas gerações que ele havia plantado algumas das sementes do moderno Estado brasileiro. Pouco a pouco Getulio foi caindo no esquecimento.

No pleito de 1954, menos de dois meses do suicídio, João Goulart perdeu a eleição para o Senado pelo Rio Grande do Sul. Estavam em disputa duas vagas; uma foi para um político de notoriedade, Daniel Krieger, e a outra para um candidato obscuro, Armando Pereira da Câmara.

Quando João Goulart foi eleito vice-presidente e assumiu a presidência do Senado, Câmara renunciou a seu mandato alegando não querer ser chefiado por Jango.

Lutero Vargas, em 1954, foi eleito deputado federal pelo Rio; em 1958 disputou o Senado, também pelo Rio de Janeiro, sendo derrotado.

Em 1951 Brizola perdeu a eleição para prefeito de Porto Alegre, ressaltando, durante a campanha, sua proximidade com Vargas. Em 1955 saiu vitorioso por mérito próprio.

A desimportância eleitoral de Vargas se fez sentir mais rapidamente do que deveria ser esperado.

A simplicidade dos números pode anular feitos heroicos cantados por aproveitadores, áulicos e amigos sinceros.

Jânio foi presidente aos 43 anos, Goulart aos 42, a carreira política dos dois durou apenas 13 anos. Foram vítimas da pouca idade ou do número agourento?

A queda de Jango encerrou definitivamente o ciclo do getulhismo, não transformou-se num culto como ele sonhara. As tentativas para ressuscitá-lo não deram certo. "A história quando se repete se repete, como farsa". Marx estava certo.

Terminado o enterro, todos partiram rapidamente. O frio tornara-se insuportável. As conversas essenciais, as conspirações, não podiam ser mais adiadas. O local apropriado para elas era a capital, o Rio de Janeiro, e não aquele remoto posto de fronteira. O poder seria dividido entre eles, mas, se não corressem, poderiam ser alijados das articulações.

Aqueles cujo destino é pensar constantemente no povo, nos interesses maiores do país, estavam tendo uma oportunidade ímpar para mostrar a todos sua lealdade ao líder que os acolhera, sua repulsa aos seus inimigos e a capacidade de substituí-lo. O gesto altruístico, abdicar de confortos e de convívios agradáveis para se dedicar à vida pública, exigia nesses dias correta postura e, naturalmente, presença intensa nos noticiários cinematográficos apresentados antes dos filmes, duas ou três semanas depois de ocorridos os fatos e muitas radiofotos estampadas nos jornais, que seriam lidos todos os dias em todos os lugares. E, principalmente, muitas conversas, pactos que deveriam ser feitos e refeitos. Era o momento de rever amizades, descartar algumas e incorporar outras. Entre os políticos, o conceito de amizade é diferente do senso comum. Elas têm um sentido utilitário e a cada momento histórico necessitam serem revistas. É muito difícil fazer uma boa carreira sendo acompanhado daqueles que se tornaram pesos mortos, que não sentiram no ar as mudanças de direção dos ventos. Se mais adiante os ventos retomarem a direção anterior, as amizades também retornarão com o mesmo apreço e a mesma sinceridade de antes; serão compreendidos.

As eleições se aproximavam, tinham que escolher os novos aliados e se acostumar a viver sem aquele que durante quase trinta anos dera o norte às suas existências. Tempos difíceis se avizinhavam.

O caminho pouco a pouco se abria aos que haviam sido alvo das duras palavras da "Carta Testamento". O povo mudava de lado. A marcha da história, interrompida por dez anos, estava retomando o seu rumo.

ÍNDICE ONOMÁSTICO

A

Abraão 16, 18
Abreu, Gilda de 264
Abuyah, Elisha Ben 16
Adão 16, 495
Albert, Edward 74
Alberto I 474
Aleixo, Pedro 387
Almeida, Climério de 463
Almeida, José Américo de 64, 136, 215, 267, 274, 394, 447, 451
Almeida, Rômulo de 304, 393, 425
Alves, Rodrigues 56
Andrade, Antônio Carlos Ribeiro de 40, 386
Andrade, Carlos Drummond de 470
Aragão, Muniz de 332
Aranha, Euclides 460
Aranha, Lulu 324
Aranha, Manoel 322
Aranha, Oswaldo 41, 50, 51, 52, 53, 60, 70, 87, 88, 90, 91, 109, 117, 120, 125, 133, 136, 142, 151, 155, 156, 171, 174, 179, 187, 188, 203, 210, 218, 220, 243, 265, 269, 270, 272, 284, 289, 293, 295, 296, 323, 330, 333, 338, 341, 342, 344, 346, 349, 350, 363, 367, 370, 372, 373, 374, 376, 389, 397, 402, 407, 425, 441, 451, 452, 460, 470, 474, 518, 528
Assis Brasil, Joaquim Francisco de 60, 98

B

Bakunin, Mikhail 427
Baleeiro, Aliomar 277
Bandeira, Rafael Pinto 39
Barata, Agildo 230
Barata, Joaquim Magalhães Cardoso 165, 192
Bara, Theda 115
Barbosa, Carlos 56
Barbosa, Ruy 288, 416
Barcelos, Cristovão 140, 209
Barros, Ademar de 290, 328, 336, 339, 344, 347, 420, 421, 422, 424, 441, 444, 451, 452
Barroso, Gustavo 304
Batista, Padre Cícero Romão 123, 279, 440
Batista, Pedro Ernesto 88, 208
Baudelaire 86
Baudelaire, Charles 86
Becker, João (dom) 80, 201, 237, 296
Beethoven, Ludwig von 427
Benário, Olga (Maria Bergner) 226, 229
Bernardes, Arthur 40, 49, 59, 94, 95, 108, 119, 383

Bezanzoni, Gabriela 122
Bezerra, Gregório 200, 209, 224, 225, 287, 317, 341, 349, 378, 395, 423, 433, 442, 443, 445, 463, 464, 465, 466, 467, 469, 474, 475, 507
Bittencourt, Amaro 369
Bittencourt, Edmundo 215
Bodin, Charles 166
Boekel 352
Bolívar, Simon 51
Borges de Medeiros, Antônio Augusto 37, 48, 78, 84, 86, 87, 89, 90, 100, 103, 106, 107, 108, 111, 115, 117, 119, 120, 131, 132, 145, 147, 160, 163, 179, 180, 181, 182, 185, 187, 202, 220, 221, 245, 264, 287, 399, 419, 489, 490, 508, 530
Bórgia, Rodrigo de (ver papa Alexandre VI) 39, 141, 201
Borja, Don Francisco de 57, 78, 107, 169, 177, 199, 200, 201, 216, 222, 262, 280, 287, 291, 319, 341, 349, 375, 378, 396, 398, 401, 419, 424, 440, 442, 452, 457, 460, 463, 467, 473, 476, 477, 510, 513, 518, 529, 530
Braga, Antônio Fernandes 134
Braga, Odilon Duarte 284
Branco, Humberto de Alencar Castelo 476
Brant, Mário 70
Braz, Venceslau 173, 185
Brizola, Leonel 511, 524, 525, 530, 531
Bulhões, Otávio Gouveia de 393

C

Café Filho, João 422, 470, 515
Caffery, Jeferson 364

Calpúrnia 471
Câmara, Armando Pereira da 531
Câmara, Hélder (dom) 304
Câmara, Jaime de Barros 462
Campos, Francisco 41, 60, 69, 70, 79, 83, 276, 279, 284, 300, 346, 350
Campos, Milton 448
Campos, Roberto 393, 436
Campos, Siqueira 94
Cândido, João 110, 178
Capanema, Gustavo 172, 215, 354
Cárdenas, Lázaro 320
Cardoso, Dulcídio do Espírito Santo 139
Cardoso, Maurício 106, 107, 145
Carlyle, Thomas 241
Carmem Miranda 381
Carvalho, Herculano de 110
Cascardo, Hercolino 210, 251
Cascudo, Câmara 304
Castilhos, Júlio Prates de 37
Castillo, Ramon 370
Castro, José Plácido de 489
Cavalcanti, Lima 273
Cerejeira, Manuel Gonçalves (cardeal) 197
Cerro, Luiz Sánchez do 149
César, Júlio 92, 471
Chamberlain, Neville (lord) 331
Chaney, Lon 115
Chaplin, Charles 115
Chateaubriand, Francisco de Assis 36, 51, 52, 127, 140, 218, 240, 352, 381, 415, 420, 442, 450, 477, 508
Chateaubriand, Ganot 52, 459
Churchill, Winston 7, 331
Ciano, Galeazzo 354, 506
Climério 463, 464, 467, 468
Coelho, Danton 420, 421
Comte, Auguste 239, 406, 428, 488

Correia, Adalberto 238, 247, 250, 257, 269
Costa, Arthur 103, 203
Costa, Fernando de Souza 347
Costa, Miguel 95, 97, 99, 330
Cristo 18, 19, 26, 80, 458, 492

D

Daladier, Edouard 331
Daltro Filho 142, 148, 151, 156, 157, 159, 237, 290, 299, 300, 489
Dantas, João 47
Dantas, San Tiago 304
Dante 18, 224, 225
Darwin, Charles 242, 256
Davidson, Jo 382
Da Vinci, Leonardo 141
Davis, Jerome 356
De Heeren, Aimeé (v. Lopes) 316
Délio Jardim de Matos 468
D'Eu (Conde) 67
Dickens, Charles 127
Disney, Walt 381
Dornelles, Ernesto 35, 174, 270, 378, 451, 510, 530
Dornelles, Itagiba 510
Dornelles, Mozart 451, 474
D. Pedro II 37, 134, 241, 283, 294, 410, 447
Dulles, John W. F. 394
Dutra, Eurico Gaspar 215, 264, 363, 394, 399, 400

E

Eisenhower, Dwight 415
Eisenstein, Sergei 178
Engels, Friedrich 433
Ernesto, Pedro 88, 149, 208, 218, 230, 239, 244, 247, 249, 250, 255, 386

Esteves, Emílio 236, 297, 300
Eva 415, 495
Ewert, Elize 229

F

Fairbanks Jr., Douglas 381
Faquhar, Percival 383
Farias, Oswaldo Cordeiro de 64, 290, 331, 378, 398, 470
Fausto (dr.) 86
Fernandes, Elza 229
Fernandes, Raul 217
Figueiredo, Euclides 48, 100, 402
Fittipaldi, Ernani 460, 469, 474, 514, 529
Fiúza, Iedo 75, 84, 90, 127, 134, 137, 138, 189, 190, 205, 233, 239, 246, 250, 259, 274, 311, 313, 316, 318, 400, 401, 432, 434, 443
Flores da Cunha, José Antônio 41, 50, 52, 61, 83, 87, 89, 91, 106, 117, 119, 123, 133, 147, 156, 170, 172, 202, 209, 211, 214, 222, 223, 237, 243, 257, 276, 277, 290, 293, 295, 299, 300, 304, 305, 321, 356, 393
Flynn, Errol 381
Fonseca, Euclides Hermes da 94, 110, 178
Fontes, Lourival 274, 354, 364, 389, 423, 424, 456
Fontoura, Guedes da 211, 212
Fontoura, João Neves da 40, 41, 52, 62, 103, 419, 424, 454
Fortunato, Gregório 200, 209, 287, 317, 341, 395, 423, 442, 463, 467, 474, 475, 507
Fournier, Severo 321, 322, 331, 337
Fragoso, Tasso 45, 100, 117
Franco, Virgílio de Melo 172

Frederico, Carlos 433
Freud, Sigmund 137
Furtado, Celso 445

G

Garcia, Francisco 201
Gaulle, Charles de 403
Gay, coronel 145
Geisel, Ernesto 422
George III 137
Getulinho 382, 509
Gibson, Hugh 158
Goebbels, Joseph 353, 354
Gogh, Van 19
Góis, Coriolano de 389
Góis Monteiro, Pedro Aurélio de 41, 48, 50, 52, 62, 64, 101, 110, 119, 129, 133, 136, 152, 167, 180, 264, 273, 294, 344, 360, 363, 365, 373, 374, 376, 382, 397, 402, 415, 425, 528
Gomes, Eduardo 94, 103, 138, 139, 219, 227, 239, 251, 271, 284, 335, 369, 396, 400, 402, 422, 425, 443, 454, 455, 461, 472
Gomes, Lindolfo 274
Gonzaga, Ademar 337
Goulart, João (Jango) 305, 423, 443, 451, 452, 453, 457, 459, 473, 474, 475, 476, 516, 519, 523, 524, 525, 527, 528, 529, 530, 531
Graham Bell, Alexandre 410
Grant, Ulysses 410
Grass, Maurice 56
Gregório I (papa) 224, 225
Gudin, Eugênio 393
Guilhem, Henrique 343
Guimarães, Protógenes 106, 108, 131, 204, 209, 216
Guinle, Guilherme 217

H

Haelf, Ingeborg Ten 360
Haussman (barão) 85, 86
Hearst, William Randolph 52, 356, 381
Hemingway, Ernest 19
Henrique VIII 141
Himmler, Heinrich 195, 359, 360, 392
Hipócrates 225
Hitler, Adolf 19, 195, 196, 235, 261, 303, 328, 332, 335, 336, 337, 350, 351, 353, 354, 360, 366, 376, 392, 405, 456, 502, 527
Holanda, Sergio Buarque de 162
Hontz, Heinz Von 336
Hoover, Herbert 43
Hull, Cordell 266

I

Irineu (bispo) 410
Isabel (princesa) 67, 129, 161

J

Jean, Patrício Petit 200, 201
Jefferson, Thomas 38
Jesus 196, 201
João VI (dom) 122
João XXIII (papa) 197
Jobim, Walter 504
José 5, 6, 41, 58, 61, 64, 69, 75, 117, 120, 136, 139, 145, 150, 151, 152, 215, 237, 267, 272, 274, 279, 290, 297, 298, 300, 337, 338, 394, 398, 447, 451, 456, 462, 469, 489, 520
José Soares Maciel Filho 469
Juscelino 238, 402, 411, 448, 474, 475, 476, 516, 522

Justo, Augustin Pedro 169, 170, 172, 175, 190, 260, 335

K

Kafka, Alexandre 393
Khan, Sana 103, 105, 521
Klinger, Bertoldo 68, 98, 100
Krieger, Daniel 531
Kubitschek, Juscelino 238, 411, 448, 475, 516
Kubitschek, Sara 476

L

Lacerda, Carlos Frederico 210, 305, 394, 432, 433, 443, 444, 451, 453, 454, 455, 459, 460, 461, 462, 463, 464, 466, 468, 469, 470, 471, 475, 476
Lacerda, Maurício de 240
Lage, Henrique 122
Lane, Virgínia 434
Leal, Estilac 420
Leme, Sebastião (cardeal) 71, 80, 121, 289, 296
Lenin 80, 81, 224, 230, 245, 427, 428
Lima, Felipe Moreira 240
Lima, Valdomiro 111, 133, 139, 141, 151, 279
Lincoln, Abraham 51, 456
Link, Walter 450
Lins de Barros, João Alberto 61, 390
Lobato, Monteiro 241
Lombroso, Cesare 359
London, Jack 19
Lopes, Aimeé (depois De Hereen) 125, 251, 313, 315, 316, 318, 325, 343, 434, 442
Lopes, Idelfonso Simões 52, 73, 312, 314
Lopes, Isidoro Dias 95, 98, 100

Lopes, Lucas 449
Lopes, Luiz Simões 73, 104, 125, 156, 177, 325, 353, 477
Lopes, Machado 525
Lopes, Margarida 120
López, Francisco Solano 201
Lott, Henrique 516
Ludwig, Emil 124, 257
Luiz, Washington 38, 40, 41, 42, 43, 44, 45, 47, 48, 54, 56, 65, 84, 100, 135, 249, 281, 288, 295, 455
Luiz XV 509
Lutero, Martinho 268
Luxemburgo, Rosa 81
Luzardo, Batista 60, 292, 423, 511
Luz, Carlos 515

M

Machado, Aníbal 422
Machado, Cristiano 422
Machado, Pinheiro 58, 115, 187, 214, 279, 456, 489
Maciel Júnior, Francisco Antunes 157
Maciel, Olegário 61, 158
Magalhães, Agamenon 269, 398
Magalhães, Juraci 161, 245, 271, 284, 403, 449, 497
Mané (dr.) 190, 325
Maquiavel 392
Marat 51
Marconi, Guglielmo 80
Mariano, Olegário 71
Marshall, George 344, 364, 415
Marx, Karl 392, 433, 488
Matarazzo, Francisco 84, 451
Mauá, barão de (Irineu Evangelista de Souza) 411
Maximiliano, Carlos 119, 132
Maynard, Augusto 162
Mckinley Jr. William 146

Mello, Olímpio de 249
Melo Maluco (Francisco de Assis Correia de Melo) 219
Mendonça, Carneiro de 193
Mesquita Filho, Júlio de 355, 363
Miller, Lehman 366
Miranda 229
Moisés 482
Molière 46
Moreira, Nestor 460, 461
Morgan, Edwin 91
Morgenthau Jr., Henry 266
Morus, Thomas 307
Moura, Nero 424
Mourão Filho, Olímpio 305
Mourão, Gerardo Mello 309
Müller, Filinto 96, 177, 228, 305, 359, 376, 380, 402
Muniz, Antônio Guedes 122
Mussolini, Benito 124, 154, 201, 209, 235, 296, 297, 303, 322, 328, 331, 332, 350, 354, 366, 396, 405, 456, 502, 506, 527

N

Napoleão 108, 257, 524
Nascimento, Alcino João do 463
Nassau, Maurício de 163
Nasser, David 402
Negri, Pola 115
Nery, Adalgisa 274
Neves, Andrade 148
Neves, Tancredo 451, 473, 518, 519, 527
Norris, Iolanda 333

O

Olímpio (padre) 317
Oliveira, Armando de Sales 84, 159, 188, 210, 257, 264, 265, 267, 276, 288, 294, 299, 300, 328, 387
Oliveira, José Aparecido de 520
Olympio, José 338
Osório, general 202

P

Pacelli, Eugenio (Pio XII) 195, 261, 343, 344
Pacheco e Chaves 56
Paiva, Glycon de 393
Parreiras, Ari 142
Pedro II (dom) 37, 134, 241, 294, 410, 447
Pedro, o grande 86
Pedro, São 57, 122, 196, 423
Peixoto, Floriano 74
Pena, Belizário 145
Perón, Eva (Evita) 415
Perón, Juan Domingos 335, 453
Pessoa, Epitácio 73, 383
Pessoa, João 41, 47, 48, 51, 52, 129, 157, 164, 190, 256, 456
Pessoa, Pantaleão 205, 216, 243
Petit-Jean, Patrício 457
Pilla, Raul 78, 89, 100, 108, 132, 220, 250, 264, 526
Pinto, Antônio Clemente 56
Pinto, José 337
Pinto, Sobral 229
Pio XI (papa) 80, 196, 296, 307, 343
Poe, Edgar Allan 319
Power, Tyrone 338
Prado, Carlos de Almeida 319
Prestes, Antônio 429
Prestes, Júlio 40, 43, 44, 47, 48, 63, 65, 92, 159, 160, 181, 185, 296, 300, 421
Prestes, Luiz Carlos 42, 46, 64, 95, 96, 210, 228, 245, 292, 305, 376, 394, 402, 428

Protásio Vargas 223
Protógenes 106, 108, 131, 204, 209, 216

Q

Quadros, Jânio 475, 519, 520, 524, 527
Queiroz, Eça de 196, 465

R

Rabelo, Manuel Mendes 238
Ramos, Nereu 515
Rao, Vicente 194, 207, 210, 300, 451
Reale, Miguel 304
Ribbentrop, Joachin Von 336
Ribeiro, Daniel 530
Ritter, Karl 332
Rocha, Francisco José da (conde de Itamarati) 75
Rockfeller, Nelson 381
Rondon, Cândido Mariano 327, 389
Roosevelt, Franklin Delano 150, 259
Roosevelt, Theodore 146, 327

S

Salazar, Oliveira 287, 441
Saldanha, Sinval 120
Salgado, Plínio 209, 265, 267, 303, 304, 305, 306, 321, 336, 337, 342, 344, 351
Salzano, Erlindo 420
Santos, Carlos Maximiliano Pereira dos 119
Santos Dumont, Alberto 120
Sarmanho, Válder Lima 239, 436
Sartre, Jean Paul 108
Schmidt, Augusto Frederico 472
Schopenhauer, Arthur 108, 186
Silveira, Amaro da 85

Simonsen, Roberto 84
Soares, Edmundo Macedo 139
Soares, José Carlos de Macedo 237, 300
Soares, José Eduardo de Macedo 394
Souza Filho, Manoel Francisco de 312
Souza, Irineu Evangelista de (barão de Mauá) 410
Stalin, Josef 224, 230, 245, 322, 331, 351, 356, 428, 502
Stettinius, Edward 395
Stimson, Henry Lewis 63
Summers, Lawrence 266
Swanson, Gloria 115

T

Távora, Juarez 51, 62, 64, 72, 102, 128, 164, 253
Teixeira, Anísio 215, 240
Terra, Gabriel 189
Terra, Manuel 325
Thorez, Maurice 403
Tiradentes 38, 132, 148, 179, 184, 278
Tocqueville, Alexis de 503
Toledo, Pedro de 102, 110
Tomás de Aquino (santo) 224, 225
Torelly, Aparício – 96 54
Torely, Apolinário 230
Torres, Ari Frederico 436
Tripp, Juan 245
Truman, Harry 415
Tzu, Sun 77

V

Valadares, Benedito 173, 238, 267, 270, 290, 298
Válder 239, 245, 246, 247, 259, 436
Valentino, Rodolfo 115

Valverde, Belmiro 330
Vargas, Alexandra 476
Vargas, Benjamin 287, 324, 349, 426, 442, 466
Vargas, Cândida 361, 476
Vargas, Darcy 111, 376
Vargas, Jandira 316, 509
Vargas, Lutero 360, 382, 461, 464, 468, 531
Vargas, Manuel ("Maneco") 197, 238, 325, 389, 423
Vargas, Viriato 333
Vasconcelos, Smith 251
Vaz, Rubens 461, 462
Viana, Oduvaldo 264
Vidinha (dona) 188
Virginia Woolf 19

W

Wainer, Samuel 386, 420, 421, 432, 451, 459
Waldner, Francesco 444
Washington, George 146
Welles, Benjamin Summer 372
Welles, Orson 381
Whitaker, José Maria 69
Wilson, Woodrow 263

Z

Zanoni, Jeronima (madre) 201
Zassulitch, Vera 426

Este livro foi impresso pela Edigráfica.